普通高校"十三五"规划教材·经济管理实验教材系列

人力资源管理实验实训教程

瞿群臻 ◎ 编著

清华大学出版社
北 京

内 容 简 介

本书以作者的实践教学经验为基础,以经济管理类专业的培养目标为切入点,以培养学生的实操能力为目标,以技能训练为主线,根据人力资源规划、工作分析、人力资源招募、人力资源选拔、人力资源素质测评、培训管理、绩效管理、薪酬管理、职业生涯规划与管理和劳动关系管理共十个章节设计实验实训项目,每个项目下设实训目的、基本知识要点、实训所需条件、实训内容与要求、实训组织方法与步骤、实训报告、实训考核方法和实训拓展提高栏目,旨在锻炼学生运用人力资源管理相关理论分析问题和解决问题的能力,力求让学生切实掌握人力资源管理的专业知识、工作方法和操作技巧,提升学生人力资源管理综合实践的水平。

本书封面贴有清华大学出版社防伪标签,无标签者不得销售。

版权所有,侵权必究。举报:010-62782989,beiqinquan@tup.tsinghua.edu.cn。

图书在版编目(CIP)数据

人力资源管理实验实训教程/瞿群臻编著. —北京:清华大学出版社,2019(2023.8重印)
(普通高校"十三五"规划教材·经济管理实验教材系列)
ISBN 978-7-302-53500-3

Ⅰ.①人… Ⅱ.①瞿… Ⅲ.①人力资源管理–高等学校–教材 Ⅳ.①F243

中国版本图书馆 CIP 数据核字(2019)第 163556 号

责任编辑:陆浥晨
封面设计:李伯骥
责任校对:宋玉莲
责任印制:沈 露

出版发行:清华大学出版社
网　　址:http://www.tup.com.cn,http://www.wqbook.com
地　　址:北京清华大学学研大厦 A 座　　邮　编:100084
社 总 机:010-83470000　　邮　购:010-62786544
投稿与读者服务:010-62776969,c-service@tup.tsinghua.edu.cn
质 量 反 馈:010-62772015,zhiliang@tup.tsinghua.edu.cn
课 件 下 载:http://www.tup.com.cn,010-62770175 转 4506

印 装 者:三河市君旺印务有限公司
经　　销:全国新华书店
开　　本:185mm×260mm　　印 张:27.25　　字　数:578 千字
版　　次:2019 年 8 月第 1 版　　印　次:2023 年 8 月第 4 次印刷
定　　价:55.00 元

产品编号:079902-01

前言

随着现代人力资源管理研究的不断深入，以及全社会对人力资源管理方向从业人员需求的增加，单一的人力资源理论课程已经难以满足高校教学的需要，激烈的就业竞争也对学生的管理能力和实践能力提出了更高的要求。本书正是以此为出发点，以作者的实践教学经验为基础，从经济管理类专业的培养目标出发，以深化人力资源管理理论、培养学生的职业能力和综合素质为目标，以技能训练为主线。全书共有十个实验实训章节，分别为人力资源规划、工作分析、人力资源招募、人力资源选拔、人力资源素质测评、培训管理、绩效管理、薪酬管理、职业生涯规划与管理和劳动关系管理；每个实训项目均包括实训目的、基本知识要点、实训所需条件、实训内容与要求、实训组织方法与步骤、实训报告、实训考核方法和实训拓展提高。通过本书的学习和训练，能够培养学生运用人力资源管理相关理论分析问题和解决问题的能力，提升学生人力资源管理综合实践的水平，同时培养学生的团队合作精神、创新思维和创业意识，增强学生的职业道德和社会责任感，满足当今社会对应用型人才的需求，为学生今后顺利走上工作岗位或开展创新创业活动奠定基础。

本书适用于高等院校经济管理类专业本科生、研究生的学习和教学使用，既能够作为实验实训课程的专业教材，也能够作为理论课程的课后辅导；既能够按照章节顺序依次学习，也能够由授课教师灵活选择部分章节进行练习。本书从学生的角度出发，希望在丰富多样的实训形式（包括情境模拟、角色扮演、实地调查、案例分析等）下寓教于乐，帮助学生掌握人力资源管理专业的知识、技能和技巧，熟练地将理论知识应用于实践，将课堂所学转化为自身的实际经验，从而适应新形势下经济管理类专业人才培养的需要。此外，本书也适用于人力资源管理相关从业者和对人力资源管理感兴趣的人士阅读与参考。

本书博采众长，围绕人力资源管理的流程进行编写，语言简明、轻松，各章节层次清晰、逻辑严谨、联系紧密，力求展现出本书的专业性、可操作性和实用性。

第一，专业性。本书在编写时，对每个实训项目的相关知识点都进行了梳理和介绍，每一个实训材料都是多次筛选后确定的，颇具代表性，并在实训中给出实训拓展提高，加深使用者对实训内容的理解。本书几乎涵盖了在人力资源管理过程中可能会遇到的问题。

第二，可操作性。本书在编写时，一切从人力资源管理的实际环节出发，兼顾使用者的环境，在设计实训操作时尽可能减小其操作难度，力求使用者可以按图索骥，灵活运用，提升实践能力。

第三，实用性。本书在编写时，精心挑选每一节实训内容，从人力资源管理的现实问题和真实情境出发，设计实训内容，力求还原人力资源管理活动的真实情境，缩短理论和实际的差距，培养使用者的实践能力。

本书期望能够帮助使用者将人力资源管理的理论真正地应用到人力资源管理活动中，解决当前人力资源专业学习中理论与实践脱节的问题，为企业培养全面发展的、综合素质较高的优秀人才。在编写的过程中，本书参考了一些教材、论文和网络资源等，借鉴并吸收了许多人力资源管理专家和同行的经验及成果，在本书后均有列出，在此一并表示感谢！

由于时间和水平有限，本书难免存在疏漏，敬请各位同行和读者予以批评指正。

瞿群臻

目 录

第1章 人力资源规划 1
- 1.1 人力资源需求分析与预测 1
- 1.2 人力资源供给分析与预测 9
- 1.3 人力资源综合平衡分析 17
- 1.4 人力资源规划的编写 23
- 1.5 人力资源规划的评估 34

第2章 工作分析 42
- 2.1 组织结构设计 42
- 2.2 撰写工作分析实施方案 51
- 2.3 工作分析方法选择 62
- 2.4 编制工作说明书 73
- 2.5 工作分析综合训练 80

第3章 人力资源招募 89
- 3.1 人力资源招募计划编制 89
- 3.2 人力资源招募决策 98
- 3.3 制作招聘广告 104
- 3.4 选择招聘广告的发布渠道 112
- 3.5 校园招聘 120
- 3.6 网络招聘 127

第4章 人力资源选拔 136
- 4.1 简历分析 136
- 4.2 结构化面试 141
- 4.3 无领导小组讨论 147
- 4.4 公文筐测验 151

4.5 管理游戏 ··· 158
4.6 录用 ··· 164
4.7 招聘评估 ··· 170

第 5 章 人力资源素质测评 ·· 177
5.1 人力资源素质测评流程 ··· 177
5.2 能力倾向测评 ··· 187
5.3 胜任素质模型与胜任素质测评 ······································· 191
5.4 智力测评 ·· 199

第 6 章 培训管理 ·· 206
6.1 培训会务管理 ··· 206
6.2 培训需求分析 ··· 213
6.3 人力资源培训方法——角色扮演法 ································ 222
6.4 人力资源培训方法——游戏法 ······································· 228
6.5 人力资源培训方法——课堂讲授法 ································ 232
6.6 人力资源培训方法——案例分析法 ································ 235
6.7 人力资源培训方法——讨论法 ······································· 240
6.8 制订新员工培训计划 ·· 245

第 7 章 绩效管理 ·· 253
7.1 绩效计划的制订 ··· 253
7.2 绩效比较评价法 ··· 259
7.3 绩效评价量表设计 ·· 264
7.4 关键事件分析 ··· 271
7.5 绩效沟通 ·· 275
7.6 360 度考核方法 ·· 282
7.7 绩效考核方案的制定 ·· 289
7.8 绩效反馈面谈 ··· 294

第 8 章 薪酬管理 ·· 301
8.1 薪酬满意度调查 ··· 301
8.2 职位评价 ·· 309
8.3 薪酬调查 ·· 315

8.4 技能薪酬体系设计 ········· 321
8.5 绩效薪酬体系设计 ········· 330
8.6 薪酬方案设计 ············· 341
8.7 福利 ····················· 348

第9章 职业生涯规划与管理 ····· 357
9.1 职业倾向测评 ············· 357
9.2 个人职业生涯规划 ········· 365
9.3 组织职业生涯管理 ········· 379

第10章 劳动关系管理 ··········· 387
10.1 劳动合同的订立 ·········· 387
10.2 劳动合同的中止、变更、解除、续订与终止 ········· 391
10.3 集体谈判模拟实验 ········ 399
10.4 劳动争议仲裁模拟实验 ···· 409
10.5 本章综合案例 ············ 417

参考文献 ························ 425

第 1 章

人力资源规划

1.1 人力资源需求分析与预测

1.1.1 实训目的

通过本次实训,进一步明确人力资源需求预测的含义和内容,了解影响人力资源需求的主要因素,掌握人力资源需求预测的程序和方法,能够初步完成人力资源需求分析工作与预测工作。

1.1.2 基本知识要点

1. 人力资源需求预测的含义

人力资源需求预测是指以组织的战略目标、发展规划和工作任务为出发点,综合考虑各种因素影响,对组织未来人力资源需求的数量、质量及时间等进行估计的活动。如企业引进新技术之前与引进新技术之后对人力资源的需求是不同的,这种不同包括所需人员数量、质量、专业结构上的不同等。

2. 影响人力资源需求预测的主要因素

影响企业人力资源需求预测的因素有很多,主要有以下几种。

（1）组织规模的变化

组织规模的变化主要来自两个方面:一是原有业务范围扩大或企业规模缩小,二是增加新业务或放弃旧业务。这两个方面的变化都会对人力资源需求的数量和结构产生影响。一般来说,扩大组织规模和开展新业务会增加人力资源的需求,缩小组织规模或放弃某项业务会减少对人力资源的需求。

（2）技术、设备条件的变化

组织技术水平的提高、设备的更新换代,会直接影响组织对人力资源的需求。技术水平越高,设备的自动化程度越高,对人员的需求越少,这二者呈反比关系。

（3）组织经营方向的变化

组织经营方向的变化,经常会对人力资源需求的数量和结构产生影响。例如,施工企业转为房地产开发企业,会解雇大量建筑技工,增加营销策划人员。

（4）劳动力成本趋势

组织所在地区的劳动力价格成本也影响着组织的人力资源需求，当劳动力价格呈上升趋势时，组织一般会考虑减少对人力资源的需求，而劳动力价格呈下降趋势时，可能增加对人力资源的需求。

（5）员工培训

当内部员工参加培训，特别是脱产培训的时候，组织一般会增加人员需求，这种情况常见于新建企业。

（6）人员稳定性

在组织的离职率很高的情况下，需要补充人力资源。这种情况常见于餐饮业或其他服务业。

（7）外部因素

影响组织人力资源需求的外部因素有政治经济环境、技术环境、竞争对手等。政治经济环境的变化会影响组织的经营和发展状况，从而影响人力资源需求；技术环境的变化会影响组织技术、设备的更新换代，间接影响组织的人力资源需求；竞争对手之间的人才竞争，会造成组织间的人才交流，流出人才的组织就会产生人力资源需求。

此外，影响人力资源需求的因素还有消费者的购买行为、管理方式变化、行业发展状况、国家产业政策等。

以上复杂的内外环境的影响，使人力资源需求规划变得十分复杂和困难，既要考虑单个因素的影响，又要考虑各因素相互作用的影响；既要有主观定性的分析，又要有定量分析。而且，不同的组织其影响因素会有所不同，即使是同一种影响因素，对人力资源需求的实际影响也有所差异，因此人力资源需求规划应根据组织的具体情况，分析和筛选出对组织人力资源需求影响最为关键的因素，并确定这些因素对组织人力资源需求的实际影响，然后根据这些因素的变化对组织人力资源需求状况进行预测和规划。

3. 人力资源需求预测方法

（1）经验预测法

经验预测法利用现有的情报、资料，根据以往的经验来推测未来组织的人员需求。它是人力资源预测中最简单的方法，比较适合较稳定的小型组织。不同管理者的预测可能有所偏差，可以通过多人综合预测或查阅历史记录等方法提高预测的准确度。

经验预测法可以采用"自下而上"和"自上而下"两种方式。"自下而上"是由直线部门的经理向自己的上级主管提出用人要求和建议，征得上级主管的同意；"自上而下"是由企业经理先拟定出企业总体用人目标和建议，然后由各级部门确定具体用人计划。最好的方式是"自下而上"和"自上而下"两种方式相结合，即先由企业提出员工需求的指导性建议，再由各部门根据企业指导性建议，会同人力资源部门、工艺技术部门、员工培训部门确定具体用人计划。同时，由人力资源部门汇总形成全企业的用人需求计划，最后将形成的员工需求预测计划上报决策层审批。

需要注意的是，经验预测法只适用于一定时期内组织的发展状况没有发生方向性变化的情况，对于新的职务或工作方式发生了很大变化的职务，不适合使用该方法。

（2）现状规划法

现状规划法假定当前的职务设置和人员配置是恰当的，并且没有职务空缺，所以不存在人员总数的扩充。组织对人员的需求完全取决于人员的退休、离职等情况。所以，人力资源预测就相当于对人员退休、离职等情况的预测。人员的退休是可以准确预测的。人员的离职包括人员的辞职、辞退、重病（无法工作）等情况，是无法准确预测的。通过对历史资料的统计和分析，可以比较准确地预测离职的人数。现状规划法适用于中、短期的人力资源预测。

（3）德尔菲法

德尔菲（Delphi）法，又称专家决策术，是专家对影响组织某一领域发展的看法达成一致意见的结构化方法。该方法20世纪40年代末在兰德公司的"思想库"中发展起来，目标是通过避免专家面对面的集体讨论所产生的成员间的相互影响，从而充分利用专家的知识经验。德尔菲法一般适合于对人力总额的预测，常被用来预测和规划因技术变革带来的对各种人才的需求。

德尔菲法的典型特点是：吸取和综合了众多专家的意见，避免个人预测的片面性；不采用集体讨论的方式，匿名进行，从而使专家可以独立地作出判断，避免了从众行为；采取多轮预测的方法，经过几轮反复，专家的意见趋于一致，具有较高的准确性。

实施德尔菲法的基本程序是：提出要求，明确预测目标，提供有关情况和资料，征求专家意见及补充资料；提出预测问题，由专家对调查表所列问题进行评价并阐明理由，然后由协调组对专家意见进行统计；修改预测，要求每位专家根据反馈的第二轮统计资料再次进行判断，并要求持异议的专家充分陈述理由；进行最后预测，请专家提出其最后意见及依据，预测结果由此产生。

为使德尔菲法奏效，应注意以下原则：专家人数一般不要少于30人，问卷的返回率应不低于60%，以保证调查的权威性和广泛性；提高问卷的质量，问题应该符合预测的目的并且表达明确，保证专家都是从同一个角度去理解问题，避免造成误解和歧义；问题尽量简化，所问问题应该是被问者能够回答的；要给专家提供充分的资料和信息，确保他们能够进行判断和预测；不要求精确，允许专家使用估计数字，并让他们说明预计数字的肯定程度；要取得专家的理解和支持，确保他们能够认真进行每一次预测；同时向决策层领导说明预测的益处，特别是说明预测对生产率和经济收益的影响，争取他们的支持。

（4）回归分析法

回归分析法通过分析人力资源需求量与组织中某一种或某几种因素的相关关系，

并在这个基础上建立人力资源需求量的数学模型,然后根据数学模型进行预测的方法。回归分析法通常要求有比较完整的统计数据,因此,它更适宜在企业统计基础较好、数据比较齐全的情况下使用。

(5)灰色预测模型法

灰色预测模型法的公式如下:

$$dX(1)/dt + aX(1) = \mu\ (a、\mu 是待定常量)$$

该模型对历史数据量要求不太严格,认为少量数据已携带充分的信息。它的量化基础不是原始数据,而是数据的累加生成数,不是经验性的统计规律,而是现实性的生成规律。目前应用最广泛的灰色预测是数列预测 GM(1,1)。

灰色预测模型法具有样本数量少、原理简单、运算简便、短期预测精度高、可检验等优点,十分适合历史数据少、发展迅速的企业使用。

(6)替代模型

替代模型用来预测各类人员达到所需人数的晋升量。若现有人才系统的人员分布、未来理想的人员分布及流失率均为已知,晋升量及人员补充量将由填充空缺决定。

设:$X_i(t)$ 为时刻 t 时第 i 类人员的理想人数;

$X_1(0)$ 为 $t=0$ 时第 i 类人员的实有人数;

$Y_{ij}(t)$ 为时间区间($t-1$,t)内从第 i 类转向第 j 类的人数;

$R_i(t)$ 为时间区间($t-1$,t)内第 i 类人员的补充数;

$Y_{i0}(t)$ 为时间区间($t-1$,t)内第 i 类人员的流失人数。

则:$Y_{i0}(t) = X_1(t-1)P_{i0}(t-1)$

式中:

$P_{i0}(t-1)$——$t-1$ 时刻第 i 类人员流失率。

$$Y_{k-1,k}(t) = X_k(t) - X_k(t-1) + Y_{k0}(t)$$
$$R_i(t) = X_i(t) - X_i(t-1) + Y_{i0}(t) + Y_{i,i+1}(t)$$

这里,假定所研究系统是具有严格等级的人才系统,所有空缺只能从下一级晋升和从最低一级来补充。

(7)时间序列法

时间序列法是把预测量按照时间顺序排列起来构成一个时间序列,从所构成的这组时间序列中找出过去的变化规律,以此来推断今后的变化趋势。这种方法简便易行,模型本身不涉及影响因素,只利用被预测量本身的历史数据,一般适用于短期的预测工作。常用的时间序列法有移动平均法、指数平滑法等。

(8)定员法

定员法适用于大型企业和历史久远的传统企业。由于企业的技术更新比较缓慢、企业发展思路非常稳定,所以职务和人员编制也相对确定。这类企业可以根据企业人力资源现状来预测未来的人力资源状况。在实际应用中，定员法有设备定员法、岗位定员法、比例定员法和效率定员法等方式。

4. 人力需求预测程序

人力需求预测在实践应用中采用自上而下的预测程序，具体程序如下。

（1）预测组织未来生产经营状况

从根本上说，组织未来生产经营状况决定着人员需求量。一般来说，对未来生产经营状况的预测，可直接从组织发展战略规划中提炼。组织未来生产经营状况，可由各种具体职能活动的水平和分类计划表示，如各职能的增减及职能领域的扩大或缩小、产品结构的改变、目标市场的变化和市场占有率的增减、新技术的引进或采用、销售额的水平变化、生产率水平的变化等。为了能准确地预测人力需求，上述各种活动和指标要定量描述。

（2）估算各职能工作活动的总量

未来生产经营目标是由各职能活动来实现的，因而必须估算各职能活动的总量及其在不同活动层次的活动总量分布，然后将总量分配到该职能的不同层次上。例如，在确定了销售总量的基础上，把销售活动总量分配到市场推销、市场研究、宣传广告、销售管理等不同领域，从而为预测各类销售人员需求量提供基础。

（3）确定各职能及各职能内不同层次类别人员的工作负荷

由于生产技术基础在不断改善、工作效率在不断提高，在预测时必须充分考虑各因素变化对工作效率的影响，据此确定各职能及各职能内不同层次类别人员的工作负荷。工作效率与工作负荷在不同条件下的相关性是不同的。在生产环节，新技术的采用或人员积极性的高度发挥，会使工作效率提高，而工作负荷可以不变或减少。但在销售环节，随着市场竞争日益激烈，尽管提高了工作效率，推销单位价值货物的活动量却可能增加，导致工作负荷增加。因此，在确定各类人员工作负荷时，要充分考虑各种变量的影响，不能仅从主观愿望出发进行推测。

（4）确定各职能活动及各职能活动内不同层次类别人员的需求量

如若上两步预测活动的结果相当可靠，这步活动就简单了，只需进行简单的转换即可。有一点需要注意的是，要留有充分的余地，以防情况突变。

1.1.3 实训所需条件

1. 实训时间

本实训项目以 2 课时为宜。

2. 实训地点

多媒体教室。

3. 实训所需材料

某建筑公司的人力需求预测

某建筑公司是广东省一家国有建筑企业。公司管理层基本上是广州本地人，文化层次相对较高。作为一线的建筑工人，大部分来自原广州郊区城乡接合部的农民（随着城市的扩建，也转变成"市民"）。

随着企业的不断发展，公司的领导层发现，工地一线工人开始吃紧，有时采取加班加点的超负荷工作模式，也远远满足不了发展的需求。为满足对人员配备的要求，公司人事部从广东其他地区，直至全国，匆忙招聘了大量的新员工。为应付紧张的用工需要，人事部门不得不降低录用标准，使得人员配备的质量大幅度下降。另外，招聘人员的结构也不尽合理，如单身或易迁移的员工过多、员工年龄偏大等。经常出现很多员工只工作了一两个月就充当工长的现象，人事部门刚招聘一名雇员顶替前一位员工的工作才几个月，就不得不再去招聘新的顶替者。为了招聘合适的人选，人事部门常常是疲于奔命。

正兴集团的人力资源需求

正兴集团的前身是一个街办小厂，生产电器开关等用品。由于这几年市场形势大好以及全体员工的勤奋努力，在短短7年之内就发展成为覆盖全国市场的电器开关制造商，在华北、华南、东北、西北、西南均设有分公司，并与韩国某企业建立了战略联盟关系，全公司有近千人的规模。集团开始的时候从来不制订什么计划，缺了人，就去人才市场招聘。日益正规后，开始在每年年初制订计划，包括收入多少、利润多少、产量多少、员工定编人数多少等，人数少了就招聘（一般在年初招聘新员工），人数超编了就要求减人。可是，因为一年中不时有人升职、平调、降职、辞职，年初又有编制限制不能多招，而且人力资源部也不知道应当招多少人或招什么样的人，结果人力资源经理一年到头地往人才市场跑。

近来，由于生产经理带领手下技术团队跳槽，7名高级技术工人退休，又有15名技术骨干被派到韩国去培训，生产线面临瘫痪的危险，随时都有停产的可能。集团总经理召开紧急会议，命令人力资源经理3天之内招到合适的人员顶替空缺，恢复生产。人力资源经理两个晚上没睡觉，频繁奔走于全国各地人才市场和面试现场之间，最后勉强招到2名已经退休的高级技术工人，使生产线重新运转。人力资源经理刚刚喘口气，地区经理又打电话说自己的公司已经超编了，不能接收前几天分过去的5名大学生，人力资源经理怒气冲冲地说："是你自己说缺人，我才招来的，现在你又不要了！"地区经理说："是啊，我两个月前缺人，你现在才给我，早就不缺了。"人力资源经理分辩道："招人也是需要时间的，我又不是神仙不能说有就有吧？"

……

1.1.4　实训内容与要求

1. 实训内容

利用所给的背景资料,对影响组织人力资源需求的主要因素进行分析,并对组织的人力资源需求进行初步的预测。

2. 实训要求

要求学生掌握影响组织人力资源需求的主要因素、预测人力资源需求的基本方法等理论,做好实训前的知识准备,如收集理论依据、相关书籍、真实案例等。

要求学生运用所学知识,结合背景资料,具体分析组织人力资源需求的相关情况。

要求学生针对分析结论,选择适当的方法对实训资料中的人力资源需求进行初步预测。

要求教师在实训过程中做好组织工作,给予学生必要的、合理的指导,使学生加深对理论知识的理解,提高实际分析、操作能力。

1.1.5　实训组织方法与步骤

第一步,做好实训前准备,根据提前准备好的资料和相关理论书籍,结合案例中的人力资源管理现状,列出影响其人力资源需求的具体因素及特点。有可能的话,可以深入相关企业人力资源部门进行访问调查。

第二步,将学生划分为若干小组,4~6人为一组。

第三步,每组学生根据分析的结果,确定采用哪几种方法对案例中的人力资源需求进行分析。

第四步,调动学生积极思考发言,让每组学生进行充分的分析和讨论,并在小组内部形成统一的结论,由小组代表进行汇报。

第五步,教师对各种观点进行分析、归纳和总结提炼,提出指导意见,帮助学生完善自己的结论。

第六步,每个小组根据讨论内容编写实训报告。

1.1.6　实训报告

实训结束后,每位学生必须编撰实训报告,实训报告要求语言流畅、文字简练、条理清晰。主要内容包括:①实训项目名称;②实训目的要求;③实训内容;④实训基础资料,即所依据的原始资料和实用工具、材料;⑤实训过程,包括所采用的方法、步骤,主要观点等;⑥实训结果或结论;⑦收获、体会和建议;⑧实训评价(由指导教师填写)。

实训报告参考样式如表 1-1 所示。实训报告原则上要求学生当场完成，随后由指导教师点评。

表 1-1　人力资源管理实验实训报告

姓名：		专业：		班级：		实训日期：	年　月　日
实训项目名称				实训目的			
实训内容				实训资料			
实训过程				实训结果或结论			
收获与体会				改进意见			
评价意见				指导教师： 年　月　日			

注：表中栏目填写不下的可以另续页。

1.1.7　实训考核方法

1. 成绩划分标准

实训成绩按照优秀、良好、中等、及格和不及格 5 个等级评定。

2. 成绩评定标准

（1）是否理解人力资源规划的内涵和重要意义。

（2）是否掌握影响人力资源需求的主要因素。

（3）是否掌握人力资源需求预测的方法和程序，能否完成人力资源需求分析与预测工作。

（4）能否结合案例提出自己的观点，列出影响企业人力资源需求预测的主要因素并进行分析。

（5）是否在小组讨论中充分参与，积极投入，体现出良好的团队协作精神。

（6）是否记录了完整的实训内容，规范地完成实训报告，做到文字简练、准确、叙述通畅、清晰。

（7）课堂模拟、讨论、分析占总成绩的 60%，实训报告占总成绩的 40%。

1.1.8　实训拓展与提高

某企业生产部门人力资源需求调查问卷

1. 招聘（岗位增编）需求

（1）拟招聘岗位：

岗位名称①_____　　岗位名称②_____　　岗位名称③_____

岗位名称④_____　　岗位名称⑤_____　　岗位名称⑥_____

（2）招聘理由：
_____

（3）拟招聘岗位任职条件：
_____

（4）拟招聘人数：
_____

2. 人员（岗位）调整

（1）部门现有人数情况：
_____

人员数量：
_____

（2）是否有调整？　　　　　□是　　　　□否

（3）人员、岗位需求调整情况：
_____

（4）有无不再继续留用的人员（岗位）？　　　□有　　　□无

姓名①_____　　岗位名称①_____

姓名②_____　　岗位名称②_____

姓名③_____　　岗位名称③_____

请说明原因（情况）：
_____

3. 您对该部门岗位设置与人员编制有何建议？
_____

1.2　人力资源供给分析与预测

1.2.1　实训目的

通过本次实训，进一步明确人力资源供给预测的含义和内容，了解影响人力资源供给的主要因素，掌握人力资源供给预测的程序和方法，能够初步完成人力资源供给分析与预测工作。

1.2.2　基本知识要点

1. 人力资源供给预测的含义

人力资源供给预测是以组织的战略目标、发展规划和工作任务为出发点，预测在未来某一时期，组织内部所能供应的（或由培训可补充的）及外部劳动力市场所能提供的一定数量、质量和结构的人员，以满足组织为实现目标而产生的人员需求。

从供给来源看，人力资源供给分为外部供给和内部供给两个方面。外部供给预测指研究外部劳动力市场对组织的员工供给。内部供给预测是指在考察组织内部人力资源开发和使用的基础上，对未来组织内人力资源供给的预测。外部供给大多数情况下不为组织所了解和掌握，因而多通过对本地劳动力市场、组织聘用条件和竞争对手的策略分析来进行预测。因而，供给预测的研究主要集中于组织内部人力资源的供给。

2. 影响人力资源供给预测的因素

预测人力资源供应所面对的因素很多，如技术改进，消费模式及消费者行为、喜好、态度改变，本地及国际市场的变化，经济环境及社会结构的转变，政府法规政策的修订等。从区域角度考察可以分为两大类。

地区性因素：公司所在地和附近地区的人口密度；公司当地的科技文化教育水平；公司当地的就业水平、就业观念；公司所在地对人们的吸引力；公司本身对人们的吸引力；公司当地临时工人的供给状况；公司当地的住房、交通、生活条件；其他公司对人力资源的需求状况，等等。

全国性因素：全国劳动人口的增长趋势；全国对各类人员的需求程度；各类学校的毕业生规模与结构；教育制度变革而产生的影响，如延长学制、改革教学内容等对员工供给的影响；国家就业法规、政策的影响，等等。

3. 人力资源供应来源

人力资源的供应来源主要是外部的人力资源市场和企业内部现有员工。

（1）企业外部的人力资源供应源

外部人力资源的供给，受到整个社会经济及人口结构因素、政府的教育政策和劳动、人事政策的影响。国家和地方统计局提供社会整体就业情况、整体劳动、人事政策及增加人力资源的数量及素质等情况。要分析整体人力资源供应数量是否足够，先要考虑人力资源结构、年龄分布、性别、教育水平、就业情况及各行业的独特性等。

（2）企业内部的人力资源供应源

分析企业内部人力资源供给时首先从现有员工着手，从人员配置、减少和流动性的情况分析，来探讨人力供给的情况。主要是分析在职员工的年龄分布，离职及退休人数，企业内部的人力移动，如提升、转职等，现有人力资源是否已充分运用，等等。一般人力资源供给除了受社会人力资源市场供需情况的影响，还需考虑其他企业的竞争。为了避免人力流失或损耗，管理人员必须对造成员工损耗的因素加以分析，这些因素可分为员工受到企业外部的吸引力所引起的"拉力"和企业内部所引起的"推力"。"拉力"包括：跳槽谋求发展的机会；员工家庭、身体和心理的需要，如员工已届退休年龄、已婚妇女怀孕或因结婚而不外出工作等。"推力"包括：企业自身问题，如欠缺周详的人力资源规划，造成人力政策不稳，裁减员工等；员工自身的问题，如员工对工作认识不够深入、工作压力大、人际关系的冲突、工作性质的改变，或工作标准的改变等。

4. 人力资源供给预测方法

（1）人力资源盘点法

人力资源盘点法是对组织现有的人力资源质量、数量、结构和在各职位上的分布状态进行核查，以便确切掌握人力拥有量。在组织规模不大时，核查是相对容易的。若组织结构复杂，应建立人力资源信息系统进行人员核查。这种方法是静态的，不能反映人力拥有量未来的变化，因而多用于短期人力资源拥有量的预测。

在日常的人力资源管理工作中，需要通过计算机等工具做好员工的工作能力及潜力方面的客观记录。这种记录工作往往需要借助于人事资料登记表。表 1-2 所示是一个人事资料登记表的示例。

表 1-2 人事资料登记表

姓名：		部门：		科室：		工作地点：		填表日期：	
到职日期：			出生年月：			婚姻状况：		职称：	
教育状况	类别	毕业学校		毕业日期		所学专业		实习工作情况	
	高中								
	大学								
	硕士								
	博士								
训练背景		训练主题			训练机构			训练时间	
技能		技能种类				相关证书			
志向	你是否愿意担任其他类型的工作？							是	否
	你是否愿意调到其他部门去工作？							是	否
	你是否愿意接受工作轮调以丰富工作经验？							是	否
	如果可能，你愿意承担哪种工作？								
	你认为自己需要接受何种训练？				改善目前的技能和绩效				
					提高晋升所需要的经验和能力				
	你认为自己现在就可以接受哪种工作的指派？								

（2）替换单法

替换单法是在对组织人力资源进行调查和对现有员工能力及潜力进行评估的基础上，指出公司每一个职位的内部供应源状况。具体而言，该方法是根据现有人员分布状况及绩效评估的资料，在未来人员分布理想和流失率已知的条件下，对各个职位尤其是管理阶层的继任计划预先进行安排，并且记录各职位的接班人预计可以晋升的时间,作为预测内部人力资源供给的参考,由待补充职位空缺所要求的晋升量和人员补充量即可知道人力资源供给量。替换单法的具体操作步骤如下。

① 确定某个需要预测内部供给的具体岗位。
② 分析这个岗位的晋升者来源。
③ 根据这些人员的能力素质和绩效评估即可得到提升的时间。
④ 分析这些人员的可能流动率。
⑤ 计算该岗位的内部供给。

（3）人员接替图法

人员接替图法用于确认特定职位的内部候选人,但其涉及的面更大,对各职位之间的关系也描述得更具体。建立人员接替图的关键,是根据职务之间的信息,明确不同职位对员工的具体要求,然后确定一位或几位较易达到这一职位要求的候选人,或确定哪位员工具有潜力,经过培训后可以胜任这一工作,然后把各职位的候补人员情况与企业员工的流动情况综合起来考虑,控制好员工流动方式与不同职位人员接替方式之间的关系,对企业人力资源进行动态管理。对于企业中各职位员工的预测,可以使用下面的公式确定。

$$内部供给量 = 现有员工数量 - 流出总量 + 流入总量$$
$$流出总量 = 辞职数 + 降职数 + 退休数 + 晋升数$$
$$流入总量 = 晋升进入数 + 外部招聘数 + 降职进入数$$

（4）马尔可夫模型法

马尔可夫（Markov）模型法是一种内部人力资源供给的统计预测技术方法。它的基本思路是通过收集具体历史数据,找出组织历史人事变动的规律,由此推测未来的人事变动趋势。马尔可夫模型实际上是使用一种被称为转换概率矩阵的数表,运用统计技术方法来预测未来的人力资源变化。这种方法描述组织中员工流入、流出和内部流动的整体形式,可以作为预测内部人力供给的基础。

运用马尔可夫模型预测企业内部人力资源供给情况的步骤如下。

① 根据组织的历史资料,计算出每一类的每一职位员工流向另一类或另一级别的平均概率。
② 根据每一类员工的每一级别流向其他类或级别的概率,建立人员变动矩阵表。
③ 根据组织期末各种类人数和人员变动矩阵表预测下一期组织可供给的人数。

例如,某企业在2003—2007年5年中,技术人员从第三级别提升到第二级别的人数分别为23、19、22、21和20人,而这5年中技术人员在第三级别的人数分别为106、103、107、104和105人,那么这个企业技术人员从第三级别提升到第二级别的概率为

$$P = (23 + 19 + 22 + 21 + 20) / (106 + 103 + 107 + 104 + 105) \times 100\% = 20\%$$

马尔可夫模型法可以用于进行多期分析,方法是把多期所提出的人力供给数作为分析的起点,然后重复上述过程。

马尔可夫模型不仅可以处理员工类别简单的组织中的人力资源供给的预测问题,

也可以用于员工类别复杂的大型组织中的内部人力资源预测。如职位类别特别多,可以通过建立人员变动矩阵,然后根据企业现有的人力资源状况预测组织未来的人力资源供给状况。

值得注意的是,尽管马尔可夫模型法在一些大公司,如 IBM 公司,已得到广泛应用,但是这种预测方法的准确性还需要进一步研究。由于转换矩阵中的概率与预测期的实际情况可能有误差,因此,使用这种方法得到的预测结果可能不够准确。实际应用中,一般采取弹性化方法进行调节,即估计出几个不同的概率,得出几种预测结果,然后对各预测结果进行综合分析,寻找较合理的结果。

(5)技能清单法

技能清单是反映员工工作能力特征的一张列表。这些特征包括:培训背景、学习或工作经历、持有的证书、已经通过的考试、主管的能力评价等。技能清单是对员工能力的一种描述,可以帮助人力资源管理人员判断现有员工调换工作岗位的可能性,估计有哪些员工可以补充企业岗位的空缺。企业人力资源计划要保证企业岗位空缺都有合适的人员填充,因此,有必要建立员工的工作能力记录,其中包括操作层员工的技能和不同管理层人员种类及其能力水平。

技能清单可以用于确定晋升人选、管理人员接续计划、对特殊项目的工作分配、工作调动、培训、工资奖励计划、职业生涯规划和结构分析。对于要求成员频繁调动的组织或经常组建临时性团队或项目组的组织,技能清单应该包括所有的员工。对于那些主要使用技能清单来制订管理人员接续计划的组织,技能清单中可以只包括管理人员。

5. 人力资源供给预测的步骤

人力资源供给预测分为内部供给预测和外部供给预测两部分,具体步骤如下。

(1)进行人力资源盘点,了解组织员工现状。

(2)分析组织的职务调整政策和历史员工调整数据,统计出员工调整的比例。

(3)向各部门的人事决策者了解可能出现的人事调整情况。

(4)将第(2)(3)步的情况汇总,得出组织内部人力资源供给预测。

(5)分析影响外部人力资源供给的地域性因素,包括:①组织所在地的人力资源整体现状,②组织所在地有效人力资源的供求现状,③组织所在地对人才的吸引程度,④组织薪酬对当地人才的吸引程度,⑤组织能够提供的各种福利对当地人才的吸引程度,⑥组织本身对人才的吸引程度。

(6)分析影响外部人力资源供给的全国性因素,包括:①全国相关专业的大学生毕业人数及分配情况,②国家在就业方面的法规和政策,③该行业全国范围的人才供需状况,④全国范围从业人员的薪酬水平和差异。

(7)根据第(5)(6)步的分析,得出组织外部人力资源供给预测。

(8)将组织内部人力资源供给预测和组织外部人力资源供给预测汇总,得出组织整体的人力资源供给预测。

1.2.3 实训所需条件

1. 实训时间

本实训项目时间安排以 2 个课时为宜。

2. 实训地点

多媒体教室。

3. 实训所需材料

A 公司人力资源供给分析与预测

A 公司是当地效益比较好的一家服装企业,由于行业特点,每年的人员变动比较大。试用马尔可夫模型对该公司人员下一年的供给情况进行预测。假定企业经营业务结构和规模保持不变,请根据表 1-3 中各种人员的现有人数和年平均变动概率,计算和填写各种人员的变动数、需补充的人数和供给量(参考答案见表 1-4)。

表 1-3 A 公司人员供给现状和预测

职务	现有人数	人员变动概率(人员变动数)			
		主任	主管	操作工	离职
主任	10	0.8 ( )	0 ( )	0 ( )	0.2 ( )
主管	20	0.1 ( )	0.8 ( )	0.05 ( )	0.05 ( )
操作工	60	0 ( )	0.05 ( )	0.8 ( )	0.15 ( )
总人数	90				
需补充人数		( )	( )	( )	
预计人员供给量		( )	( )	( )	( )

表 1-4 A 公司人员供给预测参考答案

职务	现有人数	人员变动概率(人员变动数)			
		主任	主管	操作工	离职
主任	10	0.8 (8)	0 (0)	0 (0)	0.2 (2)
主管	20	0.1 (2)	0.8 (16)	0.05 (1)	0.05 (1)
操作工	60	0 (0)	0.05 (3)	0.8 (48)	0.15 (9)
总人数	90				
需补充人数		(0)	(1)	(11)	
预计人员供给量		(10)	(19)	(49)	(12)

1.2.4 实训内容与要求

1. 实训内容

通过背景资料,掌握人力资源供给需求预测方法中比较典型的、应用较广泛的马尔可夫模型预测分析法。

2. 实训要求

要求学生掌握影响组织人力资源供给的主要因素、预测人力资源供给的方法等基本理论，重点掌握马尔可夫模型预测分析法，做好实训前的知识准备，如收集理论依据、相关的书籍、真实案例等。

要求学生运用所学知识，结合背景资料，具体分析组织人力资源供给的相关情况。

要求学生熟练运用马尔可夫模型预测分析法，针对 A 公司下一年的人力资源供给情况进行预测。

要求教师在实训过程中做好组织工作，给予学生必要的、合理的指导，使学生加深对理论知识的理解，提高实际分析、操作的能力。

1.2.5　实训组织方法与步骤

第一步，学生课前查阅相关的背景资料和理论书籍，列出人力资源供给预测的概念和影响人力资源供给的因素及其特点。有可能的话，可深入相关企业人力资源部门进行访问调查。

第二步，对人力资源供给预测的方法进行归纳和总结，找出各种方法适用的不同情况，重点掌握马尔可夫模型预测分析法的应用。采用马尔可夫模型预测组织内部人力资源供给的一般步骤是：首先，根据组织的历史资料，计算出每一类职务上的每一职员流向另一类职务或另一级别的平均概率；其次，根据上述平均概率，建立人员变动矩阵表；最后，根据组织年底各类人员的数量和变动矩阵表预测第二年组织可供给的人数。

第三步，对学生进行分组（4~6 人为一组），以小组为单位，分别应用马尔可夫模型法对 A 公司的人力资源供给进行预测。

第四步，学生在课堂上进行讨论，对各种观点进行分析、归纳和总结，得出各种预测方法的适用范围、前提条件及操作要点。

第五步，教师对各组表现作出适时讲评。

第六步，撰写实训报告。

1.2.6　实训报告

实训结束以后，每位学生必须撰写实训报告，要求在实训报告中阐明对本校组织结构设计和岗位设计的理论依据以及相关的分析，主要内容参考前文中表 1-1。考虑到需要撰写大量的文字，实训报告可以在实训结束 2 天内完成，由组长收齐后上交指导教师。

1.2.7 实训考核方法

1. 成绩划分标准

实训成绩按照优秀、良好、中等、及格和不及格五个等级评定。

2. 成绩评定标准

（1）是否理解人力资源规划的内涵和重要意义。

（2）是否掌握影响人力资源供给的主要因素。

（3）是否掌握人力资源供给预测的方法和程序，能否完成人力资源供给分析与预测工作。

（4）能否结合案例提出自己的观点，列出影响企业人力资源需求预测的主要因素并进行分析。

（5）是否在小组讨论中充分参与，积极投入，体现出良好的团队协作精神。

（6）是否记录了完整的实训内容，规范地完成实训报告，并且文字简练、准确，叙述通畅、清晰。

（7）课堂模拟、讨论、分析占总成绩的60%，实训报告占总成绩的40%。

1.2.8 实训拓展与提高

日本松下公司准确预测人力资源供求的经典实践

一旦完成人力资源的供给和需求预测，人力资源规划者就可以对数据进行比较，从而确定在每种不同的工作类别中可能出现的人力资源过剩或短缺的情况，继而决定采取何种措施来解决这些潜在的问题。

日本松下公司曾因对人力资源供求的准确预测而占得商业先机大大获利。由于松下公司的很多收入来源于产品的出口，因此在预测公司的人力资源需求时考虑的一个关键的先行指标是：日元与其他货币相比的汇率。日元的价值与松下公司的销量之间存在一种很强的负相关关系，因为日元升值会造成产品成本与价格上扬，而这将抑制海外市场对其产品的需求，进而抑制公司对日本劳动力的需求。

1988年，松下公司人力资源规划者预测日元到1994年时会升值30%，并得出一个结论：如果当前不采取任何措施，那么到时会受到内部人力资源过剩的困扰。于是松下公司决定不在日本国内拓展业务，而是在世界各地建立"出口中心"，到马来西亚、中国和美国去设计并生产电视机与空调，从而使得这些产品的价格免受日元升值的冲击。到1995年，事实证明松下公司对日元升值预测的准确性，出口中心也因此得以迅速发展。与此同时，那些没有预测到这一先行指标变化趋势的日本公司不得不开始裁员——在此之前，几乎没有一家日本公司从人力资源规划层面对此采取过类似的预防措施。

1.3 人力资源综合平衡分析

1.3.1 实训目的

通过本次实训，进一步明确人力资源需求与供给平衡的重要意义，掌握人力资源供需平衡的基本对策以及实现手段。

1.3.2 基本知识要点

1. 企业人力资源供求的平衡

企业人力资源供求达到平衡（包括质量和数量）是人力资源规划的目的。企业人力资源供求关系有三种情况：人力资源供求平衡；人力资源供大于求，组织内部人浮于事，内耗严重，生产或工作效率低下；人力资源供小于求，企业设备闲置，固定资产利用率低，也是一种浪费。人力资源规划就是要根据企业人力资源供求预测结果，制定相应的政策措施，使企业未来人力资源供求实现平衡。

企业人力资源供求完全平衡的情况很少见，甚至不可能，即使是供求总量上达到平衡，也会在层次、结构上达到不平衡，如高职务需从低职务中培训晋升，对新上岗人员进行岗前培训等。企业应依据具体情况制定供求平衡规划。

（1）人力资源供过于求时可以采取的对策

当预测企业人力资源供给大于需求时，通常采用下列措施以调整企业的人力资源实现供求平衡。

① 提前退休。企业可以适当放宽退休年龄和条件限制，促使更多员工提前退休。如果提前退休条件具有足够的吸引力，就会使更多的员工愿意提前退休。提前退休使企业减少员工比较容易，但企业也会因此背上比较沉重的包袱，而且提前退休有时受到有关政策法规的限制。

② 减少人员补充。当企业出现员工退休、离职等情况时，对空闲岗位不进行人员补充，这样做可以通过平稳的方式减少企业内部人员，从而使人力资源供求平衡。但采取减少人员补充的方式往往数量有限，而且难以得到企业所需要的员工。

③ 增加无薪假期。当企业出现短期人力资源过剩的情况时，采取增加无薪假期的方法比较合适，这样做可以使企业暂时减轻财务上的负担。

④ 裁员。裁员是一种没有办法的办法，但这种办法相当有效。减员时，一般要制定较优厚的减员政策，比如给被减员者发放优厚的失业金。减员对象一般是那些期望离职的员工和工作考评成绩低的员工。裁员会降低员工对企业的信心，挫伤员工的积极性，被裁减的员工有时会做出损害企业形象的事，因此，企业采取裁员手段时一定要慎重，周密设计。

（2）人力资源供不应求时可采取的对策

当预测企业人力资源供给小于需求时，通常采用下列措施调整企业的人力资源，实现供求平衡。

① 外部招聘。外部招聘是最常用的人力资源供不应求时的调整方法。当企业生产工人或技术人员供不应求时，从外部招聘可以比较快地得到熟练员工，以及时满足企业生产的需要。当然，如果从外部招聘管理人员，由于管理人员熟悉企业内部情况需要一段时间，一般来说，企业若有内部调整、内部晋升等计划，则应该优先考虑这些计划，再考虑外部招聘。

② 内部招聘。内部招聘是指当企业出现职位空缺时，从企业内部调整员工到该岗位上，以弥补空缺的职位。内部招聘可以节约企业的招聘成本，提高员工的积极性。但对于比较复杂的工作，内部招聘员工可能需要培训时间。

③ 聘用临时工。聘用临时工是企业外部招聘员工的一种特殊形式。聘用临时工可以减少企业的福利开支，而且临时工的用工形式比较灵活。企业在不需要员工的时候，可以随时解除劳动关系。产品季节性较强的企业或临时岗位采取临时招聘比较合适。

④ 延长工作时间。延长工作时间也称为加班。延长工作时间可以节约福利开支、减少招聘成本，而且可以保证工作质量。但长期延长工作时间会降低员工的工作质量，而且延长工作时间也受到劳动法等有关政策法规的限制。

⑤ 内部晋升。当较高层次的职位出现空缺时，可内部晋升也可外部招聘。企业一般优先考虑提拔内部员工。在许多企业里，内部晋升是员工职业生涯规划的重要内容，对员工有较大的激励作用。而且，由于内部员工更加了解企业的情况，会比外部招聘人员更适应工作环境，更有工作效率，同时节约外部招聘成本。但当企业缺乏生气或面临技术和市场的重大变革急需人才时，则需要考虑从外部招聘。

⑥ 技能培训。对公司现有员工进行必要的技能培训，使之不仅能适应当前的工作，还能适应更高层次的工作，这样，就为内部晋升政策的有效实施提供了保障。如果企业即将出现经营转型，企业应该及时对员工进行新的岗位知识和工作技能的培训，以保证企业转型后原有的员工能够符合任职要求。这样做的最大好处是防止企业的冗员现象。

⑦ 调宽工作范围。当企业某类员工紧缺，在人才市场又难以招聘到相应的员工时，可以通过修改职位说明书，调宽员工的工作范围或责任范围，从而达到增加员工工作量的目的。需要注意的是，调宽工作范围必须与提高工作待遇相对应，不然容易使员工产生不满情绪，影响企业的生产活动。调宽工作范围可以与企业提高技术成分搭配使用。

（3）人力资源结构失衡时可采用的对策

实际上，在制定人力资源平衡措施的过程中，很多情况下不单是单纯的数量供不应求或供大于求，可能还存在人力资源的结构失衡。例如，高层次人员供不应求，而低层次人员却供过于求。企业要根据具体情况，制定相应的人力资源规划，使各部门人力资源在数量和结构方面保持平衡。如果企业比较灵活，富有生气，应以内部调整为主，对某类富余职工进行培训，将其调整到需要人员的岗位上。如果企业比较僵化，应招聘一些外部职工，给企业带来一些新的生产技术和管理措施。调整结构性失衡的办法一般有技术培训计划、人员继任计划、晋升和外部补充计划，其中外部补充主要是为了补充人员退休和流失造成的职务空缺。

2. 专项人力资源规划的平衡

组织的人力资源规划包括人员补充计划、培训计划、使用计划等，这些计划之间有着密切的内在联系，因此必须充分注意各专项人力资源规划之间的平衡与协调。例如，通过人员培训计划提高受训人员的素质与技能后，必须与人员使用计划衔接，将他们安置到适当的岗位上；人员得到晋升或经过调整后，其承担的责任和所发挥的作用与以前不一样，必须配合相应的薪资调整计划。唯有如此，组织的人员才能保持完成各项任务的积极性，专项人力资源规划才能得以实现。

3. 组织需要与个人需要的平衡

企业人力资源规划中的各专项人力资源规划是解决组织的需要和组织成员的个人需要这一矛盾的手段与措施，如表 1-5 所示。通过平衡组织需要与个人需要，企业在充分发挥员工积极性的基础上达到企业的发展目标，同时使员工的各类需求获得最大限度的满足。

表 1-5　人力资源规划平衡企业需求与员工需求

企业需求	员工需求	人力资源规划
人员精简	工作保障	培训计划
人员稳定	发展机会	职业生涯规划
降低成本	提升待遇	生产效率计划
领导权威	受到尊重	劳动关系计划
专业化	工作丰富	轮岗计划
人员效率	公平竞争	考核计划

1.3.3　实训所需条件

1. 实训时间

本实训项目时间安排以 2 个课时为宜。

2. 实训地点

多媒体教室。

3. 实训所需材料

衡业科技公司的人力资源平衡

衡业科技公司是一家高速扩张的高科技公司，主要产品是医用成像设备。经过几年的发展，衡业科技公司的年产值已经达到10亿元人民币，公司从创业时的十几个人，发展到近500人。由于发展迅速和公司所处行业的特殊性，经常出现中层管理人员不足而基层操作工过剩的情况。公司高层对这一情况十分重视，从去年开始，公司增强了人力资源部的力量，由原来的三个人增加到七个人，并要求其制定公司的人力资源规划。人力资源部派出专门小组，负责收集和分析目前公司对成本中心、销售中心、财务中心、研发中心等主要职能部门的管理人员和专业人员的需求情况以及劳动力市场的供给情况，并预测各职能部门内部可能出现的关键职位空缺数量。上述结果用来作为制定公司人力资源规划的基础，同时也作为直线管理人员制定行动方案的基础。但是在这几个职能部门里制定和实施行动方案的过程（如决定技术培训方案、实行工作轮换等）是比较复杂的，因为这一过程会涉及不同的部门，需要各部门通力合作。例如，成本中心经理为制定将本部门某员工的工作轮换到销售中心的方案，就需要销售中心提供合适的职位，同时，人力资源部要做好相应的人事服务（如财务结算、资金调拨等）。职能部门制定和实施行动方案过程的复杂性给人力资源部门进行人力资源规划也增添了难度，这是因为有些因素（如职能部门间合作的可能性与程度）是不可预测的，它们将直接影响预测结果的准确性。

衡业科技公司不仅仅重视人力资源规划的制定，还注重对人力资源规划的实施与评价。公司聘请了几位人力资源专家，每季度会同公司分管副总裁一起对人力资源规划实施的情况进行评估。这一过程按照标准方式进行，即人力资源部要在以下十四个方面作出书面报告：各职能部门现有人员，人员状况，主要职位空缺及候选人，其他职位空缺及候选人，多余人员的数量，自然减员，人员调入，人员调出，内部变动率，招聘人数，劳动力其他来源，工作中的问题与难点，组织问题，其他方面（如预算情况、职业生涯考察、方针政策的贯彻执行等）。同时，他们必须指出上述十四个方面与预测（规划）的差距，并讨论可能的纠正措施。通过评估大家一般能够对下季度在各职能部门应采取的措施达成一致意见。在评估结束后，人力资源主管要对他们分管的职能部门进行检查。在此过程中，直线经理重新检查重点工作，并根据需要与人事管理人员共同制定行动方案。当直线经理与人事管理人员发生意见分歧时，往往通过协商解决。行动方案报上级主管审批。

经过一段时间的摸索和努力，衡业科技公司的人力资源规划工作取得了比较大的成效，对经理层管理人员的职位空缺作出了较准确的预测，制定了详细的人力资源规划，使得中层人员空缺减少了40%，跨地区的人员调动也大大减少。另外，从内部选拔任职者的时间也减少了60%，并且保证了人选的质量，合格人员的漏选率大大降低，使人员配备过程得到了改进。人力资源规划还使得公司的招聘、培训、员工职业生涯规划与发展等各项业务得到改进，节约了人力成本。

1.3.4　实训内容与要求

1. 实训内容

通过背景资料，掌握企业人力资源供求平衡的一般方法。

2. 实训要求

要求学生掌握人力资源供给与需求平衡、人力资源规划平衡、组织需要与个人需要平衡的内涵，以及使人力资源供给和需求达到平衡的一般方法。做好实训前的知识准备，如收集理论依据、相关的书籍、真实案例等。

要求学生运用所学知识分析案例中的公司是如何解决人力资源供求失衡的，并总结该公司采用的对策。

要求教师在实训过程中做好组织工作，给予学生必要的、合理的指导，使学生加深对理论知识的理解，提高实际分析、操作的能力。

1.3.5　实训组织方法与步骤

第一步，做好实训前准备，根据所准备的背景资料和相关的理论书籍，从理论上了解人力资源供大于求、供不应求和结构性失衡三种情况的解决方法。结合案例的人力资源管理现状，列出该公司人力资源工作的具体做法及特点。有可能的话，可深入相关企业人力资源部门进行访问调查。

第二步，对学生进行分组，每组 4~6 人。

第三步，每组学生根据分析的结果，确定该公司是如何对人力资源进行平衡的。

第四步，调动学生积极思考发言，让每组学生进行充分的分析和讨论，并在小组内部形成统一的结论，由小组代表进行汇报。

第五步，教师对各种观点进行分析、归纳和总结提炼，提出指导意见，帮助学生完善自己的结论。

第六步，撰写实训报告。

1.3.6　实训报告

实训结束以后，每位学生必须撰写实训报告，要求在实训报告中阐明相关理论依据以及相关的分析，主要内容参考前文中表 1-1。考虑到需要撰写大量的文字，实训报告可以在实训结束后 2 天内完成，由组长收齐后上交指导教师。

1.3.7　实训考核方法

1. 成绩划分标准

实训成绩按照优秀、良好、中等、及格和不及格五个等级评定。

2. 成绩评定标准

① 是否理解人力资源综合平衡的含义。
② 是否掌握人力资源综合平衡的办法和对策。
③ 能否结合企业的实际情况，提出自己的观点，找出解决该企业人力资源供求失衡的措施和办法。
④ 是否在小组讨论中充分参与，积极投入，体现出良好的团队协作精神。
⑤ 是否记录了完整的实训内容，规范地完成实训报告，做到文字简练、准确，叙述通畅、清晰。
⑥ 课堂模拟、讨论、分析占总成绩的60%，实训报告占总成绩的40%。

1.3.8 实训拓展与提高

镇江默勒电器有限公司的人力资源战略研究

镇江默勒电器有限公司1993年由大全集团与德国默勒合资成立，公司投资总额为2 000万欧元，注册资本1 138万欧元，现有员工750名，其中外籍专家2名，技术、研发人员90名，工厂占地面积420 000平方米，年销售额10亿元，年生产能力25 000台。

作为国内第一家合资品牌的低压成套公司，镇江默勒电器有限公司20年专注于低压电气领域，公司所有产品均通过国内外权威机构试验和检测，主要原材料和元器件均为进口，产品达到世界先进水平，广泛运用于核电、石化、交通、电子通信、水处理、工矿、商业建筑、市政工程等领域。公司合资双方通力合作，先后从德国默勒引进MODAN6000配电系统、ID2000配电屏、CID配电箱、BLTS母线等国际领先的配电产品。

镇江默勒电器有限公司以其优良的产品和无可指责的服务致力于为全球客户提供绿色解决方案，产品成功运用于天安门广场、人民大会堂、中央办公厅、中央电视台新台址、三大石化、岭澳核电、上海浦东机场、北京地铁、上海宝钢、华为、云南红塔、中粮集团等重大客户的工程中，并受到GE、FL. Smidth、Bayer、Evonik、Air Liquid等国际知名用户的青睐，成功应用到全球多项工程中。

镇江默勒电器有限公司决定在荷兰新开一家工厂，以发挥其竞争优势。该公司一个突出的竞争优势是在荷兰已有现成的生产设施，另一个优势是该公司提供的待遇对荷兰的劳动力很有吸引力。

镇江默勒电器有限公司在建厂前进行了周密的战略研究。当然，研究的因素之一是合格的人力资源供给情况。但是，战略研究的重点在于怎样改进生产技术，使其与今后20年的劳动力特点相适应。今天的劳动者能够有效使用的机器和方法，随着劳动者年龄的增长可能不再有效。还有一个很重要的考虑因素，就是荷兰的文化氛围：在职业生涯中雇员并不习惯从一个地点转移到另一个地点。因此，雇员的工作调动很困难，雇员的更换几乎是不可能的。鉴于这些因素，为保持其竞争优势，镇江默勒电器有限公司想把未来劳动力的特点纳入战略规划过程。由于规划的干预，未来的劳动者文化程度将更高，并且更加独立，因此他们想设计出能使工作轮换、工作分配和工作丰富化得到改进的生产过程。这体现了全公司战略规划和人力资源规划的整体性。

1.4 人力资源规划的编写

1.4.1 实训目的

通过本次实训，初步掌握组织人力资源规划的制定原则、主要内容和程序步骤，能够编制基本的组织人力资源规划。

1.4.2 基本知识要点

1. 制定人力资源规划的原则

（1）围绕组织战略进行规划

组织的年度人力资源规划要以组织的战略发展为核心，组织战略决定了组织人力资源规划的方向。

（2）在组织环境分析的基础上进行规划

组织环境的内部变化主要指销售的变化、开发的变化或企业发展战略的变化，还有公司员工的流动变化等。组织环境的外部变化指社会消费市场的变化、政府有关人力资源政策的变化、人才市场的变化等。为了更好地适应这些变化，在人力资源规划时应该对可能出现的情况作出预测，要有应对风险的策略。

（3）重视企业的人力资源保障问题

企业的人力资源保障问题是人力资源规划中应解决的核心问题。它包括人员的流入预测、流出预测、内部流动预测，社会人力资源供给状况分析，人员流动的损益分析等。

（4）有所为有所不为

组织的资源是有限的，因此如何让有限的资源发挥最大的作用，最大限度地满足组织的需要，是人力资源规划要考虑的重要问题。

（5）使企业和员工都得到长期的利益

人力资源规划不仅是面向企业的计划，也是面向员工的计划。企业的发展和员工的发展是互相依托、互相促进的关系。

2. 人力资源规划的主要内容

人力资源规划是预测未来的组织任务和环境对组织的要求，以及为了完成这些任务和满足这些要求而设计的提供人力资源的过程。人力资源规划可以分为战略计划和战术计划两个方面。

（1）人力资源的战略计划

战略计划主要是根据公司内部的经营方向和经营目标，以及公司外部的社会和法律环境对人力资源的影响制订出一套跨年度计划。在制订战略计划的过程中，必须注意以下方面。

① 国家及地方人力资源政策环境的变化。包括国家对于人力资源法律法规的制定，对于人才的各种措施。国家各种经济法规的实施，国内外经营环境的变化，国家以及地方对于人力资源和人才的各种政策规定等，这些外部环境的变化影响着公司内部的整体经营环境，也影响着企业战略和计划，公司内部的人力资源政策也应该随之变动。

② 公司内部经营环境的变化。公司人力资源政策的制定必须遵从公司的管理状况、组织状况、经营状况变化和经营目标的变化。由此，公司的人力资源管理必须以公司的稳定发展为前提和基础，以公司的生命力和可持续增长并保持公司的永远发展潜力为目的，随着公司内部经营环境的变化而变化。

③ 企业文化的整合。公司文化的核心就是培育公司的价值观，培育一种创新向上、符合实际的公司文化。在公司的人力资源规划中必须充分注意与公司文化的融合与渗透，保障公司经营的特色，以及公司经营战略实现和组织行为的约束力，只有这样，才能使公司的人力资源规划具有延续性，具有自己的人力资源特色。

（2）人力资源的战术计划

制订了公司的人力资源战略计划后，需要进一步制订公司的人力资源战术计划。人力资源的战术计划主要包括人员招聘计划、使用计划、培训与开发计划、绩效管理调整计划、薪酬调整计划。专项业务计划是总体规划的展开和具体化，以保证企业人力资源总体规划目标的实现。每一专项业务计划也都由目标、任务、政策、步骤及预算等部分组成。

① 招聘计划。人力资源规划中的招聘计划，是针对企业整体招聘与选拔工作进行的计划与制度，即制订出相应的人才招聘计划，一般为一个年度为一个阶段。招聘计划的内容包括：计算本年度所需人才，并确定是否有可内部晋升调配的人才，确定各年度必须向外招聘的人才数量，确定招聘方式，寻找招聘来源；对所聘人才如何安排工作职位，并防止人才流失。企业通过需求、供给（分析）预测与使用计划三方面的综合分析，能够清晰地了解企业在规划期限内需要招聘人才的数量与质量，通过深入调研确定各部门的时间要求，能够对企业一个阶段的招聘活动进行总体计划。

② 使用计划。使用计划是在需求分析与人力资源评估的基础上，对企业现有人才岗位任职者进行调配、使用的计划。具体内容包括晋升、调岗（转换）、降职、继任者计划、岗位轮换计划与职业开发计划。一般情况下，员工素质随着工作历练或自我学习会发生变化，岗位职责变动对任职者的要求会产生变化，组织变革或流程再造更会对任职者的素质提出新的要求等，这些变化要求人力资源部门必须在岗位与员工之间重新配置。使用计划需要做到：对成长迅速的员工进行晋升；将不适合岗位要求的员

工调整到能够发挥其长处的岗位；对明显不胜任现有岗位的任职者进行调整；为关键岗位确定储备人选；将相近或相似岗位的任职者进行岗位轮换以丰富其工作内容，激发任职者对工作的兴趣；考虑员工的职业发展问题，让员工能够根据自身的兴趣与企业需要提升自身职业能力，等等。

③ 培训与开发计划。培训与开发计划是人力资源规划中的重要组成部分，是对企业员工培训与开发工作的整体计划。人员培训与开发计划应按照公司的业务需要和公司的战略目标，以及公司的培训能力，分别确定下列培训与开发计划：专业人员培训与开发计划；部门培训计划；一般人员培训与开发计划；选送进修计划等。培训计划是满足员工胜任现有岗位的需要，开发计划是让员工具备未来岗位所需要的素质，培训计划是满足当前的需要，而开发计划是满足未来的需要。培训计划需要对企业决策层、管理层与操作层的所有员工的培训目标、培训内容、培训方法进行规定，开发计划是针对特定范围的员工制订的素质提升计划，内容包括开发目标、开发周期、具体措施等，但开发计划必须以培训计划的形式表现出来。在培训与开发计划制订过程中，需要区分考察的是，企业战略与竞争战略、职能战略的要求不同，不同层面、不同职能员工的培训目标不同。

④ 绩效管理调整计划。绩效管理是人力资源管理的核心任务之一。企业战略、组织结构与员工岗位都是影响绩效管理调整计划的因素。企业战略、竞争战略与职能战略决定每个岗位的绩效指标。战略目标的调整也会带动绩效指标的变化，绩效指标对员工的工作行为发挥导向作用。企业在不同阶段竞争战略不同、职能战略不同，相应岗位的绩效指标也不同。企业内部因为分工的不同，对人员的考核方法也不同，在提高、公平、发展的原则下，应该以员工对公司所作出的贡献作为考核的依据。企业需要不断调整相关岗位的绩效指标，确保员工的努力方向与企业战略、部门目标方向一致。

⑤ 薪酬调整计划。薪酬政策决定了企业能否留住发展所需要的人才，薪酬调整计划也是人力资源规划中的重点。根据薪酬管理的公平性与竞争性原则，企业必须在薪酬调查的基础上动态调整企业的工资、奖金与福利的标准，以适应地区、行业薪酬水平的变化。薪酬调整计划就是薪酬制度动态调整的具体体现。具体内容包括：薪酬结构变化；工资、奖金与福利基准或标准变化等。另外，还需要考虑因法律变化而导致的薪酬变化的因素。

3. 编写人力资源规划的步骤

（1）制订职务编制计划

根据企业发展规划综合职务分析报告的内容制订职务编制计划，陈述企业的组织结构、职务设置、职位描述和职务资格要求。制订职务编制计划的目的是描述企业未来的组织规模和模式。

（2）根据企业发展规划，结合企业人力资源盘点报告制订人员配置计划

人员配置计划陈述了企业每个职务的人员数量、人员的职位变动、职务空缺数量

等。制订人员配置计划的目的是描述企业未来的人员数量和素质构成。

（3）制定人力资源部费用预算

人力资源部费用预算主要包括招聘费用、培训费用、福利费用等的预算。

（4）确定人员供给计划

人员供给计划是人员需求的对策性计划，主要陈述人员供给的方式、人员内外部流动政策、人员获取途径和获取实施计划等。通过分析组织过去的劳动力人数、组织结构、人员流动、年龄变化和录用情况等资料，就可以预测出未来某个特定时刻的人员供给情况。预测结果勾画出组织现有人力资源状况以及未来组织在流动、退休、淘汰、升职以及其他相关方面的发展变化情况。

（5）制订培训计划

培训包括两种类型：一种是为了实现提升而进行的培训，如经理职前培训；另一种是为了弥补现有生产技术的不足而进行的培训，如新招聘的员工接受岗位技能培训。培训计划包括培训政策、培训需求、培训内容、培训形式、培训考核等内容。

（6）制订人力资源管理政策调整计划

人力资源管理政策调整计划明确人力资源政策的调整原因、调整步骤和调整范围等，包括招聘政策、绩效政策、薪酬与福利政策、激励政策、职业生涯政策、员工管理政策等。

（7）预测人员需求

根据职务编制计划和人员配置计划，使用预测方法来预测人员需求。应陈述需求的职务名称、人员数量、希望到岗时间等，最好形成一个写明员工数量、招聘成本、技能要求、工作类别以及为完成组织目标所需的管理人员数量和层次的列表。

4. 人力资源规划的发展趋势

（1）注重对关键环节的陈述

为了保证企业人力资源规划的实用性和有效性，人力资源规划将更加注重关键环节的陈述。

（2）关键环节明确化、细致化

人力资源规划中的长期规划也倾向于将规划中的关键环节明确化、细致化，并将它们提炼成可具体执行的规划，明确规划的责任和要求，并且有相应的评估策略。

（3）注重年度规划和短期规划

由于人力资源市场和企业发展的变化周期缩短，企业更倾向于编写年度人力资源规划和短期规划。

（4）对关键环节进行数据分析和量化评估

企业的人力资源规划将会更加注重关键环节的数据分析和量化评估，并且明确地限定人力资源规划的范围。

1.4.3 实训所需条件

1. 实训时间

实训时间为 2 周，课堂授课时间为 2 课时，其余时间供调查访问、收集信息之用。

2. 实训地点

深入一家有一定规模的企业开展实训。

3. 实训所需材料

教师提前给出目标公司的基本背景，学生根据前面介绍的理论知识做好实训准备，收集目标公司的历年人力资源数据、职能结构、职位说明书等相关材料，以备分析讨论之用。

1.4.4 实训内容与要求

1. 实训内容

编制企业年度人力资源规划。

2. 实训要求

要求选择一家人力资源工作开展较为成熟的企业作为实训基地。与企业进行良好的沟通，取得编制人力资源规划所需的相关资料支持和人员支持。

要求学生熟练掌握编制企业人力资源规划的原则、内容和步骤等基本理论，做好实训前的知识准备。

要求学生深入目标企业，通过查找资料、与高管面谈、走访相关行业等工作，结合所学知识，以组为单位，尝试编制基本的年度人力资源规划。

要求教师在实训过程中做好组织工作，给予学生必要的、合理的指导，使学生加深对理论知识的理解，提高实际分析、操作的能力。

1.4.5 实训组织方法与步骤

第一步，教师与目标企业联系，获得企业的支持，确定学生到企业实训的时间。

第二步，教师向学生明确实训的要求，规范学生行为，在实训的过程中不得干扰或影响企业的正常工作。学生须在教师和企业专业人员指导下开展实训活动。

第三步，要求学生课前查阅相关理论与实战书籍，详细了解人力资源规划的编制原则、方法、内容及步骤。

第四步，学生分组进入实训岗位，深入企业基层，对企业人力资源部门进行访问。小组成员可分工配合，各负责一部分，收集所需的资料信息，在方便的时候与相关人员面谈或进行问卷调查。

第五步，在充分调查和研究的基础上，参考企业以前年度的人力资源规划，进行汇总、讨论。

第六步，教师提出指导意见，帮助学生完善结论，编写该企业年度人力资源规划。

第七步，撰写实训报告。

1.4.6 实训报告

实训结束以后，每位学生必须撰写实训报告，要求在实训报告中阐明编制企业年度人力资源计划的主要依据，主要内容参考前文中表 1-1。考虑到需要撰写大量的文字，实训报告可以在实训结束后 2 天内完成，由组长收齐后上交指导教师。

1.4.7 实训考核方法

1. 成绩划分标准

实训成绩按照优秀、良好、中等、及格和不及格五个等级评定。

2. 成绩评定标准

① 是否掌握人力资源规划的编制原则、方法和内容。
② 是否掌握人力资源规划的编制程序和步骤。
③ 能否结合企业的实际情况，编制合理的年度人力资源规划。
④ 是否在小组讨论中充分参与，积极投入，体现出良好的团队协作精神。
⑤ 是否记录了完整的实训内容，规范地完成实训报告，做到文字简练、准确，叙述通畅、清晰。
⑥ 课堂模拟、讨论、分析占总成绩的 20%，年度人力资源规划书和实训报告占总成绩的 80%。

1.4.8 实训拓展与提高

2010 年度××公司人力资源管理计划

下面是某公司人力资源部编写的较为完整的年度人力资源计划。该计划主要包括 5 个部分，分别是职务设置与人员配置计划、人员招聘计划、培训计划、绩效考评政策调整计划和人力资源管理预算。

1. 职务设置与人员配置计划

根据公司 2010 年发展计划和经营目标，人力资源部协同各部门制订了公司 2010 年的职务设置与人员配置计划。2010 年，公司拟设置行政部、人力资源部、财务部、销售一部、销售二部、产品部、技术开发一部和技术开发二部 8 个部门。公司领导层除了总经理主持全面工作外,其他领导人的分管部门为:行政副总主管行政部和人力资源部;财务总监主管财务部;营销总监主管销售一部、销售二部和产品部;技术总监主管开发一部和开发二部。具体职务设置与人员配置如下。

(1) 公司领导层(6人)。总经理 1 名、行政副总 2 名、财务总监 1 名、营销总监 1 名、技术总监 1 名。

(2) 行政部(9人)。行政部经理 1 名、行政助理 2 名、行政文员 3 名、司机 2 名、接线员 1 名。

(3) 财务部(5人)。财务部经理 1 名、会计 1 名、出纳 1 名、财务文员 2 名。

(4) 人力资源部(5人)。人力资源部经理 1 名、薪酬专员 1 名、招聘专员 2 名、培训专员 1 名。

(5) 销售一部(17人)。销售一部经理 1 名、销售组长 3 名、销售代表 10 名、销售助理 3 名。

(6) 销售二部(11人)。销售二部经理 1 名、销售组长 2 名、销售代表 6 名、销售助理 2 名。

(7) 开发一部(19人)。开发一部经理 1 名、开发组长 3 名、开发工程师 12 名、技术助理 3 名。

(8) 开发二部(17人)。开发二部经理 1 名、开发组长 3 名、开发工程师 10 名、技术助理 3 名。

(9) 产品部(6人)。产品部经理 1 名、营销策划 2 名、公共关系 2 名、产品助理 1 名。

2. 人员招聘计划

(1) 招聘目标(人员需求)

根据 2010 年职务设置与人员配置计划,公司人员数量应为 95 人,到目前为止公司只有 74 人,缺口 21 人,所缺人员具体职务和数量如表 1-6 所示。

表 1-6 某公司人员招聘计划

职务名称	人员数量	其他要求
软件工程师	8 名	本科以上学历,35 岁以下
销售代表	10 名	大专以上学历,相关工作经验 3 年以上
行政文员	3 名	专科以上学历,女性,30 岁以下

(2) 信息发布时间和渠道

① 《广州日报》:3 月 18 日。

② 南方招聘网站:3 月 18 日。

（3）招聘方式

软件工程师：社会招聘和学校招聘。

行政文员：学校招聘。

销售代表：社会招聘。

（4）招聘策略

学校招聘主要通过参加应届毕业生洽谈会、在学校举办招聘讲座、张贴招聘布告、网上招聘四种形式。

社会招聘主要通过参加人才交流会、刊登招聘广告、网上招聘三种形式。

（5）招聘人事政策

① 本科生。

待遇：转正后待遇2 000元，其中基本工资1 500元、住房补助200元、社会保障金300元左右（养老保险、失业保险、医疗保险等）。试用期基本工资1 000元，满半月有住房补助。

考上研究生后协议书自动解除。

试用期3个月。

签订3年劳动合同。

② 硕士研究生。

待遇：转正后待遇5 000元，其中基本工资4 500元、住房补助200元、社会保险金300元左右（养老保险、失业保险、医疗保险等）。试用期基本工资3 000元，满半月有住房补助。

考上博士后协议书自动解除。

试用期3个月。

公司鼓励员工攻读在职博士。

签订不定期劳动合同，员工来去自由。

成为公司骨干后，可享有公司股份。

（6）风险预测

① 由于今年本市应届毕业生就业政策有所变动，可能会增加本科生招聘难度，但由于公司待遇较高并且属于高新技术企业，可以基本回避该风险。另外，由于优秀的本科生考研的比例很大，所以在招聘时，应该留有备选人员。

② 由于计算机专业研究生愿意留在本市的较少，所以研究生招聘将比较困难。如果研究生校内招聘困难，应通过社会招聘来填补"软件工程师"这一职务的空缺。

（7）招聘小组成员名单

组长：王伟（人力资源部经理），对招聘活动全面负责。

成员：张明（人力资源部招聘专员）、李东（人力资源部薪酬专员），具体负责应聘人员接待、应聘资料整理等工作。

（8）选拔方案及时间安排

① 软件工程师。

资料筛选：软件部经理，截止到 3 月 25 日。

初试（面试）：开发部经理，3 月 27 日。

复试（笔试）：开发部命题小组，3 月 29 日。

② 销售代表。

资料筛选：销售部经理，截止到 3 月 25 日。

初试（面试）：销售部经理，3 月 27 日。

复试（笔试）：销售部副总，3 月 29 日。

③ 行政文员。

资料筛选：行政部经理，截止到 3 月 25 日。

面试：行政部经理，3 月 27 日。

（9）新员工的上岗时间

预计在 4 月 1 日左右。

（10）招聘费用预算

①《广州日报》广告刊登费：4 000 元。

② 南方招聘网站信息刊登费：800 元。

合计：4 800 元。

（11）招聘工作时间表

3 月 11 日：起草招聘广告。

3 月 12—3 月 13 日：进行招聘广告版面设计。

3 月 14 日：与报社、网站联系。

3 月 18 日：报社、网站刊登广告。

3 月 19—25 日：接待应聘者、整理应聘资料、对资料进行筛选。

3 月 26 日：通知应聘者面试。

3 月 27 日：进行面试。

3 月 29 日：进行软件工程师复试（笔试）、销售代表复试（面试）。

3 月 30 日：向通过复试的人员通知录用。

4 月 1 日：新员工上班。

3. 培训计划

（1）培训目标

① 满足各级管理者和工作任务的需要：管理者管理技能、态度和综合素质的提升，有利于提高工作任务完成的效率，增加公司经营目标实现的可能性。

② 满足员工需要：通过提高员工的岗位技能，使员工增加工作信心，并且有动力在工作岗位上应用这一技能，从而促进部门目标的完成。

③ 塑造公司的"学习文化",形成一种学习的氛围,保持公司的持续发展。

(2)培训内容

① 高级管理人员培训:高级管理人员应具备广阔的视野,正确把握社会、经济形势,熟悉公司内外部各种影响因素,因此高级管理人员的培训重点是提高从全局进行评价、决策的能力以及组织、驾驭和培养后续人才的能力,如表1-7所示。

表1-7 高级管理人员培训内容

序号	培训内容
1	企业经营环境、经营思路、行业发展等的研究
2	上市公司法律法规学习
3	创新能力、战略管理及领导力提升
4	读书活动、热点案例讨论
5	考察、学习

培训方式:

a. 参加各种高级研修班、研讨会,由培训部门提供相关资讯,或由高级管理人员提出,培训部门组织。

b. 通过读书与专题案例讨论相结合的方式,了解行业动态,及时沟通信息,提高分析问题、解决问题的能力。

c. 根据工作需要,进行企业间高层互访。

d. 赴美国、加拿大、印度考察同类企业。

② 中层管理人员培训:中层管理人员的培训重点在于管理者能力的开发,通过培训,激发经理级员工的个人潜能,增强团队活力、凝聚力和创造力,使中层管理人员加深对现代企业经营管理的理解,了解企业内外部的形势,树立长远发展的观点,提高中层管理者的计划、执行能力,培训内容如表1-8所示。

表1-8 中层管理人员培训内容

序号	培训内容
1	人力资源管理
2	职业经理技能提升
3	行业前沿信息
4	读书活动(如精读《寓言中的经济学》)
5	对直接下属的辅导

培训方式:

a. 选择内训或外出参加公开课方式,总部中层经理、各下属单位总经理参加,旨在提高各级经理的人力资源管理技能。

b. 通过集中讨论与自学相结合的方式,掌握新资讯,了解行业动态。

c. 部门经理负责对下属提供学习和管理的机会，有助于在职位出现空缺时，有训练有素、熟悉业务的人员顶替，避免产生人才短缺问题。

③ 员工培训：员工培训重点在提高专业技能，领悟公司经营管理理念，提高工作主动性和积极性。员工培训的内容如表1-9所示。

表1-9 员工培训内容

序号	培训内容	
1	企业文化培训	
2	现代企业员工职业化训练	系列一：时间管理 系列二：沟通技巧 系列三：商务礼仪 系列四：职业生涯规划
3	职位说明书、任职标准学习	
4	读书活动（如精读《与公司共命运》）	
5	自主学习	

培训方式：

a. 全体员工参加公司企业文化培训。

b. 采用内训与播放光盘相结合的形式，每个系列安排两期，员工可根据工作安排，自行选择观看时间，培训部门组织和跟踪考核。

c. 充分利用期刊室，让员工自主学习，在规定的时间内，员工自己安排学习进度，每人每年必读两本以上与工作相关的书籍或杂志，写两篇读书心得。

④ 新员工岗前培训：新员工岗前培训的内容为公司级培训，之后由所在各单位进行二级培训，所在部门或生产车间进行三级培训，培训内容如表1-10所示。

表1-10 新员工岗前培训内容

序号	培训内容
1	公司发展史（1天）
2	企业文化和经营理念（1天）
3	公司战略和发展规划（1天）
4	公司规章制度（1天）
5	拓展训练（2天）
6	入职训练（1天）

培训对象：公司新接收的应届毕业生、社会招聘人员。

培训方式：对新招聘员工的培训，采用课堂学习（5天）与户外体验式培训（2天）相结合的方式，使新员工逐步认识公司，加深对企业文化的理解，获得新感觉、新动力。

4. 绩效考评政策调整计划

2009年公司已经开始对员工进行绩效考评，每位员工都有了考评记录。另外，在

2009年对开发部进行了标准化的定量考评。

2010年，绩效考评政策将作以下几个方面的调整。

（1）建立考评沟通制度，由直接上级在每月考评结束时进行考评沟通。

（2）建立总经理季度书面评语制度，让员工及时了解公司对他的评价，并感受到公司对员工的关心。

（3）在开发部试行"标准量度平均分布考核方法"，使开发人员更加明确自己在开发团队中的位置。

（4）加强考评培训，减少考评误差，提高考评的可靠性和有效性。

5. 人力资源管理预算计划

（1）招聘费用

① 招聘讲座费用：计划分别针对本科生和研究生在8个学校举行招聘讲座。每次费用300元，预算2 400元。

② 交流会费用：参加交流会4次，每次平均400元，共计1 600元。

③ 宣传材料费：2 000元。

④ 报纸广告费：6 000元。

（2）培训费用

2009年实际培训费用35 000元，2010年按20%递增计，预计培训费约为42 000元。

（3）社会保障金

2009年社会保障金共缴纳40 000元，2010年按20%递增计，预计社会保障金总额为48 000元。

1.5　人力资源规划的评估

1.5.1　实训目的

缺乏对人力资源规划的评估，没有有效的后续措施，人力资源规划的作用将会被大大削弱。通过对人力资源规划的模拟评估，使学生深刻了解人力资源规划评估的重要性，并能够熟练掌握人力资源规划评估的方法。

1.5.2　基本知识要点

1. 人力资源规划监控与评估的重要意义

人力资源规划的制定与实施是否能真正实现人力资源规划的目标、能否积极而经济地服务于企业的发展战略、能否客观地适应外部变化的环境而不会变得过时，人力资源规划监控与评估起到重要的保证作用。一旦人力资源规划的实施方案得以确立并推行于企业之中，就需要对其成效加以监控与评估，将结果反馈到人力资源管理部门，以便不断调整和修正企业人力资源管理的整体规划与各项计划，使其更切合实际，更好地促进企业目标的实现。

2. 人力资源规划的监控

实时监控的目的在于为总体规划和具体规划的修订或调整提供可靠信息。在人力资源规划的预测中，由于不可控因素很多，常会发生令人意想不到的变化或问题。如若不对规划进行动态的监控、调整，人力资源规划可能会变成一纸空文，失去了指导意义。因此，实施监控是保证人力资源规划可持续发展的重要手段。

（1）人力资源规划监控的标准

① 客观性。客观性是指人力资源规划的监控过程必须做到诚实、公平、不带有感情色彩、有根据和非个人化。客观性要求高级经理人运用实际得到的绩效来证明人力资源规划的制定与实施情况，尽量减少主观的、个人因素的干扰，得出的是诚实和公正的评价与实事求是而有效的控制。

② 一致性。一致性强调在企业实施人力资源规划时，不应该出现目标和政策方面的矛盾。当企业在实施人力资源规划时出现各种形式的冲突和争执的时候，往往就需要得到人力资源规划评价系统和控制系统的参与，保证所有人力资源规划的预期目标均得以实现，防止出现有的规划目标圆满实现而有的目标彻底失败的情况。

③ 协调性。协调性是指在监控人力资源规划实施的时候，既要分析和考察人力资源某个方面的发展趋势，如未来企业内部人力资源的流失情况，还必须分析和考察整个人力资源规划中各项业务规划以及人力资源开发与管理政策的综合发展趋势。人力资源规划必须对外在环境、经营战略、企业环境以及人力资源现状等关键性变化作出适应性反应。监控系统必须在各种变化趋势共同作用时保障人力资源规划的协调实施。

④ 可行性。可行性是指人力资源规划的监控是否能成功地贯彻企业的战略以及人力资源规划，同时必须做到技术上、方法上、环境适应上、经济上可行，如果所采用的方法和技术不适合企业的文化与传统，操作人员难以领会和把握实施人力资源规划的监控，那么这种缺乏可行性的方案就没有任何意义。同时人力资源规划的监控主要依靠企业本身的资源确保人力资源规划能够得以贯彻实施，如果监控的费用过高，给企业带来沉重的财务负担和经济压力，即使评价方法再先进、控制技术再好，但没有现实的可行性，就是毫无意义的。很多高深的评价技术和控制手段可能对本企业并不实用，不易理解、耗费时间太多、成本高昂的监控方案违背了监控的目的和初衷。对绝大多数企业而言，追求的往往是更容易且方便运用的监控技术，而不是采用更复杂的、更先进的工具和技术。同时，在进行监控时，人力资源规划提出的变化也应是企业资源能够承受的。

⑤ 有利性。有利性是指企业实施人力资源规划监控系统的最终目的是为企业创造和保持竞争优势，培育企业独特的核心竞争力，通过实施人力资源规划获取相对于竞

争对手的竞争实力，实现企业的可持续发展。

（2）人力资源规划监控的方法

① 整体性控制。人力资源规划制定是在对企业的战略目标进行充分分析的基础上的，人力资源规划的最终目的是从人力资源角度促进企业战略规划的实现。但是，这并不能保证人力资源规划能在从制定到执行的全过程中始终与企业的战略目标相一致。因为，企业的内外环境是不断变化的，由于产业竞争状况、产品竞争状况、国家政策等的变化，企业需要不断调整自身的战略目标以适应内外环境的变化。

对人力资源规划进行整体性控制即监控人力资源规划是否与企业战略目标相一致，考察企业的人力资源规划是否能根据企业内外环境变化和战略目标的调整而适时调整，这是保证人力资源规划达到预期目的的根本。

监控人力资源规划是否与企业战略目标一致，是一项战略性的任务，需要企业的高级经理人甚至最高层的参与。

因为高级经理人善于站在战略的角度思考问题，他们在作出企业战略调整的同时，能够为人力资源规划的调整提出建设性的意见。在监控过程中，需要分析企业现有的人力资源规划能否有效支持企业整体战略目标的实现。如果企业战略目标根据内外部环境的变化有一定的调整，那么，监控过程中就需要分析企业现有的人力资源规划哪些方面将不能适应战略目标的需要，并决定怎样调整才能支持企业整体战略目标的实现。

② 定期检查与不定期检查相结合。受内外环境变化的影响，任何规划在执行的过程中都会产生或多或少的误差，这是规划执行过程中的正常现象。但是，这种或多或少的误差将对规划的执行效果产生不好的影响，甚至导致规划的预期目标不能实现。因此，在规划的执行过程中需要定期检查人力资源规划的具体实施情况，对现行政策和规划提出建议或意见：及时发现问题、解决问题，修正规划的执行误差。

因为企业外部环境的变化是不可预测的，因而经常带来企业战略目标的不定期调整，所以，在监控过程中进行不定期检查也是十分必要的，这也更能体现监控的及时性特征。不定期检查往往比定期检查更能及时地发现问题，并采取补救应急措施，保证人力资源规划与企业战略的动态匹配。

在具体执行中，高级经理人更能体会企业的人力资源规划与企业的战略之间的配合程度。他们对政策的执行结果是否达到预期目标以及政策在执行过程中出现的问题更能做到心中有数。因此，高级经理人有必要将自己发现的人力资源规划执行过程中出现的问题及时反馈，并对政策的调整方案提出建设性意见。

3. 人力资源规划的评估

（1）评估的内容

企业人力资源规划活动受到各种因素的影响，比如，外部环境的巨大变化；员工对自身价值观重新塑造和对工作生活质量的日益关注，寻求自身职业的稳定发展；企业发展战略、人力资源战略的主动调整；国家法律、规章制度以及行业标准的不断完善和调整等，这些因素无不深远地影响企业人力资源规划的工作。

按照经济、有效与可行的原则，在对人力资源规划进行评估时，只能对人力资源规划的关键控制点进行评估。评估不足或过多都会给人力资源规划工作带来损失。高级经理人应仔细斟酌评估内容，这是人力资源规划实施成功与否的基础。企业应当根据自身的经营理念、人性假设、内外部环境的情况与特点、人力资源规划所欲实现的目标等综合关联性因素的相关性和重要度，选择并构建符合本企业特点的人力资源规划评估体系。

一般而言，人力资源规划评估的内容包括三个层面：人力资源规划制定基础层面、人力资源规划实施层面、人力资源规划技术手段层面。

① 人力资源规划制定基础层面。具体而言，在评估人力资源规划制定基础时，应不断反省人力资源规划的前提基础。如果人力资源规划的前提基础发生重大动摇，就有可能对本阶段的人力资源规划进行重大的调整，甚至是重新制定人力资源规划，对人力资源规划制定基础的评估往往持续时间很长，有的企业可能达到数十年，但其实施意义非常重大而深远，如果企业始终静态地认为人力资源规划的基础一成不变，对企业的伤害将是毁灭性的。随着经济一体化、市场全球化和新兴技术的快速发展，人力资源规划从制定、实施到评估的周期越来越短。企业进行人力资源规划的基础变得日益动态、混沌和复杂，对人力资源规划评估提出了越来越高的要求。评估人力资源规划制定的基础，往往包括分析以下几个部分。

形成人力资源规划的过程是否经过充分考虑和酝酿，是否有具体的数据支持，对关键性的问题是否有针对性；对企业内外部环境的评价与预测是否充分、彻底和客观；企业是否具备战略规划概念和资金等资源保证；企业的组织管理能力和实施能力能否有保障；企业的战略与战术目标能否测量，企业中是否人人知晓企业的战略；所有等级制层次上的高级经理人能否有效地持续理解与实施规划等。

② 人力资源规划实施层面。对基础层面进行评估的同时，对具体的人力资源规划时间内容和过程也应当加以评价与控制。各个企业由于特点和面临的情况与问题差异很大，因此人力资源规划的实施层面带有明显的本企业风格，但一些基本的需要评估的内容包括如下方面。

高级经理人是否按照战略规划把任务授予各部门；工作的职责、具体规定和描述是否清楚；实际与预测雇员的流动率和缺勤率指标是否准确与客观，预测的人员需求量和实际的人才招聘量之间的差距；所有的部门、单元、雇员、经理等的努力目标是否一致；人力资源规划的目标是否达到。在评估中要注意：实际招聘人数与预测的人员需求量比较，劳动生产率的实际水平与预测水平比较；实际人力资源规划的实施成本和规划的预算，人力资源规划的成本与收益状况；人力资源规划的关键任务支持是否得力；人力资源规划实施所需要的信息种类是否齐全；是否具有畅通的信息交换渠道；是否需对实施人员进行培训；人力资源规划制定与实施人员对自身工作的熟悉和重视程度；管理层对人力资源规划的预测结果、实施方案、各种建议和意见的重视与利用程度。

进行人力资源规划的评估,还需将人力资源规划的行动结果与人力资源规划的最初要求和目标进行比较,旨在发现规划和现实之间的差距,从而对规划工作进行调整和优化,并为今后的人力资源规划等活动提供参考价值。

③ 人力资源规划技术手段层面。随着信息技术、控制技术等相关科学技术和方法的不断创新与发展,人力资源规划的评估手段也在不断地推陈出新。各种评估手段的有机组合可以有效地保证人力资源规划的成功实施。但如何针对本企业的实际情况,对众多传统和新兴的评估技术进行合理经济的选择与搭配,就需要对各种评估技术本身特点以及与本企业的实际结合情况进行评估。既不盲目地选择那些过于复杂而成本高昂的评估技术,同时也要防止出现由于评估技术不当而导致评价不准、控制不力的情况发生。评估技术自身需要评估的内容包括:人力资源规划评价技术是否能针对本企业的实际情况,人力资源规划的控制力度和频度的合理范围,人力资源信息系统(HRIS)的实用性与有效性。

(2)评估的方法

在具体的人力资源规划评估的实践过程中,很多管理人员已经总结了许多行之有效的方法,通过对各种方法的具体分析和大胆运用,可以保证人力资源规划的战略实施。人力资源规划的评估方法还在不断地推陈出新,应结合各自企业的具体情况进行有效组合。目前运用比较广泛的评估方法主要有如下几种。

① 人力资源规划关键指标评估法。关键指标评估法是用一些测评企业绩效的关键量化指标来说明人力资源规划的工作情况。这些关键指标包括求职雇佣、平等就业机会、职员能力评估和开发、生涯发展、薪酬管理、福利待遇、工作环境、劳动关系以及总效用等。每项关键指标均需给出可量化的若干指标,如针对求职雇佣这项关键指标,可以设置的量化指标有各个岗位能够吸引应聘人数与最终录用人数比等。人力资源关键指标的研究与实证分析表明,人力资源规划工作与组织绩效有较高的相关度,人力资源规划工作做得好的企业确实能有良好的企业业绩。

② 人力资源规划问卷调查法。问卷调查法常用于进行人力资源规划的评估,这种方法就是给员工机会来表达他们对人力资源规划工作的看法。员工意见调查可以有效地用于诊断人力资源规划哪些方面存在问题,了解职工的需要和偏好,发现哪些方面的工作得到肯定,哪些方面被否定。除了常规性的问卷调查外,为了打消员工提出意见和建议的顾虑,企业也可以通过电子信箱调查和按钮话机对话式调查的方法来了解员工的意见。

员工意见调查是一种专项调查,它着重于了解员工对自己的工作和企业的感受及信念。这类调查事实上可以视为个人讲坛,使员工得以公开他们对工作、负责人、同事以及企业政策措施的看法。这种调查还可以成为企业改善生产力的起点。调查的频率应根据情况而定。目前,有些企业实行定期调查如每年一次,有些企业则实行不定期调查。

③ 人力资源规划案例研究评估法。人力资源规划案例研究近年来被广泛地引入人力资源规划评估实践中，成为一种低成本的评估方法。通过对人力资源工作绩效的调查分析，与人力资源部门的顾客、计划制订者进行访谈，研究一些人为的、政策的成功之处，并将其报告给选定的观众。

1.5.3　实训所需条件

1. 实训时间

本次实训以 4 个课时为宜。

2. 实训地点

多媒体教室或实验室。

3. 实训所需材料

实训所需的道具，即各工种所需的道具及签到表。

1.5.4　实训内容与要求

1. 实训内容

A 企业是个成长速度比较快的科技企业，去年年初企业高层与人力资源部共同配合，并聘请专业咨询机构，为企业制定了比较完善的人力资源规划，该规划一直运行良好。但是，最近几个月出现些问题，让企业管理层十分头疼。①企业的关键技术职位似乎出现了人才短缺现象，让企业在产品质量方面觉得有些力不从心。②近几个月，企业的关键员工流失比较多，尤其是几个非常优秀的关键职位员工的跳槽让 A 企业觉得猝不及防。A 企业觉得自身的发展走入了"瓶颈"。

2. 实训要求

要求运用所学知识对该企业出现的问题进行分析，并找出相应的解决方案。

要求教师在实训过程中做好组织工作，给予学生必要的、合理的指导，使学生加深对理论知识的理解，提高实际分析、操作能力。

1.5.5　实训组织方法与步骤

第一步，教师向学生说明实训要求及实训步骤。

第二步，将学生划分为若干小组，5~7 人为一组。

第三步，将相关案例提供给学生，并给予他们一定的讨论时间。

第四步，讨论结束后请各小组找出案例的不足与缺点，并与大家分享和讨论。

第五步，教师根据各小组的表现进行点评，并给出专业性的解释。

第六步，学生根据教师点评再次完善自己的答案。

第七步，撰写实训报告。

1.5.6 实训报告

实训结束以后，每位学生必须撰写实训报告，要求在实训报告中阐明相关分析的理论依据，主要内容参考前文中表 1-1。考虑到需要撰写大量的文字，实训报告可以在实训结束后 2 天内完成，由组长收齐后上交指导教师。

1.5.7 实训考核方法

1. 成绩划分标准

实训成绩按照优秀、良好、中等、及格和不及格五个等级评定。

2. 成绩评定标准

① 人力资源规划评估基本知识的了解程度。

② 人力资源规划评估的方法能否熟练应用。

③ 给出案例能够熟练找出该案例评估方法的不足并能够提出解决办法。

④ 由于本实训项目着重考查学生对人力资源规划评估方法的了解情况，因此理论知识表现所占成绩比重较大，为 70%，实训报告占评价总成绩的 30%。

1.5.8 实训拓展与提高

人力资源规划评估应达到的标准

人力资源规划的评估方法非常丰富，既有定性也有定量的方法。定性方法比较传统，在实际的人力资源规划工作中得到广泛的运用。随着管理工作的细化与集约化，采用定量方法来评价与积极控制人力资源规划的活动，既是人力资源规划管理工作日益具有战略性、功能不断增强、对企业的意义越来越深远背景下的必然要求，也是人力资源规划工作目标实现的必要保证。无论采用何种方法进行人力资源规划的评价与控制，应注意以下几点。

（1）评估要客观、公正和准确。要尽可能建立综合科学的人力资源规划与管理实践的指标体系，选择适当的分项指标并赋予合理的权重，使综合指标在代表性、效度和信度上得到保证。

（2）在完整系统的指标体系中，各种主观性指标与客观性指标有机结合，如员工评价、员工心态与客观指标的结合。这种结合既可避免完全主观性因素的干扰，又能反映员工对人力资源规划的实际满意度及各级利益相关者的评判情况，及时地发现问题、纠正偏差，有针对性地进行政策调整。

（3）人力资源规划与评价不存在最佳和万能的方法。每种方法都有自身存在的价值和应用条件，实际结果往往是各种综合因素的集成效应，与实际工作本身、工作人员以及工作的相关性、可靠性、适应性、客观性以及相应的成本都有密切联系。人力资源规划的评价是以目标为基础的评价，这就要求客观地对待每种评价方法和控制技术。

（4）人力资源规划评估系统应符合经济原则。评价与控制系统既不能产生过多的信息，也不能提供太少的信息，而应该是最为经济地产生所需要的最低限度的信息。

（5）人力资源规划的评价与控制应具备可行性。评价与控制系统输出的信息必须传递给企业中那些根据这些信息采取行动的人。如果为管理人员提供报告仅仅是为了获得信息，那这样的报告通常毫无意义。

（6）人力资源规划的工作绩效指标应与企业组织绩效紧密联系，以便直截了当地展示人力资源工作的贡献度。同时，在评估过程中高级经理人和基层领导人的参与十分重要，因为他们是规划的直接受益者，最有发言权。

第 2 章

工 作 分 析

2.1 组织结构设计

2.1.1 实训目的

通过本次实训，了解组织结构设计的基本理念，熟悉常见的组织结构类型和岗位设置的基本方法，掌握组织结构设计的内容、流程和方法，具备熟练编制组织结构图和岗位设置表的能力。

2.1.2 基本知识要点

1. 组织结构的概念

组织结构是企业全体员工为实现企业的目标，在工作中进行分工协作，在职务范围、责任权力等方面所形成的结构体系。这个结构体系包括如下内容。

（1）职能结构，即完成企业目标所需的各项业务工作关系。

（2）层次结构，即各管理层的构成，又被称为组织的纵向结构。

（3）部门结构，即各管理部门的构成，又被称为组织的横向结构。

（4）职权结构，即各管理层次、各部门在权力和责任方面的分工及相互关系。

2. 组织结构设计的概念

组织结构设计是指对一个组织的结构进行规划、设计、创新或再造，以便从组织的结构上确保组织目标的有效实现。组织结构设计是一个动态工作过程，包含众多工作内容，可归纳为如下方面。

（1）确定组织内各部门和人员之间的正式关系及各自的职责，即编制组织图与职位说明书。

（2）规划出组织最高部门向下属各部门、人员分派任务和从事各种活动的方式。

（3）确定组织对各部门、人员活动的协调方式。

（4）确立组织中权力、地位、等级的正式关系，即确立组织中的职权系统。

3. 组织结构设计的任务

（1）职能与职务的分析与设计。首先组织需要将总的任务目标进行层层分解，分析并确定为完成组织任务究竟需要哪些基本的职能与职务，然后设计和确定组织内从事具体工作所需的各类职能部门以及各项职务的类别与数量,分析每位职务人员应具备的任职资格和条件,应享有的权利范围和应承担的责任。

(2)部门设计。根据每位职务人员所从事的工作性质以及职务间的区别和联系,将各个职务人员聚集在"部门"这一基本管理单位内。

(3)层次设计。在职能与职务设计以及部门划分的基础上,根据组织内外能够获取的现有人力资源情况,对初步设计的职能和职务进行调整与平衡,同时根据每项工作的性质和内容,确定管理层级并规定相应的职责、权限,通过规范化的制度安排,使各个职能部门和各项职务形成一个严密、有序的活动网络。

4. 组织结构设计的理念

第一,在进行组织结构设计时要树立这样一种理念:没有最好的组织结构,只有最适宜的组织结构。第二,能否促进企业发展,是判断一个组织结构是否具有有效性,或是判断组织结构优劣的标准。第三,组织结构并不是固定不变的,随着企业所处竞争环境的不同,组织结构必须随之做出相应的调整以适应不断变化的内外部环境。第四,在进行组织结构设计时,必须清楚地意识到,一个精心设计的组织结构可能有利于组织的成功,但它并非组织成功的充分条件,组织成功还受到其他诸如组织战略、人力资源、制度设计、文化建设等重要因素的影响。

5. 组织结构设计的原则

要设计一个完善的组织结构,必须遵循以下基本原则。

(1)任务—目标原则

每一个组织和这个组织的每一部分,都与特定的任务、目标有关。一个合理的管理组织必须是在一定时间内,在充分估量企业内部和外部环境因素的基础上,求得上述各项目标的最佳组合。在不同时期里,随着企业内部条件和外部环境的变化,目标组合将有明显的不同,企业的组织结构和活动不仅表现在静态上还表现在动态上,这就要求企业的组织结构要有很强的适应性,要有助于企业目标的实现。任务—目标原则还要求组织设计要以事为中心,因事设机构、设职务、配人员,要做到人与事的优化组合。

(2)精干高效原则

在服从生产经营需要的前提下,力求减少管理层次,精简管理机构和管理人员,充分发挥各级各类人员的积极性,更好地为生产经营服务。只有机构精简、队伍精干,工作效率才能提高。如果管理组织层次繁多、机构臃肿、因人设事、人浮于事,就必然浪费人力,滋长官僚主义、文牍主义,办事拖拉,效率低下,而且增大管理费用,增加产品成本,减少资金积累,影响整个企业的经济效益。

(3)统一指挥、分级管理原则

命令应逐级下达,下级只接受一个上级的领导,只向一个上级汇报并对他负责,上下级之间形成一条指挥链。贯彻统一指挥原则，要求从最上层到最基层，这条等级链不能中断；任何下级只能有一条上级领导，不允许多头领导；不允许越级指挥；职能机构是参谋，只有提出建议之权，无权过问该直线指挥系统下属的工作。

（4）权责对等和才职相称原则

职权与职责既是指某个职位上的同一个人，又是指同一项任务。由于它同职位相联系，所以各个不同管理层次权责的性质和大小是不一样的。高层管理者拥有较大的决策权，同时也就承担了相应的决策后果责任和义务。权力大，责任也大；基层的管理者通常拥有执行和监督权，因而也承担了相应的监督责任和义务。

遵循权责对等原则，对上级来说，必须对下级有正确的分工授权，对于下级来说，不能要求超过职责范围以外的更多职权。授权的主要目的是使组织工作成为可能。在组织中，如果职权全部集中于一个人，就意味着不需要下属管理人员，因而也无组织结构可言。应该说，一方面，一定程度的分权是所有组织的特征；另一方面，职权也不能绝对地分散，如果领导者把他的所有职权都委派出去就意味着其本身职务的消失，因而这一层组织也就没有存在的必要了。

6. 影响组织结构设计的因素

面对竞争日趋激烈的外部环境和不确定的市场需求变化，任何组织都会察觉到管理日趋复杂和能力的欠缺，这就必须把权变的组织设计观引入组织设计中。所谓权变的组织设计是指以系统、动态的观点来思考和设计组织，它要求把组织看成一个与外部环境有着密切联系的开放式组织系统。因此，权变的组织设计必须考虑战略、环境、规模、技术等一系列因素，针对不同的组织特点设计不同的组织结构。

影响组织结构设计的主要因素有：组织目标与任务、组织环境、组织的战略及所处发展阶段、生产条件与技术状况、组织规模、人员结构与素质等。

7. 组织结构的主要类型

（1）直线制

直线制是最早使用，也是最为简单的一种组织结构，又被称为单线制结构或军队式结构。直线制的主要特点是组织中各种职位是按垂直系统直线排列的，高层管理者执行统一指挥和管理的职能，不设专门的职能机构，其组织结构如图2-1所示。

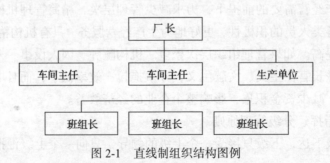

图2-1　直线制组织结构图例

直线制组织结构的优点是：结构比较简单，管理权力高度集中，决策迅速，指挥灵活。缺点是：要求最高管理者通晓多种专业知识，亲自处理各种业务，一旦企业规模扩大，管理工作复杂化，把所有管理职能集中到最高管理者一人身上，势必会因经验、精力不足而难以胜任。因此，这种形式适用于规模较小、任务比较单一、人员较少的组织。

（2）职能制

职能制组织结构的特点是在组织中设置若干专门化的职能机构。这些职能机构在自己的职责范围内都有权向下发布命令和指示。这种结构要求主管负责人把相应的管理职责和权力交给相关的职能机构，下级行政负责人除了接受上级行政主管的指挥外，还必须接受上级各职能机构的领导，其组织结构如图2-2所示。

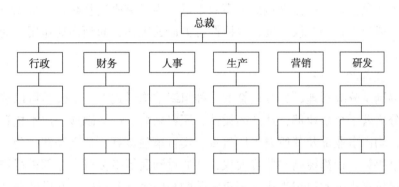

图2-2 职能制组织结构图例

职能制的优点是：适应现代生产技术比较复杂、管理分工较细的特点，提高了管理的专业化程度，减轻了直线领导人员的工作负担。缺点是：妨碍了必要的集中领导和统一指挥，形成多头领导；不利于建立和健全各级行政负责人与职能科室的责任制，中间管理层往往会出现"有功大家抢，有过大家推"的现象；在上级行政领导和职能机构的指导与命令发生矛盾时，下属就无所适从，影响工作的正常进行，容易造成纪律松弛，生产管理秩序混乱。由于这种组织形式存在明显的缺陷，现代企业一般不采用。

（3）直线—职能制

直线—职能制组织结构是在直线制和职能制的基础上，取长补短，吸取这两种结构形式的优点建立起来的。目前，我国绝大多数企业都采用这种组织结构形式。这种组织结构形式是把企业的管理机构和人员分为两类：一类是直线领导机构和人员，按照命令统一的原则对各级组织行使指挥权；另一类是职能机构和人员，按专业化原则，从事组织的各项职能管理工作。直线领导机构和人员在自己的职责范围内有一定的决定权和对所属下级的指挥权，并对自己部门的工作负全部责任，而职能机构和人员，则是直线指挥人员的参谋，不能直接对部门发号施令，只能进行业务指导。直线—职能组织结构如图2-3所示。

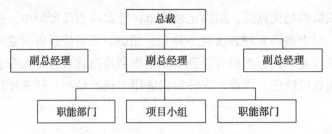

图 2-3 直线—职能制组织结构图例

直线职能制的优点是：既保证了企业管理体系的集中统一，又可以在各级行政负责人的领导下，充分发挥各专业管理机构的作用。缺点是：职能部门之间的协作和配合性较差，职能部门的许多工作要直接向上层领导请示后才能处理，一方面加重了上层领导的工作负担，另一方面造成办事效率低。为了克服这些缺点，可以设立各种综合委员会，或建立各种会议制度，以协调各方面的工作，起到沟通作用，为高层领导出谋划策。

（4）事业部制

事业部制是分级管理、分级核算的一种组织结构形式。一个公司可以按地区或产品类别划分成若干个事业部，从产品设计、原料采购、产品制造、成本核算，一直到产品销售，均由事业部及其所属工厂负责，实行单独核算、独立经营，公司总部一般只保留人事决策、预算控制和监督大权，并通过利润等指标对事业部进行控制。也有的事业部只负责指挥和组织生产，不负责采购和销售，实行生产和供销分立，但这种事业部正在被产品事业部所取代。目前，最常见的事业部是按产品类别设立的产品事业部和按地理位置设立的区域事业部，其组织结构如图 2-4 和图 2-5 所示。

图 2-4 产品事业部制组织结构图例

事业部制的优点：一是使总公司领导人摆脱日常事务，集中精力考虑全局问题；二是由于事业部实行独立核算，更能发挥其经营管理的积极性，有利于组织专业化生产和实现企业内部协作；三是各事业部之间有比较，有竞争，这种比较和竞争有利于企业的发展；四是事业部内部的产、供、销之间容易协调，不像直线—职能制下那样需要高层管理部门过问；五是事业部经理要从事业部整体来考虑问题，有利于培养和训练综合管理人才。

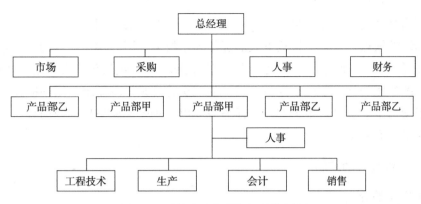

图 2-5　区域事业部制组织结构图例

事业部制的缺点：公司与事业部的职能机构重叠，造成管理人员浪费；事业部制实行独立核算，各事业部只考虑自身的利益，影响事业部之间的协作，一些业务联系与沟通往往也被经济关系所替代。甚至连总部的职能机构为事业部提供决策咨询服务时，也要事业部支付咨询服务费。

（5）矩阵制

在组织结构上，把既有按职能划分的垂直领导系统，又有按产品（项目）划分的横向领导关系的结构，称为矩阵制组织结构，其组织结构如图 2-6 所示。

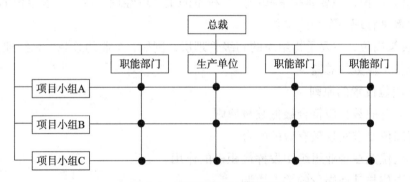

图 2-6　矩阵制组织结构图例

矩阵制组织结构是为了改进直线—职能制横向联系差、缺乏弹性的缺点而形成的一种组织形式。它的特点表现在围绕某项专门任务成立跨职能部门的专门机构，例如组成一个专门的产品（项目）小组从事新产品开发工作，在研究、设计、试验、制造各个不同阶段，由有关部门派人参加，力图做到条块结合，以协调有关部门的活动，保证任务的完成。这种组织结构形式是固定的，人员却是变动的，需要谁，谁就来，任务完成后就可以离开。项目小组和负责人也是临时组织与委任的。任务完成后就解散，有关人员回原单位工作。因此，这种组织结构非常适用于横向协作和攻关项目。

矩阵制的优点：一是机动、灵活，可随项目的开发与结束建立组织或解散组织；二是任务清楚，目的明确，各方面有专长的人有备而来，便于沟通、融合；三是加强了不同部门之间的配合和信息交流，有效克服了组织中各部门互相脱节的现象。

矩阵制的缺点：一是项目负责人的责任大于权力，因为参加项目的人员来自不同部门，隶属关系仍在原单位，只是为"会战"而来，所以项目负责人对他们管理困难，缺乏足够的激励与惩治手段，这种人员上的双重管理是矩阵制组织结构的先天缺陷；二是由于项目组成员来自各个部门，任务完成以后仍要回原单位，因而容易产生临时观念，对工作有一定影响。

8. 岗位设置表的编制

（1）岗位的分类

① 生产岗位，主要是指直接从事制造、安装、维护及为制造做辅助工作的岗位。生产岗位的员工主要从事组织基本的生产业务。

② 执行岗位，主要是指从事行政或服务性工作岗位。执行岗位的员工根据领导的安排执行自己的任务。

③ 专业岗位，主要是指从事各类专业技术工作的岗位，例如，工程师、经济师、会计或软件设计师等。

④ 监督岗位，主要是指部门科室、办事处等岗位，执行监督工作。例如，审计部门、监察部门，或其他受董事会或股东会委托监督企业各项工作的人员。

⑤ 管理岗位，主要是指一些部门、科室的主管或经理，或是一家单位的负责人。他们的职责是管理一个小的单位。

⑥ 决策岗位，主要是指组织的高级管理层，例如，企业的总裁、总经理、副总经理或分管各个业务的总监等。

（2）岗位设置的原则

岗位设置的数目应符合最低数量原则。

所有岗位要求实现最有效的配合。

每个岗位能在企业组织中发挥最积极的作用。

每个岗位与其他岗位的关系协调。

岗位设置符合经济、科学和系统化的原则。

（3）岗位设置表的编制

岗位设置表是岗位设置工作的最后成果，是企业规范化管理一个正式的、重要的文件。岗位设置表通常有部门岗位设置表和公司岗位设置总表两种形式。

① 部门岗位设置表。按照各个部门、各个单位的岗位分别编制的表称为部门岗位设置表。这种表主要是介绍部门内有几个岗位及其工作职责等，每个部门一张表。

岗位设置表跟岗位说明书不一样。岗位说明书是把岗位的主要职责、部分责任、支持责任全部写清楚，岗位设置表只写主要职责。

② 公司岗位设置总表。公司岗位设置总表即把全公司的岗位统一排成一张大表，上面只写明岗位编号、岗位所属部门、岗位名称而不写岗位职责。

岗位编号。在规范化管理中，文件前面都有一个英文字母。例如，岗位设置用 G 表示，G 后面的数字表示一个部门，假如公司有 11 个部门，分别用 G-1、G-2 等表示。如果是第一个部门的第一个岗位就叫 1001，第二个岗位就叫 1002。这样编的好处是在实行计算机化、信息化管理的时候比较方便。

岗位所属部门。每家企业都由若干个部门组成，不同的岗位也分别隶属于各自部门。例如，生产管理员这个岗位就隶属于生产部。

岗位名称。在开展工作分析之前首先要规范岗位名称，然后把公司所有岗位的名称统一起来列在岗位设置表里。例如，公司的最高领导有的叫总裁，有的叫总经理等；各部门的领导有的叫部长，有的叫经理；部长或经理下一级的管理者有的叫主管，有的叫专员；科员里面能承担一定责任的、级别相对高一点的叫主任科员，承担一般责任的可能叫作员工管理员、培训员等。

2.1.3 实训所需条件

1. 实训时间

本实训项目以 4 课时为宜，到本校人力资源管理部门进行访谈调研约需 2 课时，编制本校组织结构图和岗位设置总表以及指导教师总结点评约需 2 课时。

2. 实训地点

多媒体教室、本校人力资源管理部门。

3. 实训所需材料

本次实训项目需要学生提前收集准备各类组织结构图和各类岗位设置表的模板，以及本校组织结构和岗位设置等方面的背景资料。

本次实训项目的背景设计如下。

（1）假设学生所在高校需要重新修订本校的组织结构图和岗位设置总表。

（2）组织学生对本校的人力资源部门等进行调研、访谈，了解本校的组织结构类型和岗位设置情况。

重点需要掌握以下几方面资料。

① 所在高校总的任务目标。
② 完成本校目标所需要的基本职能、职务。
③ 从事具体工作所需要的职能部门、管理职务的类别和数量。
④ 本校原有组织结构图以及组织结构的类型、特点和设计原则。
⑤ 本校部门划分、层级设计的具体情况以及原有的岗位设置总表和部门岗位设置表。
⑥ 本校各个部门内部岗位设置的情况以及设计的原则。
⑦ 每个具体岗位的岗位编号、岗位所属部门以及岗位名称。
⑧ 每个职务人员的主要工作职责、任职条件、权力及责任范围等。

2.1.4 实训内容与要求

1. 实训内容

模拟编制本校的组织结构图和岗位设置总表。

2. 实训要求

要求分析所编制的组织结构图对于本校的适用性，在专业性、合理性等方面对学校原有的组织结构设计资料提出改进意见或建议。

要求分析所编制的岗位设置总表对于本校的适用性，在专业性、合理性等方面对学校原有的岗位设置总表提出改进意见或建议。

要求教师在实训过程中做好组织工作，给予学生必要的、合理的指导，使学生加深对理论知识的理解，提高实际分析、操作能力。

2.1.5 实训组织方法与步骤

第一步，做好实训前准备工作，要求学生复习并熟练掌握有关组织结构等方面的知识。

第二步，对学生进行分组，建立组织结构设计小组，每组5~7人，并选出组长。

第三步，各个设计小组到本校人力资源部门进行访谈调研，了解本校的组织结构和岗位设置情况。

第四步，以小组为单位，对本校组织结构设计现状展开讨论，要求充分发表个人意见，提出改进意见。

第五步，讨论结束以后，在规定的时间内，以小组为单位编制出本校组织结构图和岗位设置总表，并在课堂上展示。

第六步，教师就各个小组所编制的本校组织结构设计图和岗位设置总表进行讲评。

第七步，撰写实训报告。

2.1.6 实训报告

实训结束以后，每位学生必须撰写实训报告，要求在实训报告中阐明本校组织结构设计和岗位设计的理论依据以及相关的分析，主要内容参考前文中表1-1。考虑到需要撰写大量的文字，实训报告可以在实训结束后2天内完成，由组长收齐后上交指导教师。

2.1.7 实训考核方法

1. 成绩划分标准

实训成绩按照优秀、良好、中等、及格和不及格五个等级评定。

2. 成绩评定标准

（1）在实训前对组织结构方面的知识是否熟练掌握，是否能够清楚地阐述各种组织结构的具体内容及其优缺点。

（2）小组通过调研所收集的资料是否全面、翔实，是否能够支撑实训项目的完成。

（3）小组分工是否合理，合作是否顺畅和谐，小组内各个成员是否都参与其中。

（4）各小组在调研访谈和课堂讨论中，是否认真、积极投入，表现出良好的团队合作精神。

（5）是否对本校目前的组织结构设计提出有建设性的意见或建议。

（6）是否运用相关知识编制出组织结构图和岗位设置总表，其准确性和实用性如何。

（7）课堂展示、调研过程占总成绩的70%，实训报告占总成绩的30%。

2.1.8 实训拓展与提高

表2-1是某公司企业管理部岗位设置表。

表2-1 某公司企业管理部岗位设置表

部门名称	企业管理部		
本部门职位设置总数（个）	5	本部门总人数	5
职位名称	职位人数	主要职责分工	
部长	1	全面负责集团的发展战略研究与管理，规章制度管理，企业文化建设管理，合同、法律事务管理，以及计算机网络和信息化管理	
企划专员	1	集团发展战略研究与管理、集团刊物的编辑等	
企管专员	1	组织规章制度的编制、上报、审批，企业文化建设管理	
网络信息专员	1	网络软硬件维护、网上信息编辑发布、筹建集团信息化管理系统、办公自动化系统	
合同法律专员	1	处理集团、各子公司的法律纠纷和各类经济合同管理与法律咨询，参与重大合同谈判及起草，以及员工法制教育和其他法律事务	
备注			

2.2 撰写工作分析实施方案

2.2.1 实训目的

通过本次实训，树立对工作分析具体操作流程的直观印象，熟悉并理解工作分析的基本流程，初步了解具体工作分析中将要遇到的问题以及在工作分析中应该注意的事项,并学会撰写工作分析实施方案。

2.2.2 基本知识要点

1. 工作分析的含义

工作分析(job analysis),也叫作职位分析、岗位分析,它是指对组织中某个特定职务的设置目的、任务或职责、权力和隶属关系、工作条件和环境、任职资格等相关信息进行收集与分析,并对该职务的工作做出明确的规定,确定完成该工作所需的行为、条件、人员的过程。工作分析的结果是形成工作说明书和工作规范。

工作分析的内容一般可以概括为两大方面:一是岗位描述,确定岗位的具体特征,即岗位内容、岗位、岗位时间、怎样操作、为何要做、服务对象,它明确岗位的内容、职责和环境;二是岗位规范,完成该项岗位的人员资格,说明完成该项岗位的人员应该具备的知识、技能、能力和其他任职资格,即责任者的任职资格条件,如表2-2所示。分析最终结果并形成岗位说明书,也称职位说明书。

表2-2 岗位分析基本问题

6W1H	解释
内容(what)	岗位的内容是什么,是管理岗位还是一般岗位,是技术岗位还是操作岗位;岗位的职责和义务是什么;岗位任务的复杂程度
责任者(who)	任职者具体需要哪些知识和技能,包括经验、受教育程度、所受培训、身体条件、心理素质、性格、社会技能等,完成岗位需要哪些特殊技能
岗位(where)	岗位的场所在哪里,是否需要经常出差,该岗位和其他岗位的关系;岗位的工作环境如何
岗位时间(when)	岗位的时间如何安排,是否需要经常加班;该岗位和哪些岗位的工作内容有时间上的前后关系
怎样操作(how)	此岗位有哪些具体的岗位任务;岗位的基本职能有哪些;相关岗位是什么
为何要做(why)	该岗位对于其他岗位或整个组织运转的重要意义
服务对象(for whom)	该岗位为谁服务

2. 工作分析的作用

工作分析是企业人力资源管理工作的基础,可以为企业提供明确的岗位职责和工作范围,为企业组织结构设计、人力资源规划的制定、人员的招聘和培训、绩效管理和薪酬管理等提供依据,具体如表2-3所示。

3. 工作分析的基本原则

(1)系统原则

所谓系统,是由若干既有区别又相互依存的要素所组成,处于一定环境条件下具有特定功能的有机整体。任何一个完善的组织、单位都可视为一个相互独立的系统。

表 2-3 岗位分析在人力资源管理中的具体支持作用

人力资源管理工作	具体支持作用表现
人力资源管理规划	人力需求与供给的预测,决定预测方法
招聘与甄选	形成挑选标准,确定招聘方法
雇员守则	描绘工作职责与权限,预防和解决抱怨
人员使用	加深对工作流程的理解,明确工作中完成某项任务所应具备的技能,明确本部门工作与相关部门工作流程的衔接
培训	对新员工和当前员工的培训需求进行测定,培训评估
绩效管理	判断绩效的标准,确定评估形式,绩效结果的反馈,与员工交流绩效期望值
薪酬管理	评价工作的价值,进行薪酬调整,实行差别薪酬
安全与健康	身体与医疗条件,工作潜在危险的来源
职业生涯管理	职业指导,职业性向测试,职位调整,升职

在工作分析中,要从系统观点出发,将每个工作(职务)放在组织系统中,从整体和相互联系上进行分析研究。

(2)能级原则

所谓能级是指一个岗位在组织结构中处于什么样的等级,具有什么功能,也就是岗位在组织系统中所具有的能量等级。

(3)标准化原则

标准化原则是指工作分析完成以后,要尽可能制定统一的工作标准。任职条件要有统一的标准,如凡是部门经理级岗位候选人一定要有本科及以上文化程度,技术总监岗位候选人一定要有高级职称等。

(4)最优化原则

最优化原则是通过岗位分析研究,使得岗位设置和岗位职责分配最优化,达到企业资源整合的最优状态。例如,某个部门设置 3 个人还是 4 个人或 5 个人合适,通过对岗位的分析和研究,认为 3 个人太忙,一忙可能会有失误,5 个人偏多,4 个人最优。

4. 工作分析的主要程序

工作分析是对工作的全面分析评价过程,这个过程可以分为准备阶段、调查阶段、分析阶段和完成阶段,四个阶段相互联系、相互影响,如图 2-7 所示。

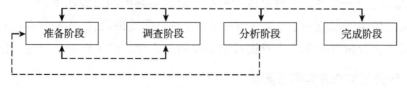

图 2-7 工作分析的主要程序

(1)准备阶段

准备阶段主要是了解情况、确定样本、建立关系及组成工作小组。具体工作如下。

① 由工作分析专家、岗位在职人员、上级主管组成工作小组。

② 确定调查和分析对象的样本，同时考虑样本的代表性。

③ 利用现有的文件与资料，对工作的主要任务、责任、工作流程进行分析总结。

④ 把各项工作分解成若干工作元素和环节，确定工作的基本难度。

⑤ 指出原来的职位说明书中存在的不清楚的问题，对新的职位说明书提出拟解决的主要问题。

（2）调查阶段

调查阶段主要是对整个工作过程、工作环境、工作内容和工作人员等主要方面作出全面的调查，具体的工作如下。

① 编制各种调查问卷和调查提纲。

② 到工作场地进行现场考察，观察工作流程，记录关键事件，准备调查工作必需的工具与设备，考察工作的物理环境与社会环境。

③ 对主管人员、在职人员广泛地进行问卷调查，并与主管人员、"典型"员工进行面谈，收集有关工作的特征以及所需要的各种信息，征求改进意见。

④ 若有必要，工作分析人员可以直接参与调查工作，或通过实验的方法分析各因素对工作的影响。

（3）分析阶段

分析阶段的工作主要是对有关工作的特征和工作人员的特征的调查结果进行全面的分析和总结。具体的工作如下。

① 仔细审核、整理获得的各种信息。

② 创造性地分析有关工作和工作人员的关键因素。

③ 归纳、总结出工作分析必需的材料和要素。

（4）完成阶段

完成阶段的工作主要是根据工作分析规范和信息编制岗位说明书。具体的工作如下。

① 根据工作分析的规范和经过分析处理的信息草拟岗位说明书。

② 将岗位说明书与实际工作对比，根据对比的结果决定是否需要进行再次调查研究。

③ 修改岗位说明书，可重复以上工作，形成最终的岗位说明书。

④ 将岗位说明书应用于实际工作中，并注意收集反馈信息，不断完善岗位说明书。

⑤ 对工作分析这一工作本身进行总结评估，为今后的工作提供经验与信息基础。

5. 工作分析实施方案撰写要点

（1）说明组织实施工作分析的背景

在说明组织实施工作分析的背景时，应注意阐述以下几个方面：组织的有效运行受到了阻碍；发生了组织变革或在组织中引入了新的流程或新的技术；组织中人力资源管理的各项工作缺乏依据或缺乏基础性的信息。

（2）确定工作分析的目的和所侧重信息的类型

工作分析的不同目的决定了收集信息时的侧重点、工作分析的工作量、工作分析人员的选择及所需费用等的不同。

以组织优化为导向的工作分析：强调对工作职责、权限的明确界定，职位边界的明晰化；强调将工作置于流程与战略分解体系中，重新思考其定位。

以人员招聘为导向的工作分析：强调对工作所需受教育程度、工作经验、知识、技能与能力的界定；确定各项任职资格要求的具体等级或水平。

以员工培训为导向的工作分析：强调岗位的入职培训与在职培训内容的初步界定；为制定公司员工培训方案提供参考和依据。

以员工职业发展为导向的工作分析：强调员工可晋升岗位与轮岗的初步界定；为制定公司岗位职业发展路径提供参考和依据。

以绩效考核为导向的工作分析：强调对工作职责以及责任细分的准确界定；为制定衡量工作完成效果的指标提供依据。

以薪酬设计为导向的工作分析：强调对与薪酬决策有关的工作特征的评价分析，如岗位定位，所需知识、技能，任务的复杂程度，工作环境等。

（3）收集和分析有关的背景资料

在进行工作分析时，所调查的背景资料应该包括：组织的战略、文化、各项制度和政策，组织机构图，工作流程图，各部门职能、职责分工，岗位配置图，岗位办事细则以及原有的工作说明书，等等。

（4）选择典型工作

当需要分析的工作很多，彼此之间又比较相似的时候，就需要选择典型的工作进行工作分析。

（5）确定要收集的信息以及收集信息的方法

确定要收集的信息时，应当参照的依据是：工作分析的目标和侧重点；现有资料需要重点调研或需进一步澄清的信息；按照 6W1H 的内容确定需要收集的信息。

选择收集信息的方法时，应当参照的依据是：工作分析要达到的目的；所分析的职位的特点；实际条件的限制。

（6）组织及人员方面的准备

成立进行专门的工作分析的小组或组织。表 2-4 列出了工作分析小组的成员及其职责。

获取高层管理者的支持。在编写工作说明书之前，和公司的高层领导充分讨论，正确定位工作说明书的编写意义和价值，并取得领导对工作分析的理解、支持和认同。

直线管理者和员工的配合。直线管理者需要带领下属员工提供与工作分析有关的信息，并在人力资源管理专业人员的指导下将这些信息整理成规范的工作说明书。

表 2-4　工作分析小组成员及其职责

成员	职责
公司的高层管理者	战略指导 总体指导 动员和鼓励参与 扫除工作分析中的障碍
人力资源管理部经理	具体落实实施方案 获取高层管理者和部门经理的支持与配合 协调和沟通
专业咨询顾问	设计相关工具并实施培训，提供技术支持
主要部门经理	动员本部门人员参与、配合 提供与工作有关的信息及反馈意见

员工的主动参与是工作分析的关键。在编写工作说明书时，各部门的直线管理者以及员工是主体，只有他们才最了解工作的实际情况。

（7）工作分析的实施程序

在工作分析实施方案中将工作分析实施分出若干阶段，说明每阶段具体的安排。

6. 工作分析的信息来源

工作分析的信息来源是调查阶段要解决的主要问题。多方面的信息来源，有助于工作分析人员对该项工作有全面的了解。一般而言，工作分析的信息来源有以下几种。

① 任职者及任职者报告。
② 组织的各种文字资料。
③ 直接的观察。
④ 监督管理者、培训部门。
⑤ 下属、顾客和用户。
⑥ 工作分析专家、独立的第三者等。

从这些来源获得相关信息，还需要有以下几个步骤。

（1）对各类岗位信息的初步调查

浏览企业组织已有的各种管理制度文件，并和企业组织的主要管理人员进行交谈，对组织中各岗位的主要任务、主要职责及工作流程有个大致的了解；准备一个较为粗略的提纲，并确定几个关键的工作岗位和事件，作为深入访谈和重点观察分析的参考；列出各岗位的主要任务、特点、职责、要求等。

（2）对工作现场的初步观察

对预先确定的关键或不太熟悉的工作岗位、现场进行初步观察。工作现场初步观察的目的是使分析者熟悉工作现场的工作环境、条件，了解工作人员使用的工具、设备、机器、一般的工作条件、工作内容、工作环境特点及工作岗位对工作人员的要求和工作职责；对复杂或不太熟悉的工作设备、流程、环境及条件亲自进行观察，便于进一步分析。最好由熟悉相关工作岗位的人员或任职人员的上级陪同进行现场观察，便于了解各工作岗位的情况，并可随时得到有效的咨询。

（3）深入访谈

确定深入访谈的对象，主要是该岗位的实际担任者，如技术开发、维修、销售人员等，他们对各自岗位的了解最为直接详尽；应选择职工中的典型代表作为访谈对象，如部门经理；当然，关键岗位的管理人员也是十分重要的，如总经理、总经理办公室主任等。第一次的谈话对象最好是基层的管理者，他们能更好地提供有关工作的情况。其次是从事某一岗位的具体工作人员。在访谈过程中，要不断与关键管理岗位的人员沟通。每天的谈话对象最好不要超过 2 人，谈话时间每人不超过 3 小时，谈话过程最好有较为详细的记录。

（4）工作现场的深入观察

深入观察工作现场，主要是为了澄清、明确或进一步充实前期调查和访谈获得的信息。在观察之前，需拟定要明确的问题和信息。最初陪同观察和访谈的基层管理人员最好仍在现场。在进行观察时，要与工作人员多交流，并不断咨询相关人员，最好用录音机进行记录。

需要强调的是，在岗位信息的综合处理阶段，岗位分析者在遇到问题时，需随时与公司的管理人员和某一岗位的工作人员进行沟通。此外，工作说明书的初稿要分发给岗位分析工作中所涉及的人员进行修改和调整，确保所制定的岗位说明书完整、详细、准确。

7. 工作分析的实施技巧

（1）关注关键绩效领域

将关注重点放在产出而不是投入上。产出可以从质量、数量、用时和费用等方面衡量。

（2）增加员工的参与程度

清楚地理解什么样的工作特性可以提高员工的参与度。分析工作的概念性框架通常包含五方面的内容：技能的多样性，也就是完成一项工作涉及的范围，包括各种技能和能力；工作的完整性，即在多大程度上工作需要作为一个整体来完成，从工作的开始到完成并取得明显的成果；任务的重要性，即自己的工作在多大程度上影响其他人的工作或生活，不论是在组织内还是在工作环境外；主动性，即工作在多大程度上允许自由、独立，以及在具体工作中个人制订计划和执行计划时的自主范围；反馈性，即员工能及时明确地知道他所从事的工作的绩效及效率。

（3）要有明确的基础

工作分析的实施要有一个明确而清晰的基础，这就是说，整个单位或部门的工作分析是以职能还是产品作为工作分析的基础。在一个大的公司中，虽然这两种情况可以同时存在，但在做工作分析时，要区分清楚。

8. 工作分析实施的注意事项

（1）建立虚拟的工作分析组织

在进行工作分析时，需要建立虚拟的工作分析组织，做好分工，保证参与工作分析的各类人员在工作分析的不同阶段各自担当一定的职责，具体的内容如表 2-5 所示。

表 2-5　工作分析组织中的人员分工

主体	职责	阶段
人力资源部（咨询机构）	工作分析（岗位信息调查）培训 组织与指导信息调查 岗位信息分析与编写工作说明书 沟通确认	始终
管理层	（全部）落实与监督本部门内（所负责业务范围内）岗位信息调查工作	初期
	（部门内主管）协助人力资源部门完善本业务所属范围内的工作说明书	中期
	（部门经理与高层）协助人力资源部门完善本部门（或所属管理范围内）所有的工作说明书	后期
员工代表	核对、整理、完善本部门内部岗位信息调查内容 初步整理本部门工作说明书 配合人力资源管理部门有关工作要求	初期
各岗位代表	提供本岗位所要求的信息	初期

（2）锁定关键的工作分析步骤，实现有效互动

在建立工作分析组织之后，需要按照一定的工作步骤开展工作分析，具体的内容如表 2-6 所示。

表 2-6　工作分析关键步骤

序号	关键步骤	主要内容	主体
1	组织培训	编写工作分析培训资料 组织各部门的经理、岗位代表、员工代表接受培训	人力资源部
2	提供信息	按照要求填写岗位信息调查表	岗位代表 岗位直接上级
3	整理修改	系统整理本部门所有岗位信息，查漏补缺，保证信息完整、清晰 初步编制工作说明书	员工代表
4	编写工作说明书	确定规范化、标准化的工作说明书内容	人力资源部
5	沟通、确认	与部门内负责的主管沟通、确认 与部门经理沟通，确认工作说明书的内容	部门主管 部门经理

2.2.3 实训所需条件

1. 实训时间

本实训项目以 4 课时为宜，到本校各系办公室和人力资源管理部门进行调研访谈约需 2 课时，撰写工作分析实施方案以及指导教师进行点评总结约需 2 课时。

2. 实训地点

多媒体教室，本校各系办公室和人力资源管理部门。

3. 实训所需材料

本实训项目所需要收集的材料主要包括：有关学校组织方面的背景资料，大学教师、高校辅导员这两类职位的具体资料。

本实训项目的背景设计如下。

假设学校要重新对全校教职工的绩效考核制度进行修订，重点修订对象为专职教师和高校辅导员两类职位。学校希望通过此次工作分析，能够准确界定这两类职位的具体工作职责以及细分责任，帮助提炼出操作简单、有效、实用的能够衡量工作完成效果的一系列指标，并提供相应的依据。

2.2.4 实训内容与要求

1. 实训内容

撰写对大学教师、高校辅导员进行工作分析的具体实施方案。

2. 实训要求

参照本书所提供的范本，撰写大学教师和高校辅导员这两类职位的工作分析实施方案，要求步骤清晰明确，内容安排合理，文字简练、清楚。

要求教师在实训过程中做好组织工作，给予学生必要的、合理的指导，使学生加深对理论知识的理解，提高实际分析、操作能力。

2.2.5 实训组织方法与步骤

第一步，在实训开始前做好准备，熟练掌握有关撰写工作分析实施方案和工作分析流程方面的知识，准确把握此次工作分析的实施背景和目的。

第二步，对学生进行分组，建立工作分析实施方案撰写小组，每组 5~7 人，并选出组长。

第三步，各撰写小组按照此次工作分析的流程进行内部分工，确定要访谈的部门、人员和所需收集资料的类型。

到人力资源管理部门进行调研访谈需要收集的资料包括：本校的战略、文化、各项制度和政策、组织结构图、工作流程图、各部门职能、职责分工、岗位配置图、大学教师、高校辅导员岗位办事细则，以及原有两类职位的工作说明书等。

到本校各系办公室进行调研访谈需要收集的资料包括：两类职务的主要职责与任务、职责权限、职位在组织内外的联系、职务的关键绩效指标、对任职者的基本要求等。

第四步，以小组为单位，就收集的资料展开讨论，充分发表个人观点，确定工作分析实施过程中涉及的工作分析的背景及目的、工作分析的内容与结果、所需要的资料、可使用的工作分析方法、工作分析的实施者以及实施程序等。

第五步，讨论结束后，在规定的时间内以小组为单位撰写工作分析实施方案。

第六步，以小组为单位展示工作分析实施方案，教师就学生撰写的工作分析实施方案适时讲评。

第七步，撰写实训报告。

2.2.6　实训报告

实训结束以后，每位学生必须撰写实训报告，要求在实训报告中阐明工作分析实施方案的理论依据以及相关的分析，主要内容参考前文中表1-1。考虑到需要撰写大量的文字，实训报告可以在实训结束后2天内完成，由组长收齐后上交指导教师。

2.2.7　实训考核方法

1. 成绩划分标准

实训成绩按照优秀、良好、中等、及格和不及格五个等级评定。

2. 成绩评定标准

（1）在进行实训前，对工作分析流程和撰写工作分析实施方案等方面的知识是否熟练掌握。

（2）小组通过调研所收集的资料是否全面、翔实，是否能够支撑实训项目的完成。

（3）小组分工是否合理，合作是否顺畅和谐，小组内各个成员是否都参与其中。

（4）各小组在调研访谈和课堂讨论中，是否认真、积极投入，表现出良好的团队合作精神。

（5）是否按照工作分析流程进行操作，工作分析实施方案的内容安排是否规范、合理，是否具有实用价值，文字是否简练清楚。

（6）课堂讨论、调研过程占总成绩的70%，实训报告占总成绩的30%。

2.2.8　实训拓展与提高

W 公司的工作分析实施方案

1. 背景

W 公司是一家大型的电子产品公司。最近,某大学经济管理学院专家组为其进行了组织诊断与组织再设计工作。通过该项工作,W 公司形成了新的组织结构、职能权限体系和业务工作流程。为使 W 公司实现有效的组织运行,需实施工作分析。

2. 目的

通过工作分析,使 W 公司组织设计的结果进一步深入和细化,将部门的工作职能分解到各个职位,明确界定各个职位的职责与权限,确定各个职位主要的工作绩效指标和任职者基本要求,为各项人力资源管理工作提供基础。

3. 工作分析的内容与结果

本次工作分析要完成下列工作内容。

(1)了解各个职位的主要职责与任务。

(2)根据新的组织机构运行的要求,合理、清晰地界定职位的职责权限以及职位在组织内外的关联关系。

(3)确定各个职位的关键绩效指标。

(4)确定任职者的基本要求。

(5)工作分析的最终成果将形成每个职位的工作说明书。

4. 需要的资料

(1)组织机构图。

(2)各部门职能说明书。

(3)工作流程图。

(4)职权体系表。

(5)岗位责任制。

(6)人员名单。

5. 工作分析涉及的方法

(1)资料调研。

(2)工作日志。

(3)访谈法。

(4)职位调查表。

(5)现场观察法。

6. 工作分析的实施者

本次工作分析由某大学专家组和 W 公司有关人员共同组成工作分析实施小组进行。该实施小组的组成为：某大学的专家组，负责项目的总体策划与实施；W 公司人力资源部人员，作为项目的协调与联络人；W 公司的高层领导，提出总体的原则并对工作结果进行验收。

7. 工作分析的实施程序

本次工作分析主要分 3 个阶段进行，即准备阶段、实施阶段和结果整合阶段。

阶段一：准备阶段（5 月 10—5 月 20 日）

（1）对现有资料进行研究。

（2）选定待分析的职位。

（3）设计调研用的工具。

阶段二：实施阶段（5 月 21—6 月 30 日）

（1）召开员工会议，进行宣传动员。

（2）制订具体的调研计划。

（3）记录工作日志。

（4）实施访谈和现场观察。

（5）发放调查表。

阶段三：结果整合阶段（7 月 1—7 月 20 日）

（1）对收集来的信息进行整理。

（2）与有关人员确认信息，并做适当的调整。

（3）编写工作说明书。

2.3　工作分析方法选择

2.3.1　实训目的

通过本次实训，能够理解并且掌握工作分析的基本方法，对几种常用的工作分析方法进行横向比较，总结各自的优缺点，熟练运用问卷调查法和访谈法，学会对工作分析过程中收集的信息进行整理和归纳。

2.3.2　基本知识要点

1. 访谈法

（1）访谈法的含义

访谈法又称面谈法，是一种应用较为广泛的工作分析方法，是指工作分析人员就某一个职务或职位面对面地询问任职者、主管、专家等的意见和看法。访谈法适用于工作行为不宜直接观察、工作任务周期长的工作。通过访谈可以了解任职者的工作态度、工作动机等较深层次的内容，有助于发现一些关键的信息。访谈主要包括个人访谈、群体访谈和职务上司访谈三种方式。

（2）访谈法的优缺点

优点：信息收集比较简单、快捷；所收集的信息可能包括从未以书面形式表达的信息；提供向大家说明工作分析的必要性和作用的机会，员工可发泄不满。

缺点：由于存在弄虚作假或误解问题，收集上来的信息有可能失真；员工可能会夸大某些职责而缩小另一些职责，使得获取有效信息的速度变慢；职位分析人员必须收集来自多方面的信息。

（3）访谈法的一般程序

制订访谈计划，编制访谈提纲。访谈计划包括的内容有：明确访谈目标；确定访谈对象；选定合适的职位分析访谈方法，例如，访谈的结构化程度以及访谈的形式，访谈的时间、地点（访谈的时间安排以不打扰正常的工作为宜，访谈的场所应该保持安静、整洁、方便）；准备访谈所需的材料和设备。访谈提纲是工作分析者发问和访谈的基本依据。为了有效地使用访谈法，在最短时间内得到尽可能多的有用信息，在访谈实施前应确定结构化的访谈提纲，访谈提纲的内容和调查问卷中的问题大致相同。

开展访谈。要在访谈开始和访谈过程中注意以下事项：访谈开始时，应帮助被访谈者建立平和、互信的心态；向被访谈者介绍本次访谈的流程以及被访谈者的要求；如果在访谈过程中需要使用笔录、录音等辅助记录手段，应向被访谈者事先说明。访谈过程中访谈者要能够控制谈话的局面，使访谈按照预定的计划进行；访谈者要始终保持旁观者的中立立场，以免影响访谈的客观性；访谈结束后要感谢被访谈者的帮助和合作。

访谈结果的整理。整理访谈记录，为工作分析提供清晰、有条理的信息记录。

（4）访谈法使用注意事项

在访谈前要事先准备提纲，访谈的问题应与分析目的相关；所提问题不诱导对方，不涉及个人题材；用词清楚准确、不模棱两可；访谈时尽量保持融洽的气氛，尽量使任职者和主管都在场，以保持访谈的客观性；访谈结束后要与被访者核对记录的信息。

2. 问卷调查法

（1）问卷调查法的含义

问卷调查法是工作分析中广泛运用的方法之一，是以书面的形式，通过任职者或其他职位相关人员单方传递信息来实现的职位信息收集方式。在实施问卷调查前，必须确定如何设计问卷结构以及问卷要提些什么问题。

（2）问卷调查法的优缺点

优点：能快速高效地从许多员工中获取信息。

缺点：设计问卷和对问卷进行检测是一件费钱又费时的事情。

（3）问卷调查法的一般步骤

设计调查问卷。问卷一般可分为两类：一类是非结构化的，以开放性问题为主；另一类是结构化的，在对工作彻底了解的基础上，编制出完善的问题，只需要问卷填写者在所提供的信息中进行选择。在实践中，多采用两种方法相结合的做法，参见下面的范例。

问卷的发放与回收。首先，选择样本。针对某一具体职位进行分析时，样本以3~5人为宜，若目标职位的任职者较少（3人以下），则全体任职者均为调查对象；调查样本可以包括任职者的直接上级，以及有代表性的其他相关人员。其次，跟踪相关人员填写状况，解答调查过程中出现的疑难问题，统一填写要求。最后，按照职位分析计划按时回收问卷。

问卷信息的整理。问卷调查的最后一个关键步骤就是对问卷获取的信息进行归类、整理和分析，为工作分析的结论提供依据。

（4）问卷调查法使用注意事项

对调查问卷进行个性化设计，考虑填写说明、阅读难度、填写难度、填写者文字水平等内容，最好给填写者提供一份填写样例，以某一岗位的调查问卷填写结果为例提示填写者。对问卷中的人力资源专业术语，要作出说明解释，配上填写说明和指导范例，以便填写者准确理解问卷中的问题。调查表中的问题不能有词义不清楚的地方，要让员工一眼看上去就知道你问的是什么，知道应回答什么，并能选择准确答案。设计的选项应该有一定的可分辨度。分数等级少，难以准确衡量满意程度；分数等级太多，要求的分辨率太高，员工会感觉问卷的答案设计得太烦琐。综合大多数调查问卷的设计情况，常用的是五级量表。

3. 观察法

观察法是由职位分析师在工作现场通过实地的观察、交流、操作等方式收集工作信息的过程，主要有直接观察法、自我观察法（工作日志）以及工作参与法三种形式。观察法主要适用于相对稳定的重复性的操作岗位，而不适用于职能和业务管理岗位。

观察法的优点：在对主要由身体活动构成的工作进行分析时，观察法最为有效。观察法的缺点：在对由智力活动构成的工作进行分析时，观察法会失效。

4. 现场工作日记/日志法

现场工作日记/日志法就是要求从事工作的员工每天做工作日记或日志，记录他们一天所进行的活动。每个员工都将自己所从事的每一活动项按时间顺序以日志的形式记录下来，就可以生成一张非常完整的工作图，再利用与员工及其主管面谈的内容加以补充，效果会更好。具体填写范例如表2-8所示。

表 2-7　某企业职务分析观察提纲（部分）

被观察者姓名_____　　　　　日期_____
观察者姓名_____　　　　　　观察时间_____
工作类型_____　　　　　　　工作部分_____
观察内容：
1. 什么时候开始正式工作？_____　　2. 上午工作多少小时？_____
3. 上午休息几次？_____　　　　　　4. 第一次休息从_____到_____
5. 第二次休息从_____到_____　　　　　　　6. 上午完成多少件产品？_____
7. 平均多长时间完成一件产品_____　8. 与同事交谈几次？_____
9. 每次交谈约_____分钟　　　　　　10. 室内温度_____摄氏度
11. 抽了几支香烟？_____　　　　　12. 喝了几次水？_____
13. 什么时候开始午休？_____　　　14. 出了多少次品？_____
15. 搬了多少原材料？_____　　　　16. 噪声分贝是多少？_____

表 2-8　工作日志填写范例

姓名：		年龄：		岗位名称：		所属部门：	
直接上级：				工龄：		填表日期：	
序号	工作活动名称		工作活动内容		工作活动结果	时间消耗	备注
1	复印		协议文件		4 页	6 分钟	存档
2	起草公文		贸易代理委托书		8 页	75 分钟	报上级审批
3	贸易洽谈		玩具出口		1 次	40 分钟	承办
……	……		……		……	……	……
17	计算机录入		参数经营		2 屏	60 分钟	承办
18	接待		参观		3 人	40 分钟	承办

现场工作日记/日志法的优点：可以长期对工作进行全面的记录，提供一个非常完整的工作图景，不至于漏掉一些工作细节。这是其他方法所不具备的特点。现场工作日记/日志法的缺点：每日程式化的日志记录活动会使任职者缺乏长久动力，难免马虎和敷衍，夸大某些活动，使工作内容的真实性受到质疑。

5. 资料分析法

为了降低工作分析的成本，应当尽量利用现有资料，对每种工作的任务、责任、权利、工作负荷、任职资格等有一个大致的了解，为进一步调查奠定基础。资料分析法应获取的信息包括如下方面。

（1）内部信息

员工手册、公司组织管理制度、岗位职责说明、绩效评价制度、公司会议记录、作业流程说明、ISO 质量文件、分权手册、工作环境说明、员工生产记录、工作计划、设备材料使用与管理制度、行政主管、业务主管部门文件、作业指导书等。

（2）外部信息

对外部类似企业相关职位分析的结果或对原始信息的分析结果进行归纳总结，必须注意目标职位与"标杆瞄准职位"的相似性。

6. 关键事件记录法

关键事件是指使工作成功或失败的行为特征或事件。关键事件记录法要求管理人员、员工或熟悉工作的其他员工记录工作行为中的关键事件。

关键事件记录包括"特别好"或"特别坏"的职务绩效，主要包括以下几个方面。

① 导致事件发生的原因和背景。
② 员工特别有效或多余的行为。
③ 关键行为的后果。
④ 员工自己能否支配或控制上述结果。

2.3.3 实训所需条件

1. 实训时间

本实训项目的时间以为1周为宜，课堂展示和教师总结点评约2课时。

2. 实训地点

多媒体教室，本校各系办公室和人力资源管理部门。

3. 实训所需材料

本实训项目需要收集大学教师、高校辅导员这两类职位的相关具体资料。

本实训项目的背景设计如下。

假设学校要重新对全校教职工的绩效考核制度进行修订，重点修订对象为专职教师和高校辅导员两类职位。学校希望通过此次工作分析，能够准确界定这两类职位的具体工作职责以及责任细分，帮助提炼出操作简单、有效、实用的能够衡量工作完成效果的一系列指标，并提供相应的依据。

2.3.4 实训内容与要求

1. 实训内容

设计和编写职位分析调查问卷，并开展问卷发放、回收及整理职位信息等工作。
设计和编写访谈提纲并实施访谈和整理职位信息。

2. 实训要求

设计和编写大学教师、高校辅导员的职位分析调查问卷。开展问卷发放、回收及整理职位信息等工作。

设计和编写大学教师、高校辅导员的访问提纲。开展大学教师、高校辅导员职位访谈及整理职位信息等工作。

要求教师在实训过程中做好组织工作，给予学生必要的、合理的指导，使学生加深对理论知识的理解，提高实际分析、操作能力。

2.3.5 实训组织方法与步骤

1. 访谈法

第一步，事前做好准备，复习有关访谈法的知识，熟练掌握访谈法的操作程序及实施注意事项。

第二步，建立访谈实施小组，每组 5~7 人，并选出组长。

第三步，以小组为单位，开展讨论，充分发表个人观点，制订访谈计划，编制访谈提纲。

访谈计划包括的内容有：明确访谈目标，确定访谈对象，选定合适的职位分析访谈方法，例如，访谈的结构化程度以及访谈的形式，访谈的时间、地点等。

访谈提纲包括的内容有：任职者资料、工作的主要内容、工作职责和绩效标准、工作的付酬依据、工作权限、工作联系、工作时间要求、工作所需的知识和技能、工作所需的受教育程度和工作经历、工作环境和工作条件、工作对身体的要求等。

第四步，运用访谈法，挑选大学教师、高校辅导员中的典型人员作为调查对象，和其直接上级进行访谈，注意访谈技巧的使用。

第五步，收集典型岗位的职位信息，整理访谈记录与职位信息。

第六步，各个小组在课堂上做出展示，教师就各小组编制的访谈提纲以及实施过程适时讲评。

2. 问卷调查法

第一步，事前做好准备工作，熟练掌握问卷调查法的相关知识内容，熟练掌握问卷调查法的操作程序和实施时应注意的事项。

第二步，建立问卷调查实施小组，每组 5~7 人，并选出组长。

第三步，挑选大学教师、高校辅导员中的典型人员作为调查对象，和其直接上级面谈，进行职位分析问卷调查的前期调研，面谈内容涉及任职者资料、工作的主要内容、工作职责和绩效标准、工作的付酬依据、工作权限、工作联系、工作时间要求、工作所需的知识和技能、工作所需的受教育程度和工作经历、工作环境和工作条件、工作对身体的要求等。

第四步，以小组为单位，就收集的职位信息展开讨论，充分发表个人观点，确定大学教师、高校辅导员的关键职位信息。

第五步，以小组为单位，确定调查内容，设计调查问卷。

第六步，实施调查问卷的发放、填写及回收工作，以及职位信息整理工作。

问卷发放：以大学教师、高校辅导员全体任职者为调查对象；调查样本包括这两类职务的直接上级以及有代表性的其他相关人员。

问卷填写：跟踪相关人员填写状况，解答调查过程中出现的疑难问题，统一填写要求。

问卷回收：按照职位分析计划按时回收问卷。

第七步，各个小组在课堂上作出展示，指导教师就各个小组所设计的职位分析问卷及实施过程进行讲评。

第八步，撰写实训报告。

2.3.6 实训报告

实训结束以后，每位学生必须撰写实训报告，要求在实训报告中阐明编制职位分析调查问卷和编制访谈提纲的主要依据，主要内容参考前文中表 1-1。考虑到需要撰写大量的文字，实训报告可以在实训结束后 2 天内完成，由组长收齐后上交指导教师。

2.3.7 实训考核方法

1. 成绩划分标准

实训成绩按照优秀、良好、中等、及格和不及格五个等级评定。

2. 成绩评定标准

（1）访谈法实训的评定标准

① 在实训前，对访谈法的操作流程和注意事项是否熟练掌握。

② 小组分工是否合理，合作是否顺畅和谐，小组内各个成员是否都参与其中。

③ 各小组在调研访谈和课堂讨论中，是否认真、积极投入，表现出良好的团队合作精神。

④ 是否依据大学教师和高校辅导员的关键职位信息编制访谈提纲和进行访谈。

⑤ 编制的访谈提纲内容是否规范，任职者资料、工作的主要内容、工作职责和绩效标准、工作的付酬依据、工作权限、工作联系、工作时间要求、工作所需的知识和技能、工作所需的受教育程度和工作经历、工作环境和工作条件、工作对身体的要求等。

⑥ 是否按照访谈法程序进行操作，访谈问题安排是否合理完整，语言是否简练清楚，所收集的职位信息是否完整、重点突出。

⑦ 课堂模拟、调研访谈过程占总成绩的 70%，实训报告占总成绩的 30%。

（2）问卷调查法实训的评定标准

① 在实训前，对编制和实施职位分析调查问卷的操作流程与注意事项是否熟练掌握。

② 小组分工是否合理，合作是否顺畅和谐，小组内各个成员是否都参与其中。

③ 各小组在调研访谈和课堂讨论中，是否认真、积极投入，表现出良好的团队合作精神。

④ 是否依据大学教师和高校辅导员的关键职位信息编制职位分析调查问卷。

⑤ 编制的职位分析调查问卷是否包括任职者资料、工作的主要内容、工作职责和绩效标准、工作的付酬依据、工作权限、工作联系、任职者资格要求等内容。

⑥ 是否按照问卷法的程序进行操作，调查问卷内容是否做到主题明确、结构合理、通俗易懂、长度适宜、适于统计，问卷结构安排是否规范合理，文字是否简练清楚，问卷的发放、追踪和回收过程是否按时无误。

⑦ 课堂模拟、讨论、分析占总成绩的70%，实训报告占总成绩的30%。

2.3.8 实训拓展与提高

工作分析访谈提纲

访谈者姓名：　　　　　　　　　　被访谈者姓名：
访谈日期：　　　　　　　　　　　所属部门：
岗位名称：
观察内容：
（1）请问您所在的部门是什么？
（2）您的职位名称、职位编号是什么？
（3）请问您的直接上级主管岗位是什么？
（4）您有直接下属吗？有几个？他们是在什么岗位上？
（5）请您用一句话概述该岗位的作用。
（6）请您详细地描述一下您所在岗位的各项职责以及为完成这些职责所开展的各项工作，请举例说明。（您可以按照活动发生的时间顺序或重要程度进行详细讲述）
（7）为了完成上述工作，您需要什么样的辅助工具或设备？
（8）为了完成工作，你通常会与哪些人员发生联系？（包括组织的内部和外部）
（9）请您描述一下本岗位的工作环境。
（10）请您说明本岗位需要具备哪些能力？请举例说明。
（11）本岗位对学历和工作经验有怎样的要求？
（12）在工作中您有哪些权限？为了更好地开展工作，您还需要怎样的权限？
（13）您的工作时间是从几点到几点？
（14）您的工作是否需要加班？
（15）您是否需要经常出差？
（16）您所在的组织是如何考核您的工作的？
（17）您还有什么要补充的吗？
（18）您能确保所有信息的真实性吗？

工作分析调查问卷范例

职位名称_____　　主管部门_____
所属部门_____　　工作地点_____

间接主管_____   监督者_____
直接主管_____
职位设置的目的
本职位设置的目的是什么？
_____
职责
按顺序举例说明本职位的工作责任及重要性。

1.每日必做的工作   完成该任务的时间百分比
（1）_____   _____
（2）_____   _____
（3）_____   _____

2.一定时间内的工作（季、月、周）   完成该任务的时间百分比
（1）_____   _____
（2）_____   _____
（3）_____   _____

3.偶尔要做的工作   完成该任务的时间百分比
（1）_____   _____
（2）_____   _____
（3）_____   _____

能力或知识要求

对于本职位的工作来说，哪些能力或知识是必需的？这些能力或知识可以从学校获得，也可以通过自学、在职培训或工作实践获得。请确定下列能力或知识中哪些是必要的，并在相应的横线上打钩。

_____任职者能够读写并理解基本的口头或书面指令；

_____任职者能够理解并执行工作程序，以及理解上下级的隶属关系，能够进行简单的数学运算和办公室设备的操作；

_____任职者能够理解并完成上级交给的任务,具备每分钟录入50个文字的能力；

_____具备相近专业领域的一般知识；

_____具备商业管理与财政方面的高级知识与技能；

_____其他方面的要求。

经验

本职位要求任职者具备哪些经验？请确定下列哪些经验是必需的，并在相应的横线上打钩。

_____需要1个月的相关实习期或在职培训期；

_____需要 1~3 个月的相关实习期或在职培训期；
_____需要 4~6 个月的相关实习期或在职培训期；
_____需要 7~12 个月的相关实习期或在职培训期；
_____需要 1~3 年的相关实习期或在职培训期；
_____需要 3~5 年的相关实习期或在职培训期；
_____需要 5~8 年的相关实习期或在职培训期；
_____需要 8 年以上的相关实习期或在职培训期；
_____其他方面的经验要求。

担负的管理职责

任职者担任的管理职责有哪些？下列每项工作所花费的时间百分比是多少？

1. 工作指导_____   _____
2. 布置工作_____   _____
3. 检查工作_____   _____
4. 制订计划_____   _____
5. 目标管理_____   _____
6. 协调活动_____   _____
7. 解决雇员问题_____   _____
8. 评价下属_____   _____

任职者直接管理的职工人数_____

工作关系

本职位的工作者有哪些联系？在描述这些联系时，要考虑这些联系是怎样建立的，在部门内部还是部门外部？联系次数是否频繁？联系包括信息收集与判断，还是仅仅作为一种服务形式？哪些联系对部门有用？这里的联系对象包括本部门与外部的所有人员。

_____
_____

本职位受到的监督与管理

本职位需要接受哪些监督与管理？程度如何？请对下列情况加以确定，并在相应的横线上打钩。

_____直接。任职者的工作简单重复进行，工作处于明确、具体的指导下，基本上每天都接受指导。

_____严密性。任职者要按程序工作，从上级部门接受任务安排。

_____一般性。任职者可以有计划地安排自己的工作但需要不定期地与上级商讨例外的、复杂的问题。

_____有限性。任职者在一定的目标与指导下计划自己一定时期（每月）内的工作。

_____宏观指导。任职者可以独立地计划与实施自己的主要工作，只需要在目标方向上与主管者的要求保持一致。

　　_____自主性。任职者可以自主地确定工作目标，绩效标准只需与他人协商，不需要征得上级同意。

决策责任

任职者独立决策的权限与范围有多大？他作出的决定是否要由他人审核？如果是，那么由谁审核？

_____

错误分析

1. 最容易犯的错误有哪些？举例说明，并指出它们是操作上的还是观念上的，或是两者皆有。

_____

2. 这些错误多长时间能被发现？谁能发现？常在哪些工作环节上被发现？

_____

3. 纠正这些错误存在哪些障碍？在纠正错误过程中可能出现什么枝节问题？

_____

数据保密

任职者是否要对一些数据保密？保密的程度如何？保密对公司的得益有无影响？请对下列情况加以确定，并在相应的横线上打钩。

　　_____不保密。工作中没有任何数据需要保密。

　　_____有一点保密。偶尔有些数据需要保密。

　　_____一般保密。一般情况下需要保密，泄露将对公司起负面作用。

　　_____绝大部分工作需要保密。泄露将对公司产生重大影响。

　　_____完全保密。稍有泄露，便会损害公司的名声和地位。

工作条件

描述工作顺利进行所必须的生理条件、物理条件，如任职者工作期间站、走、负荷的时间各是多少等。

心理要求

为了使工作顺利进行，对任职者的心理有哪些要求？

_____

列出工作中使用的机械和设备

一直使用　　　　　　　经常使用　　　　　　　偶尔使用

_____　　　　_____　　　　_____

_____　　　　_____　　　　_____

附加说明
本职位还有哪些方面需要补充说明,请列出。

_____

_____

2.4 编制工作说明书

2.4.1 实训目的

通过本次实训,了解工作说明书包括的主要内容,理解编制工作说明书的基本原理和基本思路,学会撰写内容完整、用语规范的职位说明书。

2.4.2 基本知识要点

1. 工作说明书的概念和内容

工作说明书是关于任职者实际做什么、如何做,以及在什么条件下做的一种书面说明,是人力资源管理的基础性文本,是工作分析的重要成果。职位说明书包括职位名称、所在部门、报告关系、职位薪资等级、职位编号、编制日期、职位概要、职位位置、任职资格(资历、所需资格证书、知识技能要求、能力要求、素质要求)、工作联系、职业通道、职责要求、关键绩效指标(KPI)、签字确认等内容。

2. 工作说明书的应用

目前很多企业在花费了大量的时间精力后,制作出的工作说明书被束之高阁,没有发挥应有的作用。其实,工作说明书在人力资源管理中具有广泛的应用领域。

(1)招聘配置。工作说明书通过对岗位和岗位的任职条件分析,提出了工作目的与职责、任职资格等,这些是确定招聘要求、甄选标准的依据。

(2)培训与开发。完善的岗位说明书,使员工履行现有工作职责,熟悉执行本岗位职责所依据的企业制度、规定等,经过入职教育与岗位培训,学习本岗位的要求,把工作做好。在工作说明书中,员工还会看到岗位的能力素质与任职资格要求,根据这些要求,有针对性地制订岗位培训计划,使员工胜任工作要求。

(3)绩效考核。以KPI为核心的企业绩效考核体系的基础首先是对岗位职责清晰界定,职责为制定岗位的绩效考核指标与岗位间的关联绩效指标提供了依据。

(4)岗位价值评估和薪酬管理。工作分析和工作说明书是岗位价值评估的基础。工作分析帮助确定岗位评定的指标,而岗位评定的指标是获取薪酬回报的报酬要素,传递了企业对员工的要求与期望,对员工产生引导作用。岗位价值评估在工作说明书和工作分析与薪酬体系之间起着桥梁作用。

3. 工作说明书的编制原则

（1）目标明确的原则。编写工作说明书前，要明确岗位工作的目标是什么；然后围绕岗位的目标来设计岗位的职责。

（2）源于现实又高于现实的原则。工作说明书的信息大多来源于现实工作，由此编制的工作说明书既要反映现实情况，又不能拘泥于现实。

（3）指导和帮助的原则。工作说明书的价值在于为任职者的工作提供帮助和指南，为岗位工作目标的达成提供最佳的捷径和向导。

（4）分工协作的原则。岗位是因为分工不同而形成的。岗位不是孤立存在的，岗位之间是分工与协作的关系。

4. 工作说明书的编制方法

（1）填写职位名称

职位名称是对工作名称的进一步明确，规范职位的名称有利于进行职位管理。

（2）填写所在部门

所在部门是指该职位所属的机构或部门，一般有以下几种情况。

① 机构或公司的正职或副职填写所在机构或公司的名称。

② 各部门人员填写所在机构或公司及对应部门的名称，如果部门内还有处，则一般员工还应该写出属于哪个处。例如，某一般规模子公司人力资源部员工填"子公司名称+人力资源部"；如果部门很大，还分有各处，则招聘处的员工填"公司名称+人力资源部招聘处"。

（3）填写报告关系

报告关系指该职位的直接上级，一般有以下几种情况。

① 机构（包括子公司、分公司、事业部、分厂）或部门副职的直接上级是正职。

② 各部门或机构正职的直接上级是对应的主管领导。

③ 各部门内人员的直接上级一般来讲都是该部门的正职，但如果部门内还有处，则处长的直接上级是部门正职，各处内员工的直接上级是该处处长。

（4）填写职位薪资等级

职位薪资等级是指该职位经过职位评估和薪酬设计后的职位级别与薪资等级。

（5）填写职位编号

① 职位编号是指职位的代码，组织中的每个职位都应当有一个代码。

② 职位编号的繁简程度视企业具体需要而定。

③ 为职位编号的目的是便于快速查找所有的职位。

④ 为职位编号的步骤如下：为整个集团所有机构进行编号，为机构内的部门编号，对部门内各处进行编号，对各处的职位进行编号。例如，某一职位编号为O1010202，表示公司某区局综合部人力资源部副主任。

在全公司工作说明书编制完成后，这一栏由人力资源部为全公司所有工作说明书统一编号并填补。

（6）填写编制日期

编制日期是指工作说明书的具体编写日期。这一栏可以暂时不填，在工作说明书出台时由人力资源部统一填补。

（7）填写职位概要

职位概要也就是职位设置的目的，应该用一句话简单地概括工作的主要功能，简短而准确地表示该职位为什么存在。

（8）填写职位位置

职位位置表明本职位在整个组织中所处的层级和位置。

（9）填写职责要求

工作的责任与任务是编制工作说明书最为繁杂的部分。为了了解和描述职位的情况，应明确提供该职位的职责范围和权限。职位的职责来自组织使命的分解，即按照组织的要求，本职位应该做什么。

在编写职责时，首先应该明确本职位应该做哪几方面的事情，然后对每件事情进行具体描述。在具体描述时，每一条职责都应尽量以流程的形式描述，描述的格式为"动词+名词宾语+进一步描述任务的词语"。例如，对某办公室主任来说，主要有文秘管理、档案管理、日常行政管理、部门管理四方面的事情，对于其他不好归类的内容可列入"其他"这一栏。具体描述文秘管理的第一条职责时，"动词"是组织拟定并审核，"名词宾语"是本单位各种公文报告和会议文的行文规范、签发程序制度，"进一步描述任务的词语"是提出意见，批准后督导实施。

（10）填写关键业绩指标

关键业绩指标是指从哪些方面、以什么标准去评价该职位工作的效果。工作说明书中的考核指标只需讲到考核方面即可，在考核制度中将会对考核指标进行标准分级的描述。

（11）填写任职资格

任职资格是对应职者的要求，不是针对现有人员的要求。任职资格包括以下项目：资历、所需资格证书、知识要求、技能要求、能力要求、素质要求。

① 资历包括学历（学位）、所学专业（或接受何种培训）、职称和工作经验（包括一般工作经验和特殊工作经验）。

② 所需资格证书不是指职称，而是指从事本工作所需的证照。

③ 知识要求包括业务知识和管理知识。

④ 技能包括基本技能和业务技能。基本技能是指完成工作都需要具备的通用的操作技术，通常指写作能力、外语能力和计算机能力。业务技能是指开展某项实际业务工作需要的知识与能力素养。

⑤ 能力要求是指完成工作应具备的一些能力方面的要求，包括需要什么能力及其级别。能力要求一般不宜多，三到五个即可。

⑥ 素质是一个人的潜在特质。素质要求是指该职位对任职者的个性或特质的要求。素质要求一般不宜多，一到两个即可。常见的素质要求有：情绪稳定性、心理承受力、忠诚、自我认识、团队合作精神、全局意识、人际敏感性、责任心、成就动机、魄力。

专业素质要求如表 2-9 所示。

表 2-9 专业素质要求

项目	要求
专业理论、实务操作	理论知识丰富，掌握现代人力资源管理理论，有可操作性的实务经验，能不断学习与进步
沟通与协调能力	掌握良好的沟通技巧，能进行有效沟通，能有效协调部门之间运作和处理员工关系
分析判断能力与解决问题能力	善于分析和判断内外部信息对人力资源政策的影响，善于处理员工关系，维护劳资双方利益

（12）填写工作关系

工作关系是指与本职位有较多工作来往的组织内外部沟通对象。

（13）填写职业通道

工作说明书中的职业通道仅仅从专业的角度提出参考性的意见，说明晋升或轮换的方向，具体到某个人的成长则需要结合具体情况决定。

5. 编制工作说明书应该注意的问题

工作说明书一般包括以上几个方面的因素，但是它的详尽程度或项目多少却可以视工作说明书的使用目的而定。如果工作说明书是用于指导人员如何工作，则对于工作内容必须详细说明；如果是用于工作评价，则应当注重工作的繁简及责任的轻重；如果是用于招聘，则应当突出任职资格。为了使工作说明书更加符合组织的需要，以下各项值得注意。

第一，根据使用目的，在反映基本内容的基础上突出重点。

第二，工作职责的描述应当包罗无遗，避免职责重复和遗漏。

第三，工作说明书应该采用统一的格式。为了便于管理和使用，一般采用表格格式而极少采用叙述形式。

第四，文字叙述应简洁、准确、清晰，避免出现如"执行需要完成的其他任务"等笼统的描述。

第五，所涉及的等级(如职级、薪级等)应该依据实际情况而定，并能够反映工作的技术水平和职责高低等方面的差异。

2.4.3 实训所需条件

1. 实训时间

本项目实训时间以 2 课时为宜。

2. 实训地点

多媒体教室。

3. 实训所需材料

本实训需要准备各种类型的工作说明书范本,并通过调查问卷和工作访谈得出关键职位信息。

本实训的背景设计如下。

假设学校要重新对全校教职工绩效考核制度进行修订,重点修订对象为专职教师和高校辅导员两类职位。学校希望通过此次工作分析准确界定这两类职位的具体工作职责以及责任细分,提炼出操作简单、有效、实用的衡量工作完成效果的指标,并提供依据。

2.4.4 实训内容与要求

1. 实训内容

编制大学教师、高校辅导员职位的工作说明书。

2. 实训要求

根据工作分析方法章节所收集的大学教师的职位信息并参考工作说明书(范本)格式编制该职位的工作说明书。

根据工作分析方法章节所收集的高校辅导员的职位信息并参考工作说明书(范本)格式编制该职位的工作说明书。

要求教师在实训过程中做好组织工作,给予学生必要的、合理的指导,使学生加深对理论知识的理解,提高实际分析、操作的能力。

2.4.5 实训组织方法与步骤

第一步,实训前做好准备,复习并熟练掌握有关工作说明书方面的知识。

第二步,对学生进行分组,建立工作说明书撰写小组(每组 5~7 人)。

第三步,以小组为单位,根据工作分析方法模块所收集的大学教师和高校辅导员的职位信息展开讨论,充分发表个人观点,确定出大学教师、高校辅导员的关键职位信息。

第四步,讨论结束后,在规定的时间内,每个小组必须撰写典型职位的工作说明书。

第五步,教师就所撰写的工作说明书适时讲评。

第六步,撰写实训报告。

2.4.6 实训报告

实训结束以后,每位学生必须撰写实训报告,要求在实训报告中阐明编制工作说明书的主要依据,主要内容参考前文中表 1-1。考虑到需要撰写大量的文字,实训报告可以在实训结束后 2 天内完成,由组长收齐后上交指导教师。

2.4.7 实训考核方法

1. 成绩划分标准

实训成绩按照优秀、良好、中等、及格和不及格五个等级评定。

2. 成绩评定标准

(1)实训前对工作说明书的知识掌握是否熟练。
(2)各小组在根据所收集的大学教师和高校辅导员的职位信息进行课堂讨论的过程中,是否认真积极地投入,体现出良好的团队协作精神。
(3)能否依据工作说明书的原理编制工作说明书。
(4)编制的工作说明书内容是否正确、翔实,信息完整,重点突出。
(5)课堂讨论、分析占总成绩的 20%,工作说明书和实训报告占总成绩的 80%。

2.4.8 实训拓展与提高

表 2-10 所示为本次实训拓展与提高材料。

表 2-10 某学院院长岗位说明书

职务概况	职务名称	学院院长	所属部门	院长办公室	定编人数	1
	直接上级	院党委	职务编号	A101	薪酬等级	一等一级
	直接下属	副院长				
工作概述	统筹学院总体发展规划和重大事项的主要决策					
工作内容和职责	(1)参加政府组织的教育工作会议、党委会议,并负责上述会议精神的贯彻 (2)召集和主持学院管理委员会议,组织讨论和决定学院的发展规划、经营方针、年度计划及日常经营工作中的重大事项 (3)检查管理委员会议的事实情况,并提出报告 (4)审查各副院长提出的各项发展规划、计划和执行结果,并提请院党委会讨论 (5)定期审阅学院的财务报表和其他重要报表,全盘控制全院系统的财务状况 (6)签署批准学院招聘的各级高级管理人员和专业技术人员 (7)签署对外的重要协议,上报印发的各种重要报表、文件、资料 (8)负责出席对外重要会议,接待参观或视察学院的贵宾或重要人物 (9)负责代表学院向上级主管部门或政府机关主要领导汇报学院管理运行情况,反映学院的意见和要求 (10)处理其他由上级主管授权的重大事项					
工作权限	(1)院党委或院管理委员会决策的否决权 (2)对学院重要业务活动有执行综理权和上级主管部门的代行权,并承担执行学院各项规章制度的义务					

续表

职务概况	职务名称	学院院长	所属部门	院长办公室	定编人数	1
	直接上级	院党委	职务编号	A101	薪酬等级	一等一级
	直接下属	副院长				

工作重点考核项目	（1）学院各项重大决策的正确性 （2）工作批复的及时性 （3）监控各副院长和高管人员工作业绩的及时性与准确性				

工作关系	所受监督	受上级主管和院党委的监督
	所施监督	对院管理委员会成员和各高管人员的工作监督
	内部关系	与院管理委员会成员和各高管人员有工作指导协调的关系
	外部关系	与上级主管领导和政府机关负责人的工作联系

任职资格	身体条件	年龄	35~50岁	性别	不限
		身高	无特殊要求	相貌	无特殊要求
		体能	身体健康、精力充沛，能承受快节奏、高负荷的工作		
	学历要求	大学本科及以上学历			
	专业要求	无特殊要求，管理专业尤佳			
	经验要求	5年以上学院管理经验，3年以上本职务工作经验			
	个性素质	为人正直，清正廉洁，有高度责任心，性格沉稳，善于决断和沟通			
	工作技能	计算机	能使用一般办公软件操作系统		
		外语	读写能力强		
		其他	普通话流利，有驾驶执照尤佳		
	必备工作资格证	无特殊要求			
	岗位基本能力	A	领导决策能力	A	社会活动能力
		A	统筹规划能力	A	人际关系能力
		A	激励授权能力	A	理解实施能力
		A	组织指挥能力	B	语言表达能力
		A	开拓创新能力	B	文字表达能力
		A	分析判断能力	B	学习成长能力
		A	沟通协调能力	B	冲突管理能力
		要求程度：A.高；B.较高；C.一般；D.较低；E.低			
	所需技能培训	学院文化、战略发展规划、领导和管理艺术			

职业发展	可直接晋升的职位	
	可相互转换的职位	
	可升迁至此的职位	副院长

工作条件	工作强度	比较忙碌，会经常加班
	工作环境	主要在室内工作，环境较好、舒适，有时出差

工作考核指标	工作绩效	领导决策	分析判断	人际关系
	指导协调	冲突管理	工作创新	责任荣誉
	工作能力	授权激励	统筹规划	成本意识

2.5 工作分析综合训练

2.5.1 实训目的

通过本项目实训，培养学生进行组织结构设计和工作分析的综合能力。

2.5.2 基本知识要点

参见本章节 2.1、2.2、2.3、2.4 的相关内容。

2.5.3 实训所需条件

1. 实训时间

本实训项目以 2 课时为宜。

2. 实训地点

多媒体教室。

3. 实训所需材料

W 公司的工作分析

W 信息技术有限责任公司（以下简称"W 公司"）成立于 1998 年 10 月，注册资金 2 500 万元，为中国电信全资控股的 ICT（信息通信技术）高新产业企业。办公占地 4 500 多平方米，拥有员工 450 人（其中 65%以上为技术研发人员），聚集了一批具有博士、硕士学位和受过各项专业培训及认证的研发人员和市场营销人才。公司主要从事应用软件开发、系统集成、IT 服务外包、互联网运营四大业务领域，是通过 CMMI（软件能力成熟度模型）3 级评估、1SO 2000 服务体系认证、1SO 9000 质量体系认证三项国际标准的企业，同时拥有计算机系统集成一级、涉及国家秘密乙级等众多资质证书，为省级企业技术中心、中国软件产业基地骨干企业。自成立以来，W 公司坚持贯彻"追求企业价值与客户价值共同成长"的经营理念，凭借良好的社会信誉、过硬的技术能力、优质高效的服务保障，在省内外主导实施了众多具有代表性和影响力的综合信息化建设项目，得到社会各界的广泛认可。目前 W 公司的业务已涉足国内十余个省份，实现了良好的市场开拓局面。

W 公司注重技术团队建设和人才梯队培养，积极引入国内外高新技术和国际标准规范，不断优化技术管理体系建设，自主研发了一批拥有自主知识产权的信息化应用软件产品及行业解决方案，其中多项软件产品列入国家火炬计划和国家重点新产品计划，并在国内多个省份广泛应用。

W公司（副）总经理下设17个部门：共有行政职能部门4个，支持部门4个，前端销售部门3个，事业部门2个，技术部门4个。公司的组织结构如图2-3所示。

W公司现有员工450人，所有人员分属于七小类（软件类、网络服务类、互联网类、市场类、销售类、行政类及管理类）或大体分为三大类，分别为生产岗位人员、营销岗位人员和行政岗位人员。人员的具体构成情况为生产岗位292人，占65%；前端营销岗位115人，占26%；行政管理岗位43人，占9%。

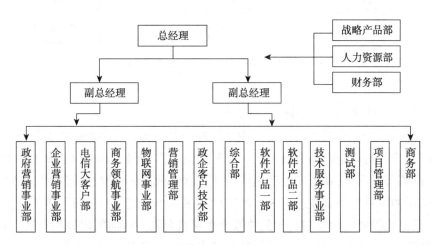

图2-8　W公司组织结构

全体员工中，拥有本科及以上学历人员占53.1%，拥有大专学历人员占40.0%，中专学历人员占4.1%，其他学历人员占2.8%。从年龄构成来看，大部分员工处于25~35岁，30岁以下的员工约占员工总数的2/3。从职业技能状况来看，拥有高级职称和专业技术证书的人员80余人，中级职称及专业技术证书200余人；拥有项目经理证书的人员70人，其中包括国家高级IT项目经理3人、IT项目经理25人、PMP证书3人、通信工程项目经理9人、公司级IT项目经理30人。总体而言，W公司的人力资源现状表现出年龄和技能结构较为合理、具备人力资源基础优势的特点。

技术研发人员约占公司员工总数的65%，大多居于W公司的生产岗位，即软件产品一部、软件产品二部和测试部；他们大部分拥有较高学历，技术素质较高，年纪较轻。软件研发人员岗位由高到低分为四个级别：技术总监、部门经理（项目经理）、需求分析及架构设计人员、软件编程人员。其中，技术总监主要负责公司产品总体研发及管理工作，项目经理主要负责公司立项项目实施全过程的管理。同时，小型项目中的需求分析和架构设计也主要由项目经理负责。需求分析及架构设计人员主要负责大型项目的客户需求分析，与客户沟通，协调客户关系，指导软件产品的架构设计方案。软件编程人员主要负责编写软件代码。测试人员主要负责软件产品的测试工作。软件研发部门和测试部门的组织架构如图2-9所示。

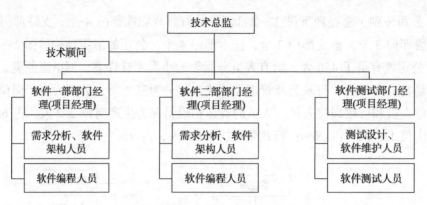

图 2-9　W 公司研发部门组织架构

（1）W 公司软件技术部门构成与职责

W 公司有三个软件技术部门，分别是软件产品一部、软件产品二部和测试部。两个软件产品部门的研发产品有所不同，但其职责基本相同。其部门职责主要如下。

① 按照公司部署，在既定的产品线内从事软件项目的研发、实施及技术支持工作，并依据公司的项目管理制度进行项目的立项、项目小组组建及项目实施等工作。

② 根据流程规定参与与其相关的综合性项目合同签订前的评审和会签，对系统硬件和软件选型、配置参与决策，进行软件技术方案的需求调研、设计、开发和实施。

③ 提供项目售前、售中、售后技术服务、咨询、培训，以及对市场推广活动的支持。

④ 接受职能管理部门的监督和指导，并积极改进工作。

⑤ 执行公司的财务计划，完成公司下达的业务指标。

（2）测试部门的主要职责

① 研究和发展软件测试技术，为软件产品部门提供软件测试开发工作，维护自动化测试工具，维护软件产品或项目的测试环境，保存并维护与软件测试相关的工件。

② 参与软件项目研发阶段的评审，跟踪软件测试过程中出现的问题，确保产品提交给最终用户前被验证已解决。

③ 设计软件产品和项目测试方案，根据测试结果出具测试报告，并对软件测试结果及被测软件进行分析、评估，制定并维护软件测试流程和文档的规范。

④ 接受职能管理部门的监督和指导，并积极改进工作。

⑤ 执行公司财务计划。

根据以上部门构成与主要职责的情况，将 W 公司的所有研发人员分为项目经理、软件测试人员、软件编程人员三类。

（1）项目经理工作内容

在 W 公司里，软件开发工作基本是以项目为主，因此项目管理工作是公司软件部门的管理重点，项目经理是一个项目最主要的管理人员。项目经理最重要的职责就是想方设法、保质保量地按期交付项目。同时，针对目前公司软件项目实施过程中项目需求分析和设计质量不高以及项目延期不能按时交付的问题，应将其作为考核重点设计到项目的考核内容中去。

项目经理的工作内容主要包括软件技术项目的计划、组织、领导、控制四个方面，如表 2-11 所示。

表 2-11 项目经理的工作内容

计划	对项目进行分解，做好项目总体计划和项目阶段计划，计划内容包括项目的范围、质量、时间和成本等
组织	组织项目所需的各种资源，组织项目团队，分配工作任务、职责和权限，建立和项目相关的内外部渠道，协调成员间的关系等
领导	在项目实验过程中对所有事情作出最终决策，包括项目进度计划、人事任免奖惩、关键技术措施、设计变更等，创建项目组的开发环境，提升项目组士气，加强项目组凝聚力以及合理安排各成员的工作，最大限度地发挥他们的效能并及时处理项目中出现的问题
控制	重点进行项目的时间控制和团队管理，在项目生命周期的各个阶段跟踪、检查成员的工作质量；对项目进行配置管理与规划；控制各成员的工作进度，并快速解决成员碰到的难题；保证在预算成本范围内按规定的质量和进度交付项目

从软件项目的实施角度来看，项目经理在项目工作流程中需要有很好的沟通能力。首先，项目经理要与客户进行沟通，明确了解客户对产品的需求，最大限度地了解客户所要求实现的功能，进行需求分析后将其转换为对软件功能的需求。其次，还需把得到的信息准确传达给项目组其他相关人员。项目经理还需要有很强的制订计划的能力，确定项目的总体进度及计划，并将计划分解成阶段工作计划，包括工作内容和工作量。同时，在项目实施过程中不可避免地会发生各种问题，这时对于项目经理来说就需要有很强的应变能力和对问题进行预估的能力，能够在问题出现前合理地化解，问题出现后及时果断地处理。项目进行到最后阶段，项目经理的工作是发布产品，配合客户进行产品验收，并在验收通过后组织项目组成员对项目进行回顾总结。通过项目经理的工作流程可以看出，确保项目按时按质的完成是项目经理的主要职责，而为了实现这一目标，项目经理在项目实施过程中必须着力于提高项目小组的工作能力。W 公司项目经理的工作流程如图 2-10 所示。

（2）软件测试人员工作内容

很多软件企业（尤其是小型软件企业）往往对系统测试人员重视不足，认为测试仅仅是服务性工作。但从软件设计的过程来看，软件测试是十分重要的工作，它贯穿于软件生产整个周期中的各个阶段，对于软件产品的设计质量和使用可靠性起到关键的保障作用，而不仅仅是软件编程后的附加性过程。

在 W 公司，软件测试人员的工作内容主要是寻找并报告软件中的缺陷，在理解产品所有功能和要求的基础上通过使用各种测试方法，来发现和寻找软件中不能满足用户需求、设计要求以及功能的缺陷，进一步检测软件的稳定性，并创建相应的测试规范和测试用例。

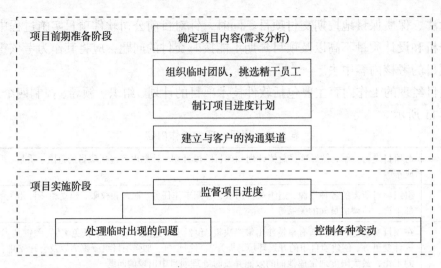

图 2-10 W 公司项目经理工作流程

软件测试人员的工作流程包括制订测试计划、设计评审、代码评审、白盒测试、黑盒测试五个阶段。

① 制订测试计划，创建测试用例。软件测试计划主要包括：哪些内容需要做测试、测试过程中使用的方法、测试用例的级别等。测试计划应做到全面，要保证测试软件的所有功能需求。测试计划还规定了测试用例的优先级，即对错误的严重程度进行定义。W 公司把 bug 的严重程度分为四个级别：A 影响系统正常运行的错误，B 用户不可以容忍的错误，C 不会给用户带来损失的错误，D 可以不修改的错误。其中 A 类测试用例的优先级最高，D 类测试用例的优先级最低。

② 设计评审。设计评审是对软件的设计内容进行全面的评审，目的是尽力做到在软件开发早期阶段找出比较严重的缺陷，确保软件的设计能够实现全部的功能，符合用户的需求，同时还要充分考虑软件的可优化性和可升级性。

③ 代码评审，主要目的是进行单元测试，发现代码编写过程中的一些问题，如代码中的函数名、变量使用是否规范，代码的可读性、扩展性和安全性等。

④ 白盒测试（也称为结构测试），即指测试人员对软件的内部结构、逻辑路径进行测试，检查软件的内部操作是否符合设计要求。

⑤ 黑盒测试（也称为功能测试），即指测试人员不考虑软件的内部结构，把软件当作一个黑盒子，对软件的接口进行测试。功能测试主要检查软件的功能是否符合设计需求，比如软件的输入是否能被正确接收、输出的结果是否正确、有没有被遗漏的功能等。

软件测试人员的工作职责主要包括以下四个方面。

① 软件测试人员不仅要发现错误，还应尽早、尽快地发现软件产品尽可能多的潜在错误。问题发现得越早，就越能减少企业和客户的损失。发现得越迟修正缺陷的代

价就越大，给企业和客户造成的损失可能越大。

② 在创建测试用例时，要注意测试用例的可读性（通俗地说，努力做到让不懂测试的人也能理解测试用例的内容）。

③ 回归测试的重要性。回归测试是确保软件的缺陷能被正确处理的重要环节，测试人员在发现了文档或代码中的 bug 后，不仅要提交测试用例，还应继续关注编码人员是否关闭了测试报告中的所有缺陷，并进一步验证编码人员在关闭错误过程中是否引入了新的错误。

④ 在软件发布时应尽量做到零 bug，即使还存在错误，这种错误的等级应该是最低的，是不会给客户带来损失的。

测试人员是在整个软件项目中最关注项目质量的人员，其主要职责就是找出项目中存在的不合理、不合格的部分，并要求项目中的其他成员按其给定的项目质量完成项目，以确保软件产品和项目的质量。

（3）软件编程人员工作内容

企业软件编程人员的工作内容就是要按时按量地完成自己负责的代码编写任务。简单地说，编程人员的根本职责是写代码。具体而言，在接到分配的任务后，编程人员应首先对客户需求进行充分、准确的了解；在编写程序时，应严格按照计划编写程序和文档说明；同时还要保持与团队内部的协作，及时修正 bug。

软件编程人员的主要工作职责如下。

① 编写代码的规范性。软件编程人员应使用规范的格式编写代码，增加代码的可读性。这样在编码发生错误时，测试人员容易理解代码，方便找出代码中的缺陷，还可以快速地进行缺陷修复。

② 代码的质量。软件编程人员应尽量减少代码的千行错误率，降低返工率。一味追求编程速度而不顾代码质量，最后可能会造成不可弥补的错误。尤其要注意绝对不能在项目后期出现高等级的错误，因为时间问题很可能导致产品无法按时完成，给客户造成很大的损失。

W 公司软件编程人员的主要工作职责是为了实现项目目标，在项目需求说明书的指导下完成模块设计及开发工作。由于软件编程以创造性工作为主，因此需要良好的分析和解决问题的能力，需要熟练使用软件开发工具以及拥有良好的团队合作能力和意识等。

2.5.4 实训内容与要求

1. 实训内容

根据实训材料，以小组为单位讨论下列问题。

（1）W 公司的组织结构有什么特点？其好处是什么？还有什么需要改进的地方

吗？请具体分析。

（2）请根据 W 公司的内部背景制定一份工作分析计划书。

（3）请根据项目经理、软件测试和软件编程人员的工作内容及相关部门情况分别编写工作说明书。

2. 实训要求

要求学生以小组为单位讨论上述问题，并在课堂上汇报讨论，完成实训报告。

要求教师在实训过程中做好组织工作，给予学生必要的、合理的指导，使学生加深对理论知识的理解，提高实际分析、操作的能力。

2.5.5 实训组织方法与步骤

第一步，实训前做好准备，复习关于组织结构与工作分析的相关知识。

第二步，对学生进行分组（每组 5~7 人）。

第三步，小组成员进行讨论，并分工合作，充分发表个人观点，准备实训案例的相关材料，根据要求进行分析讨论并设计方案。

第四步，各小组在课堂上展示成果，相互交流、讨论和评价。

第五步，教师对学生的表现适时讲评。

第六步，撰写实训报告。

2.5.6 实训报告

实训结束以后，每位学生必须撰写实训报告，要求在实训报告中阐明相关理论依据以及相关的分析，主要内容参考前文中表 1-1。考虑到需要撰写大量的文字，实训报告可以在实训结束后 2 天内完成，由组长收齐后上交指导教师。

2.5.7 实训考核方法

1. 成绩划分标准

实训成绩按照优秀、良好、中等、及格和不及格五个等级评定。

2. 成绩评定标准

（1）实训前对组织结构和工作分析的相关知识掌握得是否熟练。

（2）各小组在课堂讨论交流中，是否认真积极地投入，体现出良好的团队协作精神。

（3）能够按时并认真地完成实训内容，对其中的问题作出回答，并且言之有理。

（4）课堂讨论、分析占总成绩的 70%，实训报告占总成绩的 30%。

2.5.8 实训拓展与提高

机械维修专管职位说明书

岗位标识信息

岗位名称：机械维修专管　　　　　　　　隶属部门：制造部

岗位编码：　　　　　　　　　　　　　　直接上级：

工资等级：　　　　　　　　　　　　　　直接下级：维修全员

可轮换岗位：行政维修　　　　　　　　　分析日期：

岗位工作概述

负责全部设备维护工作的安排和实施，以及机械技术指导、设备机械维修工作，确保部门业务计划的完成。

工作职责与任务

（1）负责公司内设备日常故障维护工作安排、人员调动；

（2）负责公司设备的机械维修工作及机械技术指导；

（3）按设备保养手册和设备说明书制订保养计划，并按计划安排、实施保养工作，确保保养实现率及保养效果达标；

（4）根据库存情况提交备件采购申购表，负责备件的验收与急购备件的提交，审核机械备件采购单的必要性、合理性；

（5）指导操作工完成设备使用及简单保养工作；

（6）做好日常设备的巡视检查工作，及时发现问题，处理隐患；

（7）负责根据备件消耗情况提交降耗及国产化建议，并逐步降低设备维修备件消耗；

（8）做好预防性保养、维护工作，解决疑难故障，降低公司总停机工时及设备原因造成的总报废量；

（9）完成上级委派的其他任务。

工作绩效标准

（1）设备维修要及时快速，减少总停机工时，达到公司指标要求；

（2）维护备件消耗费用不能超过公司下达的部门定额指标；

（3）尽量减少因设备原因造成的报废，完成公司下达的部门定额指标；

（4）科学安排实施保养计划，确保保养实现率高于公司要求的指标。

岗位工作关系

（一）内部关系

（1）受监督：接受设备维修主管的指示和监督，公司相应职能人员的监督检查。

（2）所施监督：对操作工不规范操作、日点检设备的维护进行监督、检查，对直接下属的工作完成情况、工作状态进行监督、检查。

（3）合作关系：与工艺工程师协商探讨解决影响产品质量的因素；与计划员协调设备预防性维护、保养的时间安排；当设备发生疑难故障时，向供应商咨询。

（二）外部关系

一般情况下本岗位不直接与外部机构和人员发生工作联系。

岗位工作权限

（1）有权在不改变设备设计的情况下处理机器故障，必要时提出改变设备设计的建议，并有提请上级审议权；

（2）有权对操作工不规范操作提出处理意见，并有提请上级审议权；

（3）有权纠正下属人员不符合要求的行为，提出处理意见，并有提请上级审议权。

岗位工作时间

在公司制度规定的正常上班时间内工作，经常需要加班加点。

岗位工作环境

大部分时间在室内工作；温度、湿度适宜；现场会接触到噪声、轻微粉尘及刺激性气味，照明条件良好，一般无相关职业病发生。

知识及教育水平要求

（1）机械维修方面的知识；

（2）印刷电路板工艺、工序方面的知识；

（3）计算机简单操作知识。

岗位技能要求

（1）熟练、准确处理发生的设备机械故障；

（2）能够阅读简单的英文机器说明书；

（3）熟练的机械制图技能。

工作经验要求

大专以上学历，有 4 年以上的实际工作经验，有扎实的理论基础。

其他素质要求

需具有健康的体魄，充沛的精力。最好是男性，30~45 岁为佳。

第 3 章

人力资源招募

3.1 人力资源招募计划编制

3.1.1 实训目的

通过本项目的实训,了解完整的招募计划的主要内容,理解在发布招募信息、实施招募措施前编制招募计划的必要性,并能够动手编制招募计划表。

3.1.2 基本知识要点

1. 人力资源规划

(1)人力资源规划的含义

人力资源规划有时也叫人力资源计划,是指在企业发展战略和经营规划的指导下进行人员的供需平衡,以满足企业在不同发展时期对人员的需求,为企业的发展提供符合质量和数量要求的人力资源。

(2)人力资源规划与人力资源招募的关系

当人力资源规划的结果是供给小于需求时,员工招募可能被纳入企业工作日程,但是在这之前要考虑是否可以通过别的手段来解决问题,因为人力资源招募意味着一系列的开支,如招聘过程本身中人力、物力、财力的耗费;新员工入职的办理;员工的上岗引导与岗前培训;员工的薪酬福利发放等。企业可以考虑提高现有员工的工作效率;延长工作时间,让员工加班加点;降低员工的离职率,减少员工的流失;将企业的某些业务外包等。只有当以上措施仍不能解决问题时,才考虑从外部雇用人员。

2. 工作分析

(1)工作分析的含义

工作分析也叫作职位分析、岗位分析,是指了解组织内的职位并以书面形式把与这种职位有关的信息描述出来,从而使其他人能了解这种职位的过程。

(2)工作分析与人力资源招募的关系

工作分析为人员招募录用提供了明确的标准。由于工作分析对各个职位所必需的任职资格条件做了充分的分析,因此在招募录用过程中就有了明确的标准,减少了主观判断的成分,招到的人员更有可能与待填补职位空缺的要求相匹配,从而有利于提高招募录用的质量。

3. 招募计划的内容

（1）利用用人单位的人员补充申请表来确定人员需求

在进行招募前，很多用人单位一般要填写一张正式的人员补充申请表，递交给人力资源部，提出要人力资源部帮助招募员工填补职位空缺的请求。人员补充申请表主要说明雇用新员工的理由和待填补职位的具体任职要求。根据各用人单位的人员补充申请表即可确定人员需求。人员补充申请表样式一般如表3-1所示。

表3-1 人员补充申请表

		申请日期：		
申请部门			现有编制	
申请增加人员	人数		岗位和任务说明、增加理由	
	学历要求			
	专业要求			
	年龄要求			
	性别要求			
	身高要求			
	工作经验			
	到位时间			
人力资源部门意见				
分管总监意见				
总经理意见				
相关说明				

（2）确定招募渠道

企业人员招募渠道有两种：一是外部招募；二是内部招募。对于一个企业来说，这两种招募渠道各有利弊。因此企业在选择招募渠道时，要综合考虑才能作出决策。内外两种招募渠道的优劣如表3-2所示。

（3）确定招募规模

招募规模是指企业准备通过招募活动吸引多少应聘者。招募活动吸引的人员数量既不能太多，也不能太少。太多会给后续的人员选拔流程造成太大的压力；经过初步筛选的人数太少，则不足以举行面试。要确定一个合适的招募规模，可以借用金字塔模型。

使用金字塔模型确定招聘规模时，一般是按照从上到下的顺序来进行的。例如，某企业的空缺职位是5个，该公司面试与录用的比例为3∶1，即需要15个人来参加面试；该公司确定笔试与面试的比例为10∶3，因此需要50个人参加笔试；最后确定应聘者与参加笔试的比例为5∶1，所以企业需要吸引250名应聘者。因此可确定，招募的规模是250人。

表 3-2　两种招募渠道的利弊分析

招募渠道	优势	劣势
内部招募	①有利于提高员工的士气和发展期望 ②对组织工作的程序、企业文化、领导方式等比较熟悉，能够迅速地开展工作 ③对企业目标认同感强，辞职可能性小，有利于个人和企业的长期发展 ④风险小，对员工的工作绩效、能力和人品有基本的了解，可靠性较高 ⑤节约时间和费用	①容易引起同事间的过度竞争，发生内耗 ②竞争失利者感到心理不平衡，难以安抚，容易降低士气 ③新上任者面对的是"老人"，难以建立起领导声望 ④容易产生近亲繁殖问题，思想因循守旧，思考范围狭窄，缺乏创新与活力
外部招募	①为企业注入新鲜的"血液"，能够给企业带来活力 ②避免企业内部相互竞争所造成的紧张气氛 ③给企业内部人员以压力，激发他们的工作动力 ④选择的范围比较广，可以招募到优秀的人才	①对内部人员是一个打击，感到晋升无望，影响工作热情 ②外部人员对企业情况不了解，需要较长的时间来适应 ③对外部人员不是很了解，不容易作出客观的评价，可靠性比较差 ④外部人员不一定认同企业的价值观和企业文化，会给企业的稳定造成影响

（4）确定招募信息发布范围

招募范围是指企业要在多大的地域范围内进行招募活动。这里存在一个矛盾：招募范围越大，效果相应也会更好，但随着招募范围的扩大，招募成本也会增加。一般来说，企业确定招募范围时，需要考虑两个主要因素。

① 空缺职位的类型。层次较高或性质较特殊的职位，需要在较大的范围内进行招募；层次较低或比较普通的职位，可以在较小的范围内招募。

② 当地劳动力市场状况。当地劳动力市场比较紧张时，相关职位的人员供给比较少，招募的范围要扩大；劳动力市场宽松时，在本地进行招募即可满足需求。

（5）确定招募时间

制作招募计划时，需要将招募工作本身耗费的时间、选拔录用的时间和岗前培训的时间纳入考虑，这样才能保证企业不会因缺少人员而影响正常运转，因此企业要合理地确定自己的招募时间。

可考虑使用时间流失数据法（time data lapse，TDL）来确定招募时间。该方法显示了招募过程中关键决策点间的时间间隔，通过计算这些时间间隔以确定招募时间。

例如，某企业计划在未来 6 个月内招募 5 位销售人员，根据金字塔模型确定的招募规模为 250 人。TDL 分析表明，根据以往的经验，应在招募广告刊登 10 天内征集求职者的简历；进行个人面试安排需要 5 天；面试后企业需要 4 天时间作出录用决策；得到录用通知的人需要在 5 日内作出是否接受录用通知的决定。接受职位的人需要在 3 天内才能到企业报到，按照这样估计，企业应在出现空缺之前 27 天左右就开始进行招募。

（6）确定招募预算

在招募计划中，要对招募的预算做出估计。招募成本一般由以下费用项目组成。

① 人工费用，指公司招募人员的工资、福利、差旅费、生活补助以及加班费等。

② 业务费用，包括通信费（电话费、上网费、传真费等）、专业咨询与服务费（获取中介信息而支取的费用）、广告费（在电视、报纸等媒体发布广告的费用）、资料费（公司印刷宣传材料和申请表的费用）以及办公用品费（纸张、文具等的费用）。

③ 其他费用，包括设备折旧费、水电费以及物业管理费。

（7）确定招募小组人选

招募工作是双向选择的过程，企业挑选人才，人才也挑选企业。外来者认识企业的窗口之一就是企业的招募工作，优秀的招募人员会成为吸引人才留下的重要因素，也是招募工作顺利进行的重要前提。

招募人员的选派应遵循以下原则。

① 高于应聘职位原则。工人的招募可由一般管理人员进行，管理人员的招募则由高一级经理人员进行，经理人员的招募则由企业高层领导亲自出面。

② 德才兼备原则。招募人员要有公正宽容的品行，还要有丰富的人才招募经验。

（8）制作应聘者测试考核方案

员工招募是一个广义的概念，既包括发布招募信息，吸引应聘者前来申请填补职位，也包括对候选人进行筛选，挑选出与空缺岗位最为匹配的人。所以，在招募计划中，应提出对应聘者进行测试考核的方案。可用于对应聘者进行测试考核的较常见的方法有筛选工作申请表、知识测试、面试、评价中心、证明材料核实、体检等。

4. 编制人力资源招募计划书

在确定了上述各项要求后，即可编制人力资源招募计划书，以指导具体招募流程的展开。招募计划书主要包括：①招聘人数及岗位，②招聘岗位及要求，③招聘时间及方式，④招聘小组，⑤招聘工作时间表，⑥招聘费用预算及效果分析，⑦主要渠道选择，⑧招聘准备工作，⑨录用决策，⑩入职培训。

人力资源招募计划书如表3-3所示。

表3-3 人力资源招募计划书

需要补充人员类别	工作内容	所需条件	招募方式	人数	招募日期
高层主管					
技术人员					
中层管理人员					

续表

需要补充人员类别	工作内容	所需条件	招募方式	人数	招募日期
基层人员					
技术工人					
其他					

3.1.3 实训所需条件

1. 实训时间

本实训项目时间安排以 4 个课时为宜。

2. 实训地点

本项目开始前的准备工作可在网络课堂进行，教师将实训项目所需资料和知识拓展资源发布在网络课堂，学生可自行查看或下载。

小组汇报与讨论可在多媒体教室进行。

3.1.4 实训内容与要求

1. 实训内容

以用人单位的身份，填写人员补充申请表，具体职位可以自由发挥，但格式及行文需符合要求。

根据所学知识编制完整的人力资源招募计划书。

2. 实训要求

要求学生讨论解释：为什么公司在确定采用人力资源招募来填补职位空缺前，需要考虑是否还有其他方案可以解决问题？提出除人力资源招募外可以满足人力资源需求的备选方案。

要求学生尝试比较内、外部招聘渠道的优劣，解释在哪些情况下应使用哪种招募渠道。要求学生了解，人力资源招募要视具体情况而行，并非简单地发布招募广告或寻求招募中介的帮助，有时候内部招募的效果要好于外部招募。

要求应用金字塔模型确定招募规模。在给定待录取人数及录用面试和招募比例的情况下确定出招募人数。要求学生了解，员工招募的规模不是一个主观臆断的过程，要严格根据以往的经验，利用金字塔模型来层层递推。

要求学生根据待招募人员层次及当地劳动力市场的状况判断招募信息发布的范围大小。

要求学生使用时间流失数据法确定招募的起始时间，并能够处理突发事件，对招募时间进行调整。要求学生了解，招募时间的确定绝不能模糊、笼统，而是应根据以往的经验，把招募全过程各个环节可能耗用的时间都考虑进来，若在某一环节上出现变化，需要相应调整其他环节的时间来保证职位空缺能够得到及时的填补。

要求学生根据假设公司的财务状况及招募活动的费用预期来判断招募行为可不可行，以使学生进一步了解，人力资源招募并非填补职位空缺的唯一手段，人力资源招募要视企业的具体情况，尤其是财务状况而定，招募的规模、范围、时间等都要考虑到本次招募活动的费用预期。

要求教师在实训过程中做好组织工作，给予学生必要的、合理的指导，使学生加深对理论知识的理解，提高实际分析、操作能力。

3.1.5 实训组织方法与步骤

第一步，做好实训前准备，要求学生掌握编制人力资源招募计划书的方法和步骤等相关知识。

第二步，按照团队要求建立实训小组，3~5人为一个小组。

第三步，以小组为单位，按要求开展实训内容，要求在小组内充分发表个人意见，能够提出改进意见。

第四步，在规定时间内完成人员补充申请表和人力资源招募计划书的编制工作。

第五步，在课堂上进行交流展示，并由教师作出适时讲评。

第六步，总结并撰写实训报告。

3.1.6 实训报告

实训结束以后，每位学生必须撰写实训报告，要求在实训报告中阐明人员补充申请表和人力资源招募计划书的编制依据与相关理论分析，主要内容参考前文中表1-1。考虑到需要撰写大量的文字，实训报告可以在实训结束后2天内完成，由组长收齐后上交指导教师。

3.1.7 实训成绩评定

1. 成绩划分标准

实训成绩按照优秀、良好、中等、及格和不及格五个等级评定。

2. 成绩评定标准

（1）是否会制作人员补充申请表，并能就一份制成的申请表判断其是否符合要求。

（2）是否了解内、外两种招募渠道各自的优劣势，并能判断在特定情形下应该选用哪种招聘渠道。

（3）能否使用金字塔模型确定合理的招募规模。

（4）能否利用时间流失数据法判断合理的招募时间。

（5）能否根据给定的情况判断招募信息发布的范围。

（6）能否结合企业财务状况，制定合理的招募预算。

（7）能否综合上述各项，制定详尽全面的招募计划表。

（8）课堂展示和讨论占总成绩的30%，人员补充申请表、人力资源招募计划书和实训报告占总成绩的70%。

3.1.8 实训拓展与提高

A 公司人力资源部 2017 年第四季度招聘计划

招聘计划书简介：A 公司将于 2017 年第四季度开展招聘计划，包括各部门现有人员空缺和离职补缺，公司所需的人力资源部、销售部和行政部职员的招聘。为了能更有效地完成企业的招聘计划，人力资源部门现制订对外招聘计划，以预期和指导工作。根据公司的发展需求，结合劳动力市场实际情况，现制订 2017 年 10 月的招聘计划。

1. 招聘人数及岗位

由于公司正处于上升阶段，对在职人员的需求不断提升，通过对工作岗位和公司整体状况的分析，现确定招聘岗位及人数如表 3-4 所示。

表 3-4 招聘需求表

部门名称	岗位	需要人数（男/女）
人力资源部	人力资源主管	1
	薪酬福利专员	2
销售部	销售专员	5
行政部	文员	1
生产部门	临时工	50
	操作工人	15
总计		共 74 名员工

2. 招聘岗位及要求

（1）人力资源主管

① 管理学相关专业本科以上学历，持人力资源管理师证书；

② 3 年以上人力资源管理经验；

③ 熟练掌握人力资源管理技巧，熟悉公司人力资源管理流程；

④ 对劳动合同法有深入的了解和认知；

⑤ 工作努力且组织性强，能够自我激励，注重细节，能够承受工作压力，同时处理多项事项并按时完成工作；

⑥ 具备团队合作精神并能够独立完成分配的任务。

（2）薪酬福利专员

① 大专及以上学历，1 年以上薪酬绩效工作经验；

② 熟悉国家及地方相关法律法规、劳动人事及薪酬福利相关政策；

③ 良好的抗压能力、分析能力、表达能力、沟通能力；

④ 熟练使用办公自动化软件，责任心强，有团队精神。

（3）销售专员

① 大专或以上学历，思维清晰，普通话标准；

② 形象气质佳，个性开朗，主动积极，语言沟通能力和应变能力强；

③ 热爱咨询顾问工作，具备良好的服务意识和自我约束能力；

④ 良好的客户关系维护能力，较强的倾听能力和分析能力。

（4）文员

① 大专及以上学历，有相关工作经验，文秘、行政管理等相关专业优先考虑；

② 较强的服务意识，熟练使用办公自动化软件；

③ 具备良好的协调能力。

（5）操作工人与临时工

① 初中以上学历，有无工作经验均可；

② 熟悉 26 个英文字母；

③ 身体健康（无法定传染疾病、精神性疾病）。

3. 招聘时间及方式

（1）招聘信息发布时间

① 将 2017 年 9 月到 10 月定为本公司的招聘宣传月；

② 每周三组织专人外出发放、张贴招聘简章，做好周边地区的招工宣传工作。

（2）招聘方式

通过职业介绍所和劳务市场等渠道招聘员工，如联系各高校招聘，各人才市场招聘会，公司内部员工转介等，电视、公车招聘广告，刊登报纸招聘广告，在人流密集区驻点招聘。

4. 招聘小组

（1）小组成员

组长：人力资源部招聘主管。

组员：人力资源部招聘专员。

（2）小组职责

组长负责制定外出宣传时间表及宣传内容，提出招聘建议和方法；组员负责准备宣传物品，执行宣传任务等。

5. 招聘工作时间表

第一阶段：人员资料储备

通过招聘会渠道招聘人力资源主管 5 名、薪酬福利专员 10 名、销售员 30 名、文员 5 名、操作工 100 人、临时工 50 人，为日后开展连续性的招聘工作做好人员、后勤储备。

第二阶段：开展招聘

主要通过现场招聘和网络招聘的方式开展招聘工作。其中，人力资源主管、薪酬福利专员和行政文员以网络招聘为主；操作工和临时工以现场招聘为主，辅之以劳务中介招聘；销售人员网络招聘和现场招聘相结合。

6. 招聘费用预算及效果分析

（1）各种招聘费用清单

① 印制广告及相关宣传材料：×元/月；

② 中介机构招聘费用：200~300 元/人；

③ 招聘会摊位费：200 元/场（劳动力市场）；

④ 网络招聘费用：58 同城网 100 元/期，前程无忧网 200 元/期。

（2）招聘效果分析

① 张贴招聘广告的实际费用较低，但需投入的人力、物力较大，招聘效果相对较差，预计能完成总招聘计划的 15%左右。

② 联系中介机构的招聘费用相对较高，但是人力、物力的投入较少，对于操作工人的招聘效果较好，预计能完成总招聘计划的 20%左右。

③ 网络招聘已经成为招聘的重要渠道，在各大网站投入相应的资金后能够获得大量的人才资源，预计能够完成总招聘计划的 15%。

④ 人才市场现场招聘着重解决操作工人的招聘，人才市场招聘能够获得大量劳动力资源，预计能够完成总招聘计划的 50%。

7. 主要渠道选择

① 现场招聘：高校的毕业生招聘会和人才市场。

② 网络招聘：58 同城、智联招聘、前程无忧、猎聘网等。

8. 招聘准备工作

① 招聘人员的补充、确定及配备（招聘专员）；

② 培训课件、培训资料（员工手册 10 册）、劳动合同（10 份）、服装（10 套、5 人使用）；

③ 公司简介描述海报、职位描述海报、公司招聘宣传资料、移动桌子及凳子一套；
④ 制定驻点招聘时间表并确定招聘地点。

9. 录用决策

企业根据面试的综合结果，将会在最后一轮面试结束当天或 3 天内告知应聘者结果，并告知录用者办理手续信息。

10. 入职培训

① 新人入职证件必须齐全有效；
② 新人入职当天，人力资源部应告知基本日常管理规定；
③ 新人办理入职手续后，即安排相关培训行程，培训要求计划应由各部门提出并与人力资源部讨论确定。

人力资源部
2017 年 8 月 15 日

3.2 人力资源招募决策

3.2.1 实训目的

通过本项目的实训，理解人力资源招募策略选择的重要性，分析进行人力资源招募决策时可能存在的问题，并根据所学的内容提出解决方案。

3.2.2 基本知识要点

1. 招聘决策的概念

招聘决策是指组织中的最高管理层关于重要工作岗位招聘的决定过程。个别不重要的工作岗位招聘，不需要经过最高管理层的决定，也不需要经过招聘基本程序的四大步骤。

2. 招聘决策的意义

任何组织都需要进行招聘决策，招聘决策的好坏直接影响以后的招聘步骤。

（1）适应组织的需要。组织要发展一定要使人才流动起来，一定要吸引更多的人才来担任新增的工作。

（2）使招聘更趋合理化、科学化。由于招聘决策影响其他步骤，一旦失误，以后的工作就很难开展。

（3）统一认识。招聘是一件涉及组织未来发展的大事，只有最高管理层的观点一致，才能顺利地完成招聘全过程。

（4）激励员工。有些大型组织，在人力资源开发管理部下分设员工招聘科，从事日常的招聘工作。但是大量的或重要的员工招聘一般均由最高管理层决定，招聘工作会给现职员工带来一定的压力，一来新进员工会带来新的竞争，二来招聘的岗位为员工带来了新的挑战。

3. 招聘决策的前提和原则

（1）招聘决策的前提

在决定是否应增加一个新职位时，一般应考虑下列问题。

① 设立这个职位的目的是什么？

② 为了达到这些目的有没有其他的办法？是不是非得设置这个新的职位才能达到这些目的？

③ 如果这个新的职位有人来填补，那么其未来5年的成本是多少？

④ 这个职位对维持或改善销售的影响如何？对维持和改善收入的影响如何？对改善人的使用的影响如何？

⑤ 现在是谁在负责该职位的工作？

⑥ 现在负责该职位的人超时工作已经多久了？

⑦ 这个"超载"职位的工作的部分职责能否转移到该部门的其他地方进行？

⑧ 在劳动力市场上招聘这个职位的人员可能性有多大？

⑨ 该职位能够维持存在至少两年吗？

⑩ 其他部门和雇员是否都认为这个职位是必须的？

⑪ 这个新的职位对其他职位的影响如何？尤其是对那些被它"抢走"了职责的相关职位的影响如何？

⑫ 如果不新设置这个职位，最坏会发生什么情况？

（2）招聘决策的原则

① 少而精原则。可招可不招时尽量不招；可少招可多招时尽量少招，招聘来的人一定要充分发挥其作用。组织是创造效益的集合体，不是福利单位。

② 宁缺毋滥原则。招聘决策时一定要树立起"宁缺毋滥"的观念。这就是说，一个岗位宁可暂时空缺，也不要让不适合的人占据，这要求招聘决策时要有一个提前量，而且广开贤路。

③ 公平竞争原则。只有通过公平竞争才能使人才脱颖而出，才能吸引真正的人才，才能起到激励作用。

4. 招聘决策的运作步骤

（1）用人部门提出申请

需要增加人员的部门负责人向人力资源开发管理部提出需要人员的人数、岗位、要求，并解释理由。

（2）人力资源开发管理部复核

人力资源开发管理部门应该到用人部门去复核申请，确定是否一定要这么多人员。

3.2.3 实训所需条件

1. 实训时间

本项目实训时间安排以 4 个课时为宜，其中小组课下讨论和全班课上交流各 2 个课时。

2. 实训地点

多媒体教室。

3. 实训所需材料

NLC 化学有限公司是一家跨国企业，主要以研制、生产、销售医药和农药为主。耐顿公司是 NLC 化学有限公司在中国的子公司，主要生产、销售医疗药品。随着生产业务的扩大，为了对生产部门的人力资源进行更为有效的管理开发，2018 年年初，子公司总经理把生产部经理于欣和人力资源部经理国建华叫到办公室，商量在生产部设立一个处理人事事务的职位，主要负责生产部与人力资源部的协调工作。总经理希望通过外部招聘的方式寻找人才。

在走出总经理的办公室后，人力资源部经理国建华开始了一系列工作。在招聘渠道的选择上，国建华设计了两个方案：一个方案是在本行业的专业媒体中做专业人员招聘，费用为 3 500 元，有利条件是对口的人才比例会高些，招聘成本低，不利条件是企业宣传力度小；另一个方案是在大众媒体上做招聘，费用为 8 500 元，有利条件是宣传力度很大，不利条件是非专业人才的比例很高，前期筛选工作量大，招聘成本高。国建华初步选用第一种方案，但总经理看过招聘计划后，认为公司在中国处于发展初期阶段，不应放过任何一个宣传企业的机会，于是选择了第二种方案。

其招聘广告刊登的内容如下。

您的就业机会在 NLC 化学有限公司下属的耐顿公司。

职位：发展迅速的新行业的生产部人力资源主管。

职责：主管生产部和人力资源部两部门的协调工作。

抓住机会！充满信心！

请把简历寄到：耐顿公司人力资源部。

在一周内的时间里，人力资源部收到了 800 多份简历。国建华和人力资源部人员在 800 多份简历中筛选出 70 份有效简历，最终留下 5 人。于是，他将此 5 人的简历交给了生产部经理于欣，并让于欣直接约见他们进行面试。生产部经理于欣经过筛选后认为可从李楚和王智勇两人中做选择。他们将所了解的两人资料作了对比，如表 3-5 所示。

表 3-5 候选人资料对比

姓名	性别	学历	年龄	以前的工作表现	结果
李楚	男	企业管理学士学位	32岁	8年一般人事管理及生产管理经验，在此之前的两份工作均有良好表现	可录用
王智勇	男	企业管理学士学位	32岁	7年人事管理和生产管理经验，以前曾在2个单位工作过，第一位主管评价很好，没有第二位主管评价资料	可录用

从表 3-5 可以看出，李楚和王智勇的基本资料相当。但值得注意的是，王智勇在招聘过程中，没有上一个公司主管的评价。公司通知两人，一周后等待通知。在此期间，李楚在静待佳音；而王智勇打过几次电话给人力资源部经理国建华，第一次表示感谢，第二次表示非常想得到这份工作。

生产部经理于欣在反复考虑后，来到人力资源部经理室，与国建华商谈何人可录用。国建华说："两位候选人看来似乎都不错，你认为哪一位更合适呢？"于欣说："两位候选人的资格审查都合格，唯一存在的问题是王智勇的第二家公司主管给的资料太少，虽然如此，我也看不出他有何不好的背景，你的意见呢？"

国建华说："很好，于经理，显然你我对王智勇的面谈表现都有很好的印象，人嘛，有点圆滑，但我想我会很容易与他共事，相信在以后的工作中不会出现大的问题。"

于欣说："既然他将与你共事，当然由你作出最后的决定。"于是，公司决定录用王智勇。

王智勇来到公司工作了六个月，工作期间，经观察发现王智勇的工作不如期望得好，指定的工作他经常不能按时完成，有时甚至不能胜任工作，引起了管理层的抱怨，认为他不适合此职位，必须加以处理。

然而，王智勇也很委屈，来公司工作了一段时间，招聘时所描述的公司环境和各方面情况与实际情况并不一样；原来谈好的薪资待遇在进入公司后又有所变动；工作的性质和面试时所描述的有所不同，也没有正规的职务说明书作为岗位工作的依据。

3.2.4 实训内容与要求

1. 实训内容

根据实训材料，以小组为单位讨论下列问题。

① 在耐顿公司的此次招聘工作中，哪些原因导致招聘的失败？你认为最根本的原因是什么？

② 你如何评价人力资源部经理在此次招聘中的行为？

③ 你认为应该如何避免类似问题的出现？

2. 实训要求

要求学生以小组为单位讨论上述问题，并准备在课堂上汇报讨论，并完成实训报告。

要求教师在实训过程中做好组织工作，给予学生必要的、合理的指导，使学生加深对理论知识的理解，提高实际分析、操作的能力。

3.2.5 实训组织方法与步骤

第一步，做好实训前准备工作，要求学生复习有关招聘策略相关知识，包括招聘人员选择策略、招聘时间确定策略、招聘地点选择策略等，进行书面准备。

第二步，对学生进行分组（每组 5~7 人）。

第三步，小组成员进行讨论，并分工合作，充分发表个人观点，准备实训案例的相关材料，根据要求进行分析讨论并设计方案。

第四步，各小组在课堂上展示小组成果，相互交流、讨论、评价。

第五步，教师对学生的表现适时讲评。

第六步，撰写实训报告。

3.2.6 实训报告

实训结束以后，每位学生必须撰写实训报告，要求在实训报告中阐明相关理论依据以及相关的分析，主要内容参考前文中表 1-1。考虑到需要撰写大量的文字，实训报告可以在实训结束后 2 天内完成，由组长收齐后上交指导教师。

3.2.7 实训成绩评定

1. 成绩划分标准

实训成绩按照优秀、良好、中等、及格和不及格五个等级评定。

2. 成绩评定标准

（1）是否了解各种招募策略。

（2）给定了待招募人员的信息后，能否权衡利弊，选择适合的招募策略。

（3）能否准确规避选择招募策略时可能遇到的问题。

（4）能否对招募策略的选择提出合理的建议。

（5）课堂展示占总成绩的 70%，实训报告占总成绩的 30%。

（资料来源：高秀娟，王朝霞. 人员招聘与配置[M]. 北京：中国人民大学出版社，2013：52-56.）

3.2.8 实训拓展与提高

如何进行科学的录用决策

许多公司的招聘录用决策比较简单，就是用人部门和 HR 看完后凭借双方个人经验判断决定是否录用，有的甚至只要用人部门或 HR 一方看了合适就定了，这种方式效率虽高但难免会有风险，严格来说是不够科学规范的。那么，请问：

1. 你们公司的录用决策是怎么定的？
2. 如何来规避风险，进行更为科学规范的录用决策？

我们来听一听一位 HR 在企业的实操经验和看法。

1. 你们公司的录用决策是怎么定的？

目前我公司的招聘录用决策相对简单：

根据任职资格评审→符合条件的进行面试/测试→面试/测试合格后谈定薪资待遇问题→给予时间办理交接手续→正式通知录用。

基本上是粗线条，面试/测试符合岗位基本要求，大体上符合录用条件，就定下来了。这种方式效率虽高却如前文所说有一定的风险，严格来说是不够科学规范的。

2. 如何来规避风险，进行更为科学规范的录用决策？请结合企业实际，谈谈你的实操经验和看法。

人员录用决策，涉及人员录用标准、人员录用决策方法和程序。

（1）人员录用标准有两个：一是以岗位为标准，按照岗位要求选择最合适人选；二是以人员为标准，将人员安置到最合适的岗位上，实现人尽其才，才尽其用。目前我公司的录用标准基本上是以岗位为标准，但后期根据员工表现和公司配置需要，会有一些岗位调动，比如内部培养，帮助员工在最合适的岗位上实现最大价值。

（2）人员录用决策方法有三种。①多重淘汰式：每种测试方法都是淘汰性质的，应聘者必须在每种测试中都达到一定水平，方能合格。多重淘汰式将多种考核与测试题目依次实施，每次淘汰若干低分者。全部通过考核项目者，再按最后面试或测验的实得分数，排出名次，择优确定录用名单。②补偿式：不同测试的成绩可以互为补充，最后根据应聘者在所有测试中的总成绩作出录用决策。③结合式：有些测试是淘汰性的，有些是可以互为补偿的，应聘者通过淘汰性的测试后，才能参加其他面试。

目前我公司特殊人才的录用方法可以说是多切入点的，设立不同的指标，基本项目必须达到最低要求，特殊项目必须达到规定分数，才可以录用。拿技术钳工的录用做个例子，涂黑的是基本资格要求的，如果是研发或高工类，项目相对更多些。

内容		基本资格						
一般资格条件	年龄	□20~50 岁	■25 岁以上	□55 岁以下	职能	领导力	□极需要 □需要 ■不需要	
	性别	□男	□女	■不限				
	教育背景	□不限 □中专以上	■初中以上 □大专以上	□高中以上 □本科以上		创造力	□极需要 ■需要 □不需要	
	所需经验	□不需要 □两年以上	□半年以上 □三年以上	■一年以上 □四年以上				
	身高	□1.4 米以上	■1.55 米以上	□1.65 米以上		应变力	□极需要 ■需要 □不需要	
	视力	□1.0 以上	■1.2 以上	□1.5 以上				
	健康状况	■正常	■无疾病	■无残疾		计划力	□极需要 ■需要 □不需要	

续表

内容		基本资格			
必须具备资格技能	语言能力	■标准普通话 □其他方言	体能	脑力	□极需要 ■需要 □不需要
	专业知识	■产品技术 □技术管理 □品质管理 □业务管理 □生产管理 □计划管理		体力	□极需要 ■需要 □不需要
	操作设备	□办公设备 ■生产设备 □品质管理 □办公软件 □财务软件 □其他	其他应具备能力：良好的协调沟通及谈判能力，具备长远计划及费用管理能力。		
	资格证书	□学历证书 □专业证书 ■体检证书 □特殊证书 □其他			
	应受训练	□领导统御 □经营分析与策略规划 ■问题分析与决策 □人力资源管理 □目标管理 □行政管理 ■沟通管理 □产品知识 □电脑应用技术 □研发管理 □技术管理 □生产管理 □品质管理 □采购管理 □物料管理 □财务管理			

（3）一个比较有效的人员录用决策程序模式如下。①对岗位要求的各种才能进行测试；②对各种才能，针对不同岗位赋以不同的价值权重；③计算招聘人选在各个岗位上的得分；④根据岗位的最低要求，排除应聘该岗的不合格者；⑤以人为标准，排列各岗位最合适人选；⑥以岗位为标准，排列各岗位最适当人选；⑦根据⑤和⑥的结果，按照最优原则和一致原则，进行人岗匹配。

目前我公司最多做到了第四步，离真正做到"人得其职、职得其人"还很远。

3.3 制作招聘广告

3.3.1 实训目的

通过本次实训，学会如何对已知的相关背景信息加以提炼和分析，创造性地发挥，完成一份优秀的招聘广告。并通过设计招聘广告，了解招聘广告设计的基本内容、方法、程序、原则，以及实际操作中应注意的问题，增强对招聘广告设计相关知识和技能的运用。

3.3.2 基本知识要点

1. 招聘广告的含义

招聘广告主要指用来公布招聘信息的广告，是企业利用报纸、杂志、电视、电台、互联网等渠道发布信息的一种方式。人才招聘广告是企业招聘员工的重要工具之一，招聘广告设计得好与坏，直接影响到应聘者的素质和企业的竞争。

2. 招聘广告的基本内容

招聘广告的基本内容一般包括：本企业的基本情况；空缺职位的情况；应聘者必须具备的条件以及需要的证件及材料；应聘的时间、地点和联系方式；注明招聘是否经过有关部门的批准等内容。职位的情况可以参照职位说明书撰写，但应当注意从读者的角度加以介绍。

通常来讲，一份有效的招聘广告至少要包括下列内容或信息。

（1）企业的使命和价值观

招聘广告的内容应当体现企业的使命和价值观，尤其要体现企业对人才的态度，即体现企业的用人理念，从而吸引应聘者的参与。但应注意的是，招聘广告上不应当出现那些企业做不到或根本不想做到的口号。

（2）企业所从事的业务（包括企业的商标与标识）

简要介绍企业主要业务，如果有企业网站，可给出网址，但要避免长篇大论。

（3）招聘岗位信息

一是岗位名称。岗位名称一定要规范，要使用行业通用名称，如英语口语翻译、客户服务部经理、财务经理、软件开发工程师等。

二是岗位目的。岗位目的应当说明此岗位在本企业中的作用和地位，即此岗位能够为企业做出的贡献，目的是让应聘者明确岗位对求职者的期望，这也是许多招聘广告最为不足之处。

三是主要职责与任务。这一部分说明此岗位在企业中主要负责的工作，列出三至五条即可。

四是岗位要求。岗位要求也就是职位说明书中的任职条件，要从受众角度加以介绍。如果企业还没有职位说明书或招聘岗位为新增岗位，则应当在招聘前对上述内容进行界定，然后起草招聘广告。主要内容可用 KASO 概括，K（knowledge）指基本知识，A（ability）指能力，S（skill）指技能，O（others）指其他特质。招聘广告中一般都会提到对基本知识、能力和技能的要求，但对其他特质（决定了一个人在工作中的思维、感觉和行为方式）的要求不多，而这一点恰好是应聘者能够很好履行岗位职责的重要因素。

其他特质（可通过对在岗优秀人员进行分析得到）大致分为三类：奋斗精神、思维方式和交往特征。例如，服务行业的服务员工只具备相关知识、能力与技能是不够的，必须具有亲切感、性格稳定等素质；市场人员必须具备很好的创意能力、判断力和不怕困难的精神以及很强的交往欲望；财务人员必须具备很好的逻辑思维能力，追求精确。

为了强化或突出对某类人员的要求，可单独列出几条共性内容，例如，我们的选才标准为锐意进取的敬业精神、高度合作的团队意识、良好的沟通表达能力、承受压力的心理素质。

（4）需申请者提供的信息

在招聘广告中要对应聘者应提供哪些信息提出明确要求，一般包括简历（如果工作中需要用到外语，则应当要求中英文简历），学位和毕业证书复印件，有关资格证书、身份证复印件，照片（视需要而定）等。

（5）时间信息

招聘广告中应当明确说明广告的截止时间与面试安排的大概时间，以便申请者做到心中有数。

（6）联系信息

一是联系部门（表明单位程序正规）；二是联系人；三是联系方式（电子邮件、通信地址、联系电话、传真等）。

3. 招聘广告设计的基本原则

招聘广告的设计原则与其他广告基本相同，应符合 AIDAM（attention，interest，desire，action，memory）原则，即引起注意原则、产生兴趣原则、激发愿望原则、采取行动原则和留下记忆原则。

（1）引起注意原则

一则好的招聘广告必须能吸引眼球，这就要求广告用独特的、与众不同的格式、篇幅、标题、字体、色彩或图案进行设计，再配合合适的媒体与广告位，就能取得好的效果。

（2）产生兴趣原则

如果只让大家对你有所关注，但产生不了兴趣，广告也就失去了意义。要想在引起注意的基础上让受众产生兴趣，就必须设计出能够使人产生兴趣的点或面，比如语言的表述要生动形象，有时还需带些幽默感。

（3）激发愿望原则

为了使求职者看到广告后产生申请的愿望，除了以上所列内容外，还要有满足他们需求的内容。人的愿望大多来自内部需要和外部刺激，内部需要是他们是否想得到我们能提供的工作（职位），外部刺激就是要让他们看到应聘该职位能得到的好处。所以，在广告中还要加入员工能够得到的薪酬福利与培训发展机会、挑战性的工作与责任、自我实现的可能性等内容。

（4）采取行动原则

招聘广告的最终目的是在公布后很快收到大量符合条件的申请与简历，要做到这一点就需要简单明了地写明联系人与联系方式，包括电话、传真、电子信箱、通信地址等，以便让求职者利用他们习惯的方式与招聘企业联系。

（5）留下记忆原则

不管看到广告的人是否采取了行动，都要在他们的记忆中留下深刻印象，这是招聘广告的第二个目的，即对企业的形象与业务进行宣传。要想达到此目的，上面谈到的广告手法都可使用。

4. 设计招聘广告应掌握的技巧

（1）广告的真实性

企业在撰写招聘广告时应注意广告内容的真实性，如出现虚假内容，企业要承担相应的法律责任。

（2）广告的合法性

广告中出现的内容要符合国家和地方的法律法规与政策。

（3）广告的简洁性

招聘广告所使用的语言一定要简洁，对于岗位名称、任职资格等重点内容要突出介绍，对于其他一些次要内容简单概括即可，以免影响广告效果和长度。

5. 设计招聘广告应注意的事项

（1）歧视问题

一是性别歧视，二是年龄歧视，三是学历歧视，四是区域、籍贯歧视。

（2）艺术组合问题

人才招聘广告在设计中，要依据焦点、简洁、魅力、统一、平衡、技巧六项要求进行整体组合，使之成为一个完整美观、中心突出的广告作品。焦点是指广告招聘的主题明确，使之真正符合企业目标；简洁是指招聘内容干净利索，以较少的文笔对工作要求和所需资格进行陈述，以突出广告的焦点；魅力是指广告对读者具有吸引力能触发他们的感情，引发应聘行为的刺激力；统一是指人才招聘广告设计的四大原则之间应作有机的联系，与表现主题关系不密切的和有关歧视性内容应去掉；平衡是指广告各要素在布局上要正确配置，使人感到广告表现完善、协调，在编排过程中应当有主有次，精心策划，在统一下求平衡，并不断修正广告的标题、正文、标语、图形，以求得最佳广告布局的要求；技巧是指设计出来的广告样稿还应有精湛的制作技巧，才能准确、完美地实现设计要求。依据人才招聘广告设计要求进行艺术的组合编排，使之成为有强烈艺术感染力的广告作品。

（3）法律风险问题

在一般人眼里，招聘工作不存在法律风险，只有在签订合同时或在劳动用工管理中才存在法律风险。其实不然，任何事情包括劳动争议，都是有前因后果的，劳动合同签订后产生的劳动争议，有相当一部分是由招聘时埋下的"祸根"所致。因此，预防劳动争议，就要从防范招聘时的风险做起。

6. 招聘广告中常见的问题

提高招聘广告的效果对企业节省招聘成本大有益处，一份好的招聘广告至少要达到两个目的：一是吸引人才，二是宣传企业价值观与形象。

某企业刊登的招聘广告如下。

要求：

大学本科毕业；

35岁以下；

男性，身高1.75米以上；

出众的中英文书写及沟通技巧；

社会关系良好，具有卓越领导才能；

能独立地处理重大管理问题；

具企业财务、银行贷款、法律诉讼的实践经验；

有 6 年或以上中型企业高级管理经验，具备企业创办、筹建及经营管理经验；

长驻北京，需出差；

有意者请将中英文履历、照片、应聘职位、薪金要求等寄往（地址略），收件人：王小姐，某香港有限公司联络处。

请在信封上注明所应聘职位，谢绝来电或来访。

从这则招聘广告中可以看出招聘广告中常见的代表性问题如下。

（1）没有招聘单位名称，读者可能会对企业的可信度产生怀疑，至少无法了解企业的经营范围。

（2）没有关于招聘职位的工作信息，即没有交代清楚所招聘岗位的主要职责与企业的经营范围。

（3）对人的自然属性进行限制，即对年龄、性别、身高等内容提出了要求，有歧视倾向。

（4）能力要求太笼统。例如，出众的中英文书写及沟通技巧，"出众"一词过于模糊；社会关系良好，具卓越领导才能，其中"社会关系良好"是指关系融洽还是关系广泛，没有明确定义，对"卓越领导才能"也没有进行详细描述，使人难以理解。

（5）要求过高或过于全面。要找到满足此例中所有要求的青年高级人才恐怕非常困难，即使有具备了这些条件的人才，现在必定身居要职，不会轻易跳槽，更不会跳到一个连名字都不（敢）写的企业。

（6）令人不愉快的用词或用语，例如，谢绝来电与来访。

3.3.3 实训所需条件

1. 实训时间

本实训项目以 2 个课时为宜。

2. 实训地点

多媒体教室。

3. 实训所需材料

A 集团招聘广告编制案例分析

A 集团是一家大型专业货运物流集团，始建于 1992 年。目前，已拥有海内外 69 家子（分）公司，员工 2 000 多人，业务遍及全国各地。

集团坚持"以人为本，追求卓越"的经营理念，目前已形成自己独特的企业文化和管理运作模式。集团为员工提供一流的办公环境、平等的晋升机会和专业的业务培训。

"按照客户的需要设定和创造服务"是集团始终如一的原则。因集团业务的高速增长，现高薪诚聘财务总监、信息部总经理、市场部总经理、培训经理等高级专业人才。

××广告有限公司的招聘

招聘职位：平面设计师

招聘人数：5人

学历要求：大专以上

工作年限：3~5年

职位要求：35岁以下，男性，上海市户籍，具有3年以上广告公司平面设计工作经验，精通CAD设计。

待遇从优。

有意者请把简历寄到：×××广告有限公司人力资源部

3.3.4 实训内容与要求

1. 实训内容

要求根据实训材料一中所提供的背景信息及个人所学知识，为A集团编写财务总监、信息部总经理、市场部总经理、培训经理的招聘广告。

要求根据实训材料二中所提供的背景信息及个人所学知识，指出材料二中广告公司的招聘广告中所存在的问题，并为其撰写一则符合规定的招聘广告。

2. 实训要求

要求教师在实训过程中做好组织工作，给予学生必要的、合理的指导，使学生加深对理论知识的理解，提高实际分析、操作能力。

3.3.5 实训组织方法与步骤

第一步，做好实训前准备工作，要求学生复习并熟练掌握编制招聘广告的相关知识。

第二步，对学生进行分组，建立招聘广告设计小组，每组5~7人，并选出组长。

第三步，教师向各小组说明本实训的相关背景知识及要求。

第四步，以小组为单位，自由选择实训材料一或实训材料二，进行本次实训，最终形成PPT，准备在课堂上展示。

第五步，以小组为单位，分别将所编写的招聘广告在课堂上展示。

第六步，每小组演示完成后，由其他小组做现场评议，并由教师作出点评。

第七步，撰写实训报告。

3.3.6 实训报告

实训结束以后，每位学生必须撰写实训报告，要求在实训报告中阐明分析时的理论依据，主要内容参考前文中表 1-1。考虑到需要撰写大量的文字，实训报告可以在实训结束后 2 天内完成，由组长收齐后上交指导教师。

3.3.7 实训考核方法

1. 成绩划分标准

实训成绩按照优秀、良好、中等、及格和不及格五个等级评定。

2. 成绩评定标准

（1）实训前的准备工作是否完善，是否掌握招聘广告中所应包含的内容以及编制招聘广告的方法和技巧。

（2）小组成员分工合作是否科学合理，合作是否顺畅和谐，小组内各个成员是否都参与其中。

（3）小组提交的招聘广告所包含的内容是否全面，内容是否新颖。

（4）小组是否掌握设计招聘广告的原则、技巧，对原则和技巧的应用程度如何。

（5）课堂展示占总成绩的 40%，编制的招聘广告和实训报告占总成绩的 60%。

3.3.8 实训拓展与提高

世界上最好的工作——大堡礁护岛人

澳大利亚昆士兰州旅游局是澳大利亚昆士兰州政府授权旅游代表机构，负责在全球推广昆士兰的旅游目的地。为了达到在全球推广的效果，昆士兰州旅游局进行了"大堡礁招聘"系列活动，被誉为世界上最成功的旅游推广案例。

2009 年年初，昆士兰州旅游局打出招聘广告，要在全世界寻找一位大堡礁岛屿看护员，大堡礁招聘事件占据着各国报纸和电视新闻的重要位置，标题千篇一律都是"世界上最好的工作"。由于有几名中国求职者杀入了最后面试环节，国内媒体也争先恐后地报道了该事件，给大堡礁做了大量的免费广告。大堡礁招聘护岛员耗时半年，从全球 3 万人中进行"海选"。而澳大利亚昆士兰州旅游局如此"兴师动众"，却醉翁之意不在"聘"。最大的赢家是这次招聘活动的主办方——昆士兰州旅游局。他们以 170 万澳元的低成本，却收获了价值 1.1 亿美元的全球宣传效应。全球媒体被牵着鼻子走，使得他们成功进行了一次超值的旅游营销。

本次招聘的简要介绍如下：

招聘职位：澳大利亚昆士兰州哈密尔顿岛看护员。

工作时间：2009年7月1日至12月31日。

工作内容：清洁鱼池，喂鱼；收发信件；每周发表文章及上传照片、影片；不定期接受媒体采访；巡游大堡礁水域内其他岛屿等。

职位薪酬：15万澳元/半年。

其他待遇：往返经济舱机票（距申请人所在国首都最近的机场）、住宿、在哈密尔顿岛上的交通费、合同期内的旅游保险、电脑、上网服务、具备录影功能的数码相机、往来大堡礁岛屿间的交通等全部由昆士兰旅游局提供。

申请条件：年满18周岁，英语沟通能力良好，热爱大自然，会游泳，勇于冒险尝试新事物。申请人需上网填写申请表，上传自制的60秒英文短片，说明自己是该工作最适合人选的理由。

申请招募活动由2009年1月中旬起至2月22日结束。申请截止后，昆士兰州旅游局会连同国际市场的代表一同挑选出10位最理想的人选，再加上1位由招募网站访客投票选出的"外卡"候选人，一起于5月初前往大堡礁的部分群岛进行面试。成功者将成为哈密尔顿岛看护员。

我们来分析一下昆士兰州旅游局如何借着招聘护岛员的噱头达到成功推广的效果。

具有创意的"世界上最好的工作"的概念：候选者经历一次真实的招聘过程，招聘的条件又和当地的旅游资源（产品）息息相关。因此，尽管"世界上最好的工作"听起来像是精心策划的公关手段，但它确实是一份真实的工作，无法被质疑。此前没有任何人如此做过，这样做的目的在于通过探索者展示昆士兰独一无二的岛屿经历，向全世界游客提供一些与众不同的旅游地信息。

网络为主的整合传播：澳大利亚昆士兰州旅游局网站于2009年1月9日发布招聘通告，并为此专门搭建了一个名为"世界上最好的工作"的招聘网站（www.islandreefjob.com），网站提供了多个语言版本[英语、日语、韩语、中文（简体和繁体）和德语5个版本]，同一时间向全世界发起公开招聘。"世界上最好的工作"招聘的所有关键环节都在网上展开，旅游局在全球各个办公室的员工则纷纷登录各自国家的论坛、社区发帖，让消息在网友中飞速扩散。而官方网站的合作伙伴是YouTube，借助YouTube在全球的巨大影响，活动本身又得到了进一步的传播，一方面为网上申请提供了便利，另一方面也达到了更广泛的宣传效果。世界各地不同语言的人都可以轻松了解这样一个海选活动。招聘广告出现在各大门户网站上，同样也分属世界各地。由于有当地报名者，于是引起传统媒体的跟进报道，环环相扣的互联网使这次活动在第一时间风靡全球。

广泛参与，精准互动：让网民自主投票，为了进行充分的网络造势，主办方设计了由网络投票决出"外卡选手"的环节，入选50强的选手会不断拉票，而关注活动的人会为心仪的选手投票，还有人会持续关注包括投票在内的活动进展——主办方在投票过程中也进行了精心设置，投票者要先输入邮箱地址，然后查收一封来自"昆士兰州旅游局"的确认邮件，确认后再行使投票权。在通过确认的这个过程中，参与投票的网民都可以好好浏览一下这个做得很漂亮，实质上是旅游网站的招聘网站，大堡礁的旖旎风光、万种风情马上就开始让人心旷神怡。更重要的是，投票者的邮箱未来会定期或不定期地收到来自大堡礁的问候。

3.4　选择招聘广告的发布渠道

3.4.1　实训目的

通过本次实训，了解常见的广告发布渠道，它们的适用范围及优缺点，并能在具体发布招聘信息时，为企业选择合适的信息发布渠道，从而保证招聘的质量。

3.4.2　基本知识要点

在招聘计划中，应该详细阐述具体的招聘来源与招聘渠道，二者直接影响招聘效果。招聘来源是指潜在的应聘者，即所存在的目标群体；招聘的渠道是指让潜在的应聘者获知组织招聘信息的方法和途径。企业需要根据其发展阶段、招聘职位特点以及各类渠道的优劣势，对招聘渠道进行择优使用与合理搭配。

组织获取人力资源的渠道主要有两种：内部招聘和外部招聘。内部招聘是指从组织原有员工范围内获取人力资源的一种途径；外部招聘则是指组织获取人力资源的外部来源。两种途径各有利弊，基本上是互补的，具体如表3-2所示。

内部招聘和外部招聘各有优劣，有些组织倾向于内部招聘，如通用电气公司几十年来一直都从内部选拔CEO；而有些组织更倾向于从外部招聘，如IBM、惠普等公司的CEO大多从企业的外部而来。具体采用哪种渠道需要组织综合考虑公司的战略计划、招聘的岗位、上岗速度以及企业的经营环境等因素。

1. 内部招聘

目前，人力来源成为我国企业组织面临的挑战性课题，很多企业在权衡利弊后，将加强组织内部的员工培训和内部人才培养的制度与程序建设作为解决问题的出路。企业内部比较高层次、关键性岗位的人员补充以内部招聘为主，对空缺出来的低层次或需要某些具体知识、技能性的工作岗位进行外部招聘。尽力将组织中的发展机会显性化、制度化，对已有人力资源进行充分开发，培养符合企业自身需要的经营人才。

内部招聘的来源从理论上讲有三个：一是下级职位上的人员通过晋升填补空缺职位；二是同级职位上的人员，通过工作轮换填补空缺职位；三是上级职位上的人员，通过降职的方式填补空缺职位。

常用的组织内部招聘渠道有以下几种。

（1）人力资源数据库搜索

根据企业内部人力资源信息系统，了解现有员工的背景资料和知识、技术、能力与信息状况，与工作需求相对照，为岗位搜寻合适人员。如某公司想寻找一个有市场营销经验的 MBA，则可以将市场营销和 MBA 作为关键字进行搜索，计算机可以将当前满足条件的员工都列出来，然后与这些合适候选人联系，确定他们对该职位的兴趣。人力资源数据库搜索的方法可以大量节省组织用于鉴别内部候选人的时间。

（2）工作职位与申请公告

通过企业的宣传栏、内部刊物、企业内网和电子邮件等形式公布职位空缺信息并在企业内部进行公开选拔招聘。这是一种允许那些自认为具备所需资格的员工申请公告中工作的方法。该方法的优点是让各类员工都知道岗位空缺，鼓励员工对自己的职业发展负责，并发现可能被忽视和埋没的人才。这种做法符合现代管理所倡导的参与、开放、民主、平等、竞争等潮流。在公告中应当尽量说明空缺岗位的名称、工作职责、待遇条件、任职资格等。在运用这种方法时很重要的一点是尽可能通知所有人。

工作公告示例如表 3-6 所示。

表 3-6　工作公告示例

工作公告
公告日期：_____
结束日期：_____
在_____部门中有一全日制职位_____可提供，此职位对/不对外部候选人开放。
薪资支付水平：最低_____中间值_____最高值_____
职责：参见工作描述
所要求的技术与能力：参见职务规定。（有些技术和能力将使候选人更具有竞争力）
申请程序：
1. 电话申请可打号码_____，每天下午 3:00 以前，_____除外。
2. 确保同一天将已填写好的内部工作申请表连同截至目前的履历表一同寄至_____。
对于所有的申请人将首先根据上面的资格进行初步审查。
挑选工作由_____负责。
机会对于每个人都是平等的。

（3）上级管理层指定

企业内部有些岗位特别是管理岗位，常常是由上级管理层根据考核结果指定候选人，有时甚至直接任命。

（4）员工推荐

人力资源部门公布空缺职位信息后，通过企业内员工推荐企业的其他员工或企业外部人员，再经过系列的筛选，录用合适的应聘者。由于推荐人对应聘人员的素质状况比较了解，对工作及企业的性质也有相当了解，所以在推荐时已经进行了岗位与员工的匹配分析；同时由于自己介绍来的员工质量会影响到自己在组织中的声望和地位，因此推荐人会承担起一部分对新员工的岗前培训和控制工作。员工推荐的方法往往成本低、效率高、质量好。著名的美国高科技企业思科公司每年约有 80%的新进员工都是通过员工推荐招聘到的。

2. 外部招聘

外部招聘是按照一定的标准和程序，从企业外部的劳动力市场吸引和选拔符合空缺职位要求的人员。一般在下列情况下，更适合采用外部招聘：补充初级岗位；获取现有员工不具备的技术；获得能够提供新思想且具有不同背景的员工。

相比内部招聘，外部招聘的来源比较多，大致包括：在校学生、竞争对手或其他公司、失业者/下岗人员、退伍/转业军人、老年人、个体劳动者。企业常用的外部招聘渠道有人才交流会、校园招聘、网络招聘、媒体广告、职业中介等。

（1）媒体广告

媒体广告是企业外部招聘最常使用的手段。这种方法的优点是速度快、范围广、受众多样化，同时能帮助企业提升知名度和影响力。缺点是广告费昂贵，招聘成本比较高。使用广告招募人员主要需要考虑两方面问题：一是媒体选择；二是广告内容设计。各种媒体在传播信息方面具有自身的特点与适应的招聘目的，企业在选择时，需要综合考虑空缺岗位广告价格、潜在应聘者所在的地域等多种因素。表 3-7 所示是对几种主要广告媒介的优缺点对比。

表 3-7　几种主要广告媒体的优缺点比较

媒体类型	优点	缺点	合适场合
报纸	便宜，传播范围广；广告大小可灵活选择；可集中于某一特定区域发行；信息保存时间比较长；各种栏目分类编排，便于积极的求职者查找	有可能遗漏目标群体；容易导致应聘者过度竞争现象；企业不得不为大量无用读者付费；广告的印刷质量比较差	招聘限定于某一地区；可能的求职者大量集中于某一地区；求职者会定时翻看该类报纸
杂志	专业杂志会到达特定的职业群体手中；广告大小富有灵活性；印刷质量比较高；有较高的编辑信誉；保留的时间比较长	发行的地域太广，很难对地域进行限制；预约期比较长	招募对象为专业性比较强的人员；时间和地区限制不太重要
广播电视	可以将求职者来源限定在某一特定区域；生动形象，能够有效地渲染雇用气氛；广告受众多	只能传递简短的、不是很复杂的信息；缺乏持久性；信息不易保存；设计和制作耗时且成本很高；缺乏特定的兴趣选择；为大量无用的广告接收者付费	需要迅速扩大企业的影响；职位空缺有许多种，而在某特定地区又有足够求职者；需在短时间内展开"闪电式轰炸"；要引起求职者对印刷广告的注意
宣传材料	可以针对企业的具体情况专门设计；灵活性强	必须保证求职者能够到招募现场；影响范围小；工作量大	适用于就业交流会、公开招聘会等特殊场合；或作为求职者访问组织时发放的宣传资料

无论选用哪种渠道投放广告，招聘广告的设计均应遵循 AIDA 原则。

A，即 attention，就是说广告要引起人们的注意，如醒目的字体、与众不同的色彩、显眼的位置等。

I，即 interest，就是说广告要激起人们对空缺职位的兴趣。

D，即 desire，就是说广告要唤起人们应聘的欲望。

A，即 action，就是说广告要促使人们能够采取行动。

招聘广告在内容上做到清晰明了、不夸张，在准确传递信息内容的同时努力做到有新意、有特色，能给求职者留下深刻印象。

（2）校园招聘

校园招聘一直是国外企业获取人力资源的一条重要途径。目前国内很多知名企业（如联想、万科、美的、创维等）也在全国各地高校进行巡回招聘。所谓校园招聘，是指企业直接前往学校，向应届毕业生宣传本企业的文化以及明确指出招聘职位需求，收集求职毕业生的简历，组织筛选面试测评等，从中挑选录用合适的申请者。企业进行校园招聘主要有以下方式：企业直接到相关学校的院系招人；企业参加学校举办的专场人才招聘会；通过校园网站发布招聘信息；企业派出专门人员，到校园进行专场招聘或宣讲；企业实行实习生计划，择优选择学生。

在当今的校园招聘中，主要存在三方面的问题。一是招聘前的准备工作不充分，与学校的信息沟通渠道不通畅、选择的招聘高校不适合、职位说明书不够详细具体、招聘代表不够专业等因素均降低校园招聘的效益；二是招聘过程中的工作存在偏差，与应聘者的信息沟通不充分、招聘者的招聘经验不够丰富、使用不适合的测评工具等因素都会影响校园招聘的成功；三是招聘后管理工作的缺失，许多企业对校园招聘的应届毕业生实行与社会招聘同样的入职培训，完全没有认识到应届毕业生这个特殊群体的培训需求，导致许多校园招聘无法达到圆满的结局。

提高校园招聘的成功率，必须做到以下几点。一是在校园招聘的准备阶段，建立畅通的信息渠道，如与相关学校建立实习基地，进行长期、全面的合作；选派优秀的招聘代表；选择合适的高校并进行准确的工作分析与设计。二是在招聘实施过程中，全面准确地传递招聘信息、采用公正科学的人才选拔方式、及时地进行结果反馈等。三是在招聘结束后，将企业文化和经营理念潜移默化地渗透到新员工之中，增强他们的责任感与归属感。

（3）人才交流会或招聘会

企业中负责招聘的相关部门参与一些定期的人才交流会或招聘会，摆出企业的招聘展台。这种招聘是由企业自己的招聘人员直接实施的，因此可以有效避免信息传递过程中的漏洞现象和失真现象，使潜在的应聘人员能够得到真实的信息。而且在这种方法中招聘人员可以和应聘人员直接见面交流，这实际上是一种初步的筛选机制，在一定程度上可以减轻选拔录用的负担。在此过程中，企业还可以进行一定的自我宣传。

但是这种外出招聘方式也存在一些缺点，如招聘的费用较高，需要投入大量的人力、物力。

（4）职业中介机构

职业中介机构有很多种类型，如职业介绍所、人才交流中心以及猎头公司等。由于职业中介机构是专门从事人员招聘工作的，掌握着大量信息，因此借助这些机构进行招聘，不仅可以使招聘活动更有针对性，而且可以代表企业完成很多工作，为企业节省大量时间。但是这种方法也存在问题，由于中介机构对企业的情况并不完全熟悉，招聘的人员可能会不符合企业的要求；中介机构的收费往往都比较高，会增加企业的招聘成本。

（5）网络招聘

网络招聘，也称为电子招聘或在线招聘，是指利用互联网技术进行的一种全新的招聘方式。网络招聘有两种主要方式：一是注册成为人才网站的会员，在人才网站发布招聘信息，收集求职者资料，搜罗合适人才；二是在企业的网站上发布招聘信息，吸引人才。

网络招聘的优点是：覆盖面广，互联网的覆盖是以往任何媒介都无法比拟的，它的触角可以轻易地延伸到世界的每一个角落；方便、快捷、时效性强，不强求时间、空间上的绝对一致，不仅可以迅速、快捷地传递信息，而且可以瞬间更新信息；成本低、针对性强且具有初步筛选的功能。

但该方法存在三大缺陷：一是可能导致组织得到过多的求职者回应，以至于被回复所淹没，有研究发现网上招聘增加了人力资源部门 1/3 的工作量；二是人力资源部门有可能劳而无功，因为很多人通过网络递交了个人简历，但他们可能并不想真正得到新的工作；三是有可能限制了低收入、低教育群体的访问，因为这些人寻找工作时很少上网。但不管怎样，随着互联网的迅猛发展，网络招聘将成为企业招聘的主要手段。

网络招聘除了传统的网上发布招聘信息外，其形式趋于多样化。例如，网猎：通过网络悬赏（网上"人才通缉令"），高额"悬赏"举荐优秀人才者，借助广泛的社会资源实现招聘目的。邮件与短信群发：将原有人才库中的业务精英信息输入邮箱通讯录与手机通讯录中，定期将公司发展情况及招聘职位信息发送给相关人员。行业、专业网站及论坛：登录行业精英经常光临的网页与论坛，从其发表的文章、留言与讨论中识别优秀人才，并借此建立行业人脉。特定人群（MBA、专业人士、校友）组织的网站：接触高素质人才或稀缺人才组成的群体，通过一个人际点，开发特定人际面。聊天室（群、组）、微信、QQ 群：通过这些渠道高效发布招聘信息，挖掘人才信息，如设计个性化签名、互通信息、群内聊天讨论、群发 QQ 邮件等。求职博客（Blog 招聘）：如今越来越多的职业经理人建立博客，分享其专业成就与经验，通过网络搜索器登录其博客，并通过其好友名录发掘更多优秀人才。

各种外部招聘方法的优缺点和适用范围比较如表 3-8 所示。

表 3-8　外部招聘方法比较

招聘方法	优点	缺点	适用范围
校园招聘	素质高、潜力大、易培养归属感	经验不足	储备人才
媒体广告	覆盖面广、应聘者多	筛选成本高	广
职业中介机构	初步筛选	介绍费、离职率高	较少
猎头公司	直接个别接触，减轻甄选压力	成本高、易再次猎走	高级人才
网络招聘	资源丰富	难保真实	广
直接求职	快、成本低	唐突、可能无空缺职位	广
被推荐者	快、成本低、易适应	小圈子、不便拒绝	广

3.4.3　实训所需条件

1. 实训时间

本实训项目以一周为宜，其中课堂演示时间为 2 课时，其余为课下准备时间。

2. 实训地点

多媒体教室。

3. 实训所需材料

本实训需要相关企业的人力资源部门提供某空缺职位的职位说明书，以及每组学生经过调查最终形成的关于本地媒体发布渠道的文字资料，供课上实训之用。

3.4.4　实训内容与要求

1. 实训内容

为某公司选择发布招聘广告的渠道。

2. 实训要求

要求调查了解某公司所在地区具体可用的招聘渠道有哪些。
要求了解不同招聘渠道所适用的人群。
要求计算出各种招聘渠道所需要的费用。
要求为该公司选择一个最佳的广告发布渠道，并陈述理由。
要求教师在实训过程中做好组织工作，给予学生必要的、合理的指导，使学生加深对理论知识的理解，提高实际分析、操作能力。

3.4.5　实训组织方法与步骤

第一步，教师联系学校所在地区的某个公司，了解其职位空缺情况，假设其欲招聘某一职位，为这一职位选择发布招聘广告可用的渠道。

第二步，要求学生做好课前预习，掌握各种招聘渠道的优缺点和适用范围。

第三步，对学生进行分组，每组 5~7 人。

第四步，各小组分别调查、选择本地区可用的广告发布渠道。

第五步，各组学生对照空缺职位的职位说明书和招聘广告，选择合适的发布渠道，并陈述选择这一渠道的理由，同时实地调查并预算广告发布费用。

第六步，各小组将自己的成果制成 PPT，准备课堂展示。

第七步，小组进行成果展示，并由教师适时讲评。

第八步，撰写实训报告。

3.4.6 实训报告

实训结束以后，每位学生必须撰写实训报告，要求在实训报告中阐明选择广告发布渠道的主要依据，主要内容参考前文中表 1-1。考虑到需要撰写大量的文字，实训报告可以在实训结束后 2 天内完成，由组长收齐后上交指导教师。

3.4.7 实训考核方法

1. 成绩划分标准

实训成绩按照优秀、良好、中等、及格和不及格五个等级评定。

2. 成绩评定标准

（1）实训前的准备工作是否完善。

（2）小组成员分工合作是否科学合理，合作过程是否和谐顺畅，表现出良好的团队协作精神。

（3）小组设计的广告发布渠道是否合理，所计算的渠道费用是否准确。

（4）通过各小组提交的报告，考查各组对广告发布渠道的理解程度。

（5）各小组展示各自成果时的具体表现。

（6）各小组实训报告的撰写质量。

（7）课堂展示和讨论占总成绩的 70%，实训报告占总成绩的 30%。

3.4.8 实训拓展与提高

内部招聘七大"看护点"

随着外部招聘的风险和成本越来越大，很多企业开始青睐内部招聘，尤其是企业在招聘管理层、执行层岗位时，这种迹象更为明显。但是，尽管内部招聘与外部招聘相比，花费的招聘成本少，招聘的风险也显得较低，但正是由于存在这些"硬陆地带"，一些企业由于内部招聘陷入了"沼泽地带",其情形较之外部招聘反而愈显艰难。其实,从理论和实际操作上讲,内部招聘确实是一块易吃的蛋糕,但几个关键点不看护住,蛋糕也会变成难啃的骨头,具体来讲需应对以下七点。

看护点一:岗位分析大众化。岗位分析具有两大功能:一是为招聘提供选人依据;二是向应聘者提供任职要求。很多企业都注意到了功能一,而忽视了功能二。也许有些企业认为有了招聘依据,应聘者自然会从依据中获取招聘要求。其实不然,由于招聘岗位的层次与应聘者的知识技能水平存在不对称性,所以有可能导致应聘者并不能从岗位分析中真正全面地获取招聘信息。对此,企业为了让更多的人参与到企业的招聘活动中来,避免人才被埋没,应该让岗位分析的语言趋向于大众化,让意向应聘者能从岗位分析中找到准确的招聘要求,并与自身的实际情况对比。这样做不仅可以让一部分不符合招聘要求的应聘者首先在心理上对自己进行预"筛选",节约招聘成本,而且可以让更多能人之士广泛参与的同时,使招聘的公开性和平等性得到员工的认同。

看护点二:招聘通道全面化。如果招聘信息没有让尽可能多的相关人士知晓,就会使应聘的人数过少,企业择人的区域显得窄小。在一些大型企业,公司的区域分布比较大,为了让企业内部人员都能有效了解招聘信息,不能仅限于粘贴通知、告示之类的文件,而应该在公司网站显要位置连续发布,或通过层级式管理渠道发布。当然成本观念和时间观念也不容忽视。

看护点三:稳住士气是关键。内部招聘可以提高被提升者的工作热情,激励被提升者。然而,内部招聘特别是在招聘管理层的职位时,由于操作不当,在让一些人喜悦的同时,一些人也会陷入"士气跌落"的状态,甚至有可能导致一些人离职,造成企业人才流失,正所谓形成了"几家欢喜,几家愁"的局面。在进行内部招聘活动时,切勿只注意到提拔者高涨的工作热情,也要注意到落聘者的工作表现。在招聘录用决定作出前或作出后的第一时刻,企业的经理或其直接上司应开展妥善有效的沟通,共同为落聘者查找问题的根源所在,解答其心理上存在的困惑,并对其今后发展给予深切的希望。

看护点四:恪守原则和程序。恪守原则和程序实质上就是要求内部招聘必须遵循招聘的一些基本原则,按照企业招聘的规章制度进行。内部招聘极易引起内部争斗或近亲繁殖的现象。如一些家族企业在发展初期为了降低管理风险,在企业关键岗位都安排家族的亲信去担任,从初期效果来讲确实有利于降低管理风险。然而随着企业的发展,这种模式却让企业管理进入一种"瓶颈"状态,突出表现就是留不住关键人才。如今一些企业办公室政治呈迅速发展之势,甚至产生了所谓的"派系"。严格恪守原则和程序、一切按企业的规章制度开展,实际上就是利用规范化的制度来制约内部招聘的个人力量所带来的不利影响,使内部招聘真正做到有效完成招聘目标。

看护点五:人职相宜是根本。在进行内部招聘活动时,企业不能顾念私情,在内部未招聘到合适人才的情况下,采取转而求其次的策略。坚持人职相宜即是对企业负责,只有人职相宜才能充分发挥人的才能、激发人的潜能、提高工作满意度,同时也是对应聘者负责，如果让应聘者就职于一个与其才能不相适宜的岗位，形成"彼得现象"，不仅让录用者身心疲惫，抑制住了其才能的发挥，还会影响其职业生涯的发展。

看护点六：发展理念不可或缺。有人在总结内部招聘的弊端时认为内部招聘易出现思维和行为定式，缺少创新性。具体到招聘来讲，就是运用发展的理念来招聘。在进行内部招聘时，企业可以利用对应聘者过去充分了解的优势，全面获取其工作等方面真实、准确的信息，再请相关的专业人士从这些信息中预测其未来的发展状况，判断应聘者是否具有创新理念和创新精神。但要注意的一个问题是在进行预测程序时绝不能草率行之，而应"三思而后行"。

看护点七：培训活动不可少。尽管内部招聘的人员相对外部招聘的人员来说，其对企业的陌生感会减少很多，但适当的培训亦是不可缺少的，相对于一些提拔者来说更是如此。对他们进行上岗前的适当培训，让其对新岗位的一些要求和日常事项等有一个比较全面的了解，使其融入新岗位的速度更快，可以降低企业的管理风险。

总体来说，内部招聘绝不是一块易吃的"甜蛋糕"，一定要把握住关键环节，将内部招聘的功能和益处全力发挥出来，从这块"甜蛋糕"中尝到"甜中有甜"的感觉。

3.5 校园招聘

3.5.1 实训目的

通过本项目实训，让学生了解校园招聘的方式，明白为什么校园招聘能够成为许多跨国企业进行人员招聘时最常用的手段，能够熟练掌握校园招聘流程并了解校园招聘过程中应当注意的事项。

3.5.2 基本知识要点

1. 校园招聘的方式

校园招聘主要有三种方式：一是企业直接到相关学校的院系招人，这类企业的招聘针对性很强；二是企业参加学校举办的专场人才招聘会，或通过校园网站发布招聘用人信息；三是企业派出专门人员，到校园进行专场招聘。毕业生参加最多的往往是第三种招聘形式。据有关资料统计，我国高校每年大约有70%的毕业生是在校园招聘会上找到工作的。

2. 校园招聘的优势

校园招聘以其集中、快捷、高效、针对性强等优点历来被一些外资企业看中，成为其招聘渠道之首选。这种招聘模式对于以内部培养为主要选拔人才方式、处于快速发展阶段的企业尤其适用。而且，其避免人情游说的天然优势，也在吸引越来越多的企业加入其中。很多国外的优秀企业都十分重视校园招聘，如麦当劳、宝洁等。它们的理由是：没有做事的经验，就好比一张白纸，对公司的管理观念和企业文化更容易接受，更具可塑性。大学毕业生往往对于工作任劳任怨、埋头苦干，没有家庭的拖累，能更加全身心地投入工作中去。宝洁公司所有的员工都是通过校园招聘进入企业的。

3. 校园招聘的流程

校园招聘的流程，总体而言可以分为选拔前、选拔中及选拔后三个阶段，如图3-1所示。

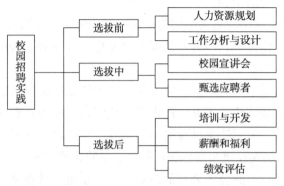

图3-1 校园招聘流程

（1）选拔前的人力资源实践

在进入校园招聘前，最值得注意的活动有三个：实习生计划、成立招聘项目组、选择合适的高校。

① 实习生计划：让高校学生能够提前了解企业。国内有些企业一方面不向大学生提供实习岗位，另一方面又要求毕业生具有工作经验，这显然是个悖论。在欧美，绝大多数企业都会为实习生提供一些岗位，这样做可收一举两得之功：一是可以降低雇用成本，实习生的工资大概只有正式工人的1/3；二是可以从实习生中挑选适合本企业的员工，这提高了甄选的有效性。对于学生来说，他们得到了一份获得报酬的工作，同时，他们对自己未来在薪酬等方面的预期也更加符合实际。所以实习生计划能够帮助高校毕业生更好地选择将来工作的单位。

② 成立校园招聘项目组。很多企业校园招聘项目组的成员都来自人力资源部门，这是一个误区。以宝洁公司为例，招聘项目组成员主要由三部分组成：招聘部门副总监以上的高级经理、具有校友身份的公司员工及人力资源部门成员。高级经理主要是在校园宣讲会上介绍公司及所在部门，以示公司对这次招聘活动的重视；校友则以亲身经历现场说法，拉近企业与学生之间的距离，同时负责与高校的联系和协调；人力资源部门成员则是招聘活动的组织者、策划者和协调者，起到辅助和支持的作用。这样的招聘项目团队无疑是合理而高效的。

③ 选择合适的高校，有条件的话，可以建立招聘基地。针对某一方面的高技能人才，可以和高校签订定向培养合同，减少招聘成本。

（2）选拔中的人力资源实践

① 召开成功的校园招聘宣讲会，这样做一来可以推广企业的产品；二来可以推广企业品牌和企业理念。召开校园招聘宣讲会的程序一般如下：校领导讲话，播放招聘专题片，公司招聘负责人详细介绍公司情况，招聘负责人答学生问，发放公司招聘介绍会材料。这样做就免蹈了许多企业仅把招聘会当成收集简历等应聘材料场所之覆辙。后者往往是开场几句话后就自我介绍完毕，等待学生投档，学生根本无从了解企业，有的就转向其他企业的招聘会。

② 采取各种方法甄选合适的应聘者。甄选方法包括筛选简历、知识能力测验、面试、证明材料核实、体检等，视具体情况综合使用，以达到互补的作用。

（3）选拔后的人力资源实践

人力资源招聘实践结束后，公司应对新招聘的毕业生进行入职培训，特别要注意薪酬福利与工作绩效评估政策讲解，让青年人认清自我能力，看到发展前途。年轻人的职业生涯刚刚开始，他们注重自身能力的培养，因此培训和开发体系对年轻员工具有很大的吸引力。年轻人注重短期的物质收益，高的薪酬和福利计划有利于留住他们。年轻人希望获得认可，因此公平公正的绩效评估体系也非常重要。

3.5.3 实训所需条件

1. 实训时间

本项目实训以 4 课时为宜。

2. 实训地点

多媒体教室。

3. 实训所需材料

宝洁公司良好的薪金制度和巨大的发展空间，让"宝洁"成为大学生心目中向往的公司。同时宝洁公司完善的选拔制度也得到商界人士的首肯。如何进入宝洁这样的机构，让我们来熟悉它的招聘流程。

宝洁的校园招聘程序。

（一）前期的广告宣传。

（二）邀请大学生参加其校园招聘介绍会。

（三）网上申请。从 2002 年开始，宝洁将原来的填写邮寄申请表改为网上申请。毕业生通过访问宝洁中国的网站，单击"网上申请"按钮来填写自传式申请表及回答相关问题。这实际上是宝洁的一次筛选考试。

（四）笔试。笔试主要包括 3 部分：解难能力测试、英文测试、专业技能测试。

①解难能力测试。这是宝洁对人才素质考察的最基本一关。在中国，使用的是宝洁全球通用试题的中文版本。试题分为 5 个部分，共 50 小题，限时 65 分钟，全为选

择题，每题 5 个选项。

第一部分：读图题（约 12 题）；

第二和第五部分：阅读理解（约 15 题）；

第三部分：计算题（约 12 题）；

第四部分：读表题（约 12 题）。

整套题主要考核申请者以下素质：自信心（对每个做过的题目有绝对的信心，几乎没有时间检查改正）；效率（题多时间少）；思维灵活（题目种类繁多，需立即转换思维）；承压能力（解题强度较大，65 分钟内不可有丝毫松懈）；迅速进入状态（考前无读题时间）；成功率（凡事可能只有一次机会）。考试结果采用电脑计分，如果没通过就被淘汰。

② 英文测试。这个测试主要用于考核母语不是英语的人的英文能力。考试时间为 2 小时。45 分钟的 100 道听力题，75 分钟的阅读题，以及用 1 小时回答 3 道题，都是要用英文描述以往某种经历或个人思想的变化。

③ 专业技能测试。并不是任何部门的申请者都需经过专业技能测试，它主要是考核申请公司一些有专业限制的部门的同学。这些部门如研究开发部、信息技术部和财务部等。宝洁公司的研发部门招聘的程序之一是要求应聘者就某些专题进行学术报告，并请公司资深科研人员加以评审，用以考查其专业功底。对于申请公司其他部门的同学，则无须进行该项测试，如市场部、人力资源部等。

（五）面试。宝洁的面试分两轮。第一轮为初试，一位面试经理对一个求职者面试，一般都用中文进行。面试人通常是有一定经验并受过专门面试技能培训的公司部门高级经理。这个经理一般是被面试者所报部门的经理，面试时间在 30~45 分钟。

通过第一轮面试的学生，宝洁公司将出资请应聘学生来广州宝洁中国公司总部参加第二轮面试，也是最后一轮面试。为了表示宝洁对应聘学生的诚意，除免费往返机票外，面试全过程在广州最好的酒店或宝洁中国总部进行。第二轮面试大约需要 60 分钟，面试官至少是 3 人，为确保招聘到的人才真正是用人单位（部门）所需要和经过亲自审核的，复试都是由各部门高层经理亲自进行。如果面试官是外方经理，宝洁还会提供翻译。

① 宝洁的面试过程主要可以分为以下四大部分。

a. 相互介绍并创造轻松交流气氛，为面试的实质阶段进行铺垫。

b. 交流信息。这是面试中的核心部分。面试人会按照既定的 8 个问题提问，要求每一位应试者能够对他们所提出的问题做出实例分析，而实例必须是在过去亲自经历过的。这 8 个问题由宝洁公司的高级人力资源专家设计，无论应聘者如实或编造回答，都能反映应聘者某一方面的能力。宝洁希望得到每个问题回答的细节，高度的细节要求让个别应聘者感到不能适应，没有丰富实践经验的应聘者很难很好地回答这些问题。

c. 讨论的问题逐步减少或合适的时间一到，面试就引向结尾。这时面试人会给应聘者一定时间，由应聘者向主考人员提几个自己关心的问题。

d. 面试评价。面试结束后，面试人立即整理记录，根据应聘者回答问题的情况及总体印象作评定。

② 宝洁的面试评价体系。宝洁公司在中国高校招聘采用的面试评价测试方法主要是经历背景面谈法，即根据一些既定考察方面和问题来收集应聘者所提供的事例，从而考核该应聘者的综合素质和能力。

宝洁的面试由 8 个核心问题组成。

a. 请你举一个具体的例子，说明你是如何设定 1 个目标然后达到它。

b. 请举例说明你在一项团队活动中如何采取主动性，并且起到领导者的作用，最终获得你所希望的结果。

c. 请你描述一种情形，在这种情形中你必须去寻找相关的信息，发现关键的问题并且自己决定依照一些步骤来获得期望的结果。

d. 请你举一个例子，说明你是怎样通过事实来履行你对他人的承诺的。

e. 请你举一个例子，说明在完成一项重要任务时，你是怎样和他人进行有效合作的。

f. 请你举一个例子，说明你的一个有创意的建议曾对一项计划的成功起到了重要的作用。

g. 请你举一个具体的例子，说明你是怎样对你所处的环境进行评估，并且能将注意力集中于最重要的事情上以便获得你所期望的结果。

h. 请你举一个具体的例子，说明你是怎样学习一门技术并且怎样将它用于实际工作中。

根据以上几个问题，面试时每一位面试人当场在各自的"面试评估表"上打分：打分分为三等：1~2 分（能力不足，不符合职位要求，缺乏技巧、能力及知识），3~5 分（普通至超乎一般水准；符合职位要求；技巧、能力及知识水平良好），6~8 分（杰出应聘者，超乎职位要求；技巧、能力及知识水平出众）。具体项目评分包括说服力/毅力评分、组织/计划能力评分、群体合作能力评分等项目评分。在"面试评估表"的最后一页有一项"是否推荐栏"，有 3 个结论供面试人选择：拒绝、待选、接纳。在宝洁公司的招聘体制下，聘用一个人，须经所有面试经理一致通过方可。若是几位面试经理一起面试应聘者，在集体讨论之后，最后的评估多采取一票否决制。任何一位面试人选择了"拒绝"，该应聘者都将从面试程序中被淘汰。

（六）公司发出录用通知书给应聘者本人及其所在学校。通常，宝洁公司在校园的招聘时间大约持续两周，而从应聘者参加校园招聘会到最后被通知录用大约需一个月。

3.5.4 实训内容与要求

1. 实训内容

要求学生参考宝洁公司案例为某公司设计校园招聘方案。

2. 实训要求

要求通过研读宝洁公司的校园招聘案例，运用所掌握的理论知识，为某公司设计校园招聘方案。要求列明招聘流程，并详细说明在招聘的每一阶段应该做些什么，以及注意什么。

要求教师在实训过程中做好组织工作，给予学生必要的、合理的指导，使学生加深对理论知识的理解，提高实际分析、操作能力。

3.5.5 实训组织方法与步骤

第一步，要求学生上网查阅资料，调查宝洁公司中国区分公司人力资源状况。

第二步，要求学生根据其对宝洁公司的了解，尝试制作一份将来为宝洁公司校园招聘之用的广告宣传稿。

第三步，让学生自由发挥，拟定宝洁公司待招聘岗位，在所在地诸高校中选择在专业、学生素质等方面与公司待填补职位有较高匹配度的高校进行校园招聘。

第四步，以小组（3~5 人）为单位，让学生模拟公司高层管理者，召开公司宣讲会，向目标高校的学生进行公司宣传，向学生说明公司的性质、产品、服务、制度、文化及薪酬福利等细节。

第五步，以小组（3~5 人）为单位，让学生模拟公司人力资源部员工，收取目标高校的学生简历（简历由实训教师模拟给出，数量以 5 份以上为宜），并对候选人进行甄选，可在同学中选取合作伙伴，采取角色扮演的形式。

第六步，对经过甄选录用的新员工，编制入职培训计划，并准备一份说明材料，向新员工讲解公司的薪酬福利制度，以及绩效考核系统，以留住新员工。

第七步，阅读宝洁公司校园招聘的案例，结合校园招聘应遵循的流程，谈一谈宝洁公司有什么独出心裁的创造。

第八步，总结并撰写实训报告。

3.5.6 实训报告

实训结束以后，每位学生必须撰写实训报告，要求在实训报告中阐明相关理论依据，主要内容参考前文中表 1-1。考虑到需要撰写大量的文字，实训报告可以在实训结束后 2 天内完成，由组长收齐后上交指导教师。

3.5.7 实训考核方法

1. 成绩划分标准

实训成绩按照优秀、良好、中等、及格和不及格五个等级评定。

2. 成绩评定标准

（1）是否对校园招聘流程有一个清晰的了解。

（2）能否区分几种校园招聘形式，并说明为何校园招聘颇受外企的青睐。

（3）能否熟练运用工作分析人力资源规划等方面的基础知识与技巧。

（4）能否根据企业的具体情况，有针对性地构建招聘团队，并选择进行校园招聘的高校。

（5）能否合理地安排宣讲会，了解如何向学生进行公司相关知识的宣讲。

（6）知道如何收取简历，如何对候选人进行甄选，并了解入职培训薪酬福利以及绩效制度的重要性。

（7）课堂展示和讨论占总成绩的 70%，实训报告占总成绩的 30%。

3.5.8 实训拓展与提高

本项实训拓展与提高内容如表 3-9 所示。

表 3-9 校园招聘应聘登记表

表日期： 年 月 日

应聘岗位：_____ 期望月收入：_____

姓名		性别		出生年月		籍贯		正面标准彩照
民族		身高		体重		婚否		
政治面貌		健康状况		工作年限		最高学历		
毕业院校		专业				专业排名		
现住址				住宅电话			移动电话	
电子邮箱				身份证号码				
户口所在地		户口性质		□城镇 □农村		人事档案所在地		
技能特长	第一外语语种： 掌握程度： 第二外语语种： 掌握程度： 计算机水平：□一级 □二级 □三级 □四级 □其他 专业资格证书： 机动车驾驶证：□有 □无 具有的其他资格证书：							
个人特长及爱好								
教育背景（从高中起至最高学历）	起止日期	学校（培训机构）		专业		教育方式（脱产/在职）		学历
实践经历	起止日期	实践组织（单位）		职务		证明人		联系方式

续表

	姓名	年龄	关系	现工作单位及职务
主要家庭成员（选填）				

	获奖时间	获奖项目
获奖荣誉		

自我评价	个人能力自述： 综合评价： （1、2、3、4、5分指优、良、一般或强、较强、一般，请在横线上为自己打分，并计算出得分，总分_____分。） □品德性格_____　□自 信 心_____　□事 业 心_____　□纪 律 性_____ □品德性格_____　□协调能力_____　□写作能力_____　□表达能力_____ □逻辑思维能力_____　□工作主动性_____

进入公司工作的目的及打算	

声明	本人保证所提供的个人信息、证明资料、证件等真实、准确。如因提供虚假或遗漏相关信息导致用人单位误解而与本人签订劳动合同的，在试用期内，用人单位可以本人不符合录用条件而解除劳动合同；在试用期过后，劳动合同期限内，用人单位可以因本人欺诈而与本人解除劳动合同关系。由此致使用人单位承担连带责任的，用人单位有权向本人进行追偿。 签字：_____

填表说明：
1. 除注明选填之外，其他内容均为必填。
2. 应聘者需提供相关证明资料复印件，原件在录用时核查。
3. 无论聘用与否，公司均为应聘者所填信息承担保密义务。
4. 公司有权就上述填写事项采取合法方式组织调查或验证。

3.6　网络招聘

3.6.1　实训目的

网络的诞生无疑给企业的招聘机制带来了翻天覆地的变化。在现代信息技术高度发达的今天，网络招聘作为新型招聘方式起着非常重要的作用。企业可以通过网络发布招聘信息、接收应聘者的求职材料，甚至是与应聘者在线进行交流，大大简化了招聘的流程，节省了大量人力、物力成本。

本实训的目的在于，使得受训者了解网络招聘的特殊性和适用性，以提高网络招聘的效率和效果。

3.6.2 基本知识要点

1. 网络招聘的三种形式

随着网络的不断普及，使企业用最少的经费在最大范围内寻找合适的人才成为现实，网络招聘也因此逐渐流行起来。现在主流的三种网络招聘方式如下。

（1）企业建立自己的网站

一些大公司都会建立自己专门的网站，如戴尔、Intel、微软等，通过自己的网站，将自己的产品、业务范围和企业文化等展示出来，不但可以进行广告宣传，向客户提供服务，更重要的是能够在线进行优秀人才的招聘。

但是，企业如果要建立自己的专属网站，就需要勤于打理。首先，要有专门的人员定时将最新的内容发布到网站上；其次，在网站上设立招聘专区，提供最详细的招聘资料。

有调查显示，实现就业的毕业生中，通过招聘会求职成功的占48%，通过学校推荐求职成功的占25%，通过网络招聘求职成功的占13%，通过熟人介绍和中介机构求职成功的分别占5%和3%。值得一提的是，随着学历的提高，毕业生通过网络求职成功的比例也越高，硕士及以上学历者通过网络求职成功的占23%。

（2）企业选择专业人才招聘网站

除去企业自己的网站，最好的网络招聘渠道就是借助专业的人才招聘网站。近年来我国出现了不少专业的人才招聘服务网站，如中华英才网、智联招聘等。这些人才网站信息量大，是企业和个人信息的聚集地，能同时为企业和个人提供全面的招聘信息，还可以对企业的招聘信息进行网络管理，保证信息的长期有效性。同样，企业在选择专业的人才网站时，也需要注意一些特殊情况。有些企业不管招聘什么样的员工都喜欢在大型的人才网站上发布招聘信息，虽然大型人才网站的覆盖面广、有效作用范围大，但是大型的人才网站只适合高级人才的招聘，对于普通员工来说，还是当地一些小型的人才网站比较合适。这些小型的人才网站针对性强，而且反应速度也快。再者，在选择人才网站的时候，企业也需要考察其系统的完善性，通过信息的完善与否，企业可以准确推断出该网站的可靠性大小。

（3）通过某些即时交流软件

通过某些即时交流软件是企业人力资源工作者通过一些即时的聊天软件，如微信、QQ等，与应聘者进行实时交流的方法。这种方法相对于以上两种来说比较简单，但是可靠性较差，只适合一些小企业进行数量较少招聘的时候使用，也可以作为以上两种招聘方法的辅助手段。

2. 网络招聘中常见的问题

网络招聘是一种简便快捷的招聘手段，但是网络招聘又具有一定的延时性，就产生了下面一系列的问题。

（1）信息过少

有些企业在发布招聘信息的时候常常会出现这样的问题：信息栏里只有岗位名称或只有寥寥数语，完全没有实质性的内容。这样的招聘信息会使企业在应聘者眼中的可信度大大降低，很少有人会向这样的公司投递简历。因此，在发布招聘信息的时候，企业应该抛弃"惜字如金"的做法，尽量将全面而真实的企业情况写出来。

（2）资源陈旧

在专业的人才网站上，招聘信息是按照时间的先后顺序来进行排列的，通常是后来的排最前边，因此企业需要经常对自己发布的招聘信息进行刷新，将名次提前。如果长时间无人管理，企业的招聘信息就会被后来的信息逐渐屏蔽，招聘效果就要大打折扣。

（3）信息错误

在一定程度上，招聘信息也能反映出一个企业的态度、水平，因此在招聘信息中出现错误也是"兵家大忌"。比如，字面上的错误会让应聘者感觉企业员工粗心大意，工作不认真，甚至会认为公司员工文化水平普遍较低。这些都会影响应聘者对公司的第一印象，导致优秀人才放弃对职位的选择。

（4）信息繁杂

企业在人才网站上发布招聘信息的时候，多少会考虑到对自己内部工作的影响，如将联系电话发布出去，可能就会电话不断，影响正常的工作。要想解决这样的问题，最简单的方法就是将招聘信息的版面设计得一目了然，简洁明了，方便应聘者寻找需要的资料，毕竟给应聘者提供方便也是在给自己提供方便。常见问题咨询得少了，合格简历多了，录用成功率也就水涨船高了。

（5）信息单一

一般情况下，除了高层管理人员外，大多数企业用于长期发布的招聘信息只有流动性较大的基层工作人员。当一个企业长时间在网站上进行一个职位的招聘，说明企业内部很可能已经出了问题。这种情况就会让应聘者对企业对待员工的态度产生怀疑，造成一定程度上的优秀人才流失。此时，企业就需要对产生问题的原因进行分析，挽回自己的口碑。当企业内某个职位长期无法找到合适的人才时，企业也需要采取"打打停停"的策略，把职位发布暂停一下，或利用其他途径进行招聘。

3. 网络招聘与传统招聘方式的比较分析

招聘的渠道可以说是多种多样：招聘会、报纸杂志、电视广播、人才猎取、人才服务中心、员工推荐、校园招聘、网络招聘等。而传统招聘方式是指除网络招聘外的其他招聘方式，这其中又以招聘洽谈会、报纸和杂志广告、人才猎取三种招聘方式最具有代表性。

（1）招聘成本分析

招聘成本的分析是决定招聘工作何时何地及如何开始的重要因素。一般来说，招聘成本是指平均招收一名员工所需的费用。它包括内部成本、外部成本和直接成本。内部成本为企业内招聘人员的工资、福利、差旅费支出和其他管理费用。外部成本为外聘专家参与招聘的劳务费、差旅费。直接成本为广告、招聘会支出，招聘代理、职业介绍机构收费等。由于网络招聘与传统的招聘方式内部成本与外部成本的差别不是很大，这里着重分析招聘的直接成本。

① 招聘洽谈会。各个地方的人才市场每周举行的小型的招聘洽谈会，其直接费用比较少，是 300~1 000 元/摊位；大型的招聘洽谈会，如每年的春季人才市场，其费用较高，要两三千元。

② 报纸和杂志广告。这种招聘方式的费用也很高。其费用高低受版面大小、位置、色彩、报刊覆盖面等因素制约。

③ 人才猎取。人才猎取也是近几年才出现的新兴事物，在一些中小城市还不普遍，但在北京、上海等一些大城市已经成为猎取高级人才的首选。这种招聘方式费用很高，按照国际惯例应提取招聘者年薪的 30%作为招聘费用。

④ 网络招聘。企业可以根据本企业的实际情况选择不同的招聘方案。

大多数企业都是在人才网站注册成为会员，由人才网站为它们提供服务。如发布人才招聘启事、查询人才简历、提供中介服务、人事规划、人事诊断等。这种招聘方式费用较低，一般 300~2 000 元/月。企业如果有自己的网站也可以在自己网站上发布需求信息，这种方式的直接成本更低，但影响力有限。

（2）时间投入分析

各种招聘方式中只有人才猎取这种方法不需要投入大量时间，但它却是以高费用为代价的。其他的传统招聘方式一般都需要投入大量的时间对应聘者简历进行筛选。但网络招聘却可以省掉很多时间。一方面通过电子邮件邮寄简历要比传统的通信方式更加迅速、高效；求职者也可以通过邮件与用人单位交流。但更为明显的好处是工作人员可以从筛选简历的繁杂工作中解脱出来。一些人才网站推出的"网才"招聘软件，如同一个虚拟的招聘员，提供了包括求职者信息登记、初步筛选、来信回复和信息分档存储等一揽子解决方案。它允许人事经理建立自己的筛选标准，对求职者进行初步过滤，并对退、留邮件设置不同标记，自动回复和存档；将处理简历的速度由原来的每天三四十封迅速提升到每天两三百封。

（3）招聘效果分析

企业招聘渠道的选择是招聘效果好坏的关键。传统的招聘方式都有一定的局限性，有的适合招聘高级人才，有的适合招聘中级人才。而网络招聘适用面很广，上到高层管理人员，下到一般的办公室职员都可以适用，并且它不受时空、地域限制，从而更有利于选拔到优秀人才。

从招聘的成功率来看，网络招聘也更胜一筹，利用洽谈会招聘人才往往会出现这种情况：一连参加了十几场招聘会，花费了大量的人力、物力、财力，却没有一个合适的人选。这是因为合适的求职者与用人单位之间信息闭塞造成的，在招聘会上有限的求职者无法满足用人单位对高级人才的需求，越来越多的人事经理将目光投向了网络招聘。

4．如何进行网络招聘

掌握网络招聘的正确方法无疑会提高企业招聘与选拔的效率。一般来讲，企业可以按下面的三步来进行网络招聘。

（1）发布招聘信息

网络招聘信息的发布直接关系到企业招聘的效果，如何根据企业的实际情况，选择适当的信息发布渠道就显得尤为重要。

目前大部分的企业都会选择第三方专业的人才网站。除去网络招聘的三种主要渠道，企业还可以在内部的局域网上发布招聘信息，进行内部招聘。

（2）收集、整理信息与安排面试

招聘信息发布以后，要及时注意反馈，从众多的应聘者中挑选出符合条件的求职者安排面试。

① 收集、整理信息。企业在人才网站注册后可以利用这些招聘网站的人才库定制查询条件，找到符合要求的应聘者。招聘者还可以通过招聘软件"守株待兔"，只有那些符合公司要求的求职者的简历才会被保留下来，大量不符合要求的简历被拒之门外，这样节约了招聘者的大量时间，提高了招聘效率。

除此之外，公司可以利用搜索引擎搜索相关专业网站及网页，在那里发现人才，自己做猎头。或查询个人的求职主页，尤其是招聘一些IT业的热门紧缺人才，在个人主页中也许会有许多发现。

② 安排面试。挑选出符合条件的求职者后，接下来就可以安排面试。由于网络招聘无地域限制，在不同地理位置的招聘者、求职者可以利用互联网完成异地面试。面试人员即使不在一起也可以通过互联网合作，利用网络会议软件同时对应聘者进行考察。根据不同的求职者安排好面试人员后就可以通知求职者进行电子面试，互联网的发展使得我们可以有多种选择来进行电子面试。

（3）电子面试

招聘信息的发布与收集整理仅仅是网络招聘的开始，电子面试更能体现网络招聘的互动性、无地域限制性，电子面试的应用才是网络招聘中重要的组成部分。但由于目前摄像头尚未普及等各种原因，很少有企业能够真正地运用电子面试。

① 利用电子邮件。电子邮件（e-mail）是网络上应用最多的功能，它具有快捷、方便、低成本等优点，越来越多的人放弃了传统的邮寄方式，开始利用电子邮件交流。招聘者与求职者利用电子邮件交流，可以节省大量的时间，进而提高招聘的效率。招聘者还可以通过求职者的 e-mail 来了解他们的语言表达能力，为是否录用提供依据。但利用电子邮件的互动性不强，一般都用在面试前的联络、沟通上。

② 利用聊天室。公司可以利用一些聊天软件或招聘网站提供的聊天室与求职者交流，招聘的单位可以一家占用一个聊天室，在聊天室里进行面试。就像现实中一样，单位可以借此全面了解求职者，也可以顺便考察求职者的一些技能，如电脑常识、打字速度、网络知识等。求职者也可以向用人单位就职业问题提问，实现真正的互动交流。但是这种文字的交流还是有一定的局限性：一方面，它反映不出求职者的反应速度、思维的灵敏程度；另一方面，求职者也可能会请人代替他进行面试，在虚拟的网络世界，企业无法识别求职者的真伪。为了能够在第一时间得到求职者的回答，用人单位还可以在语音聊天室利用语音聊天与求职者交流，这样既可以见到求职者的文字表述，又可以听到求职者的声音。

③ 视频面试。声音的传送已经无法满足现代人沟通的需求，即时、互动的影像更能真实地传送信息。"视频会议系统"有时又被称为"电视会议系统"。所谓的视频会议系统是指两个或两个以上不同地方的个人或群体，通过传输线路及多媒体设备，将声音、影像及文件资料互传，达到即时、互动的沟通。与在聊天室进行面试相比，利用视频面试不仅能够听见声音还可以看到求职者的容貌，避免了聊天室面试的缺点，具有直观性强、信息量大等特点，比传统招聘方式更具优势。相信随着设备成本的下降，视频面试在不久的将来就会普及。

④ 在线测评。随着素质测评日益受到企业的重视，一些网站开始将素质测评作为自己的服务项目之一。网络招聘是一种虚拟的招聘方式，在面试之前招聘者只能从简历中了解求职者的情况。事实上，很少有简历能够直接告诉你所关心的求职者的素质，特别是那些从网上下载的简历，因为求职者只能按照招聘网站提供的统一的格式填写，信息量有限，所以在你决定约见一个求职者进行面试之前，简历往往不能使你获得你所需要的甄别信息。而素质测评的应用可以为企业解决这一难题。求职者可以在测评频道进行测试，然后自动生成一份测评报告，它可以在招聘者花费大量宝贵的面试时间之前，就能让他们洞悉每一个求职者的整体素质。这样可以为他们节省大量的时间，提高招聘的效率。

3.6.3 实训所需条件

1. 实训时间

本项目实训以 4 课时为宜。

2. 实训地点

多媒体教室。

3. 实训所需材料

实训材料一：3.5.3 章节中宝洁公司的相关材料。
实训材料二：学生自行收集宝洁公司的其他相关资料。

3.6.4　实训内容与要求

1. 实训内容

宝洁公司需要招聘一位负责薪资模块的人力资源管理专员，请设计一套网络招聘计划。

2. 实训要求

要求学生掌握网络招聘的流程及要点，并根据所学知识为其招聘岗位设计一套网络招聘计划。

要求教师在实训过程中做好组织工作，给予学生必要的、合理的指导，使学生加深对理论知识的理解，提高实际分析、操作能力。

3.6.5　实训组织方法与步骤

第一步，学生做好课前准备，了解薪酬专员的职位要求，结合宝洁公司的特点确定薪酬专员的招聘要求。

第二步，对学生进行分组，每组 5~7 人。

第三步，选择招聘消息发布的网站（不同的招聘网站有不同的适用人群，选择招聘网站时要提前了解）。

第四步，根据拟招聘职位编写招聘内容（突出重点，有吸引力）。

第五步，确定搜寻简历（收到投递简历）后如何联系应聘者面试，选择面试方式。

第六步，进行成本预算。

第七步，形成可行的招聘计划，并准备展示。

第八步，以小组为单位进行课堂展示，并由教师适时讲评。

第九步，撰写实训报告。

3.6.6　实训报告

实训结束以后，每位学生必须撰写实训报告，要求在实训报告中阐明相关理论依据以及相关的分析，主要内容参考前文中表 1-1。考虑到需要撰写大量的文字，实训报告可以在实训结束后 2 天内完成，由组长收齐后上交指导教师。

3.6.7 实训考核方法

1. 成绩划分标准

实训成绩按照优秀、良好、中等、及格和不及格五个等级评定。

2. 成绩评定标准

（1）是否结合宝洁公司的公司特点准确分析薪酬专员的岗位要求。
（2）是否选择了恰当的招聘信息发布渠道。
（3）编制的招聘广告是否重点突出，条理清晰，生动有趣。
（4）对于招聘流程是否有整体的把控。
（5）招聘计划书是否科学、可行。
（6）是否在小组讨论中充分参与、积极投入，体现出良好的团队协作精神。
（7）是否记录了完整的实训内容，规范地完成实训报告，做到文字简练、准确，叙述通畅、清晰。
（8）课堂模拟、讨论、分析占总成绩的30%，招聘计划和实训报告占总成绩的70%。

3.6.8 实训拓展与提高

网络时代企业人力资源管理的新企业发展策略

1. 转变人力资源管理思维

企业应重视网络对人力资源管理的影响，积极转变人力资源管理思维，更新人力资源管理理念。为此，企业在人力资源管理过程中应使用信息技术制定人力资源战略规划，并重视网络环境对人力资源的影响，制定符合网络时代发展的人力资源战略规划，使企业的人力资源管理与网络时代发展相适应。另外，企业的人力资源管理应积极更新用人观念，不仅要重视人力资源的使用，还要重视人力资源的培养工作，积极推行员工培训制度，不断提高人力资源的整体素质。

2. 拓宽人力资源管理视野

在网络时代，企业的人力资源管理应重视本地化发展和全球化发展的结合。这是因为，互联网加快了经济全球化的进程，突破了经济贸易中的空间限制，将企业的市场竞争扩展到全球范围。而在全球市场竞争中，企业为了提高竞争优势必须更加关心国际人力资源的发展动态与发展规律，提高人力资源管理全球性变化的灵敏性。另外，由于国际贸易需要面对不同国家的文化和社会背景差异，必须重视人力资源的文化适应性。为此，企业在国际贸易的过程中应尽量引进当地的人力资源，便于企业对当地市场的快速融入。

3. 变革人力资源管理职能资源

在网络时代,企业的人力资源管理应重视人力资源业务的外包和企业员工的成长。这是因为,网络的发展将人力资源管理上升到了企业的战略地位,企业为提高管理效率必须重视人力资源管理的优化,将一些非核心的人力资源管理项目进行外包,减少企业内部人力资源管理部门的工作压力,将人力资源管理部门人员的精力集中在核心任务上,提高管理效率。另外,企业人力资源管理应重视员工的成长,将员工成长作为人力资源管理的重要目标,积极开展员工培训和员工教育,不断提高员工的业务能力,促进员工的职业发展。

4. 改变人力资源管理战略

在网络时代,企业的人才争夺越来越激烈。很多企业都将技术性人才和业务骨干人才的培养作为人力资源管理的主要目标。在这种情况下,一味提高人才待遇的策略很容易被其他企业模仿,提高人力资源管理的成本。因此,企业应积极改变人力资源管理战略,树立品牌形象,提高人才的工作意愿。为此,企业应深入了解本企业产品品牌的内涵,建立与产品品牌内涵相符合的雇主品牌形象。另外,企业领导人需要对员工的工作予以承诺,保证员工每天的工作都有意义,并加快企业文化建设,为员工提供良好的文化氛围,鼓励员工积极向上,使员工能够在工作中实现持续进步和发展。同时,企业领导人应加强对潜在人才的信息传播,深化人才对企业雇主品牌形象的认识,提高企业雇主品牌形象对人才的吸引力。

第 4 章

人力资源选拔

4.1 简 历 分 析

4.1.1 实训目的

通过本次实训，要求学生了解简历分析的基本内容，掌握简历造假的常见手法，熟悉简历分析的程序，为企业进行有效的人力资源选拔打下基础。

4.1.2 基本知识要点

1. 简历造假的常见手法

简历造假是指应聘者在简历中故意加入不真实的信息，蒙蔽雇主，提高自己被聘用的概率。有关调查资料表明，常见的简历造假手法有以下几种。

（1）学历造假

常见的方法是冒充某学校四年制本科生，而实际上只是两年制或三年制的专科生，或只是参加了学位课程的学习，但并未拿到学位，也有普通学校毕业的学生冒充名牌院校毕业生，以获得更好的就业机会。

（2）省略聘用的时间或延长聘用的时间

省略聘用的时间或延长聘用的时间，其目的是给人留下连续聘用的印象，最典型的就是求职者在履历中，只写出每一次被聘用的起止年份，而不是月份，例如某人2002年1月离开甲公司，2003年12月才被另一公司录用，若按照实际情况则有两年的工作断档期，而若只呈报年份就会给人一种连续工作的错觉。

（3）夸大或谎称拥有专业知识和经验

在个人履历中经常会出现部门管理者、创造了巨额利润等字眼，若应聘者没有同时提供部门情况的信息、销售额或利润额的提高等支撑性的信息，就无从辨别其真伪，在正式面试得到考证之前，宁可信其无，不可信其有。

（4）咨询顾问烟雾

咨询顾问烟雾即求职者声称自己在某公司担任咨询顾问，若遇到这种情况，谨慎的做法是核实他曾经服务过的客户及服务情况。

（5）玩企业破产的把戏

声称企业破产的手法比较特殊，实际上只要向其查证原工作单位的服务时间就可以辨别真伪。

2. 识别证书真伪的方法

（1）观察法

有的假证书制作比较粗劣，如纸质不够硬、学校公章模糊、没有水印、钢印不清等，都可以通过肉眼识别，也可与真实证书进行对比。

（2）提问法

提问法即对应聘者提一些有关学校方面的问题，通过应聘者的现场反应来识别文凭的真伪，例如可以提问"你比较喜欢你们院哪一位老师的讲课""我有一位亲戚的孩子在你们系学生会任主席，你知道他的名字吗"等问题。

（3）核实法

当以上两种方法都无法确定文凭的真伪时，招聘方可以采用核实法，通过与文凭所在的学校的学籍管理部门取得联系，请他们协助调查，通常来说学校都会积极配合，这种方法虽然较为麻烦，但可以保证百分之百的准确率。

（4）上网查询法

上网查询法即根据证书的编号上网查询确认。另外，还要注意证件的发证机关，有些证件是国家承认的，而有些证件，只是参加一些培训班，考试合格而由培训机构颁发的，这些证件是不被国家承认的。

3. 简历分析和筛选流程

简历分析和筛选流程是人才甄选的第一步，该项工作的好坏直接关系到招聘到的人员的质量，其主要流程包括如下方面。

（1）将应聘者的材料分为两类：一类是客观内容，比如学习经历、工作经历、专业知识、技术经验等；另一类是主观内容，如个人兴趣、爱好、性格等。针对这两部分内容进行区别分析。

（2）忽略无法证实的主观内容，认真分析客观内容。将客观内容分为两类，即常规客观内容和关键客观内容。前者是指普通的客观内容，如中小学的学习经历、计算机的普通操作技能、普通的工作技能等；关键客观内容是指与待招聘岗位直接相关的内容，如与单位相关的知识、技术和工作经验等。

（3）对关键客观内容进行认真分析，估计材料的可信度，可以制作一份个人简历筛选调查表进行比较分析，分析的时候，主要考虑以下几个方面。

① 整体外观。主要看个人简历是否整洁，是否有褶皱，有无语法错误，个人履历的总体外观可以反映一个人做事的认真程度以及是否对招聘组织感兴趣。

② 整体布局。主要看个人简历的结构是否合乎逻辑，是否在兜圈子，是否写得明白清楚，是否容易找到招聘者需要的信息，还要看履历表的格式，包括写作风格是否前后一致，段落标点符号是否对齐，所用字体是否统一。这些因素能够反映出应聘者

的仔细程度和创造力。

③ 经验。这是简历表中最重要的部分。第一，招聘者应该看应聘者的事业进程是一步一个脚印，还是今天干这明天干那，前后毫无瓜葛。第二，应注意应聘者在某一职位任职的时间长短，对此并无绝对的好坏标准，因为太长或太短都会有双重的含义，只是视角不同而已。时间长可能意味着该应聘者忠诚，但也可能意味着他缺乏冒险精神和潜力。第三，应该注意应聘者曾经的工作职责和范围，以及取得的工作成就，当然不能被职务名称所糊弄，很多职务名称往往是有名无实或虚多于实。第四，审查简历中的逻辑性，观察虚假信息及潜在的危险信号，在工作经历和个人成绩方面要注意简历描述得是否有条理，是否符合逻辑，比如求职者曾经在著名组织和高级职位就职，而他所应聘的却是一个普通职位，这就需要引起注意。再者，有的求职者称自己在许多领域取得了不俗成绩，获得了很多证书，但从他的工作经历中分析很难有这样的条件和机会，这样的简历也要引起注意，如果能够断定在简历中有虚假成分存在，就可以直接将这些简历筛选掉。

④ 各种证书。证书是个人履历的附件，它可以真实可靠地反映一个人的水平，招聘者应当事先掌握各种识别假证书的方法，并能够熟练地运用各种方法辨别证书真伪。

⑤ 参加的组织和活动。此方面的信息，一方面可以使招聘者了解应聘者兴趣爱好的范围和深度，另一方面也可以看出这些兴趣爱好是否与其所应聘的工作岗位相契合。

⑥ 证明人。为了保证材料的可信度，应该向推荐人了解具体情况，常采用的方式有两种：一是要求推荐人具体描述，例如"你能否用一些具体的数字告诉我，该应聘者对公司最大的贡献是什么""除了做好本职工作外，该员工还做了其他的什么"，通过描述可以掌握应聘者的一些具体行为和工作业绩，有助于判断应聘者有没有工作积极性、进取心以及工作能力如何；二是要求推荐人明确判断，例如"如果评分范围是1~10分，你会给该应聘者的表现打几分"，这也是了解应聘者长处和短处的好方法。

（4）以最重要的指标对人才进行初步评选。在筛选简历时一定要注意最重要的指标，对人才进行初步评选，把人才分为三类，A类明显合格，B类基本合格，C类明显不合格，每个岗位一个数据包。如果最终A类人才已经充分，则可以不考虑别的人才，如果A类人才不够，则可以考虑在B类人才中挑选优秀的人才，A类和B类人才可以根据招聘的具体进度，进行适时调整。

（5）把握对简历的整体印象，通过阅读简历是否留下好的印象，另外标注简历中感觉不可信的地方以及感兴趣的地方，面试时可以询问应聘者。

4.1.3 实训所需条件

1. 实训时间

本实训项目以4课时为宜。

2. 实训地点

多媒体教室、本校人力资源管理部门。

3. 实训所需材料

本实训要求每位学生准备个人求职简历，可适当地加入虚假信息，以供小组和课堂讨论，练习鉴别简历真伪的方法。

4.1.4 实训内容与要求

1. 实训内容

（1）鉴别简历、证件的真伪。
（2）简历分析及其筛选的流程。

2. 实训要求

要求学生能够掌握并使用常见的鉴别简历及证件真伪的方法。

要求学生了解并熟练掌握简历分析及筛选的流程及方法。

要求教师在实训过程中做好组织工作，给予学生必要的、合理的指导，使学生加深对理论知识的理解，提高实际分析、操作能力。

4.1.5 实训组织方法与步骤

第一步，做好实训前准备，要求学生复习鉴别简历真伪的方法以及筛选简历的流程及方法。

第二步，对学生进行分组，每组5~7人，并选出组长。

第三步，以小组为单位，根据每位同学准备的简历，在小组内互相交流和讨论。

第四步，以小组为单位，每小组准备1~2份简历，在课堂上分享，由其他小组同学根据简历鉴别方法进行简历真伪鉴别，以此类推。

第五步，教师选择招聘广告，并给出10份简历，由学生根据简历筛选的方法进行筛选，最终选定3份简历作为面试候选人，记录筛选的理由和筛选方法，由教师随机挑选学生进行演示，其余学生观察并提出意见。

第六步，教师就各个小组的表现作出适时讲评。

第七步，撰写实训报告。

4.1.6 实训报告

实训结束以后，每位学生必须撰写实训报告，要求在实训报告中阐明相关理论依据以及相关的分析，主要内容参考前文中表1-1。考虑到需要撰写大量的文字，实训报告可以在实训结束后 2 天内完成,由组长收齐后上交指导教师。

4.1.7 实训考核方法

1. 成绩划分标准

实训成绩按照优秀、良好、中等、及格和不及格五个等级评定。

2. 成绩评定标准

(1)是否了解常见的履历造假方法。

(2)是否使用观察法、提问法、核实法等来识别求职者所提供证书的真伪。

(3)是否了解简历分析与筛选的正确流程。

(4)能够根据应聘者所提供的简历的外观、整体布局、证明人及所提供的证书等关键证据准确而迅速地进行简历分析与筛选。

(5)是否充分参与小组讨论,表现出良好的团队协作精神。

(6)实训报告是否记录了完整的实训过程,文字是否简练、清楚,结论是否明确,收获和体会是否客观。

(7)课堂参与讨论占总成绩的 70%,实训报告占总成绩的 30%。

4.1.8 实训拓展与提高

本项目实训拓展与提高材料如表 4-1 所示。

表 4-1 广州××材料科技股份有限公司求职申请表

编号:_____ 　　　　　　　　　　　填表日期:　　年　　月　　日

应聘	应聘职位	1.		2.	
	月薪要求		预计上班日期		

我保证以下情况全部属实。若有不实,我愿承担一切责任。同时授权公司对本人工作相关信息的真实性进行背景调查。

签名:　　　　　　年　　月　　日

	姓名		性别		出生年月		婚否	
	户口所在地						籍贯	

身份证号码		健康状况	
计算机能力		英语能力	
联系地址		联系电话	

	起止时间	院校及专业	学历	学校电话
所受教育培训				

续表

		单位 1	单位 2	单位 3
最近工作经历	起止时间			
	单位名称			
	主营产品			
	公司人数			
	汇报上司			
	公司电话			
	本人职务			
	工作内容			
	离职原因			

本表格由广州××材料科技股份有限公司人力资源部提供。

4.2 结构化面试

4.2.1 实训目的

通过本项目的实训，了解结构化面试的设计流程，熟悉结构化面试的提问技巧，掌握结构化面试的实施流程，为企业进行有效的人力资源选拔奠定基础。

4.2.2 基本知识要点

1. 结构化面试的概念

结构化面试又称标准化面试，它是指面试前将面试所涉及的内容、试题评分标准、评分方法、分数等一系列的问题进行系统的结构化设计的面试方式。结构化面试的一个基本要求，是对报考相同职位的应聘者，测试相同的面试题目，使用相同的评价标准，考官根据应聘者的应答表现，对其相关能力素质作出相应的评价。

2. 结构化面试前的准备

结构化面试的基本要求是对同类应聘者使用同样的语气和措辞，按同样的顺序，问同样的问题，使用同样的标准评分，问题的结构就是招聘岗位所需要的人员素质结构，面试前应做的准备工作包括以下几个方面。

（1）分析应聘岗位对应聘者的素质要求，进行人员招聘的目的是及时弥补岗位的空缺，满足企业发展的需要，其最直接的目标是获得该岗位所需要的人，因此对岗位的分析尤其重要。要根据工作说明书，对从事该岗位工作的人员所必备的一般要求、生理要求和心理要求给予充分说明。一般要求包括年龄、性别、学历、工作经验等；生理要求包括健康状况、力量与身体的灵活性等；心理要求包括观察能力、集中能力、记忆能力、学习能力、解决问题能力、数学计算能力、语言表达能力、性格、气质、态度等。经过分析，确定各个待招聘岗位对应聘者的基本素质要求，并确定这些素质要求的相对重要性。

（2）确定录用标准，设计面试问题。在岗位分析与素质要求的基础上，确定录用应聘者的基本标准，所谓基本标准也就是应聘者必须具备的、主要的素质要求。根据录用基本标准设计面试问题，要求这些问题必须覆盖应聘岗位所必需的主要的素质要求，通过对应聘者答案的分析，能明确地了解应聘者与本岗位的适应度。

（3）合理安排问题的顺序，并确定由谁提问。完成问题的设计之后应对问题进行排列，排列的原则是先易后难，循序渐进，先熟悉后生疏，先具体后抽象，从应聘者能够遇到的问题出发，让其逐渐适应，展开思路，进入角色，此外把问题列出给特定的考官，由合适的人提出合适的问题，以免面试提问次序混乱。

（4）确定考官的组成，并明确面试人员的协作分工。面试考官不是随意拼凑的，而是根据岗位需要，按专业职务，甚至年龄性别按一定比例选择7~9名考官组成面试组，其中指定一名主考官。一般来说，参与面试的人员，包括人力资源部的人员、用人部门的人员，有时还需要顾问专家的加入，人力资源部的人员负责工作经历、学习经历、薪资福利要求、求职动机等一般事项的考察，用人部门的人员负责技能、知识、工作经验等专业业务方面的考察，顾问专家组针对特殊项目进行考察。

（5）明确评分标准和评分人，设计规范的评分卷。规定了特定的提问，考官当然就得赋予其一定的权力，在提问的问题上，该考官就有绝对的决定权，首先对于常识性的问题，一般只存在正确与否，那么可以安排一名非专业考官进行提问，各位考官的打分都有相同的权重，而对于专业性的问题则应该由专业资深的考官提问，并赋予其较高的权重，当然也可以就专业问题直接由专业考官打分。如果有多名考官进行评分，评分就应当有一定的合理性，避免出现其他考官陪考的现象，从而使面试失去公平公正性，当然具体的权重由具体的面试要求所决定。另外，赋予每个问题的分值应当合理，可以采用十分制，也可以按五段分值1、3、5、7、9计分，这样有利于应聘者档次的拉开，便于最终录用。最后在评分表设计上要有规范的格式和明确的说明，让考官明确自己在某个阶段的具体行动和某个问题上的决策权重，并在规定的打分栏后留有空余，给予考官对应聘者回答进行记录以及补充对某些问题的个人看法，便于面试的评估总结或再次面试。

（6）面试材料要准备充分，面试时间要合理确定。应事先准备的面试材料包括：应聘者的简历表、结构化问题表、面试评分表、面试程序表等。一般来讲，每个应试者都会有些应对面试的心理准备，而他们的心理警觉期在20~30分钟，如果超过这个时间段，人的心理警惕度会降低，因此面试时间较长，对发现问题比较有利，每人每次的面试时间可安排在连续30分钟以上，如果可能的话，安排几轮面试，面试人员能够充分获取应聘者的真实信息，当然不能过于增加面试的成本。

（7）对面试人员进行必要的培训。许多研究者认为称职的面试人员是通过经验的积累而产生的，但是在有经验的面试人员之间，对面试结果也常常会出现争议，这表现了面试结果的不一致性和主观性，而对面试人员进行培训是减少偏差的有效途径。对面试人员培训的重点应放在：改善受训人员的提问技巧、面试的组织、提供支持，建立和谐的关系、倾听的技巧以及掌握相关资料的能力，各种实践手段、讨论、演示、反馈能力。经过培训后，可以把这些差异限制在最低限度，从而提高面试的可靠性和有效性，使偏见和误差出现的可能性降到最小。

3. 结构化面试的提问技巧

面试官既是面试的召集者，也是面试的主持者，提问的方式以及问题决定了从应聘者那里可以得到什么样的资料或多少资料。一般来说，面试官应用如下一些提问技巧，以把握面试的方向和影响面试的进程。

（1）开放式提问。开放式提问即让应聘者自由发表意见或看法，让其具有更多的发挥余地，从而有利于深入地了解应聘者的能力与潜力。开放式提问又分为无限开放式和有限开放式。无线开放式提问没有特定的答复范围，引导应聘者详细描述自己的工作经历、技能、成果、工作动机等，例如"请谈谈你的工作经验"等问题。有限开放式提问，要求应聘者的回答在一定范围内进行，或是对回答问题的方向有所限制，面试应尽量避免使用肯定或否定式提问。

（2）封闭式提问。封闭式提问即让应聘者对某一问题作出明确的答复，例如"曾干过秘书工作吗""你认为这件事这样处理对吗""你有管理方面的经验吗"，这类答案一般为是或否。

（3）清单式提问。清单式提问即鼓励应聘者从多个角度进行阐述，以获取应聘者决策和思维分析等多方面的能力，例如"您认为销售额下降是什么原因造成的"。

（4）比较式提问。比较式提问即面试考官要求应聘者对两个或更多的事物进行比较分析，以了解应聘者个人品质、工作动机、工作能力与潜力，比如"如果现在同时有一个晋升机会和培训机会，你当如何选择"，"在以往的工作经验中，你认为你最成功的地方是什么"等等。

（5）举例式提问。举例式提问是面试的一项核心技巧，又称为行为描述面试，面试考官在考察应聘者的工作能力、工作经验时，可以对应聘者过去工作行为中特定的例子加以询问，例如"过去半年中你所建立的最有困难的客户关系是什么""当时你面临的主要问题是什么？你是怎样分析的？采取什么措施？效果怎样"等，从而能较全面地考察一个人。当应聘者回答问题时，面试考官可通过应聘者解决某个问题或完成某项任务所采取的方法和措施，辨别应聘者所谈问题的真假，了解应聘者解决问题的实际能力。

（6）假设式提问。假设式提问即鼓励应聘者从不同角度思考问题，发挥应聘者的想象力，以探求应聘者的态度和观点，例如"如果你遇到这样的客户，你会怎样处理呢"等。

（7）重复式提问。重复式提问即让应聘者从不同的角度知道面试考官接收到了应聘者的信息，检验获取信息的准确性，例如"你是说……""如果我理解正确的话，你说的意思是……"等。

（8）确认式提问。确认式提问即鼓励应聘者继续与面试考官交流，表达出对信息的关心和理解，例如"我明白你的意思，你这种想法很好"等。

（9）客观评价式提问。客观评价式提问面试考官有意让应聘者介绍自己的情况，从而客观地对自己的优缺点进行评价，或以曾经在面试考官身上发生的某些事情为例，以此引导应聘者毫无戒备地回答有关敏感问题，借此对应聘者进行更加深刻的了解，例如"世上没有十全十美的人，比如说，我在处理突发事件时就容易冲动，今后有待于进一步改善。那你觉得你在哪些方面需要改进呢"等。

4. 结构化面试的五个阶段

结构化面试的过程一般经历建立融洽关系、介绍、核心、确认和结束五个阶段。

（1）建立融洽关系阶段。该阶段约占整个面试时间的2%，虽然短暂却十分重要，确定了其余面试部分的基调，该阶段的目标是帮助应聘者放松心情，公开地谈论一遍自己，考官对他的工作适应能力作出判断。提出一些随意的不针对工作相关话题的封闭式问题，就可以达到目的。

（2）介绍阶段。该阶段约占整个面试时间的 3%，其主要目的有两个：一是避免在面试刚开始即将候选人置于焦点位置，生出突兀惶恐之感；二是使候选人对该次面试的主题基调范围有一个大体的了解。要达到此目的，最好提出 2~3 个开放式问题。在此阶段提出治理问题效果最佳，这是因为应聘者可以开口说话并进一步放松心情，而考官可以积极倾听他们的回答，作出初步的判断。

（3）核心阶段。这是整个面试中的实质性阶段，此阶段考官将根据工作要求和职责规定，收集有关应聘者的四项能力，即技术能力、知识水平、行为能力和人际交往能力的全部有关信息。该阶段约占整个面试时间的85%，其中65%用来提出素质考核问题，20%的时间留给其余问题，比如封闭式问题、开放式问题、举例式问题和假设式问题。在此过程中应当注意以下几项。

① 面试考官应明确面试的目的是了解应聘者，不要暴露自己的观点情绪，不要让对方知道你的倾向，要当一个耐心的听众，而非讲述的主角，尽量不要打断应聘者的回答，使其能够完整陈述。

② 面试的问题越直接越好，每个问题有始有终，并给应聘者一定的考虑时间，如果面试中出现卡壳，应当适时加以引导，使之顺利进行。

③ 面试中不仅要看应聘者怎么回答，而且要通过观察应聘者的反应，了解其内在的各种素质，要关注其身体语言，如面部表情、眼神姿势、说话的声调、举止等，从中看出应聘者的个性、诚实度、自信心等。

④ 要能够控制住面试的局面，防止偏离主题、漫无目的的闲聊。

⑤ 面试考官在提问时，应对求职者的回答采取开明接受的态度，定期发出信号，如点头微笑等，以表明对求职者的谈话很感兴趣，面试考官还应控制面试的进度，确保在合理的时间内回答问题，在有必要了解具体情况时，可让求职者做出详细的描述。

⑥ 面试考官应提供有关组织和工作的恰当信息，一般在求职者的必要信息已全部收集后进行，包含积极和消极的信息。面试考官应诚实地回答求职者所提及的关于组织和工作的任何问题，这将有助于选聘过程的双向选择。

（4）确认阶段。该阶段给面试考官一个核实应聘者工作水平的机会，在此阶段不应再引入任何新话题。确认阶段约占整个面试时间的 5%，应提一些开放式和封闭式问题，前者比例略大一些，偶尔也可以提一个素质考核问题。

（5）结束阶段。此阶段是面试的"最后机会"阶段，面试考官要确保他的提问涉及了作出聘任决定所需的全部信息，而应聘者则要抓住最后一个展示自己的机会，该阶段约占整个面试时间的 5%，可以适当提一些素质考核的问题。

5. 结构化面试的一般步骤

（1）对进入面试的应聘者讲解本次面试的整体计划安排及注意事项，比如，应聘者在面试前不能与已面试过的应聘者交流，否则就相当于泄题，因为同一职位者的面试问题很有可能完全是相同的。鉴于此，应聘者在候考室等待面试时，不许使用手机等通信工具，也不允许在外面随便走动。

（2）以抽签的方式确定应聘者面试顺序，并依次登记考号、姓名，在录用面试中，形式上的公平性与内容上的公平性同样重要，甚至形式上的公平性或许更令人关注，因为形式的公平与否，人们容易看到，面试顺序往往由应聘者本人在面试开始前抽签决定，以确保面试的公平性和公正性。

（3）面试开始，由监考人员或考务人员依次带领应聘者进入考场，并通知下一名候考人准备。

（4）每次面试一人，面试程序为：首先由主考官宣读面试指导语，然后由主考官或其他考官按事先的分工，请应聘者按要求回答有关问题，根据应聘者的回答情况，其他考官可以进行适度的提问；各考官独立在评分表上按不同的要素给应聘者打分。向每个应聘者提出的问题一般以 6~7 个为宜，每个应聘者的面试时间通常控制在 30 分钟左右。在结构化面试过程中，要正确运用五个阶段的时间。

（5）面试结束，主考官宣布应聘者退席，由考务人员收集每位考官手中的面试评分表交给计分员，计分员在监督员的监督下统计面试成绩，并填入应聘者结构化面试成绩汇总表。在按照工作所需要的每一属性来评价应聘者时，不仅要比较总体的得分，还应关注属性是否具有可补偿性，也就是说有时某类属性的高分可以补偿另一种属性的低分，有时某一方面的精通熟练，并不能弥补另一方面的不足，例如缺乏与人沟通协调的能力，足可以取消候选人的申请资格，而不管其他能力如何。

（6）记分员、监督员、主考官依次在面试成绩汇总表上签字，结构化面试结束。

4.2.3 实训所需条件

1. 实训时间

本项目实训以 2 课时为宜。

2. 实训地点

多媒体教室。

3. 实训所需材料

实训前做好角色分工,考官准备结构化面试的相关问题,应聘者准备个人简历。

4.2.4 实训内容与要求

1. 实训内容

① 结构化面试问题拟定和结构化面试方法程序的应用。
② 结构化面试的提问技巧训练。

2. 实训要求

要求学生能够拟定结构化面试的基本问题,了解和熟悉结构化面试的流程。
要求学生能够熟练掌握并运用结构化面试的提问技巧,组织结构化面试。
要求教师在实训过程中做好组织工作,给予学生必要的、合理的指导,使学生加深对理论知识的理解,提高实际分析、操作的能力。

4.2.5 实训组织方法与步骤

第一步,实训前做好准备,复习并熟练掌握有关结构化面试的方法与技巧。
第二步,对学生进行分组,每组 5~7 人,并选出组长。
第三步,以小组(3~5 人)为单位,分别进行结构化面试各个阶段试题的拟定,并注意做好记录。
第四步,执行实训项目,选择面试考官,并在事先准备的面试场所进行面试并作记录。
第五步,教师对每位面试考官的面试技巧和临场表现进行评价。
第六步,撰写实训报告。

4.2.6 实训报告

实训结束以后,每位学生必须撰写实训报告,要求在实训报告中阐明相关理论依据以及相关的分析,主要内容参考前文中表 1-1。考虑到需要撰写大量的文字,实训报告可以在实训结束后 2 天内完成,由组长收齐后上交指导教师。

4.2.7 实训考核方法

1. 成绩划分标准

实训成绩按照优秀、良好、中等、及格和不及格五个等级评定。

2. 成绩评定标准

（1）是否了解什么是结构化面试，是否能够与非结构化面试作出区别。

（2）是否了解开展结构化面试之前，要做哪些准备工作。

（3）是否了解在进行结构化面试时，应注意使用哪些发问的技巧。

（4）是否了解结构化面试要经历哪五个阶段，在各个阶段各自应该做些什么？及注意些什么。

（5）是否在小组讨论中积极参与，表现出良好的团队协作精神。

（6）实训报告是否记录了完整的实训过程，文字是否简练清楚，结论是否明确，收获体会是否客观。

（7）课堂表现占总成绩的80%，实训报告占总成绩的20%。

4.2.8 实训拓展与提高

本项目实训拓展与提高材料如表4-2所示。

表4-2 面试通知单

_____先生/女士：

您好！

首先感谢您对本企业的信任和大力支持。

经过初次接触，我们认为您基本具备加盟本企业的能力，因此特别通知您于以下时间、地点到本企业进行正式面试，具体要求如下。

面试时间	年　月　日（星期　）午　时　分		
面试地点		面试时限	小时　分钟
行车路线			
个人准备	1. 携带个人身份证及复印件、学历证书及复印件、职称证书及复印件。 2. 资格证书及复印件、获奖证书及复印件。 3. 个人一寸免冠彩色照片一张。 4. 男士着装要求： 5. 女士着装要求：		

单位名称：（盖章）　　　　　　　　　　　　　　　　　　　　年　月　日

4.3 无领导小组讨论

4.3.1 实训目的

通过本项目实训，了解无领导小组讨论测试的目的和流程，熟悉无领导小组讨论测试题目的设计，从而进行有效的人力资源选拔。

4.3.2 基本知识要点

1. 无领导小组讨论的概念

无领导小组讨论是评价中心技术中常使用的一种测评技术。其采用情境模拟的方式对应试者进行集体面试，它通过给一组应试者（一般是5~7人）一个与工作相关的问题，让应试者进行一定时间（一般是1小时左右）的讨论，来检验应试者的组织协调能力、口头表达能力、辩论能力、说服能力、情绪稳定性、处理人际关系的技巧、非言语沟通能力(如面部表情、身体姿势、语调、语速和手势)等各个方面的能力和素质，是否达到拟任岗位的用人要求，其自信程度、进取心、责任心和灵活性等个性特点与行为风格是否符合拟任岗位的团队气氛，由此来综合评价应试者的优劣。

在无领导小组讨论中，或者不给应试者制定特别的角色（不定角色的无领导小组讨论），或者只给每个应试者制定一个彼此平等的角色（定角色的无领导小组讨论），但都不指定谁是领导，也不指定每个应试者应该坐在哪个位置，而是让所有应试者自行安排、自行组织，评价者只是通过安排应试者的活动，观察每位应试者的表现，来对应试者进行评价，这也是无领导小组讨论名称的由来。

无领导小组讨论，主要测试应试者的论辩能力，其中既包括对法律、法规、政策的理解和运用能力，也包括对拟讨论题目的理解能力、发言提纲的写作能力、逻辑思维能力、语言说服能力、应变能力、组织协调能力的考评。

在评价中心技术中，用于评估和选拔管理人员的情境模拟有两种：一是小组作业，即参与者处于这样一种情境，任务的圆满完成需要参与者的密切协作；二是个人作业，即测试要求参与者独立完成任务。无领导小组讨论属于小组作业，是评价中心中常用的一种技术，也是一种对应试者进行集体测试的方法。

2. 无领导小组讨论的评价标准

一般而言，在无领导小组讨论中，考官评价依据的标准主要有以下几点。

（1）参与有效发言次数的多少。

（2）是否善于提出新的见解和方案。

（3）是否敢于发表不同的意见，支持或肯定别人的意见，在坚持自己的正确意见基础上，依据别人的意见发表自己的观点。

（4）是否善于消除紧张气氛，说服别人，调解争议，创造一个使不大开口的人，也想发言的气氛，把众人的意见引向一致。

（5）能否倾听别人的意见，是否尊重他人，是否侵犯他人发言权。

（6）语言表达能力如何，分析、概括和归纳总结不同意见的能力如何，发言的主动性、反应的灵敏性如何等。

3. 无领导小组讨论的程序

（1）讨论前事先分好组，一般每个讨论组以 6~8 人为宜。

（2）考场按易于讨论的方式设置，一般采用圆桌会议室，面试考官席设在考场四边或集中一边，以利于观察为宜。

（3）应试者落座后，监考人员为每个应试者发空白纸若干张，供草拟讨论提纲使用。

（4）主考官应向应试者讲解无领导小组讨论的要求，并宣读讨论题。

（5）给应试者 5~10 分钟准备时间，构思讨论发言提纲。

（6）主考官宣布讨论开始，依照考号顺序每人阐述观点，依次发言结束后开始自由讨论。

（7）各面试考官只观察并依据评分标准为每位应试者打分，但不参与讨论或给予任何形式的诱导。

（8）无领导小组讨论一般以 40~60 分钟为宜，主考官依据讨论情况控制时间。宣布讨论结束后，收回应试者的讨论发言提纲，同时收回各考官评分成绩单，考生退场。

（9）记分员计算出平均分和最后得分，主考官在成绩单上签字。

4.3.3　实训所需条件

1. 实训时间

本项目实训以 2 课时为宜。

2. 实训地点

多媒体教室。

3. 实训所需材料

教师事先准备好讨论题目和评价用表。

4.3.4　实训内容与要求

1. 实训内容

学生模拟运用无领导小组讨论的方法选拔应聘者。

2. 实训要求

要求参加实训的学生掌握无领导小组讨论的方法、程序和人员选择的判定标准。要求教师在实训过程中做好组织工作，给予学生必要的、合理的指导，使学生加深对理论知识的理解，提高实际分析、操作的能力。

4.3.5 实训组织方法与步骤

第一步，做好实训前准备，复习并熟练掌握无领导小组讨论的流程、方法与技巧。

第二步，对小组进行分组，5~7人一组，并选出组长。

第三步，指导教师给学生提供事先准备的讨论题目和评价用表，应试者了解试题，独立思考，列出发言提纲，一般讲述5分钟左右。

第四步，以小组为单位，应试者围绕题目轮流发言，阐述自己的观点。

第五步，应试者交叉辩论，继续阐述自己的观点，或对别人的观点提出不同的意见，并最终得出小组的一致意见。

第六步，教师对学生表现作出适时讲评。

第七步，撰写实训报告。

4.3.6 实训报告

实训结束以后，每位学生必须撰写实训报告，要求在实训报告中阐明相关理论依据以及相关的分析，主要内容参考前文中表1-1。考虑到需要撰写大量的文字，实训报告可以在实训结束后2天内完成，由组长收齐后上交指导老师。

4.3.7 实训考核方法

1. 成绩划分标准

实训成绩按照优秀、良好、中等、及格和不及格五个等级评定。

2. 成绩评定标准

（1）是否了解什么是无领导小组讨论法，是否了解无领导小组讨论主要考察应聘者哪些关键素质。

（2）是否了解无领导小组讨论的具体实施方法。

（3）是否了解可以通过哪几种标准判断应聘者在无领导小组讨论中的表现。

（4）能否说明无领导小组讨论所应遵循的程序。

（5）是否在小组讨论中积极参与，表现出良好的团队协作精神。

（6）课堂表现占总成绩的80%，实训报告占总成绩的20%。

4.3.8 实训拓展与提高

本项目实训拓展与提高材料如表4-3所示。

表 4-3 无领导小组讨论评价表

素质得分	成员 1	成员 2	成员 3	成员 4	成员 5
仪容仪表（5）					
口头表达能力（10）					
发言主动性（15）					
发言说服力与引导性（25）					
应变沟通能力（20）					
创新思维（15）					
组织协调能力（10）					
总分					

4.4 公文筐测验

4.4.1 实训目的

通过本实训项目，使学生了解公文筐测验的目的和流程，熟悉公文筐测验题目的设计，从而进行有效的人力资源选拔。

4.4.2 基本知识要点

1. 公文筐测验的概念

公文筐测验通常又叫公文处理测验，是评价中心最常用、最核心的技术之一。公文筐测验是情境模拟测试的一项，通常用于管理人员的选拔、考察及授权。其一般做法是让应试者在限定时间（通常为 1~3 小时内）处理事务记录、函电、报告、声明、请示及有关材料等文件，内容涉及人事、资金、财务、工作程序等方面。一般只给日历、背景介绍、测验提示和纸笔，应试者在没有旁人协助的情况下，回复函电、拟写指示，作出决定以及安排会议。评分除了看书面结果外，还要求应试者对其问题处理方式作出解释，根据其思维过程予以评分。

2. 公文筐测验的构成

公文筐测验由测验材料和答题册两部分组成，以纸笔方式作答。

（1）测验材料

测验材料即提供给应试者的资料，可以各种表现形式出现，包括信函、备忘录、通知、报告、投诉信、财务报表、政府公函、账单等，测验中所用的材料共有十几份，每份材料上均标有编号，材料是随机摆放在公文筐中的，应试者在测验的各个阶段中要用到这些材料。

（2）答题册

答题册供应试者针对材料写处理意见或报告，是应试者唯一能写答案的地方，评分时只能根据答题册上的内容进行计分。答题册包括总指导语和各部分测验的指导语，它提供了完成测验所需的全部指导信息，完成各部分测验所需的指导语在各部分开始时给出。

3. 公文筐测验的设计

公文筐测验的设计必须紧紧抓住三个环节。

（1）工作分析

深入分析职位工作的特点，确定胜任该职位必须具备哪些知识、经验和能力。工作分析的方法可以是面谈法、现场观察法或问卷法，通过上述分析确定公文筐测验要测评什么要素，哪些要素可以得到充分测试，各个要素应占多大权重。

公文筐测验一般可以考察以下要素：书面表达能力及理解能力，计划能力，组织协调能力，洞察问题和判断、决策能力，任用授权能力，指导控制能力，岗位特殊素质，如法规条例知识等。

（2）文件设计

文件设计包括选择文件的种类，如信函、报表、备忘录、批示等，确定每份文件的内容，选定文件预设的情境等。文件数量较多，时间以 2~3 小时为宜；文件的签发方式及其行文规定可以忽略，但文件的行文方向（对上与对下、对内与对外等）应有所区别，特别要注意各个文件测评要素的设计。通常一份文件不同的处理可以体现不同的要求，对文件的处理方式要有所控制，确定好计分规则或计分标准，尽量避免某个要素同时得分和无法归于某一要素的情况出现。

整个公文筐测验的设计要特别注意两点。①测验材料难度的把握，目前国内对各个职位应具备何种程度的知识、经验和能力缺乏客观可靠的依据，难度的把握比较困难。材料过难，固然可以选拔到很好的人才，但大材小用，很难设想这个人会安心本职工作。材料过于容易，测验时会出现天花板效应，大家都得高分，区分不出应试者的能力大小。②材料真实性程度的把握。完全杜撰的材料，应试者可以根据一般知识推理，处理的结果没有针对性，看不出应试者的水平差异；完全真实的材料，过于偏重对经验的考察，忽视对潜能的考察，最后选拔到的人无疑是完全与招聘单位文化气氛相同的人，违背了引入外来人才给单位输入新鲜血液的本来目的，同时完全真实的材料是招聘考试本身对单位内部应试者和单位外部应试者的不公平，同样的能力水平内部应试者被录取的可能性更大，会给人留下"一切都是内定的，考试不过是走形式"的印象，这对真正想引进外部人才的单位尤其不利。

（3）测验评分

实施公文筐测验之后，评分一般由专家和具备该职位工作经验的人（一般是选拔职位的上级主管及人事组织部门的领导）进行。除了前面设计时要制定好评分标准外，更重要的是对评分者要进行培训，使评分者根据评分标准，而不是个人经验评分，评分的程序也要特别注意，可以考虑各自独立评分，然后交流评分结果，对评分差异各自申述理由后再独立进行第二次评分，最后将评分结果进行统计平均（评分者比较多时，可以去掉最高分和最低分），以平均分作为最后得分，有时在应试者答案不明确的情况下，需要质询应试者，根据其对处理方式的解释确定得分。

4. 公文筐测验的流程

公文筐测验通常是集体测验，在实施过程中需要做如下工作。

（1）公文筐测验的准备工作

准备工作主要指测验材料和测试场所的准备，给每个应试者的测试材料事先要编上序号，答题卷也要有相应的序号，实施前要注意清点核对。答卷纸主要由三部分内容构成：一是应试者的姓名、应聘单位和职位文件序号等；二是处理意见或处理措施、签名及处理时间；三是处理的理由。文件序号只是文件的标识，顺序不代表处理的顺序，允许应试者根据轻重缓急进行调整，但给所有应试者的文件顺序必须相同，以示公正。测试的场所要求比较宽敞安静，每人一桌一椅，相互之间互不干扰。为了保密，最好所有应试者在同一时间完成测试，如果文件内容涉及招聘单位内部的一些情况，测试前应对所有应试者提供培训，介绍相关情况，缩小内部应试者和外部应试者对职位熟悉程度的差别。

（2）公关测验的实施

主考官要对测验要求做简单介绍，说明注意事项；然后发给应试者测试指导语和答卷纸，回答应试者的提问，当应试者觉得没有问题后，再发测试用的文件，应试者人数比较少时，也可以一次将材料发给应试者，但要求应试者严格遵从主考官的要求，先看指导语，再看文件。测试指导语是测试情境、应试者扮演的角色、应试者任务和测试要求的说明，必须明确具体、一目了然。有时在初级人员的公文筐测验中，发给应试者指导语后，让应试者完成一个指导语的测验，强迫应试者熟悉理解指导语，这在文化水平低的群体中十分有用。在应试者正式进入文件处理后，一般不允许提问，除非是测验材料本身有问题。

（3）公文筐测验的评分

评分宜在应试者做完测试后立即进行，当有质询应试者的设计时特别应该如此。为求客观，可将应试者编号，由一个人将应试者的处理意见和处理理由念给所有评分者听，由各位评分者独立评分，为了保证评分的一致性，事前的评分者培训很重要，可以考虑对一部分的应试者或模拟应试者进行评分，考察各个评分者对标准的掌握及评分过程中存在的问题，待取得一致意见后再往下进行评分。可按序号逐一评定，也可以按文件内容分类评定，前一种方法可以对应试者的素质形成整体印象，后一种方法容易达成评分标准的一致性。

4.4.3 实训所需条件

1. 实训时间

本项目实训以 2 课时为宜。

2. 实训地点

多媒体教室。

3. 实训所需材料

背 景 材 料

AVE 公司成立于 1992 年 3 月，总部位于北京，其业务主要是向用户提供企业级的数据库管理产品，用户大都为需要频繁处理大量数据的金融、电信或提供公共服务的大型企业。为了方便管理，公司将全国市场划分为 8 个管理区域，并分别在上海、广州等一线城市以分公司的形式设立了区域管理中心。当前公司拥有员工约 900 人，其中近 500 人是技术人员。AVE 公司在国内主要的竞争对手是 PKD 公司，两家公司共占有国内 90%以上的市场份额。在过去，两家公司的竞争实力比较接近，占有的市场份额也相对稳定，差距不大。但是在最近 5 年，PKD 公司加快了产品研发速度，在产品的设计上更加注重不同行业的用户差异和用户体验，两家公司逐渐拉开了差距，当前 PKD 公司占有国内 60%左右的市场，而 AVE 公司的客户大量流失，只占有 30%左右的市场，利润也大幅下滑。随着公司业绩的不断下滑，AVE 公司的高层逐渐意识到，创新能力不足是公司竞争能力下降的主要原因，组织变革势在必行。半年前，为了改变公司的现状，董事会特地聘请了一位新的总经理栾义亭，他在本行业有着丰富的管理经验，将作为公司战略变革的主要推行者。公司的几位创业者(同时也是公司的股东、董事会成员)目前均不在公司担任具体的管理职位，几位副总经理分管技术与生产、财务、市场和行政，均是公司元老级的管理人员。董事会对新来的总经理的工作非常支持，多次要求公司的各级管理者尽可能配合栾总的工作。您(魏少杰)是该公司的人力资源部总监，直接主管是公司总经理栾义亭，您在公司总部有 5 位直接下属，分别是劳动关系经理、招聘经理、绩效经理、薪酬经理和培训经理，另外在 8 家分公司分别设有人力资源经理和助理各一名。现在是 2011 年 11 月 20 日下午 14：00，您刚刚参加完 3 天的封闭会议归来，到办公室处理累积下来的电子邮件和电话留言等信息文件，17：00 还有一个重要的会议需要您主持，因此您必须在 3 小时内处理好这些文件。在这 3 小时里没有任何人来打扰您。好，现在可以开始工作了，祝您一切顺利！

任务

请您查阅文件筐中的各种文件，并用如下文件处理列表作为样例，给出您对每份文件的处理思路，并做出书面表述。具体答题要求如下。

1. 请您给出处理问题的思路，并准确、详细地写出您将要采取的措施。

2. 在处理文件的过程中，请认真阅读情境和 10 份文件的内容，注意文件之间的相互联系。

3. 在处理每个具体文件时，请重点考虑以下内容。

（1）需要收集哪些资料；

（2）需要与哪些部门或人员进行沟通；

（3）需要您的下属做哪些工作；

（4）应采取何种具体处理办法；

（5）您在处理这些问题时的权限和责任。

4. 问题处理可能出现不同的结果，这种情况下要针对各种情况给出相应的处理方法。

处理列表示例

文件的处理列表

1. 许诺对方三日内给出答复。

2. 联系相关部门进行磋商，制定应对方案。

3. 将讨论的方案上报主管领导，等待上级批示。

【文件一】

类　别：电子邮件

来件人：柯丽琴——招聘经理

收件人：魏少杰——人力资源部总监

日　期：11 月 17 日

魏总：

我最近统计了截至今年 10 月的员工离职情况。虽然还没到年底总结汇报的时间，但我觉得情况比较严重，所以提前跟您汇报一下。公司近年来业务下滑，发展趋势不容乐观。员工的离职率，尤其是技术人员的离职率逐年增加，今年的情况格外严重，和去年同期相比，公司的总体离职率由 4%增至 8%，技术人员的离职率由 6%增至 12%，高级技术人员的离职率更是达到了历史的最高点，约为 15%。此外，公司工作 5 年以上的销售人员的离职率也明显上升。在离职访谈中，大部分离职人员都称是由于身体或家庭等方面的原因离职，但我觉得离职访谈的结果并不能代表真实情况。我们公司的技术专业性比较强，如果技术人员离职再就业，很有可能就去了 PKD 公司，我私下了解到的情况也确实如此，这对公司而言是双重打击。由于降低离职率涉及的因素很多，目前的情况也比较紧急，希望您尽快安排时间与我讨论此事。

【文件二】

类　别：电子邮件

来件人：唐林——培训经理

收件人：魏少杰——人力资源部总监

日　期：11 月 18 日

魏总：

前段时间我按您的指示组织了一次调查，发现大家普遍认为导致公司业务下滑的主要原因在技术研发上。我们的技术实力与竞争对手相比已经有了明显的差距，这几年我们在新产品开发上基本是被竞争对手牵着走，大都是在模仿，没有自己的特点。我觉得技术部门管理人员的管理方式保守是阻碍创新的一个重要因素，如果这些中层管理者在创新上都蹑手蹑脚，整个部门自然出不了什么成果。我觉得首先应该从培训上改变中层管理者的管理意识与管理模式，进而在绩效考核上增加创新和鼓励创新的考核指标。以上是我一些初步的想法，想听听您的意见，看是否有必要将这个想法方案化，如果您有时间，请随时与我联系。

【文件三】

类　　别：电话留言

来电人：肖玲堂——劳动关系主管

接收人：魏少杰——人力资源部总监

日　　期：11月20日

魏总：

上周我参加了市人力资源和社会保障局举办的劳动关系研讨会，在会上，我发现信息技术行业的很多公司都在与员工签订合同时加上了竞业限制条款。其实是否加入竞业限制条款，在公司内部也曾讨论过多次，但一直没有获得通过。鉴于目前公司员工离职率的不断上升，我认为应当尽快将竞业限制条款加入劳动合同中去。但哪些人应该加、怎么加还需要和您探讨。

【文件四】

类　　别：电话留言

来电人：刘凯——董事长

接收人：魏少杰——人力资源部总监

日　　期：11月20日

少杰：

前天董事会对高层的人事做了一点调整，从明年年初开始，高明将不再担任公司的技术与生产副总，只负责生产管理，但职位级别和工资待遇保持不变。技术副总的职位暂时由总经理栾少亨兼任，具体人选日后待定。此事董事会会在公司内部发通告，你配合栾总做好相应工作。高明在公司成立初期发挥过巨大作用，是非常尽职的管理人员，但目前来看他在公司的技术发展方向和领导能力方面已经不能满足公司的要求。你在处理此事时要尽量谨慎，回来后找个时间我们面谈一下。

4.4.4　实训内容与要求

1. 实训内容

（1）公文筐测验的设计。

（2）公文筐测验的应用。

2. 实训要求

要求学生了解并熟练掌握公文筐测验设计的环节和注意事项。

要求学生熟练掌握和运用公文筐测验的实施流程。

要求教师在实训过程中做好组织工作，给予学生必要的、合理的指导，使学生加深对理论知识的理解，提高实际分析、操作能力。

4.4.5 实训组织方法与步骤

第一步，做好实训前准备，掌握有关公文筐测验的流程和注意事项。

第二步，将学生分为若干个小组，每组5~7人，并选出组长。

第三步，每个小组选举出一名应试者和一名考官，班级选出一名主持人，模拟公文筐测验，教师将材料提前发给各个小组，各小组独立完成，提交答题册给主持人，主持人将答题册交由考官打分。

第四步，考官根据公文筐测验的内容打分，并对答题册存在的问题向应试者发问，应试者阐述自己的观点并回答考官提问。

第五步，教师对应聘者的面试技巧和临场表现，以及面试考官的面试技术作出讲评。

第六步，撰写实训报告。

4.4.6 实训报告

实训结束以后，每位学生必须撰写实训报告，要求在实训报告中阐明相关理论依据以及相关的分析，主要内容参考前文中表1-1。考虑到需要撰写大量的文字，实训报告可以在实训结束后2天内完成，由组长收齐后上交指导教师。

4.4.7 实训考核方法

1. 成绩划分标准

实训成绩按照优秀、良好、中等、及格和不及格五个等级评定。

2. 成绩评定标准

（1）能否解释什么是公文筐测验。

（2）能否解释公文筐测验由哪些内容构成。

（3）是否知道公文筐测验主要是用来考察应试者的哪些素质。

（4）是否清楚设计公文筐测验时应注意哪些问题。

（5）能否描述公文筐测验所应遵循的流程。

（6）是否在实训活动中积极参与，表现出良好的团队协作精神。

（7）实训报告是否记录了完整的实训过程，文字是否简练清楚，结论是否明确，收获体会是否客观。

（8）实训活动的表现占总成绩的 80%，实训报告占总成绩的 20%。

4.4.8 实训拓展与提高

本项目实训拓展与提高材料如表 4-4 所示。

表 4-4 公文筐测验评分表

被测人员编号		姓名		性别		
现任岗位/竞聘岗位		文化程度		年龄		
测评要素	胜任素质定义				满分	得分
统筹计划能力	1. 能够有条不紊地处理各种公文和信息资料，并根据信息的性质和轻重缓急，对信息进行分类处理 2. 在处理问题时，能提出及时、可行的解决方案，能系统地安排和分配工作，注意到不同信息之间的关系，有效地利用人、财、物和信息资源 3. 能确定正确的目标安排和实现目标的有效举措与行动步骤，制定有效的行动时间表				15	
洞察问题能力	能察觉问题的起因，把握相关问题的联系，归纳综合，形成正确的判断，预见问题可能产生的后果				10	
解决问题能力	能提出解决问题的有效措施并付诸实践，即使情况不明朗时也能及时果断地作出决策				10	
任用授权能力	1. 给下属分派与职责、专长相适应的任务 2. 给下属提供完成任务所必须的人、财、物的支持 3. 调动下属的力量，发挥下属的特长和潜能				20	
指导控制能力	给下属指明行动和努力的方向，适时地发起、促进或终止有关工作，维护组织机构的正常运转，监督、控制经费开支及其他资源				15	
组织协调能力	协调各项工作和下属的行动，使之成为有机的整体，按一定的原则要求，调节不同利益方的矛盾				15	
团结合作能力	理解、尊重下属，倾听下属意见，激发下属的积极性，帮助下属适应新的工作要求，重视并在可能条件下促进下属的个人发展				15	
合计					100	

测评人员评语：

签字： 日期：

4.5 管理游戏

4.5.1 实训目的

通过本次实训，使学生了解管理游戏面试法流程和注意事项，熟悉常见的管理游戏，了解其优缺点，以及在使用时的注意事项，从而进行有效的人力资源选拔。

4.5.2 基本知识要点

1. 管理游戏的含义

管理游戏测试是一种以游戏形式、以完成某项"实际工作任务"为目的的面试方法。通过管理游戏测试，可以考察应试者的综合管理能力。在这类活动中，小组成员各分配一定的任务，必须合作才能较好地完成。有时引入一些竞争因素，如三两个小组同时进行销售和市场占领。通过应试者完成任务过程中所表现出来的行为来测评应试者的素质。

虽然管理游戏面试法目前在国家机关各部门公开选拔党政领导干部中尚未正式采用，但这种面试形式是很有前途的，今后很可能会出现在考试之中。管理游戏可以多种多样，如生存训练、辩论赛等。比如有的管理者认为管理应该严谨，有的管理者认为管理应该有人情味。这时可以组织一个关于"管理应该严谨，还是有人情"的辩论赛。让认为管理应该严谨的管理者站在"管理应该有人情"一方，让认为管理应该有人情的管理者站在"管理应该严谨"一方，让双方用与自己传统观点相反的观念进行辩论。这样，在辩论结束时，大家都会发现自己不再像以前那么固执。

2. 管理游戏的优点及缺点

（1）管理游戏的优点

第一，它能突破实际工作情境时间与空间的限制。许多行为实际工作情形中也许要几个月甚至几年才会发生一次，而这里几小时内就可以发生。第二，它具有趣味性。由于它模拟内容真实感强、富有竞争性，又能使参与者马上获得客观的反馈信息，故能引起应试者的浓厚兴趣。第三，管理游戏能帮助应试者对错综复杂的组织内部各单位之间的相互关系有一个更加深刻的了解。

（2）管理游戏的缺点

管理游戏本身也存在某些缺点。比如，管理游戏可能会压抑某些应试者的开创性；在游戏中，应试者可能会专心于战胜对方从而忽略对所应掌握的一些管理技术的学习等。作为应试者，在做管理游戏时，既不要太紧张，也不要太随意。冷静思考，沉着应对，全身心投入，恰到好处地展示自己多方面才能。

3. 管理游戏面试形式的具体应用

（1）分拣跳棋子——企业在招聘员工时，为测试应聘者的手脚灵活程度，给每个应聘者放一堆跳棋子，要求其在1分钟内挑出混杂在一起的多种跳棋子，并按各色分别排列，如在规定的时间内没有按要求完成，即被淘汰。

（2）看图说话——招聘员工，需测试应聘者的反应能力，有的外企在转动的机器上装上彩色图画，画面上有动物、植物、建筑物、交通工具、家用电器，有山、有水等，在应聘者面前按一定的速度移过，要求应聘者在规定的时间内说出自己所看到的内容。

（3）分蛋糕——考官要求应聘者把一块蛋糕切成8份，分给8个人，但蛋糕盒里还必须留有一份。面对这样的怪题，有些应聘者绞尽脑汁也无法分成；而有的应聘者却感到此题实际很简单，把切成的8份蛋糕先拿出7份给7人，剩下的1份连蛋糕盒一起分给第8个人。应聘者的创造思维能力就显而易见了。

（4）顶着烈日长跑——测试应聘者的意志与吃苦耐劳精神，常是外企招聘面试要出的题。

4. 管理游戏面试形式的注意事项

（1）如果小组在规定的时间内游戏失败，那么整个小组的分数都不会高，因为这么简单的游戏大家都玩不好，只表明这组的组员协调能力太差。

（2）游戏中不要把其他考生看成竞争对手，其实所有考生的竞争对手只有一个，那就是坐在房间角落里的考官。在游戏的过程中切记不要火药味十足，非把其他考生"弄死"不可，这样带有"火药味"的考生，考官一般会给比较低的分数，因为单位需要的是较容易沟通的同事，而不是一个"火药筒"。

（3）在别人做游戏时，要始终保持一个好的态度，面带微笑地帮助正在忙碌的考生，并做好准备工作，即使对方玩得并不合你意。

（4）在辩驳对方的游戏操作时，首先要肯定对方操作中好的部分，然后再说不足。多说对方游戏操作的优点有两个好处：一是有利于打动对方从而接受你的观点；二是让对方产生一些不利于得到肯定的情绪，如骄傲。

（5）辩论一个问题时，往往会产生几组不同的意见，这个时候要记住先争取说服持不同意见的少数人群体。换言之，就是要先使坚持不同观点的少数群体同意你的观点，然后再联合这少数人去跟持不同观点的其他群体争论。这是一个由小积大的过程。

（6）当大家的观点很难融合时，要适时地做一些让步，即做一些中间联系人的工作。

4.5.3 实训所需条件

1. 实训时间

本实训以2课时为宜。

2. 实训地点

多媒体教室。

3. 实训所需材料

学生自行收集或开发各种管理游戏，并准备招聘中可能用到的各种材料。

4.5.4 实训内容与要求

1. 实训内容

学生运用管理游戏面试法进行一场面试选拔应聘者。

2. 实训要求

要求学生掌握管理游戏面试法的应用流程。

要求学生分组合作，组织一场管理游戏面试从中选出应聘者，并给出必要说明。

要求教师在实训过程中做好组织工作，给予学生必要的、合理的指导，使学生加深对理论知识的理解，提高实际分析、操作能力。

4.5.5 实训组织方法与步骤

第一步，做好实训前准备，要求学生掌握有关招聘的流程，寻找或开发管理游戏待用。

第二步，对学生进行分组，每组 5~7 人，选出组长，并选择本组作为招聘组或应聘组。

第三步，招聘组的成员确定招聘需求，运用所准备的管理游戏组织设计一场管理游戏面试，并发出面试邀请。

第四步，应聘组成员准备个人简历，并做好管理游戏面试的相关准备。

第五步，在课堂上，由招聘组和应聘组共同完成一场管理游戏面试。

第六步，招聘组给出录取名单，并作出必要说明。

第七步，针对学生的表现，由教师作出适时讲评。

第八步，撰写实训报告。

4.5.6 实训报告

实训结束以后，每位学生必须撰写实训报告，要求在实训报告中阐明相关理论依据以及相关的分析，主要内容参考前文中表 1-1。考虑到需要撰写大量的文字，实训报告可以在实训结束后 2 天内完成，由组长收齐后上交指导教师。

4.5.7 实训考核方法

1. 成绩划分标准

实训成绩按照优秀、良好、中等、及格和不及格五个等级评定。

2. 成绩评定标准

（1）是否做好实训前准备，掌握管理游戏面试法的特点和常见的管理游戏。

（2）招聘组组织的面试是否科学合理，进行管理游戏是否组织得当，是否能够有效考察应聘者素质。

（3）应聘组是否准备充分，在管理游戏中是否积极参与，表现得当。

（4）招聘结果是否合理，招聘组成员是否能够合理说明录用原因。

（5）在各自的准备工作阶段，是否团结协作，表现出良好的团队协作精神。

（6）课堂表现占总成绩的80%，实训报告占总成绩的20%。

4.5.8　实训拓展与提高

大企业案例：面试游戏怎么玩

（一）乱哄哄的 teamwork

普华永道有一轮面试是做一个"智力游戏"——假设要造一个长方体的高台，全组十几个人每人会拿到一张小纸条，上面写着各种信息：台子的长、宽、高，造高台用的砖头的长、宽、高，最后问你造这个高台需要用多少块砖头。考官可不会明明白白告诉你这些数据，而是大耍花样。比如说高台的长度是多少个 a，高度是多少个 b，1 个 a 又等于几个 b——每人的信息都是一鳞半爪，必须凑起来才能得出结果。另外，还有人拿到的信息是无用的，这就需要在讨论时"去伪存真"。

"不就是考 teamwork 嘛！"考官报题时，我旁边的一位暗自嘀咕。考官一说"开始"，马上就有五六个人抓起面前的记号笔冲上前去——先合力把书写白板搬到考官眼皮底下——这倒是蛮有"teamwork"的，接着就开始争着往白板上写自己掌握的信息。刚才那个"识破"考官的家伙居然冲在最前面。

谁都知道要团队合作，但问题是谁都想当团队里的头头：想脱颖而出，最省力的办法莫过于当领导！别人都冲上去了，我们几个慢了一拍的面面相觑，只好也加入战团。

一时间，大家七嘴八舌，每个人都在貌似和蔼地提出自认为最切中要害的"建议"："我们先算一下高台的体积吧。"这个一开口，马上就有人搭腔："还是先算砖头的体积吧，我们这边已经有两个条件了。"另一个冷静反驳："这道题的关键应该是单位换算，所以要先把这个理清爽！"好笑的是，那些拿到了垃圾信息的人不甘被冷落，一个劲地"提醒"："应该考虑一下，有没有不周到的地方，比如说我手里的这个条件……"

看大家互不相让，我插了一句："要不分成三组同时进行吧。"总算他们都无异议，于是在白板上划定"势力范围"，三方同时铺开进行。

整个过程中，考官一直架着二郎腿冷眼旁观。看得出，她并不十分满意。我们算到最后，发现少了一个关键条件，便去问她，反"吃"了一顿抢白："真的是我没给你们吗？这么乱哄哄的，别是自己漏掉了吧！"

最后我们组里有四五个人通过了这轮面试——最先冲上去的那几个，全落选了。

这类游戏主要考你的团队合作精神。你不能让自己默默无闻，但也不能过分表现。不做 leader 没关系，你可以做 organizer，适时说一句"时间不多，我们该进入下一个议题了"，也会给考官留下良好的印象。或者，大家都在争先恐后发言，你在一边"后发制人"想清了再说，一开口往往会很有分量。如果最后还有组员没发过言，就算很有见解，你也最好把机会留给别人。不用担心被埋没，你的这些举动，考官都会记在心里。

"现在，让我们做个游戏轻松一下吧"，当考官笑容可掬地向你发出邀请时，你可千万不要真的抱着做游戏的心态来应付。面试中的游戏，远比一本正经的询问有"杀伤力"。请你记住，游戏永远只是游戏，结果并不重要，重要的是你怎么跟考官来玩这个"游戏"……

（二）最后两分钟出洋相

玩过"扔鸡蛋"的游戏吗？这是联合利华商业夏令营的经典游戏，每年都会玩一遍。想进联合利华，只有考进它的商业夏令营，才有机会被它们选中。

那次，我们每组拿到 1 张 A4 白纸、1 个小小的透明塑料袋、1 小团棉花、十几根棉签和 1 卷胶纸。我们得在 20 分钟内利用这些工具，让鸡蛋从 1 米高处掉下来而不碎。手里有 3 只鸡蛋，也就是说，有 3 次机会——我们心知肚明，这个游戏其实就算是一次成功闯关也未必会被公司当宝贝，完不成任务大概就只能和联合利华说"byebye"了。

刚过 4 分钟，我们组就准备扔第一只鸡蛋了。我们把纸折成折扇状，铺在地上当缓冲垫，又把棉签、棉花和塑料袋用胶纸缠紧，把鸡蛋裹得严严实实。"一、二、三，放！"为了显示"teamwork"精神，大家还特意一起说这句"台词"。可惜"teamwork"的花架子没帮上忙，只听"啪"一声脆响，第一只鸡蛋就报销了。

当时并不怎么紧张，还有两次机会嘛。鸡蛋落地要不碎，只有让它不接触地面，所以……有了，我们先用纸把鸡蛋包起来，又把棉签横七竖八地粘到纸外——鸡蛋被我们包成个"刺猬"，落地时，是外面的"刺"先着地。这回粘棉签成了难题，粘得不好，"刺"就竖不起来，弄得我们手忙脚乱。考官在"适时"提醒："现在是第 13 分钟……"

第 15 分钟，"刺猬"终于成形了。鸡蛋落地时一声轻响，我们几个不由一阵欢呼……我心情轻松地打开层层包装——"哎呀"，鸡蛋黄流了我一手。

只剩 5 分钟了，怎么办？！我们一下子紧张起来。要命的是，我这人有个毛病，一紧张就想上厕所，刚好又喝了不少饮料……"要镇定，再忍几分钟就行了。"我一边念叨一边蹲下来，装作收拾散在地上的棉签，企图缓解一下"迫切"的情绪。没承想这种事情是越想越"迫切"，正蹲着发窘，同组一个女生指指我背后，抿嘴不语。顺着她的视线一看，我吓得"腾"一下站了起来：刚才蹲下来没注意，裙子腰上露了一圈"底"。

更夸张的事情还在后面，光顾着后腰，我站起来时正好撞上一个男生的下巴，他痛得"嗷"一声，手一松——最后一个鸡蛋，就这么提前"壮烈牺牲"。"××！"他呆瞪着脚下一摊黄黄白白，清清楚楚"迸"出来一句脏话……

这种游戏最有趣，也最考验人。其实，鸡蛋碎不碎并不重要，重要的是你的表现。尤其到最后关头还没有头绪时，你的本性会暴露无遗：急躁？冷静？指责他人？坚持合作？另外，你扔鸡蛋时的表现也很重要：手抖不抖，坚持在 1 米线以上扔还是想尽量放低一点……

参加汇丰银行倒数第二轮面试时,考官会告诉你经理生病了,你作为他的助手,要在两小时内看一叠材料,把事情按轻重缓急排个顺序。这是个难度颇高的游戏,按汇丰银行的说法,"参加面试的学生只有两类,'差'和'很差'"。

去年的题目是让你组织一次展览会,有安排展馆、接运货物等十几件琐碎的事情。像接运货物,汇丰银行不是直接告诉你细节,而是在材料中夹了几份传真:某家公司询问你要不要运货物;对方提出建议,如果由你派人到码头运货,可以节省一笔运费开支,等等。

做这个游戏时,不要犯方向性错误:试图按日期整理材料,那样你只会越来越糊涂。"差"的学生是像排扑克牌一样,按不同事件把材料归成一堆一堆,再作权衡即可。

(三)团队+智力游戏

毕马威在新人培训时做过"鲁滨孙漂流"的游戏。假设你是在海上漂流的鲁滨孙,手里有这几样东西:火柴、塑料布、镜子、食物、水和指南针。"现在你带不动那么多了,你最先扔哪样?最后保留哪样?"

(四)纯智力游戏

这类游戏往往有个"死穴",只要你够聪明就可以"一招毙敌"。

拣豆子。你面前一个碗里混放着红豆和绿豆,再给两个空碗,要求你在10分钟内把红豆拣到一个碗,把绿豆放进另一个碗。这个游戏的奥妙在于,考官故意多给了你一个碗,不要上当,直接挑出红豆放到一个空碗里,挑完了,原来的碗里就只有绿豆了。

4.6 录 用

4.6.1 实训目的

通过本次实训,详细了解人力资源录用的全过程,以及在录用的过程中,人力资源部门要做的所有工作。重点掌握录用通知书及辞谢通知书的组成要素以及撰写过程中要注意的问题。

4.6.2 基本知识要点

1. 录用决策的要素

(1)信息准确可靠

这里的信息包括应聘人员的原始信息和招聘过程中的现实信息,包括如下方面。

① 应聘人员的年龄、性别、毕业学校、专业、学习成绩。

② 应聘人员的工作经历,在原工作岗位上的业绩,原单位领导和同事的评价等。

③ 应聘过程中各种测试的成绩和评语。

(2)资料分析方法正确

① 注意对能力的分析。

② 注意对职业道德和品格的分析。
③ 注意对特长和潜力的分析。
④ 注意对个人社会资源的分析。
⑤ 注意对学历背景和成长背景的分析。
⑥ 注意对面试中现场表现的分析。
（3）招聘程序科学
（4）能力与岗位匹配

2. 录用决策的程序

（1）总结应聘者的信息
（2）分析录用决策的影响因素
① 是注重应聘者的潜能，还是根据组织的现有需要？
② 企业现有的薪酬水平与应聘者要求之间的差距如何？
③ 以应聘者目前对工作的适应度为准，还是以其将来的发展潜力为准？
④ 合格与不合格是否存在特殊要求？
⑤ 高于合格标准的人员是否在考虑范围之内？
（3）进择决策方法
① 诊断法。
② 统计法。
（4）最后决定

3. 录用与拒聘通知

（1）公布录用名单
（2）办理录用手续

办理录用手续包括：①通知被录用者，②回绝应聘者，③关注拒聘者。

很多企业往往只关注那些被录用的候选人，而忽视了对未被录用的应聘者的回复。其实，对未被录用的应聘者进行答复是体现公司形象的重要工作。答复最好采取书面形式，如 e-mail，语言要尽量简洁、坦率、礼貌，同时具有鼓励性，并表示希望与应聘者建立长期的联系。这样就可以方便快捷而又不失尊重地传达公司的决定了。

对被录用者的通知，可参考以下格式。

某公司录用通知书

_____先生/女士：

您好！

感谢您来到_____公司（以下简称公司）应聘，经过公司人力资源部和业务部门领导的认真考察、研究，决定录用您到公司工作。

一、工作内容与用工形式说明

1. 工作内容：客户服务。

2. 用工形式：公司与您的首次合同期限为_____年，其中根据公司规定，您的试用期将为_____月；在您试用期满并考核合格后，您将成为公司的正式员工。

3. 有关您的薪酬、福利以及工作条件等细节，将会在劳动合同中作详细规定，您可以向人力资源部征询。

二、报到所需材料

1. 公司录用通知书(电子版或打印版)。

2. 身份证原件。

3. 学历、学位证书以及您曾获得的资格证书原件。

4. 彩色同底1英寸照片4张。

5. 您服务的上一家公司出具的离职证明(应届毕业生不需要提供)。

请您务必携带上述材料按规定时间前往公司报到并签订劳动合同。

三、录用通知书的效力

公司将为您保留此公司岗位至_____年_____月_____日，如您不能在此之前给公司人力资源部明确回复(电子邮件或书面回复)，公司将认定您主动放弃本工作机会，本录用通知书失效，由此给您个人造成的不便和损失我们不予承担。本通知如有其他未尽事宜将在劳动合同中予以进一步说明，若本通知内容与您未来的劳动合同内容存在冲突，一律以劳动合同规定为准。

如您有其他问题，我们建议您在_____年_____月_____日前与人力资源部联系。

人力资源部联系人：_____   联系电话：_____

公司地址：_____

公交、驾车提示：_____

对未被录用者的通知，可参考如下格式。

某公司辞谢通知书

_____先生/女士：

非常感谢您对敝公司的兴趣和对我们工作的支持！您在应聘期间的良好表现，给我们留下了深刻印象。由于我们招聘名额有限，这次只能割爱。我们已将您的有关资料备案，并保留半年，如果有了新的空缺，我们会优先考虑您。

感谢您能够理解我们的决定。祝您早日找到理想的工作！

对您热忱应聘敝公司，再次表示感谢！

×××公司人力资源部
年　　月　　日

4. 背景调查

背景调查的主要内容有如下方面。

（1）学历学位

认真查看是否有学历学位的造假情况，可进行网上查验。

（2）过去的工作经历

对于应聘者过去的工作经历的调查应侧重了解受聘时间、职位、职责、离职原因、薪酬等问题。最好的方式就是向应聘者过去的雇主了解，此外还可以向其过去的同事、客户了解。对于没有工作经历的毕业生，可通过其毕业学校的学生工作部门来了解其在校表现。

（3）过去的不良记录

主要调查应聘者过去是否有违法犯罪或违纪等不良行为。

在进行背景调查时要注意从各个不同的信息渠道验证信息，不要听信一个被调查者或一个渠道来源的信息，必要时可以委托专业的调查机构进行调查。

5. 员工入职程序

当一名职位候选人经过层层选拔被录用后，在正式进入该单位工作前，还要经过以下入职程序。

（1）签订意向书

人力资源部经理与录用员工签订"聘用意向书"，双方签字后生效，人力资源部保存原件，录用员工留存复印件。

（2）前往原单位开具离职证明

录用人员前往原单位开具离职证明，并加盖原单位的公章或人事章。

（3）体检

录用员工前往指定医院进行身体检查，并将检查结果交到人力资源部，以确保身体条件符合所从事工作的要求。

（4）转移档案

录用人员到人力资源部领取"入职介绍信"，前往人才交流中心开具档案转移的商调函，并回到原存档单位将人事档案转移到公司指定的档案管理机构。有的公司有自己的档案管理部门，有的公司的人事档案委托专业机构管理，无论采取哪种形式，新员工的人事档案都应该转入公司统一的档案管理机构。

（5）入职

人力资源部门把将要正式入职的员工信息录入员工信息管理系统，与新员工预先约定时间到公司正式入职。

（6）签订劳动合同

让新员工填写档案登记表，并与新员工签订劳动合同，办理各种福利转移手续。

4.6.3 实训所需条件

1. 实训时间

本实训项目以 2 课时为宜。

2. 实训地点

多媒体教室。

3. 实训所需材料

某中型外企想在下半年扩展业务，因此在上半年进行了大规模的招聘活动。经过人力资源部门一个多月的努力，层层选拔之后，终于在 100 多名应聘者中为公司挑选出了 30 名合适的人才，确定了拟录用人选名单。公司人力资源部王经理让招聘专员小张对拟录用的人员发出录用通知书，对未被录用的人员发出辞谢通知书。

4.6.4 实训内容与要求

1. 实训内容

假设你是该公司的招聘专员小张，请你撰写发给被录用者的录用通知书和未被录用者的辞谢通知书。

2. 实训要求

要求以小组为单位，参照模板撰写发给被录用者的录用通知书和未被录用者的辞谢通知书。

要求教师在实训过程中做好组织工作，给予学生必要的、合理的指导，使学生加深对理论知识的理解，提高实际分析、操作能力。

4.6.5 实训组织方法与步骤

第一步，做好实训前准备，复习并熟练掌握有关员工录用方面的知识。

第二步，对学生进行分组，每组 5~7 人。

第三步，以小组为单位，就背景资料进行讨论，充分发表个人观点。

第四步，讨论结束后，在规定的时间内，每个小组必须撰写录用通知书和辞谢通知书。

第五步，教师就所撰写的录用通知书和辞谢通知书适时讲评。

第六步，撰写实训报告。

4.6.6 实训报告

实训结束以后，每位学生必须撰写实训报告，要求在实训报告中阐明相关理论依据以及相关的分析，主要内容参考前文中表 1-1。考虑到需要撰写大量的文字，实训报告可以在实训结束后 2 天内完成，由组长收齐后上交指导教师。

4.6.7 实训考核方法

1. 成绩划分标准

实训成绩按照优秀、良好、中等、及格和不及格五个等级评定。

2. 成绩评定标准

（1）是否掌握录用通知书和辞谢通知书的内容。
（2）能否在规定时间内完整地设计录用通知书和辞谢通知书。
（3）是否能分析录用通知书和辞谢通知书的注意事项。
（4）在进行课堂讨论的过程中，是否认真积极地投入，体现出良好的团队协作精神。
（5）课堂讨论、分析占总成绩的 20%，录用通知书、辞谢通知书和实训报告占总成绩的 80%。

4.6.8 实训拓展与提高

糟糕的录用决策

佳秀公司是一家时装销售公司，公司决定按如下方式建立管理组织。按营业面积与班次需要配备 200 多名营业员，并编入不同的商品柜台小组；每两三个小组由一位商品主任领导；共有 7 位商品主任，这些主任由部长助理领导。助理们的上司是 4 位部长，分管公司的经营、人事、财务及公关业务。部长直接听命于公司的决策中枢——董事会。董事长兼任总经理。

这一方案目前还只是一个构想，公司责成两位董事马明和童静加以实施。在公司的组织结构确定以后，必须制定相应的人力资源管理方案，以保证各类员工符合经营管理的要求。马明认为基层员工全部从应届毕业生中招聘，他们虽无实践经验，但比较单纯，反应快，学习认真。童静提出以部长助理的选任作为人员招聘的重点，他们必须有行业工作经验，因为他们是公司的中高层领导，不仅起着维系高层与基层的纽带作用，而且直接负责公司的业务与运营。公司人员的招聘工作具体由人事部长处理。

意见统一后，公司在当地报纸上刊登了招聘广告。应聘部长助理的人可在申请表格上填写所希望担任的职务及期望月薪，附带简历一同交与公司。董事会安排马明和童静负责最终挑选工作，决定以 1∶2 的比例确定候选人，再做进一步的面试选择。

前来应聘部长助理的有 100 多人，公司接待不了这么多人，只得从个人求职简历中挑出 50 名自称有商业经验的应聘者。在淘汰的人当中，不乏优秀的大学毕业生，但由于没有商业经验被排除在外。马明有点惋惜，但童静认为，既然是招聘部长助理，还是严格一点。马明觉得不无道理，也就安心了。

童静和马明此前未从事过面试工作，而对应聘者进行面试和测评是整个招聘工作的关键环节。面试后童静和马明从 50 人中进一步挑出 9 人进行小组面谈。童静认为，从简历来看,通过的 9 人比较适合从事人事工作,至于其他 41 人将分别安排参加经营、财务和公关的部长助理聘面试。

关于面试的处理,童静认为,面谈最好是自然的对话,并且从 9 人当中确定了 3 人作为重点考虑对象,这 3 人分别是小张、小李和小刘。小张表现还好,小李少言一些,对大部分问题,他只是回答"是"或"不是",从不多说。小刘的个性外向且善谈,与小李比较,他显得更加开朗和友善。

面试结束后,童静静下来思考。对于小张,他已忘记了他说过什么;小李话说得极少,无法知道他的心里所想与真正的求职意向;小刘是一个好的演说家,面谈时间持续颇久。她觉得自己最喜欢小刘,可是仍无法确定小刘是否是最佳的人事部长助理。最后,童静和马明商量,将此情况向董事长汇报,并由相关人员开会商定录用。

在会人员听了童静和马明的情况介绍后,对两位的工作态度给予高度评价。董事长认为,该公司作为销售商,必须倡导顾客至上的价值观,干部选拔的对象应先重"德",即选择能够接受这一价值观的人,商业知识与经验较为次要,因为只要素质好,学好这些并非难事。从另一方面来讲,具有传统商业战线工作经历的人,受传统价值观与规范影响大,反而难以接受新文化。他指出,将招聘局限于行业范围内,就是把社会上大多数的人才(其中不乏那些学历高、素质好,但专业可能是理工科专业的人)拒之门外,这是一个重大损失。如今木已成舟,不便返工。但对于以后的经营、财务、公关部的部长助理及 7 名"商品主任"的招聘,应把重点转向个人素质,而不是商业知识。

4.7 招 聘 评 估

4.7.1 实训目的

了解招聘评估的主要内容,掌握招聘活动有效性的评估技术并撰写招聘评估报告。

4.7.2 基本知识要点

招聘评估是对整个招聘工作系统各环节的工作从不同方面作出全面评价,以判断员工招聘工作的整体成效。因此,对于招聘成效的评估不应只涉及经济效益,而应是多方面的。

1. 招聘成本评估

招聘成本评估是指对招聘活动中的费用进行调查、核实,并对照预算进行评价的过程。涉及的主要是对招聘活动的经济效益进行评价。可以从以下几个量化指标入手展开评价分析。

(1) 成本效用

成本效用按照招聘过程的不同环节来衡量的话,包括总成本效用、招募成本效用、选拔成本效用和录用成本效用，计算公式如下。

总成本效用=录用人数/招聘总成本

招募成本效用=应聘人数/招募期间的费用

选拔成本效用=被选中人数/选拔期间的费用

人员录用效用=正式录用的人数/录用期间的费用

（2）招聘收益成本比

招聘收益成本比=新员工创造总价值/招聘总成本

2. 录用人员评估

录用人员评估是指根据招聘计划对录用人员的数量和质量进行评价的过程。涉及的主要是对招聘活动的目标实现程度进行评价。可以从数量与质量两方面的标准入手展开分析。

（1）数量评估

录用人员的数量可用下列指标衡量。

录用比=录用人数/应聘人数×100%

招聘完成比=录用人数/计划招聘人数×100%

应聘比=应聘人数/计划招聘人数×100%

（2）质量评估

录用人员质量评估可以根据工作说明书中各岗位的要求将之细化为参照的具体标准，并以此为标杆尺度，对录用人员的素质、能力和技能等方面一一进行对照评估，以求从总体上对所录用人员的质量进行客观准确的评价。

3. 招聘方法的成效评估

招聘方法的成效评估是对招聘活动中使用的各种测试的信度和效度进行评价。

（1）信度

信度是指测量结果的可靠性或一致性。由于接受测验时，被试者受到各种原因的影响而产生变动，偏离了其真实行为，这就会导致测量结果出现误差，误差越大，分数的可靠性就越低。信度系数在 0~1。如果一个测验的信度系数是 0.90，那就意味着实得分数中有 90% 的变异来自真实分数，有 10% 来自测量误差。信度系数等于 1 是最理想的。一般来说，能力测验的信度系数在 0.90，如果一个能力测验的信度系数小于 0.70，在使用时就要慎重考虑。信度具体可分为以下三类。

① 重测信度。重测信度是检验时间间隔对测试分数的影响，也就是说同一个测验对同一个被试者进行前后两次测试，求其两次测试结果之间的相关系数，所得的相关系数就是再次信度。这个时间间隔，一般在两个月以上，这样比较准确。

② 副本信度。又叫等值信度，就是指一种心理测试的结果与另外副本的心理测试结果进行相关性分析得出的信度。这种评价方法的缺点在于，副本有的时候比较难找到。

③ 分半信度。就是将题目分成对等的两半，根据两半测验所得的分数，计算其相关系数，评为信度指标，其意义与等值信度一样。所不同的是一个心理测验里包括两个独立的副本，这样，一次测验以后就可以找到测试信度。

（2）效度

效度是测验的有效性，是一项测试所能测量出的其所要测量的内容的程度，即测验是否能测量到所要测量的目标。比如我们用磅秤来测量身高，就是不合适的，因为磅秤是测量重量的工具，在测量高度方面，这个工具就没有效度。有效性是对选择测试的一个基本要求，是评价测试效果的一个指标。它表明一种测试在预测参加者在未来业绩方面成功与否。即选拔过程中得分较高的应聘者其工作表现比测试得分较低的应试者好。如果一项测试不能表明某人是否具有完成某项工作的能力，那么它就毫无价值。

一个测验，只是信度高，是不行的，一定要有较高的效度。信度是效度的必要条件，一个测验要有效度就必须有信度，不可信就不可能正确。信度不是效度的充分条件，有了信度，却不一定有效度。可信的测验未必有效，而有效的测验必定可信。

具体来说，效度指标有以下几类。

① 预测效度。即测试用来预测将来行为的有效性，比较应聘者在选拔中得到的分数与他们被录用后的绩效分数。

② 内容效度。测试方法能否测出真正想测的内容，如招打字员使用演讲法显然无效。

③ 同测效度。是指对现有员工实施某种测试，然后将测试结果与员工的实际工作绩效考核得分进行比较，若两者的相关系数很大，则说明此测试效度就很高。

4.7.3 实训所需条件

1. 实训时间

本次实训以 2 个课时为宜。

2. 实训地点

多媒体教室。

3. 实训所需材料

A 公司招聘效果评估

A 公司因生产和业务需要，计划招聘中级技术人员和管理人员共 50 人，其中班组长 10 人，机械维修技工 20 人，储备干部 20 人。人力资源部在当地主流报纸上登载了招聘广告，一星期后收到了 45 份求职申请。由于公司正赶上生产旺季，董事会和总经理都要求人力资源部在规定时间内完成招聘任务。人力资源部急忙组织面试，最后的招聘结果为：招聘了 7 名班组长、18 名技工、20 名储备干部。面试结束的第二天，人力资源部到当地人才市场招到 3 名班组长和 2 名技工。由于公司要求，所有新员工的试用期均为 2 个月。截至试用期结束，一共有 9 人考核不合格，予以辞退，其中，班组长 2 人、技工 4 人、储备干部 3 人，而在试用期内有 17 人主动离职，包括 3 名班组长、5 名技工和 9 名储备干部。

4.7.4　实训内容与要求

1. 实训内容

根据所给材料和所学知识对 A 公司的这次招聘活动进行评估，并撰写招聘评估报告。

假设自己是该公司的人力资源部经理，你会如何组织这次招聘活动？尝试给出具体步骤和必要说明。

2. 实训要求

要求学生掌握招聘活动有效性评估的技术，并撰写招聘评估报告。

要求学生假设自己是 A 公司的人力资源部经理，思考如何组织这场招聘活动。

要求教师在实训过程中做好组织工作，给予学生必要的、合理的指导，使学生加深对理论知识的理解，提高实际分析、操作能力。

4.7.5　实训组织方法与步骤

第一步，做好实训前准备，掌握有关招聘评估的技术和相关知识，熟悉案例背景资料。

第二步，对学生进行分组，要求 5~7 人一组。

第三步，以小组为单位，在小组成员之间进行讨论，并做好分工，准备招聘评估报告的相关材料。

第四步，讨论结束后，在规定的时间内，编写招聘评估报告，并对如何改进此次招聘活动进行分析。

第五步，各小组在课堂上展示成果，并由教师作出适时讲评。

第六步，撰写实训报告。

4.7.6　实训报告

实训结束以后，每位学生必须撰写实训报告，要求在实训报告中阐明相关理论依据以及相关的分析，主要内容参考前文中表 1-1。考虑到需要撰写大量的文字，实训报告可以在实训结束后 2 天内完成，由组长收齐后上交指导教师。

4.7.7 实训考核方法

1. 成绩划分标准

实训成绩按照优秀、良好、中等、及格和不及格五个等级评定。

2. 成绩评定标准

（1）是否掌握招聘评估的内容。
（2）各小组能否在规定时间内完成招聘评估报告。
（3）分析招聘评估的注意事项。
（4）是否完整记录实训内容，文字表达是否准确、清晰。
（5）小组分工是否合理，合作是否顺畅和谐，小组内各个成员是否都参与其中，表现出良好的团队合作精神。
（6）是否对本次招聘提出了建设性意见或建议。
（7）课堂展示占总成绩的 70%，实训报告占总成绩的 30%。

4.7.8 实训拓展与提高

招聘活动的有效性评估

就企业而言，人员招募工作的成效可以用多种方法来检验。但是归根结底所有的评价方法都要落实到在耗费既定资源的条件下，为工作岗位招募到具有适用性的应聘者。这种适用性可以用全部应聘者中合格的数量所占的比重、合格应聘者的数量与工作空缺的比率、实际录用人数与计划招聘人数的比率、录用后新员工绩效的水平、新员工总体的辞职率以及各种招聘来源得到的新员工的辞职率等指标来衡量。当然，不管使用什么方法，都需要考虑招聘成本，包括整个招聘工作的成本和所使用的各种招聘方式的成本：不仅要计算各种招聘方式的总成本，也要计算各种招聘方式招聘到的每位新员工的平均成本。此外，还应该对那些面谈后拒绝接受所提供工作的应聘者进行调查分析，企业可以从中发现许多关于当时劳动力市场工资行情的重要信息。招聘效果评估是招聘过程中必不可少的一环，一般来说，招聘效果评估包括对招聘结果、招聘成本和招聘方法等方面的考察，HR 具体可考察数量、质量、成本、时间以及需要关注的其他内容。

1. 数量评估

录用员工数目的评估是对招聘工作有效性检验的一个重要方面。通过数量评估，分析在数量上满足或不满足需求的原因，有利于找出各招聘环节的薄弱之处，改进招聘工作；同时，通过录用人数与招聘计划人数的比较，为人力资源规划的修订提供依据。

录用人员评估主要从应聘比、录用比和招聘完成比三方面进行。

（1）应聘比，指应聘总人数占计划招聘总人数的比率，应聘比=应聘人数/计划招聘人数×100%。该指标越大，说明企业所刊登招聘信息的发布效果越好，企业的认可度越高。

（2）录用比，指录用总人数占应聘总人数的比率，录用比=录用人数/应聘人数×100%。该指标越小，说明录用者素质越高。结合实际工作，从录用比可延伸出两个方面的数量比较，即报到率、留用率。报到率即实际报到人数占面试合格总人数的比率。报到率=报到总人数/面试合格人数×100%，留用率=15天后实际留下工作的人数/实际报到人数×100%。

（3）招聘完成比，指实际留任人数占计划招聘人数的比率，招聘完成比=实际留任人数/计划招聘人数×100%。

2. 质量评估

录用人员的质量评估，是对录用人员在人员选拔过程中对其能力、潜力、素质等进行的各种测试与考核的延续，也就是新进人员试用期内考核的过程，录用比和应聘比在一定程度上反映录用人员的质量，录用比尤为明显。质量评估可用试用合格率来衡量应聘人员质量。试用合格率是指通过试用期培训、考核合格的人员占实际留任人员的比例，试用合格率=试用合格人数/留用总人数×100%。

3. 招聘时间评估

招聘时间评估也就是招聘及时性评估，或叫招聘周期评估。招聘周期是指从提出招聘需求到新聘员工实际到岗之间的时间，也就是岗位空缺时间。一般来说，岗位空缺时间越短，招聘效果越好。但不同类型和层次的岗位，由于劳动力市场上的供求情况不同，其招聘难易程度和招聘周期也往往有很大差别，需要结合实际情况进行分析。

4. 招聘成本效益评估

招聘成本效益评估是指对招聘活动中的费用进行调查、核实，并对照预算进行评价的过程，包括以下内容。

（1）招募成本。招募成本是为吸引和确定企业所需要的人力资源而发生的费用，主要包括招聘人员的直接劳务费用、直接业务费用、其他相关费用等，招募成本效用=应聘人数/招募期间费用。

（2）选拔成本。选拔成本是指对应聘人员进行鉴别选择，以作出决定录用或不录用哪些人员所支付的费用构成，选拔成本效用=被选中人数/选拔期间费用。

（3）录用成本。录用成本是指经过招聘选拔后，把合适的人员录用到企业所发生的费用。录用成本包括录取手续费、调动补偿费、搬迁费和旅途补助费等由录用而引起的有关费用，人员录用效用=正式录用人数/录用期间费用。

（4）安置成本。安置成本是为安置已经被录取员工到具体工作岗位所发生的费用。安置成本由为安排新员工的工作所必须发生的各种行政治理费用、为新员工提供工作所需要的装备条件以及录用部门因安置人员所损失的时间成本而发生的费用构成。

（5）离职成本。离职成本指因招聘不慎、员工离职而给企业带来的损失，一般包括直接成本和间接成本两部分。

（6）重置成本。重置成本是指因招聘方式或程序错误致使招聘失败而重新招聘所发生的费用。

很多企业只重视招募成本、选拔成本和录用成本，却忽略了安置成本、离职成本和重置成本，以上均是企业要考虑的招聘成本效益评估的主要内容。

除了以上评估内容外，招聘评估还需关注以下会影响招聘质量的方面。

第一，招聘规划是否科学、合理和全面。一方面，考察现阶段是否有人才浪费和人才不足的现象；另一方面，要考察所制定的招聘规划是否考虑到了组织的战略目标和未来发展。

第二，招聘人员招聘期间的言行表现。招聘人员的专业素养既影响招聘质量，也影响求职者的求职意愿和公司形象，因此必须予以考察，包括是否愿意与用人部门一起探讨并明确招聘需求。

第三，招聘渠道选择的有效性。很多企业一开始就没有具体分析各招聘渠道之间的差别，盲目投放招聘信息，产生大量不合格的应聘者，影响整个招聘进程。因此，应考察不同招聘渠道的效果，根据所招聘职位的性质和企业自身的发展状况找出最有效的招聘渠道。

第四，招聘程序是否严格按照招聘规程和规范执行。

第五，招聘策略的选择、招聘方案的制定以及招聘程序的执行等方面是否与组织的使命、经营目标和价值观相匹配。

第六，录用决策速度和拒绝候选人的态度与方式。

第七，新员工的满意度，包括对招聘人员的工作表现、所任职位和企业的满意度。对招聘人员招聘工作的满意度体现了对招聘人员招聘工作的感性认识，对所任职位的满意度能反映人岗匹配度的高低，对企业的满意度则反映了员工对企业的认同度。

第 5 章

人力资源素质测评

5.1 人力资源素质测评流程

5.1.1 实训目的

通过本实训,使学生了解人力资源素质测评的设计流程,理解人力资源素质测评的重要性,掌握人力资源素质测评在员工招聘、选拔和考核以及各级管理人员的招聘、选拔和考核中的应用。

5.1.2 基本知识要点

对应聘者的甄选是招聘过程中至关重要的一步,也是技术性很强的一步,在这一过程中,需要运用多种测试方法,包括人员素质测评的有关技术。对人员素质加以科学的测评,不仅可以了解应聘者的现有水平,而且可以发现其发展潜能,为人力资源的甄选和录用奠定基础。

1. 人员素质测评的含义

素质测评是指测评主体在较短的时间内,采用科学的方法,收集被测评者在主要活动领域中的表征信息,针对某一素质测评目标体系作出量值或价值的判断过程,或直接从所收集的表征信息引发的与推断某些素质特征的过程。简言之,人员素质测评是对个人稳定的素质特征进行的测量与评价。例如,企业人员招聘录用,一般采用基本情况登记、面试等测评技术,收集应聘人员的行为事实,然后根据岗位所需要的素质,作出有或无、多或少、高与低、优与劣以及可以录用或不便录用等一系列的综合判断。

根据测评目的的不同,可以把人员素质测评分为选拔性测评、开发性测评、诊断性测评、考核性测评等。选拔性测评是以选拔优秀人员为目的的测评。通过这类测评,要把不同素质、不同水平的人区别开来。开发性测评是以开发人员素质为目的的测评,是要了解测评对象哪些方面有优势、哪些方面存在不足,从而为测评对象指出努力方向,为组织提供员工开发依据。诊断性测评是以了解现状或查找根源为目的的测评,这类测评要从表面特征观察入手,继而深入分析问题与原因,诊断"症状",最后提出矫正对策方案，而其他测评手段都没有此要求。考核性测评又称鉴定性测评，是以鉴定与验证某种或某些素质是否具备或具备程度大小为目的的测评，它经常穿插在选拔性测评当中。

2. 人员素质测评的主要内容

人员素质测评是对个人稳定的素质特征进行的测量与评价。从心理学的角度来看，个人稳定的素质特点主要包括三个方面，即能力因素、个人风格因素和动力因素。从职业发展的角度来看，上述三个方面是在人的职业行为中起着重要作用的因素。因此，人员素质测评是对人的能力因素、个人风格因素和动力因素进行测量与评价。

（1）能力因素

一般认为，能力是指顺利实现某种活动的心理条件。例如，飞行员必须具有躯体的平衡能力、对机械的理解和操作能力、空间知觉能力等；烹调师要具备味道的辨别力；而教师要具有良好的语言表达能力，等等。

能力的最大特点在于它是在一个人的活动中表现出来，同时又在所从事的活动中得到发展。没有一定的舞台，任何人的能力都不能体现出来。如果有了一个表现自己能力的舞台，人们在表现自己能力的同时，能力也会得到发展和完善。因此，能力往往包括两层含义：一是指对某项任务或活动的现有成就水平，从这个意义上讲，人们已经学会了的知识和技能就代表了他的能力；二是指个体具有的潜力或完成某项活动的可能性，从这个意义上讲，能力不一定是现有的成就水平，例如一个人具有领导的潜能，只有当他处于领导的位置时才能体现出来，否则就只是一种潜在的可能性。

通常我们将能力分为一般能力与特殊能力。一般能力是指在不同种类的活动中表现出来的共同能力，如观察能力、注意能力、记忆能力、思维能力、想象能力、操作能力等。所有这些能力都是我们日常完成任何心理活动必不可少的，也是完成任何一种工作不可缺少的。特殊能力是指在某些特殊专业活动中表现出来的能力，这些能力与特殊专业活动的内容联系在一起。例如，音乐家需要具有乐感、把握旋律曲调的特殊能力；画家需要有良好的空间知觉能力及色彩辨别力等。这些都是与特殊专业内容相联系的特殊能力。

按照来源分类，能力也可以划分为科学智能和社会智能。科学智能来自人与自然交往过程中的直接经验或通过书本学习而取得的间接经验；社会智能则是来自社会实践，它是通过人与人之间的交往、联系、竞争和合作获得的。长期以来，我们的教育很重视科学智能的培养与开发，相对来说对社会智能的重视不够。事实上这两种智能所对应的能力不同，如表5-1所示。它们对人的工作、生活都是非常重要的，这两种智能拥有程度的不同将会影响一个人的职业类型及其相应的成就。例如管理人员的管理技能通常包括概念技能、人际技能和技术技能三类，对不同层次管理人员的管理技能结构要求不同，具体如表5-2所示。

表 5-1　智能所对应的能力

智能	能力
科学智能	研究能力、分析能力、判断能力、推理能力、学习能力、观察能力、思考能力、规划能力、空间能力、记忆力、联想力等
社会智能	说服能力、交涉能力、社会交往能力、观察能力、适应能力、协调能力、沟通能力、人际关系能力、用人授权能力等
两种智能有机结合	指挥能力、预测能力、竞争能力、开拓能力、应变能力、决策能力、管理能力、领导能力、控制能力

表 5-2　不同层级管理人员的管理技能结构

管理人员	概念技能	人际技能	技术技能
高级	高	中	低
中级	中	高	中
低级	低	中	高

（2）个人风格因素

每个人在处事时总是表现出自己独特的行为方式，这就是个人风格因素。例如，同样做一件事，有的人快刀斩乱麻，很快就做完了；有的人则慢条斯理，但最终也能保质保量地完成。个人风格一般来说包括气质、性格和行为风格等方面的内容。

① 气质。气质是指表现在人的心理活动和行为动力方面的、稳定的个人特点。最有代表性的对气质类型的划分是将其分为多血质、胆汁质、黏液质和抑郁质四种类型。

② 性格。性格是由一个人对现实的态度和他的行为方式所表现出来的个性心理特征。性格是一个复杂的统一体，它包含各个侧面，且各具特征。较之气质，性格更具有后天可塑性。

③ 行为风格。行为风格是指人们在考虑问题和解决问题的过程中表现出的不同特点。例如，有的人对细节敏感，有的人关注整体；有的人善于决断，有的人灵活多变，等等。个人风格因素本身并没有好坏之分，只有当它们与具体的工作联系起来的时候，才有适合与不适合的问题。

国外有影响的人格测验从以下四个方面来考察人的行为风格，具体如表 5-3 所示。

表 5-3　个人风格测评因素

心理倾向 （内向型和外向型）	内向型的人比较敏感矜持 外向型的人易交流、好交际、坦率随和
信息接收方式 （感觉和直觉）	感觉型的人善于观察、对细节敏感 直觉型的人关注整体和事物的发展变化，思维活跃
处理信息方式考察 （思考和情感）	思考型的人考虑问题比较理智客观 情感型的人考虑问题以个人情感为重
行为方式 （判断和知觉）	判断型的人善于组织和决断 直觉型的人比较开放、灵活多变

（3）动力因素

一个人要想做好一项工作，不仅取决于他的能力水平如何，还取决于他愿不愿意做这项工作。一个人有较高的能力水平，也具有适合做某项工作的个人风格特点，但是如果缺乏愿望和动机，那么也做不好这项工作。相反，如果一个人能力水平相对低一些，但却有强烈的完成工作的愿望和动机，也可以在一定程度上弥补能力的不足，把事情做好。动力因素通常包括价值观、动机和兴趣等。

在动力因素中，层次最高的是价值观，即人们关于目标和信仰的观念，它使个人的行为带有个人的一致的方向性。国外较有名的价值观测验将价值观划分为六种类型，即理论型、经济型、审美型、社会型、政治型和宗教型。动机是推动一个人行动的内在原因，动机的方向和强度往往决定了行为的效果。动机通常可以分为成就动机、亲和动机和影响他人的动机。兴趣是指个体对某种活动或职业的喜好，它对人们的职业选择和职业行为起着重要的作用。最著名的霍兰德职业兴趣理论将职业兴趣划分为研究型、现实型、企业型、常规型、社会型和艺术型六种类型。

3. 人员素质测评程序

（1）准备阶段

① 必要资料的收集。在实施素质测评之前，必须掌握测试过程中所需的相关资料和数据。使用不同的测评方法和测评不同的对象就应该有相应不同的资料，再加上个体素质的隐蔽性，情况更是如此。否则，有可能导致测评的中断或结果的盲目性。

② 测评人员的选择。测评人员的质量和数量对整个测评工作起着举足轻重的作用，合理的人员搭配和人数的确定能使测评的标准指标体系发挥预定的效用，达到最佳效益。

一般来说，测评人员应具备以下条件：坚持原则，公正不移；有主见，善于独立思考；有一定的实际工作经验，尤其是在测评方面的工作经验；具有一定的文化水平；有事业心，不怕得罪人；作风正派，办事公道等。测评人员的数量则应根据组织的具体情况和测评的具体需要而定，在保证质量的同时，应考虑测评的成本。

③ 测评人员的培训。在测评小组中，人员的知识和素质参差不齐，而且各种素质测评的方法都具有相当的技巧性和艺术性。所以，必须对小组成员加以培训，使之熟悉和掌握各种方法与相关的知识，尽量避免个人感情因素对测评工作的干扰。

④ 测评方案的设计。测评方案主要包括以下四个方面。

a. 确定测评的目的。素质测评可以得到大量的信息，在实施测评前，首先应明确测评目标，即测评后所得信息的用途，因为用途会直接影响信息焦点、收集信息所使用的方法及信息呈现的方式，如表5-4所示，不同的测评目的会带来测评方式的变化。

b. 确定被测评对象。被测评对象的确定通常依据组织的人力资源供需预测而得的职位空缺及组织发展要求而定。

表 5-4 不同测评目的与信息用途关系

测评目的	信息焦点	信息用途
选员与配置	岗位说明书所关注的一切素质	达成人岗匹配
绩效评价	与工作绩效密切相关的素质	提升考评的公平性和客观性
激励	员工的需要、个性特征等	使激励策略更加有的放矢
选拔与提升	员工的领导风格、成就动机	增加用人制度的科学性
培训与发展	员工的能力结构、发展需求	降低培训成本，提升培训效率

c. 确定素质测评指标体系。根据组织已建立的标准指标体系与选定的被测对象，考虑当时的具体要求，对指标体系进行一定的修正和调整，使之符合职位的要求和测评的目的。这项工作关系到测评工作的成功与否，应引起高度的重视。

d. 选择恰当的测评方法及测评工具。

（2）实施阶段

测评的实施阶段是测评小组对被测评对象进行测评以获取个体素质数据的过程。它是整个测评过程的核心。测评的实施阶段包括测评前的动员、测评时间和环境的选择及测评的具体操作。主要在操作程序上，但充分的动员、恰当的时间安排、适宜的测评环境可以提高测评的准确性和系统性。

测评操作程序包括从测评指导到实际测评，直至回收测评数据的整个过程。

① 测评指导。测评指导是在测评具体操作之前，由测评主持人向全体测评人员报告测评目的和填表说明，明确数据保密等事宜，目的是使测评人员能正确地填写人员素质测评表，消除顾虑，客观准确地对被测对象进行测评。

② 具体操作。测评时，测评人员可采用单独操作或对比操作的方式进行。单独操作是测评人员在对某一被测对象全部测评指标完成以后，再对另一对象进行测评，直到测评完全部被测对象为止。对比操作首先是把所有被测对象进行分组，然后把某一组的指标，根据相应测评标准体系的内容，对组内每个被测对象进行对比测评，直到所有指标完成后，才对下一组的被测对象测评。

③ 回收测评数据。测评完的数据要由测评主持人统一回收。如果是集中测评，测评主持人应把收集到的全部数据当众进行封装，减少被测人员的顾虑。如果不是采用集中测评的方式，在发出测评表格时，要发给每位测评人员一个封袋。测评完的数据，由每位测评人员自己进行封装，之后再交给测评主持人。回收测评数据一定要按照回收测评数据的程序和规定进行。否则，将影响测评人员的积极性。

（3）评价阶段

经过测评的具体操作得到被测人员的素质测评数据后，接下来就要对此数据进行分析、评价，得出测评结果，以供有关部门使用。

测评结果的描述有两种形式，即数字描述和文字描述。数字描述就是利用测评结果的分值对被测人员的素质情况进行描述的方法。这种描述方式是利用数字可比性的特点，对多个被测人员进行对比。文字描述是在数字描述的基础上，对照各标准体系的内容，用文字描述的形式评价被测对象的素质，撰写人员素质测评报告。

人员素质测评报告应包括以下内容：① 测评结果及其解释，② 针对测评目标的应用性分析或预测，③ 初步的用人方案，④ 整个测评工作的经验总结，⑤ 对人力资源管理的补充性意见。

4. 人员测评实施的基本原则

（1）人职匹配

人是有个体差异的，人员测评的出发点和归宿就是承认差别、发现差别、鉴别差别的等级，为人力资源管理与人员选拔提供科学根据。人员测评的实质就是寻求工作与人之间的最佳配合。人与人之间的素质差异是普遍存在的，素质的差异既体现在先天因素上，也体现在后天因素上。无论是性格特点、能力水平还是生理特征等，人与人之间的差异都是非常明显的。由于不同的职业对任职者的知识、能力、技能、性格、气质、价值观和身体素质的要求都会有所不同，所以当任职者具备职业所要求的素质时，其所产生的绩效水平，也会明显高于个人的素质特点与职业素质要求不相匹配的任职者。因此，个人择业必须选择与个人素质特点相适应的职业，而企业在选拔任用人才时，则需要挑选能够满足职位素质要求的人才。企业要实现人职匹配，必须开展两项基本工作：一是企业必须通过系统的方法，分析职位要求的任职资格，即工作分析；二是企业必须利用科学的人员测评技术，分析应聘者的素质特点。

支持人职匹配观点的理论主要有两个：特性—因素理论（trait-factor theory）和人格类型理论（personality typology theory）。特性—因素理论是由帕森斯和威廉逊提出来的。该理论认为个别差异现象普遍存在于个体心理与行为中，每个人都具有自己独特的能力模式和人格特质，而某种能力模式及人格特质又与某些特定的职业存在关联。每种人格模式的个人都有其适应的职业，人人都有选择职业的机会，人的素质特征又是可以客观测量的。现代的职业指导就是解决个人的兴趣、能力与工作机会相匹配的问题，帮助个人寻找与其个人特质一致的职业。人格类型理论是由美国职业指导专家霍兰德（J. Holland）提出的。有关人格与职业的关系，霍兰德提出了一系列假设。① 在我们的文化中，大多数人的人格都可以分为六种类型：实际型、学者型、艺术型、社会型、事业型与常规型。每一特定类型人格的人，便会对相应职业类型中的工作或学习感兴趣。② 环境也可以区分为上述六种类型。③ 人们寻求能充分施展自己能力与价值观的职业环境。④ 个人的行为取决于人格和所处的环境特征之间的相互作用。在以上理论假设的基础上，霍兰德提出了人格类型与职业类型模式，即个体与职业相互适应才能达到最佳状态，个体的才能与积极性才可以很好地发挥。他所开发的霍兰德职业兴趣测验直到今天还被人们广泛应用。

（2）素质差异性

素质差异性的观点已经被社会广泛接受，正像没有完全相同的两片树叶一样，世界上也没有两个人的心理特征是完全相同的。人与人之间的素质差异主要表现在智能、个性、行为三个方面。比如,有的人思维敏捷,有的人想象力丰富;有的人脾气暴躁,有的人性格温和;有的人做事认真,有的人行事草率,如此等等。正因为人与人之间存在差异性,每个人都是一个独特的个体,人员测评才变得很有必要。可以说,素质差异是造成人在不同岗位成就差异的基础,也是人与人之间在相同岗位上出现绩效水平差异的根本原因,是人员测评存在的前提条件。

（3）素质稳定性

素质是高度统一的个体行为与特点的结构因素。如前所述,每个人都有自己的素质特点,这种独特性不是在个体身上偶然表现出来的暂时的特点,而是稳定的个人特点。一个人在出生后,经过长期的社会生活,逐步形成了自己对待生活的态度和个人的行为风格,这种特点一旦形成,就不容易改变。比如说,一个性格外向的人,不仅在工作单位好与人打交道,在社交场合也会是一个活跃分子;不仅今年是这样,而且一般说来去年也是这样,明年还会是这样。当然,素质的稳定性是相对的,人的素质特点也会随着时间的推移而发生变化。正因为个人素质具有相对稳定性,才使人才测评变得有必要。如果个人素质没有这种稳定性,人员测评就没有了意义。

（4）素质的间接测量性

人的素质是一种特定的心理活动、心理现象,因此素质具有内隐性的特点。尽管人的心理是无法直接观测的,但它总会通过人的行为反映出来。这样,我们可以通过人对外界刺激的反应来间接测量心理素质。现代人员测评技术正是通过人的外显行为来推断其内在心理过程。换句话说,测评的对象实际上是行为样本,而不是基于统计学规律得来的心理状态。比如,一个人喜欢看各种机器运转,热心为别人修理钟表、自行车,由此我们便可以推断出此人具有机械方面兴趣的特质。大量的人员测评实践表明,这种测评方式既具有一定的可靠性,又具有一定的准确性。这说明人的心理活动是可以有效地加以测量的。

（5）我们无法对人所表现出来的全部行为进行测量,人员测评只是对人所表现出来的各种典型的行为进行测量,是利用统计学原理对人的各种行为的强度、行为的频率、行为的效果进行测量与评估。因此,人员测评所选用的行为一定要有代表性、典型性。任何测评手段所作出的推论都不是百分之百的准确,只是达到统计学上的显著水平。

5.1.3 实训所需条件

1. 实训时间

本次实验以 4 个课时为宜。

2. 实训地点

多媒体教室或实验室。

3. 实训所需材料

实训所需的道具，即各工种所需的道具，签到表及相应的背景材料等。

签到表如表 6-2 所示。

5.1.4 实训内容与要求

1. 实训内容

2017 年冬季计算机和通信专业毕业生的人才争夺战早早地拉开了帷幕，总裁们马不停蹄地奔走于全国各大高校之间，通过演讲座谈的方式宣传自己的企业，吸引优秀的人才加盟，A 研究院也不例外，10 月开始启动高校招聘工作，人力资源部深知引进软件工程师的难度，计算机和通信及相关专业的毕业生有很多选择的机会，薪资水平只是吸引他们的一个方面，能够发挥出他们的潜能，才是吸引他们的根本。那么如何识别适合自己企业个性和技术方面的人才呢？技术把关应该不是个问题，各实验室主任有足够的水平来做好这项工作，但是实践证明人才发展不理想，往往不是因为技术背景不行，更多的是个性等综合素质不适合企业的研发工作，在这样的背景下，A 研究院决定对参加应聘的应届毕业生进行素质测评。

2. 实训要求

要求根据所学知识，对整个测评工作做一个规划。

要求教师在实训过程中做好组织工作，给予学生必要的、合理的指导，使学生加深对理论知识的理解，提高实际分析、操作能力。

5.1.5 实训组织方法与步骤

第一步，确定测评的重点维度，根据上述案例的要求，组内讨论得出该岗位应该测评的重点维度。

第二步，小组讨论，选择和开发能够测评以上维度的工具。

第三步，实施测评，包括测评人员的选择、测评的流程、测评结果的公布等。

第四步，小组上交测评活动计划书和实训报告。

5.1.6 实训报告

实训结束以后，每位学生必须撰写实训报告，要求在实训报告中阐明测评规划的理论依据以及相关的分析，主要内容参考前文中表 1-1。考虑到需要撰写大量的文字，实训报告可以在实训结束后 2 天内完成，由组长收齐后上交指导教师。

5.1.7 实训考核方法

1. 成绩划分标准

实训成绩按照优秀、良好、中等、及格和不及格五个等级评定。

2. 成绩评定标准

（1）能否根据实际情况制定出切实可行的人力资源素质测评表。
（2）人力资源素质测评表的可行程度。
（3）能否根据素质测评表的结果对表格进行完善。
（4）由于该实训项目着重考查学生对方法的熟练操作情况，因此实训表现占成绩比重较大，为70%，实训报告占总成绩的30%。

5.1.8 实训拓展与提高

本项目实训拓展与提高所需的管理人员素质测评如表5-5所示。

表5-5 管理人员素质测评表

姓名：		职务：	部门：	工号：		测评时间：	年	月	日

项目	定义及评价内容	分值	自测	同事	上级	平均得分
影响力	指运用合理的冲击与影响力来改善公司或部门的经营，而不是为个人牟利。领导力就是影响一个群体实现目标的能力，要求具有良好品质、职业道德、责任感、学习能力和解决问题的能力。当工作出现失误时，能勇于承担责任，不推卸，并积极寻找原因，及时改正，防止类似事情的再次发生。	10				
成就导向	指为自己及所管理的组织设立目标、提高工作效率和绩效的动机与愿望。强烈的成就欲望与成就导向是个人取得高绩效的动力之源。表现为要做出比别人更好的业绩；对现有业绩的不满足，完成工作之后总是为自己设立更高、更具有挑战性的目标；个人关注结果、效率和标准，并追求改进工作或服务，力求资源使用最优化；在困难面前不认输，下定决心去完成一项有难度的任务。给予的任务无论有什么困难，都应有一定要完成的坚强信念。	15				
分析式思考	常见的指标包括：发现情况或信息的暗示或结果；用系统的方式分析情况以确定原因或结果；以务实的态度预测障碍，规划解决方案；事前思考行动过程的步骤，分析完成任务或目标的条件。善于观察、分析问题，而不是孤立地、片面地、一己地看待问题。	5				
积极主动	在机会出现时立即抓住；迅速有效地处理危机；超越某种正式的权威界限；在达到目标的过程中表现出坚持不懈的毅力。在工作中不惜投入较多的精力，善于发现和创造新的机会，提前预计事情发生的可能性，并有计划地采取行动，提高工作绩效避免问题的发生或创造新的机遇。积极主动地"推动"工作，不需上级反复指示和指导，更非消极地等待；做事不拖拉、不推诿、不找借口、不讲条件、效率高。	10				

续表

项目	定义及评价内容	分值	自测	同事	上级	平均得分
培养他人	给下属提供建设性的反馈意见,当下属遇到困难时给予安慰和鼓励,通过各种指示、建议或其他指导方式培养下属。能够听从别人的意见和建议。不以权压人。了解他人的态度兴趣、需求和观点;能够解释他人的非语言行为、了解他人的情绪和感觉;知道什么可以激励他人;了解他人的长处和短处,了解他人行为的原因。有换位思考的习惯,为人虚心。	10				
自信	对自己的能力和判断力普遍有信心;喜欢具有挑战性的任务;勇于直接质疑或挑战上级主管的行动,面对问题或失败勇于承担责任并采取各种方法改善绩效。以身作则,从规章制度到仪容仪表、言行举止、工作态度等都应率先垂范。工作没有半途而废、不了了之和造成后遗症现象,一旦开始,绝不轻言放弃;敢于承担责任,能有效避免过错的发生,并有纠正过错的态度和办法;"自己创造"工作,常提合理化建议;不向外倾诉工作上的不满,勇于面对困难,不断超越自我;即使是自己分外的事,也能提出方案并积极与人交流。遇到矛盾和纠纷,能够坦然面对并有效解决。	5				
命令、果断性	设定极限;在必要的时候说不;设定工作标准并严格执行;必要时能清楚并直接地质疑他人的工作绩效。清楚所下命令的必要性,下的命令不超出自己的职责权限;下的命令清楚、完整、简练、自信和正确;下的命令能抓住要点并能够记住自己所下的命令。遇到问题能够迅速而合理地决断,及时作出决定并执行决定;不优柔寡断、不草率武断、不逃避困难。	10				
信息收集	能够用诊断问题或找出未来潜在问题的方式收集信息,主要方法是:系统地收集资料;从各种来源收集资料;亲自观察或接触实际情况;整理、分析、判断信息的有效性并据此作出合理的工作安排和调整。	5				
团队与合作	团队是由员工和管理层组成的一个共同体,该共同体合理利用每一位成员的知识和技能协同工作,解决问题,达到共同的目标。管理者应合理规划团队的构成要素目标、人、定位、权限和计划。为其所在团队设立绩效目标、管理制度和分配制度,维护团队利益,为团队争取所需要的资源;有大局意识、协作精神和服务精神;尊重个人的兴趣和成就;建立健全本部门以及上下游部门畅通的沟通机制;工作有记录、有考评。	15				
系统观念	是指管理主体自觉地运用系统理论和系统方法,对管理要素、管理组织、管理过程进行系统分析,旨在优化管理的整体功能,建立闭环管理系统,取得较好效果的观念。会分解并协调系统内各个环节要素,能够发现他人没有发现的某种联系或模式;注意到他人没有注意到的各种矛盾或差异;迅速把握问题的关键并采取行动。	5				
基本要求	组织知识、关系建立、专业知识、进取心,所在部门的理论知识和业务操作技能。能较好地应用基本的法律常识、财务知识和人际关系准则等。	10				
合计分数						

续表

| 项目 | 定义及评价内容 | 分值 | 自测 | 同事 | 上级 | 平均得分 |

说明：
1. 名词解释。素质：素质又叫胜任特征，是指能将某一工作中成就卓越与成就一般的人区别开来的深层特征。
领导素质：是指充当领导角色的个体为完成其特定职能职责，发挥其特定影响和作用所必须具备的自身条件，是在一定的心理生理条件的基础上，通过学习、教育和实践锻炼而形成的在领导工作中经常起作用的那些基础条件与内在要素的总和。
2. 等级标准。95~100 分：A（非常优秀，理想状态）；
85~94 分：B（优秀、满足要求）；
75~84 分：C（基本满足要求）；
60~74 分：D（最好再努把力）；
64 分以下：E（尚需非常努力才行）。
3. 对该员工另有评语可另页。
4. 本表一式两份，分别交员工本人和考评小组存档。
5. 结论：经考评，该员工等级为：

（签字）本人： 　　　直接上级： 　　　日期： 　　年　　月　　日

5.2 能力倾向测评

5.2.1 实训目的

本项目的实训目的是，通过对受训者进行能力倾向测评，让学生了解与职业活动有关的语言理解和组织能力、概念类比能力、数学能力、抽象推理能力、空间推理能力、机械推理能力六个维度的具体内容。并通过测评显示个体的相对能力强弱，给出个体适应的职业排序，为人力资源管理提供依据。

5.2.2 基本知识要点

1. 能力的含义

能力是指那些直接影响活动的效率，是人的活动任务得以顺利完成的心理特征的总和，是人们表现出来的解决问题可能性的个性心理特征，是完成任务达到目标的必备条件，能力直接影响活动的效率，是活动顺利完成最重要的内在因素。

2. 能力的特征

（1）能力与活动是联系在一起的

只有通过活动才能发展人的能力和了解人的能力，离开活动就很难辨别人的能力的高低，离开社会活动也很难形成人的能力，但并不是所有在活动中表现出来的心理特征都是能力，只有那些直接影响活动效率使活动任务得以顺利完成的心理特征才是能力。如活泼沉静暴躁、谦虚骄傲的心理特征，虽然和活动能否顺利进行有一定关系，但在一般情况下，不是直接影响活动的基本条件，应该不能称为能力；节奏感和曲调感对于从事音乐活动是必不可少的，准确地估计比例关系，对于从事绘画活动是必不可少的，观察的精细性、记忆的准确性、思维的敏捷性，则是完成许多活动必不可少的，缺乏这些心理特征就会影响有关活动的效率，使这些活动不能顺利进行，因此它们就是保证有关活动得以完成的能力。

（2）能力与知识又是密切联系的

一方面，能力在掌握知识的过程中形成和发展，离开学习和训练任何能力都不可能发展；另一方面，掌握知识又是以一定的能力为前提的，是知识的内在条件和可能性制约着掌握知识的快慢、深浅难度和巩固程度，但是能力和知识的发展并不是完全一致的，在不同的人身上可能具有相同的知识，但他们的能力不一定是相等水平的，反之亦然。

（3）制约能力发展的因素

制约能力发展的因素有两个方面：一是素质，二是环境教育和实践活动。一个人的先天素质为能力形成和发展提供了前提与基础，但素质只是能力发展的自然前提和可能性，要将这种可能性变为现实性，还需要有其他条件的作用。

① 素质。素质是有机体生来具有的某些解剖生理特点，特别是神经系统感觉器官和运动器官的解剖生理特点。素质是能力形成和发展的自然前提，离开了这个前提，就谈不到能力的发展。素质本身不是能力，也不能现成地决定一个人的能力，它仅仅能够提供一个人能力发展的可能性，只有通过后天的教育和实践活动，才能使这种发展的可能性变为现实性。

素质与能力也不是一对一的关系，同样的素质基础可以形成各种不同的能力，同样的能力可以在不同的素质基础上形成，这完全取决于后天的条件。即使在某种素质方面存在着一定的缺陷，也可以通过技能补偿，使其他有关能力发展起来。

② 环境教育和实践活动。素质差不多的人在人际能力发展方面的差别是由环境教育和实践活动所造成的，教育在能力发展中起主导作用，在教育过程中学习掌握知识技能的同时，也在发展能力。许多研究表明，物质和文化环境的改善出现了能力的提高，环境和教育作为能力发展的外部条件。人的能力必须通过主体的积极活动才能得到，发展能力是在人的活动中形成和发展起来的，一个人的能力水平与他从事的活动的积极性是成正比的。

3. 能力倾向

能力倾向也称性向，有两层含义：一是指个人对广泛的活动领域，如通过学习或训练可能达到的熟练程度，称普通性向，亦称一般能力倾向；二是指个人对某种特殊的活动，如音乐、绘画等，若经专门学习或训练，可能达到的熟练程度，称特殊性向或称特殊能力倾向，换言之，一般能力倾向是指完成多种活动都必需的一般权利，特殊能力倾向是指完成某一方面特殊活动所必需的特殊潜力，不论是一般能力倾向还是特殊能力倾向，都是指可能发展出来的潜在能力，而不是指已经发展出来的实际能力。

能力倾向是可以测验的。能力倾向测验大体上分为两类：一类是单项能力倾向测验，比如第一世界大战结束后社会对文书员、技工和机械工的需求巨大，有关文书员和机械工的工作能力倾向测验应运而生。单项能力倾向测验的特点是集中测验某一能力倾向。另一类是独占能力倾向测验，其特点是能够测验多种能力倾向或能力群，桑代克通过因素分析，发现语文、数学、空间、知觉速度、字词流畅性、记忆、推理七种主要的心理能力，并在此基础上于1941年编制了基本心理能力测验PMA，也就是独占能力倾向测验的雏形。

5.2.3 实训所需条件

1. 实训时间

本次实训时间以4个课时为宜。

2. 实训地点

多媒体教室或实验室。

3. 实训所需材料

实训所需的道具，即各工种所需的道具，签到表及相应的背景材料等。

签到表如表6-2所示。

5.2.4 实训内容与要求

1. 实训内容

就能力倾向测验在人才测评中的作用来看，是测验被测者目前的能力倾向性，由此来推测被测者的潜在能力及将来经过进一步的培训和实践锻炼后可能取得的成就。所以说，能力倾向测验只能预测一个人将来在某方面的"可能"成就，并不能保证他在某方面的"必然"成就。因为一个人的能力倾向能否获得充分的发展，与他的身体状况、兴趣、爱好、学习态度、工作动机、机会等条件都有关系。

能力倾向测验按内容分为一般能力倾向测验、特殊职业能力测验、创造力测验和心理运动机能测验等。

一般能力倾向测验主要测量思维力、想象力、记忆力、推理力、分析力、数学能力、空间关系力、语言能力等，典型的方法有一般能力倾向测验（GATB）、区分性能力倾向测验（DAT）。

特殊职业能力测验主要测量独特于某一职业的能力，典型方法有明尼苏达办事员能力测验、斯奈伦视力测验、西肖音乐能力测验等。

创造力测验主要测量各种创新思维能力，典型方法有南加利福尼亚大学测验、托兰斯创造思维测验、芝加哥大学创造力测验等。

心理运动机能测验主要测量心理运用能力、身体能力，典型的方法有本纳特机械理解测验、克劳福小零件灵巧测验、明尼苏达操作速度测验、明尼苏达空间关系测验、明尼苏达秘书测验等。

教师找几个相应的、易操作的测验进行现场测试，使学生大概了解自己的能力。但要强调这只是测验，只具有参考价值。

2. 实训要求

要求进行多个测验，以求得测验结果的相对准确性。

要求教师在实训过程中做好组织工作，给予学生必要的、合理的指导，使学生加深对理论知识的理解，提高实际分析、操作能力。

5.2.5 实训组织方法与步骤

第一步，做好实训前准备，教师需提前准备好 GATB 测试的题目。

第二步，学生进行能力倾向测评。

第三步，根据测评分析报告，讨论不同能力的组合能胜任的不同工作，对个体适应的职业进行排序。

第四步，撰写实训报告。

5.2.6 实训报告

实训结束以后，每位学生必须撰写实训报告，要求在实训报告中阐明测试结果和对测试结果的理解，并作出相关的分析，主要内容参考前文中表 1-1。考虑到需要撰写大量的文字，实训报告可以在实训结束后 2 天内完成，由组长收齐后上交指导教师。

5.2.7 实训考核方法

1. 成绩划分标准

实训成绩按照优秀、良好、中等、及格和不及格五个等级评定。

2. 成绩评定标准

（1）能否清楚地了解与职业活动有关的语言理解和组织能力等六个维度的具体内容。

（2）确定测评的可行程度。

（3）由于本实训项目着重考查学生对方法的熟练操作情况，因此实训表现所占成绩比重较大，为 70%，实训报告占总成绩的 30%。

5.2.8 实训拓展与提高

由于能力倾向是潜在的可能性,所以测试方法必须以基础特性中具有预见性的东西为对象。在能力倾向测试的设计中,一般遵循如下原则。

(1)在确定能力倾向对象的活动中,把握必要的具有本质意义的基础特性(如在配置职务时,应进行职务分析)。

(2)编制问题项目,用以发现这些基础特性在行为中的作用。

(3)设定与项目相对应的选拔等级或回答范围。

(4)保证信度和效度。

为了提高信度和效度,所设计的能力倾向测试必须充分地进行预试。在预试的基础上,不断严密地验证刺激与反应间的函数关系及规律性,即实现标准化过程。应该注意的是,预测的效度不可忽视。既然能力倾向测试是以预测性为基础,那么它的效标必须在将来应得到的现实成果(如任职后的工作绩效)中获得。

一般能力倾向性测验(general aptitude test battery,GATB)是根据各个职业领域中,在完成工作的前提下,测量个体对九种必要的、有代表性的能力倾向拥有程度,以探索个人职业适应范围,进而为选择所希望的职业提供一份资料。

测验由以下内容构成。

(1)纸笔测验

圆内打点测验,记号记入测验,形状相配测验,名称比较测验,图像相配测验,平面图判断测验,计算测验,词义测验,立体图判断测验,句子完成测验。

(2)器具测验

插入测验,转动测验,组装测验,拆卸测验。

5.3 胜任素质模型与胜任素质测评

5.3.1 实训目的

企业对员工进行素质测评运用得较多的是传统的心理测试、智力考试、知识测验等方法,这些方法只能测评员工的知识、技能等一些可见的、易于改进与提高的素质,而对指导员工运用知识与技能的有效性,处于最内层的核心动机和特质因素——素质中的潜能部分难以评估和改进。在复杂的职业中,胜任特征在测评优秀绩效方面要比与任务相关的技能、智力或学业等级更高,这一事实尤其体现在高层次的技术、市场和管理岗位,在这些工作岗位上区分绩效优秀的要素应当是动机、人际关系和政治才能。对这些岗位来说,企业应当选拔具有适当核心动机和特质的胜任者,有针对性地对员工进行胜任素质测评,引导人力资本在特定岗位产生最高投资效益。

本实训的目的在于,使受训者能够了解胜任素质的内涵和构建方法,并将理论运用于实践中,运用胜任素质测评,更好地发挥人力资源的效用。

5.3.2 基本知识要点

1. 胜任素质概述

胜任素质(competency/competence),国内的翻译有"能力""胜任力""胜任特征""胜任特质""资质"等。

美国胜任素质研究的权威机构 Hay 公司对员工胜任素质是这样定义的:在既定的工作、任务、组织或文化中区分绩效水平的个性特征的集合。胜任素质决定一个人能否胜任某项工作或很好地完成某项任务,它是驱使一个人作出优秀表现的个人特征的集合。

胜任素质与绩效,特别是高绩效水平密切相连,胜任素质的差异最终体现在工作绩效的好坏上。胜任素质的表现是和一定的情境因素相联系的,具体说来,这些情境因素包括特定的工作角色、岗位性质、职责、组织环境、企业文化、管理风格等。不同的岗位对胜任素质有不同的要求,同样的胜任素质在不同的岗位所发挥的作用也不一样。

按照现有的研究和实践,一般认为,胜任素质主要包括以下几个层面。

① 知识。知识即个人在某一特定领域拥有的事务型与经验型信息,如对某类产品营销策略的了解等。

② 技能。技能指个人掌握和运用专门技术的能力,如商业策划能力等。

③ 社会角色。社会角色指个人对社会规范的认知与理解,如以企业领导、主人翁的形象展现自己等。

④ 自我认知。自我认知即个人对自己身份的知觉和评价,如将自己视为权威、教练、参与者或执行者等,它表现出来的是个人的态度、价值观与自我形象。

⑤ 特质。特质指一个人的个性、心理特征对环境与各种信息所表现的一贯反应,如善于倾听、处事谨慎、做事持之以恒等。

⑥ 动机。动机即推动个人为达到一定目标而采取行动的内驱力,如希望把自己的事情做好,希望控制、影响别人,希望让别人理解和接纳自己等。

各种胜任素质可以被描述为在水中漂浮的一座冰山,水上部分代表表层的特征,如知识、技能等。深层的胜任特征,如社会角色、自我认知、特质和动机,是决定人们的行为及表现的关键因素。

在通常的测评中,人们一般比较重视考察知识、技能,但它并不是万能的,比如,两个人都是大学本科 IT 专业毕业、10 年以上 IT 工作经验,便很难区别优劣。然而,进入"水下冰山部分",就可以从社会角色、自我认知、特质和动机等方面,较好地区分优者和表现一般者。表层的知识和技能,相对易于改进和发展,培训是最经济有效的方式。核心的特质和动机处于人格冰山的最底层,难以评估和改进,所以它最有选拔的经济价值。自我认知位于其间,其中的态度和价值观,如自信(将自己看作"管理者"还是"技术/职员")的获得虽然很困难并需要更多的时间,但可以通过培训、心理治疗或曾经有过的成功经历来改善。

在复杂的职业中,胜任素质在预测优秀绩效方面比任务相关的技能、智力或学业等级分数就显得更重要。如在高层次的技术和管理岗位,几乎每个人都有大学以上文凭,但在这些工作岗位上区分绩效优秀的要素是动机、人际技能和团队才能,这些都是胜任素质。

2. 胜任素质模型

(1)胜任素质模型概述

胜任素质模型(competency model)是指担任某一特定任务角色所需要具备的胜任素质的总和。就是把能区分高绩效者和低绩效者的个人特征按照一定的标准组合起来,并用某种结构来表示的一种思想或理念。

建立胜任素质模型是人力资源开发理论和实践研究的逻辑起点,是人员选拔、培训、绩效管理的基础。目前已获得五类人员的通用胜任素质模型,分别如表5-6~表5-10所示。

表5-6 专业技术人员通用胜任素质模型

权重	胜任素质
6	成就欲
5	影响力
4	分析性思维、主动性
3	自信、人际洞察力
2	信息寻求、技术专长、团队协作
1	客户服务意识

表5-7 销售人员通用胜任素质模型

权重	胜任素质
10	影响力
5	成就欲、主动性
3	人际洞察力、客户服务意识、自信
2	公关、分析性思维、概念性思维、信息寻求、权限意识
阈限	相关技术或产品专业知识

表5-8 社区服务人员通用胜任素质模型

权重	胜任素质
5	影响力、发展下属
4	人际洞察力
3	自信、自我控制、个性魅力、组织承诺、技术专长、客户服务意识、团队协作、分析性思维
2	概念性思维、主动性、灵活性、指挥

表 5-9　经理人员通用胜任素质模型

权重	胜任素质
6	影响力、成就欲
4	团队协作、分析性思维、主动性
3	发展他人
2	自信、指挥、信息寻求、团队领导、概念性思维
阈限	权限意识、公关、技术专长

表 5-10　企业家通用胜任素质模型

权重	胜任素质
6	成就欲、主动性、捕捉机遇、坚持性、信息寻求质量和信誉意识
5	系统性计划、分析性思维
4	自信、专业经验、自我教育
3	影响力
2	指挥
1	发展下属、公关

（2）胜任素质模型的三个层次

基于公司战略与核心竞争优势的胜任素质模型由三个部分构成：全员核心胜任素质、序列通用胜任素质和序列专业胜任素质（图 5-1）。

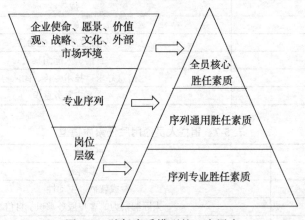

图 5-1　胜任素质模型的三个层次

① 全员核心胜任素质。全员核心胜任素质是企业使命、愿景、价值观、战略、文化及外部市场环境的反映，是针对组织中所有员工的基础且重要的要求，它适用于组织中所有的员工，无论其在何种部门或承担何种岗位任务。

② 序列通用胜任素质。序列通用胜任素质是依据员工所在的岗位群，或是部门类别不同而需要的专业知识、技巧及能力。在多个角色中都需要的技巧和能力，其重要程度和精通程度有所不同。

③ 序列专业胜任素质。序列专业胜任素质是在某个特定角色或工作中所需的特殊的、独特的技能。某公司助理商务经理的素质模型，如表 5-11 所示。

表 5-11 某公司助理商务经理的素质模型   %

素质类型	素质名称	所需级别	权重
自我概念类	严谨 1	四级以上	8
	协作精神 2	三级以上	3
态度意愿类	责任感 3	四级以上	14
团队管理类	培养/发展下属的能力 4	三级以上	17
能力技巧类	人际理解的能力 5	四级以上	6
	分析/解决问题的能力 6	四级以上	19
	条理性 7	四级以上	11
	专业知识 8	四级以上	22

（3）胜任素质模型包含的特征要素

不同职位、不同行业、不同文化环境中的胜任素质模型是不同的，斯宾塞列出了预测工作成功最常见的 20 个胜任素质，主要分为六类：第一，成就特征：成就欲、主动性、关注秩序和质量；第二，助人/服务特征：人际洞察力、客户服务意识；第三，影响特征：个人影响力、权限意识、公关能力；第四，管理特征：指挥、团队协作、培养下属、团队领导；第五，认知特征：技术专长、综合分析能力、判断推理能力、信息寻求能力；第六，个人特征：自信、自我控制、灵活性、组织承诺。

这六大素质又可分为两大类：一类是表现为个体内部的优异素质，如成就动机、主动性、概括性思维，这类素质表现出不同寻常的进取心，或是想把事情做得更好（成就欲），或是提前思考和计划（主动性），或以新的见解看待问题（概念性思维）；另一类是表现为个体对工作群体进行组织的素质，如影响他人、形成团体意识或群体领导。

（4）建立胜任素质模型的方法

胜任素质模型建立有两种基本思路：一种是根据组织的战略来研究对组织成员的素质要求；另一种是根据对绩效优秀和绩效一般的组织成员的相关信息的收集，来区分二者之间在行为方式上的差异，从而提炼出能够区分优秀人员与一般人员的能力素质特点。前一种方法，强调组织战略要求的能力与素质，可能这些能力与素质在当前的组织成员中并不普遍，但对组织的未来成功至关重要，所以这种方法具有未来导向性；后一种方法，主要关注当前的优秀人员所具有的能力与素质特点，并以他们为标准建立模型，从而确保胜任素质模型的现实适应性。

建立胜任素质模型，一般来说，主要有下述方法。

① 标准模式构建法。

第一，定义绩效标准。可以采用指标分析和专家小组讨论的办法，提炼出鉴别工作优秀的员工与工作一般的员工的绩效标准。这些指标应有硬指标，如利润率、销售额等，还必须有软指标，如行为特征、态度、服务对象的评价等。

第二，选取分析样本。根据第一步确定的绩效标准来选择适当的表现优秀的样本和表现一般的样本，并以此作为对比样本。

第三，获取分析样本有关胜任素质的数据资料。主要是通过行为事件访谈法、专家协助、工作观察、360度调查反馈、问卷调查及胜任素质模型数据库等方式完成此环节的工作。

第四，分析数据资料并建立胜任素质模型。通过对从各种途径和方法所得到的数据进行分析，鉴别出能区分优秀者和一般者的胜任特征，建立胜任素质模型框架。

第五，验证胜任素质模型。一般可采用三种方法来验证胜任素质模型。第一，选取第二个效标样本，再次用行为事件访谈法收集数据，分析建立的胜任素质模型是否能够区分第二个效标样本（分析员事先不知道谁是优秀组或一般组），即考察"交叉效度"。第二，根据胜任素质模型编制评价工具，来评价第二个样本在上述胜任素质模型中的关键胜任特征，考察绩效优秀者和一般者在评价结果上是否有显著差异，即考察"构想效度"。第三，使用行为事件访谈法或其他测评方法进行选拔，或运用胜任素质模型进行培训，然后跟踪这些人，考察他们在以后的工作中是否表现得更出色，即考察"预测效度"。在这三种方法中，学者们使用较多的是编制评价工具的检验方法。

② 专家风暴构建。专家风暴构建是建立在已有资料较为丰富或已有部分研究成果的前提下，利用专家头脑快速收集资料和分析资料而构建胜任素质模型的一种方法。

第一，召集专家。专家由非常熟悉业务、工作经验丰富、成绩显著的人员组成。非常了解业务的相关专家，包括实践专家、理论专家以及非常熟悉和了解胜任素质模型构建方法的研究者。

第二，头脑风暴。专家队伍对胜任能力进行头脑风暴，这些能力包括门槛能力和差异能力。专家需要完成一份事先拟定好的能力需求调查问卷，并对能力进行可操作性定义。第一轮调查结果由专门联络人员进行整理，整理结果发给专家评论，然后再进行第二次头脑风暴。本步骤是一个循环反复的过程，直到专家有一个普遍认同的结论。

第三，进行行为事件访谈。针对专家提出的具体能力有选择地进行行为事件访谈，以便得到关于具体能力的详细解说范例以及对具体能力进行确认。

第四，分析资料，构建胜任素质模型。通过对专家、行为事件访谈及文献资料分析，对行为事件访谈资料进行编码，确认哪些行为和个性特征是必备的，且可以有效区分绩效一般者和绩效优秀者。

第五，胜任素质模型的验证与能力分级。在胜任素质模型的基础上，专家队伍对其进行分析讨论，并展开调查，进行数据分析，验证模型的有效性。在此基础上，进一步对能力进行分级。

③ 因子分析构建。因子分析构建是基于问卷调查、访谈等收集资料，编制问卷并进行问卷调查，采用因子分析建构员工胜任素质模型的一种方法。

第一，选定人员类别。胜任素质模型是针对具体或某类岗位的，选定岗位是构建员工胜任素质模型的前提。

第二，收集资料与分析资料。通过访谈、开放式问卷调查和半开放式问卷调查，收集相关岗位资料，并对资料进行频次分析。

第三，问卷编制及预试调查。分析资料后即可拟定预试问卷。拟定过程中，还可以请有关专家进行问卷分析并对问卷进行初步预试调查。

第四，问卷的修订与正式调查。对预试调查数据进行统计修订，并确立最终调查的正式问卷。

第五，探索性因子分析建构模型。对调查数据进行探索性因子分析，建构员工素质模型的结构，所得因子结构即为员工胜任素质模型。

第六，验证模型。运用正式调查问卷重新收集数据，并运用结构方程模型中的验证性因子分析方法，对探索性因子结果进行检验，以验证探索性因子分析结果的信度和效度。

5.3.3　实训所需条件

1. 实训时间

本次实训以 4 个课时为宜。

2. 实训地点

多媒体教室或实验室。

3. 实训所需材料

实训所需的道具，即各工种所需的道具，签到表及相应的背景材料等。

签到表如表 6-2 所示。

5.3.4　实训内容与要求

1. 实训内容

盖莫里公司是法国一家拥有 300 人的中小型私人企业，拥有众多市场竞争对手。该企业的销售负责人参加了一个关于发挥员工创造力的会议后大有启发，开始在自己公司谋划成立一个创造小组。在冲破了来自公司内部的层层阻挠后，他把整个小组（约 10 人）安排到农村一家小旅馆里，在以后的三天中，每人都采取了一些措施，以避免外部的电话或其他干扰。

第一天全部用来训练，通过各种训练，组内人员开始相互认识，相互之间的关系逐渐融洽，开始时还有人感到惊讶，但很快他们都进入了角色。第二天，他们开始创造力训练技能，涉及智力激励法以及其他方法。他们要解决的问题有两个，在解决了第一个问题，即发明一种拥有其他产品没有的新功能电器后，他们开始解决第二个问题——为此新产品命名。

在第一、第二两个问题的解决过程中，都用到了智力激励法，但在为新产品命名这一问题的解决过程中，经过两个多小时的热烈讨论后，共为它取了 300 多个名字，主管暂时将这些名字保存起来。第三天一开始，主管便让大家根据记忆，默写出昨天大家提出的名字。在 300 多个名字中，大家记住 20 多个。然后主管又在这 20 多个名字中筛选出 3 个大家认为比较可行的名字。最后征求顾客意见，最终确定了一个。

结果，新产品一上市，便因为其新颖的功能和朗朗上口、让人回味的名字，受到了顾客热烈的欢迎，迅速占领了市场，在竞争中击败了对手。

2. 实训要求

根据案例内容总结头脑风暴的基本步骤与要求，并与小组成员就某一问题进行头脑风暴，加深对该方法的认识与理解。

要求教师在实训过程中做好组织工作，给予学生必要的、合理的指导，使学生加深对理论知识的理解，提高实际分析、操作能力。

5.3.5 实训组织方法与步骤

第一步，了解胜任素质模型和标准模式构建法的理论知识。
第二步，调研高校辅导员的工作内容，得出胜任工作所需要的素质特征。
第三步，针对胜任工作所需要的特征制定相应的素质考核标准。
第四步，撰写实训报告。

5.3.6 实训报告

实训结束以后，每位学生必须撰写实训报告，要求在实训报告中阐明理论依据以及相关的分析，主要内容参考前文中表 1-1。考虑到需要撰写大量的文字，实训报告可以在实训结束后 2 天内完成，由组长收齐后上交指导教师。

5.3.7 实训考核方法

1. 成绩划分标准

实训成绩按照优秀、良好、中等、及格和不及格五个等级评定。

2. 成绩评定标准

（1）能否清楚了解胜任素质的内涵和构建方法。
（2）能否构建合适的胜任力素质模型。

（3）由于该实训项目着重考查学生对方法的熟练操作情况，因此实训表现所占成绩比重较大，为70%，实训报告占总成绩的30%。

5.3.8 实训拓展与提高

企业管理中我们都曾见过同样专业和班级毕业的学生到相同岗位工作，有的人工作绩效非常高，有的人工作绩效却很差，甚至被企业淘汰，为什么有这样的差异？是岗位关键胜任力不同影响的。岗位关键胜任力素质模型构建是企业高绩效素质标准建立与量化管理的过程。它主要解决企业中不同岗位需要明确的岗位关键胜任力素质标准量化的问题，解决实践中我们遇到的什么素质类型的人能够在这个岗位上产生高绩效的问题，这是研究胜任力素质模型的原因与前提。

5.4 智 力 测 评

5.4.1 实训目的

了解智力测评的理论基础，能够熟练应用智力测评的相关测试题目并根据不同的结果对智力测评进行点评和分析。

5.4.2 基本知识要点

1. 智力的定义

一般认为，智力是指人认识世界并运用知识解决实际问题的起基础作用的能力总和。它包括注意力、观察力、记忆力、想象力和抽象思维力五个基本因素，是指认识、理解客观事物并运用知识经验等解决问题的能力。人要完成任何一种活动，都与这些能力的发展分不开。

智力有以下几个特点。

第一，智力与认识过程有关，但并非认识过程本身；

第二，构成智力的各种认识特点必须比较稳定，那些变化无常的认识特点不能称为智力；

第三，智力不是五种因素的机械相加，而是五种因素的有机结合；

第四，智力是一种能力，而情绪、情感、性格、气质、动机、兴趣、意志等非能力的特征则属于非智力因素。

2. 个别智力测评

传统智力测评由于施测对象的不同可以分为个体智力测评和团体智力测评。前者一般由一位主试对一位被试进行面对面的施测，后者则可由一位主试同时对若干被试进行面对面的施测。代表性强、影响较大的个体智力测评是韦克斯勒成人智力量表。

1939 年，韦克斯勒发表了第一个成人智力量表：韦克斯勒—贝勒维智力量表 I 型（以下简称"W-BI"）。1982 年，湖南医学院龚耀先主持修订出版了 WAIS 中国修订版（以下简称"WAIS-RC"）。其主要内容如下。

（1）言语量表

① 常识：共 29 题，内容取样范围极广，如"钟表有什么用""我国首都在哪儿"等，尽量避免涉及专业领域的内容。主要用于测量被试的一般智力因素和记忆能力。

② 理解：共 14 题，要求被试说明在某种特定情形下应做什么，或解释一些话的意思，如"为什么不要与坏人交朋友"等。主要用于测量被试运用知识解决实际问题的能力和社会适应能力。

③ 算术：共 14 题，内容属小学算术范围，如"8 个人在 6 天内可以完成的工作，若半天内必须完成，应找多少人来做"，题目限时完成。主要用于测量被试基本的数理知识和数学推理能力。

④ 类同：共 13 题，要求被试说出两件事或物的相似之处，如"斧头—锯子"。主要用于测量被试的抽象逻辑思维和分析概括能力。

⑤ 数字广度：由主试口述一串由 3~12 个数字随机排列组成的数字系列，要求被试按顺序复述，共 12 题，再由主试口述一串由 2~9 个数字随机排列组成的数字系列，要求被试倒着复述，共 10 题。主要用于测量被试的注意力和短时记忆能力。

⑥ 词汇：主试将一张包括 40 个词汇的词表呈现在被试面前，要求被试指出主试所读的词，并对其意义进行解释。主要用于测量被试的言语理解能力。

（2）操作量表

① 数字符号：要求被试根据事先提供的数字—符号关系，在给出的每个数字下面填写相应的符号，限时进行。主要用于测量被试建立新概念的能力和知觉辨别速度。

② 填图：共 21 张图片，每张图片都有缺失的部分，如人没有耳朵、动物没有尾巴，要求被试指出缺失的部分。主要用于测量被试的视觉记忆与辨别能力。

③ 积木图案：给被试 9 块积木，每块各面分别涂有全红全白或半红半白的颜色；同时给被试呈现 10 个图形，要求被试在限定时间内用积木拼摆出所呈现的图形。主要用于测量被试视的知觉组织、视动协调及分析综合能力。

④ 图片排列：共 8 组图片，每组图片打乱顺序后呈现给被试，要求被试重新以适当顺序排列，以组成一个连贯的故事情节。主要用于测量被试的综合分析能力和知觉组织能力。

⑤ 拼图：要求被试将一个被切割成几块的图形拼好，根据被试完成的速度来记分。主要用于测量被试的知觉组织及概括思维能力。

WAIS-RC 建立了农村和城市两个常模，适用于 16 岁以上的人群，共分 8 个年龄组。测验结果以离差智商分数报告，根据测验结果，可以了解被试在其常模团体中的位置。

3. 团体智力测评

团体智力测评是实际需要推动下的产物。以往的智力测评都属于个别测评的类型，量表中许多题目都需要被试作出口头反应或必须操作一些测验材料。而且，一般来说，个别测评还要求主试接受过专门的训练，本质上属于临床测验范畴，更适合用来对个案进行深入的分析。为了保证测评结果的正确性，个别测评的量表并不能适用于团体测评。

第一次世界大战中，美国卷入战争，此时非常紧迫的一个任务就是招募和选拔士兵。短时间内动员数百万人，采用个别施测的智力测评显然无法完成任务。美国心理学会（American Psychology Association）受命成立一个特别委员会，这个委员会在当时美国心理学会主席耶克斯（R.M.Yerkes）的指导下，根据士兵的一般智力水平，将他们迅速地分类、安置和补充，进而为决定某人是否被解职、不同人员指派至不同的职务或筛选出合适人员到军官训练营进行训练等提供依据。就这样，历史上第一个团体智力测评应运而生。其中奥提斯（Aotis）发明的团体智力测评贡献最大。在这个测评中，首次使用了多项选择题和其他客观题目形态。

在奥提斯的测验的基础上，军事心理学家们编制出了著名的陆军甲种测验（又叫陆军 A 式量表），为文字测验。后来针对不识英文或有阅读障碍的人编制出陆军乙种测验（又叫陆军 B 式量表），为非文字测验。两种测验都适合在团体中大规模施测。1917 年 3 月至 1919 年 1 月，美国有 200 多名万官兵接受了这种测验，由此积累了大量资料。

陆军测验的成功，使团体智力测评的研究、编制及应用迅速发展起来，并且开始在广大民众中使用。甲种和乙种测验不仅被翻译成多种语言，并且成为大多数团体测评的制作范本。于是，适合不同年龄和不同类型被试的各种团体测评相继出现。

团体智力测评的优势在于可以同时施测多人，相比于个别测评而言，简化了测验的指导语和施测程序，对主试的要求也大大降低，过去难以做到的大规模测验计划也能够实施。可以说，团体智力测评的出现对于 20 世纪 20 年代测验运动的蓬勃发展功劳巨大。影响较大、应用较广的团体智力测评有如下三种。

（1）陆军测验

陆军甲种测验由 8 个分测验组成，属于文字测验，包括指使测验（照令行事测验）、算术测验、常识测验、异同测验、语句重组并辨真假测验、填数测验、类比测验、句子填空测验。

陆军乙种测验属于非文字测验，包括迷津、立方体分析、补足数列、数字符号、数字校对、图画补缺和几何形分析 7 个分测验。

陆军甲种和乙种测验目前已不常用。现在美国军队采用军人资格测验选拔军人及分兵种。

（2）瑞文推理测验

瑞文推理测验是由英国心理学家瑞文（J.C.Raven）于 1938 年创制的一种团体智

力测评,在世界各国沿用至今,原名为瑞文渐进矩阵测验(Ravens progress/e Matrices)。

瑞文推理测验是瑞文基于斯皮尔曼关于智力的两因素理论编制而成的,主要目的是测量一般能力。该测验采取非文字的几何图形的测验形式。

瑞文推理测验在20世纪五六十年代几经修订,目前发展成三种形式。

① 瑞文标准推理测验。瑞文标准推理测验适用于5.5岁以上智力正常发展的人,属于中等水平的瑞文推理测验。

② 瑞文彩图推理测验。瑞文彩图推理测验用来测量幼儿及智力低下者,属于瑞文推理测验3个水平中最低水平的测验。

③ 瑞文高级推理测验。瑞文高级推理测验用于测量智力高于平均水平的人,是最高水平的瑞文测验。

20世纪80年代瑞文推理测验引入我国,张厚粲制定了国内常模。为了实际测评的需要,李丹等人将瑞文推理测验的标准型与彩色型联合使用,称为瑞文测验联合型,并分别建立了城市和农村常模。这样,整个测验上下限延伸,适用范围可扩大到5~75岁。

瑞文推理测验均由两种题目形式组成:一种是从一个完整图形中挖去一块;另一种是在一个图形矩阵中缺少一块,要求被试从被选的图形中选择出能够完成图形或使图形符合一定结构排列规律的图案。

瑞文推理测验可以团体施测,也可以个别施测,是一个有效的测量非言语推理能力的测验。它的优点在于对那些有言语、听觉和肢体障碍的人群相当方便,较少受到文化背景的影响,被公认为是一种"文化公平"测验。但瑞文推理测验的成绩不能与韦克斯勒智力量表同等看待,它提供的仅是图形推理的测验结果。

(3) 认知能力测验

认知能力测验由桑代克等美国心理学家于1968—1972年编制成功。这是一个应用相当广泛的团体智力测评,在实践中有较高的应用价值。

认知能力测验由四个部分组成:初级型、文字测验、数量测验、非文字测验。下面分别进行简单介绍。

① 初级型。初级型适用于小学低年级儿童,包括口头、词汇、关系概念、多重智力和数量概念4个分测验。

② 文字测验。文字测验适用于小学四年级以上,包括词汇、句子填充、语词分类、语词类推4个分测验。

③ 数量测验。数量测验适用于小学四年级以上,包括数的大小比较、数列补充、建立关系等式3个分测验。

④ 非文字测验。非文字测验适用于小学四年级以上,包括图形分类、图形推理、图形综合3个分测验。

认知能力测验题目由易到难排列,每个测验均有几套不同水平的题目,以便对智力成熟水平不同的人提供适当难度的测验,结果以离差智商、百分等级、标准九分数等解释。

认知能力测验各部分测验的再测信度系数在 0.72~0.95，对学业成就、工作成就、职业类型等具有相当的预测能力。

5.4.3 实训所需条件

1. 实训时间

本实训需要 2 学时。

2. 实训地点

多媒体教室。

3. 实训所需材料

实训所需的道具，即各工种所需的道具、签到表以及测试所需的试题等。

5.4.4 实训内容与要求

1. 实训内容

① 有两炷不均匀分布的香，香烧完的时间是一小时，你能用什么方法来确定一段 15 分钟的时间？

② 一位经理有 3 个女儿，3 个女儿的年龄加起来等于 13，3 个女儿的年龄乘起来等于经理自己的年龄。有一个下属已知道经理的年龄，但不能确定经理 3 个女儿的年龄，这时经理说只有一个女儿的头发是黑的，然后这个下属就知道了经理 3 个女儿的年龄。请问 3 个女儿的年龄分别是多少？为什么？

③ 有三个人去住旅馆，住三间房，每间房 10 美元，于是他们一共付给老板 30 美元，第二天，老板觉得三间房只需要 25 美元就够了。于是叫小弟退回 5 美元给三位客人，谁知小弟贪心，只退回每人 1 美元，自己偷偷拿了 2 美元，这样一来便等于三位客人每人各花了 9 美元，于是三个人一共花了 27 美元，再加上小弟独吞了 2 美元，总共是 29 美元。可是当初他们三个人一共付出 30 美元，那么还有 1 美元呢？

④ 有两位盲人，他们各自买了两双黑袜和两双白袜，八只袜子的布质、大小完全相同，每双袜子都有一张商标纸连着。两位盲人不小心将八只袜子混在一起。他们每人怎样才能取回黑袜和白袜各两双呢？

2. 实训要求

教师通过一些相关的测试题对学生进行相关测验。（结果仅供参考）

要求教师在实训过程中做好组织工作，给予学生必要的、合理的指导，使学生加深对理论知识的理解，提高实际分析、操作能力。

5.4.5 实训组织方法与步骤

本实训的主要组织方法是运用智力测试题对学生进行测试，帮助学生更好地认识自我并找出自己的不足，并撰写实训报告。

5.4.6 实训报告

实训结束以后，每位学生必须撰写实训报告，要求在实训报告中阐明理论依据以及相关的分析，主要内容参考前文中表1-1。考虑到需要撰写大量的文字，实训报告可以在实训结束后2天内完成，由组长收齐后上交指导教师。

5.4.7 实训考核方法

1. 成绩划分标准

实训成绩按照优秀、良好、中等、及格和不及格五个等级评定。

2. 成绩评定标准

（1）能否根据实际情况制定出切实可行的智力测评表。

（2）智力测评表的可行程度。

（3）能否根据智力测评表的结果对其进行专业的解释。

（4）由于本实训项目着重考查学生对智力测评表这一方法的熟练操作情况，因此实训表现所占成绩比重较大，为70%，实训报告占总成绩的30%。

5.4.8 实训拓展与提高

智力测试题

1. 有口井深7米，有只蜗牛从井底往上爬，白天爬3米，晚上往下坠2米，问蜗牛几天能从井里爬出来？

2. 一毛钱一个桃，三个桃胡换一个桃，拿1元钱能吃几个桃？

3. 有12个乒乓球形状、大小相同，只有一个重量与其他11个不同，现在要求用一部没有砝码的天秤称三次，将那个重量异常的乒乓球找出来，并且说明它比其他11个球较重还是较轻。

4. 一个商人骑一头驴要穿越1 000千米的沙漠，去卖3 000根胡萝卜。已知驴一次性可驮1 000根胡萝卜，但每走1 000米又要吃掉1根胡萝卜。问：商人最多可卖出多少胡萝卜？

5. 话说某天一艘海盗船被天上掉下来的一头牛给击中了，5个倒霉的家伙只好逃难到一座孤岛，发现岛上孤零零的，幸好有棵椰子树，还有一只猴子！大家把椰子全部采摘下来放在一起，但是天已经很晚了，所以就先睡觉。晚上某个家伙悄悄地起床将椰子分成5份，发现多一个椰子，顺手就给了幸运的猴子，然后又悄悄地藏了一份，把剩下的椰子混在一起放回原处，最后悄悄地回去睡觉了。过了会儿，另一个家伙也悄悄地起床，悄悄地将剩下的椰子分成5份，结果发现多一个椰子，顺手又给了幸运的猴子，然后又悄悄地藏了一份，把剩下的椰子混在一起放回原处，最后还是悄悄地回去睡觉了。又过了一会儿……又过了一会儿……总之5个家伙都起床过了，且都做了一样的事情。早上大家起床，各自心怀鬼胎地分椰子了，这只猴子还真不是一般的幸运，因为这次把椰子分成5份后，居然还是多一个椰子，只好又给它了。问题来了，这堆椰子最少有多少个？

第 6 章

培 训 管 理

6.1 培训会务管理

6.1.1 实训目的

通过本次实训,了解培训会务的基本内容,掌握会务安排及会场布置的基本方法,学会组织一些简单的培训。

6.1.2 基本知识要点

1. 培训媒体的选择

媒体通常被分为两大基本类型:一类为基本媒体,即传统上一直使用,且一般来说容易获得的媒体(比如书面媒体);另一类为先进媒体,这类媒体更多地与不断进步的技术相联系(比如仿真专家和专家系统)。

(1)基本媒体

基本媒体一般用于课堂教学,主要包括以下几种。

① 黑板和白板。这类设备最常见,而且简单易用。

② 活动挂图。这类设备方便携带,优点很多,能吸引学员的注意力,有助于复习、更新知识和实际应用。

③ 高射投影器。这种设备价格不贵,制作投影胶片也很容易(只需一台复印机或激光打印机)。个人电脑具备的文字处理和制作图表功能使得在胶片上实现彩色图示很容易。

④ 录制好的录音带。市场上随处可见录像机和显示屏,以及题材丰富的培训用录像带供选购。

⑤ 录制好的录音带。只需要配备价格低廉的简单设备即可录制和使用,且携带方便。市场上培训用的录音带的题材十分丰富,并且很容易根据学员的特殊需要录制。

(2)先进媒体

随着技术的进步,先进的培训媒体越来越多,大多数都与个人电脑、手机及功能强大的外围设备直接相关,以下是准备培训可以考虑的先进媒体。

① 数码录像。企业可以按照使用要求来制作数码录像(比如,对培训的某项技术进行示范,或进行一次学习动员)。现在,小巧稳定的便携式摄像机在技术上有了很大

改进，但制作录像仍需要适当的设备和专业知识。为了取得最好的效果，还需要仔细排练并讲究表演手法。

② 投影媒体，包括特殊书写板上按照手写原件制作硬拷贝的能力，以及通过计算机制作各种不同媒体（如 35 mm 幻灯片、标语、图表、透明投影胶片等）。

③ 计算机辅助训练。方式要求编制系统软件，添置适用的硬件（包括光盘和光盘只读器），还要有专业人士来制作教程。它可以利用彩色和图形技术，以及其他技术来促进学习。

④ 交互式录像。交互式录像要求综合运用上述所有媒体，再加上可提供多种功能的多媒体设备。

⑤ 电影。虽然 16 mm 放映机历史比较悠久，也逐渐被新兴的设备取代，但目前仍然在使用，并且放映质量非常好，因此电影仍然是一种重要的媒体。许多与训练有关的电影已经被翻制成录像。

⑥ 有声幻灯节目。有声幻灯需要结合使用 35 mm 彩色幻灯片（可由计算机图像程序生成）和预录节目的录像带。

⑦ 图形制作和显示软件。软件用于制作图形并输入各种媒体，也可以直接从计算机投影到大屏幕，由于充分利用了显示系统的功能，因而可以制作很好的节目。

⑧ 液晶显示设备。液晶显示设备安装在高射投影器上，能将计算机显示的图形投影到大屏幕上，还可采用大屏幕图像显示器和投影机。

⑨ 模拟器。这种设备可以特别订制，但价格昂贵。由虚拟现实技术产生的模拟是目前最先进的模拟技术。

2. 培训地点的选择

培训的地点可以有多种选择，可以是一间教室、一间可以容纳 500 人的大礼堂、一间单独面谈的办公室，也可以是工作场所。有些时候，十分合适的地点就在身边；有些时候，找到一个合适的地点得花费很多的时间。

如果培训组织者从未亲自到过培训地点，那么最好预先查看一下这些地点，否则，临时改变地点很可能会影响整个培训计划。培训地点应预先确定。

培训组织者应该提前到达培训地点，确保所有房间已经妥当安排，设备也已到位。

路途也是一个关键因素。培训组织者应该设身处地地为学员考虑如何到达培训地点，如交通是否便利，如果学员使用自己的交通工具，停车场地是否充足，同时还应为残疾人士准备特殊通道，如供轮椅通过的斜坡。

服务设施当然也应由组织培训者安排，如在培训休息时间提供的茶点等是否准备好了、就餐地点是否安排好、住宿地点是否确定。

3. 培训室的选择

大多数培训师都喜欢把培训场所安排成讲堂课堂、讨论间或办公场地。实际上，因为这种方式的支出费用会超出每个人的预算，所以一般不会有这样的机会。下面将分析选择培训室时需要考虑的因素。

（1）空间

培训室的空间大小取决于两个因素：房间的具体用处和能容纳的人数。如果房间用于教学（有椅子和小桌子），每个人允许拥有 $2\sim2.5\ m^2$ 的空间；如果房间用于会议，每个人允许拥有 $2.5\sim3.5\ m^2$ 的空间。

一种简单估算培训室大小的方法是用学员的人数乘以每个人必需的空间，再加上培训室的空间和搁置设备的空间即可。配套和适合的桌椅是必备条件。椅子务必舒服且坚硬，但过于舒服容易使人们昏睡。桌子应该较为狭长，$0.5\sim1.8\ m$，最好两个人共用一张桌子，并且坐的方向相同。千万不能为了增加培训人数而让学员们紧紧围坐在桌子的两边，这会让大家感到拥挤和不适。

（2）灯光

室内灯光必须满足培训师的要求。培训师需要足够的光线让大家看清楚演示板（但不能太强，否则学员无法看清投影屏幕），学员也需要一定的光线记笔记。

（3）周围环境的噪声

周围环境的噪声在培训学习的过程中对学习有较大的影响。培训师一般都喜欢无窗户的隔音房间，但这种房间并不多见，所以只能尽可能地挑选远离办公区域的地方作为培训场所，以避免机器、电话等噪声的干扰。

（4）电源设施

培训组织者需要预先检查电源插口的位置，确保其能正常使用。电源的位置可能会影响整个房间的布局，所以培训组织者一定要预先确认电源的位置是否符合要求，最好先试一试。

（5）培训辅助设备

培训辅助设备也必须提前检查，确保其能正常的使用，并处在最佳的工作状态。

（6）温度

理想的学习温度是 $20\sim25\ ℃$，所以在选择培训地点时，要保证空调正常工作。

4. 培训室的布置

培训室的布置首先要明确几点：一是没有一种布置方式符合所有培训的需要；二是对学员来说，座位的不同意味着他们的谈话对象、对教师的感受会不同；三是教室空间的大小在某种程度上决定着教室的布置；四是我们大致可将教室布置分为两种类型，即以培训师为中心和以学生为中心。以培训师为中心的布置能对学员进行比较好的控制，传统的座位一律面向前方的布置就是最好的例子。以学生为中心的布置，培训师的可视范围较小，各项活动的转换和衔接比较自然。以下是几种常见的培训室布置方式。

（1）传统的布置方式

学员面向教室前面，分排就座。座位前可能有成排的桌子，也可能像电影院那样没有桌子。许多培训就是在这种教室进行的。就空间利用而言，这是最有效率的布置方式。它只要求在教室中间留下一条通道。桌椅向前可排列至离教师用具很近的地方，向后可排至离后墙很近的地方。中间过道可放置放映设备。使用悬挂式放映机不会遮挡视线，所有空间均可利用。

（2）环形布置法

学员在教室中的可视性非常重要，因为不同的布置方式将决定学员是能更好地看清教室前面而看不见学员，还是能更好地看清学员而看不清教室前面。在环形布置中，如果不移动桌椅，将有将近一半的学员看不见教室前面。

（3）U形布置法

U形布置法能使邻近的学员互相看清对方，而且每位学员都能看清教室前面的中心地带。但是，采用这种布置方式，教室的空间不能够被充分利用，处在同一排的学员不能看见同一排的近邻伙伴，只能与对面的学员交流，而位于U形末端的学员更倾向于与老师进行交流，而非同排学员进行交流。

（4）V形布置法

与U形布置法相比，V形布置法更能充分地利用教室前面的空间，但学员更难彼此看见对方。很明显，U形布置和V形布置的空间利用效率最低，因为教室的整个中部地带基本上没有利用。

5. 培训的类型

培训的类型如表6-1所示。

表6-1　培训的类型

岗前培训		在职培训	
一般性培训	专业性培训	管理人员培训	专业性培训
公司的历史、传统与基本方针	就业规划、薪酬和晋升制度	观察、知觉力 分析、判读力 反思、记忆力 推理、创新力	行政人事培训
公司的风气、理念、价值观	劳动合同	文字表达	财务会计培训
本行业的现状与公司的地位	安全、卫生、福利和社会保险	管理基础知识	营销培训
企业的制度与组织结构		管理实务	生产技术培训
公务礼仪、行为规范		情商	质量管理培训
其他培训	技术、业务、会计等管理方法训练	其他培训	安全卫生培训
			采购培训
			计算机使用培训
			其他培训

6. 培训计划八要点

（1）培训目的。每个培训项目都要有明确的目的（目标），为什么培训？要达到什么样的培训效果？怎样培训才有的放矢？培训目的要简洁，具有可操作性，最好能够衡量，这样就可以有效检查人员培训的效果，便于以后的培训评估。

（2）培训对象。哪些人是主要培训对象？根据二八法则，20%的人是公司的重点培训对象。这些人通常包括中高层管理人员、关键技术人员、营销人员以及业务骨干等。确定培训对象还需要根据人员对培训内容的熟悉程度进行分组或分类，把同样水平的人员放在一组进行培训，这样可以避免培训资源浪费。

（3）培训课程。培训课程一定要遵循轻重缓急的原则，分为重点培训课程、常规培训课程和临时性培训课程三类。其中，重点培训课程主要是针对全公司的共性问题、未来发展大计进行的培训，或是针对重点对象进行的培训。这类培训做得好可以极大地提高公司的竞争力，有效弥补企业的不足。因此，这类培训需要集中公司人力、物力来保证。

（4）培训形式。培训形式大体可以分为内训和外训两大类，其中，内训包括集中培训、在职辅导、交流讨论、个人学习等；外训包括外部短训、MBA进修、专业会议交流等。

（5）培训内容。培训内容涉及管理实践、行业发展、企业规章制度、工作流程、专项业务、企业文化等课程。从人员上讲，中高层管理人员、技术人员的培训宜以外训、进修、交流参观等为主；而普通员工则以现场培训、在职辅导、实践联系更加有效。

（6）培训讲师。讲师在培训中起着举足轻重的作用，讲师有外部讲师和内部讲师之分，涉及外训或内训中关键课程以及企业内部人员讲不来的课程，需要聘请外部讲师。在设计年度培训计划时，可以确定讲师的大体甄选方向和范围，等到具体培训时，再最后确定。

（7）培训时间。年度培训计划的时间安排应具有前瞻性，要根据培训的轻重缓急安排。时机选择要得当，以尽量不与日常的工作相冲突为原则，同时要兼顾学员的时间。一般来说，可以安排在生产经营淡季、周末或节假日。并应规定一定的培训时数，以确保培训任务的完成和人员水平的真正提高。

（8）培训费用。培训费用预算的方法很多，如根据销售收入或利润的百分比确定经费预算额，或根据公司人均经费预算额计算等。在预算分配时，不能人均平摊。培训费用应向高层领导、中层管理者以及技术骨干倾斜。

6.1.3 实训所需条件

1. 实训时间

本项目实训周期大约为一周，其中课堂展示时间为2课时。

2. 实训地点

能容纳 50 人左右的教室一间。

3. 实训所需材料

电脑、投影仪、黑板、粉笔等相应的培训用具，签到表。

签到表如表 6-2 所示。

表 6-2 内部培训签到表

日期： 年 月 日

课程名称：

培训部门： 讲师：

上课时间： 年 月 日 时 分—— 年 月 日 时 分

序号	部门	工号	姓名	序号	部门	工号	姓名
1				12			
2				13			
3				14			
4				15			
5				16			
6				17			
7				18			
8				19			
9				20			
10				21			
11				22			

6.1.4 实训内容与要求

1. 实训内容

模拟组织一次大学生心理健康讲座。

2. 实训要求

要求学生掌握培训时间、场地如何选择，教室如何布置等基本理论，做好实训前的知识准备。

要求学生运用所学知识，模拟组织一次大学生心理健康讲座，具体了解培训的组织和安排。

要求学生做好培训通知、接待及收尾工作，并且在培训过程中配备好相关设备。

要求教师在实训过程中做好组织工作，给予学生必要的、合理的指导，使学生加深对理论知识的理解，提高实际分析、操作能力。

6.1.5 实训组织方法和步骤

第一步，教师向学生说明实训要求及实训步骤。

第二步，将学生划分为若干小组，5~7人为一组。

第三步，确定培训地点。培训地点有多种选择，可以是一间普通的教室，也可以是一间能容纳几百人的大礼堂，还可以是在酒店等场所租借的多功能活动厅等。考虑到本次培训主要针对学生，因此选择一间能容纳50人的教室即可。

第四步，布置教室。培训组织者可以根据演讲者的要求，参考理论知识要点部分提及的桌椅摆放方式布置教室。如果培训时间较长，可以考虑摆放一些食品在教室的后方或两侧，供茶歇时用。

第五步，培训组织者在培训期间随时跟踪，保证各种培训设备正常工作，并做好培训记录。

第六步，撰写实训报告。

6.1.6 实训报告

实训结束以后，每位学生必须撰写实训报告，要求在实训报告中阐明理论依据以及相关的分析，主要内容参考前文中表1-1。考虑到需要撰写大量的文字，实训报告可以在实训结束后2天内完成，由组长收齐后上交指导教师。

6.1.7 实训考核方法

1. 成绩划分标准

实训成绩按照优秀、良好、中等、及格和不及格五个等级评定。

2. 成绩评定标准

（1）对培训会务的了解程度。

（2）能否熟练应用培训会务。

（3）由于本实训项目着重考查学生对培训会务这一培训方法的熟练操作情况，因此实训表现所占成绩比重较大，为70%，实训报告占总成绩的30%。

6.1.8 实训扩展与提高

IBM 的培训管理

1. 全面塑造新员工的培训

新员工进入IBM以后，首先要进行为期4个月的培训，培训内容包括IBM的发展历史、规章制度、技术和产品工艺、工作规范和工作技巧。培训采用课堂授课和实地练习两种形式。培训结束后进行考核，合格者获得结业证明，不合格者被淘汰。4个月后，受训者有了 IBM 员工的基本概念。但是，要成为 IBM 的正式员工，还要经过一年的实习。实习期间公司给每位新员工派一位"师傅"，一对一地进行教学，定期向人力资源部和新员工所在部门反馈实习情况。实习结束后员工要做工作计划和个人发展计划，提出继续担任现有岗位的计划或变换岗位以及职业发展计划。

2. 制度化的老员工培训

IBM 注重在职员工的培训，制订了非常完备的员工培训制度和实施计划。培训形式除传统的教师培训外，广泛采用网上培训。IBM 建立了自己的网上大学，员工可以根据自己的时间安排学习，这解决了他们的学习培训与现实工作的矛盾冲突。课程形式既有书面学习，也有真实或虚拟项目的训练，均有较强的实用性。

IBM 提倡员工边工作边学习，或在业余时间参加各类课程的学习，以提高工作效率和个人发展潜力。员工可以根据自己的需要决定参加哪些培训，只要与工作有关而且合理，公司一般都会同意并给予经费。这有效地兼顾了企业和员工两个方面的培训需要。

3. 选拔和培养管理层的培训

IBM 非常重视"接班人"的培养，通过工作岗位轮换等方式来锻炼和选拔管理者的候选人。确认了合格的人员之后，IBM 会加以任命，使其有机会在管理工作中得到锻炼。上一级管理者与人力资源部门则负责对任职者的资格水平进行检验和有效的工作评估，遵循优胜劣汰原则。整个过程是公司与未来管理层双方互相审视适应的过程。

6.2 培训需求分析

6.2.1 实训目的

本实训针对企业目前面临的实际问题，通过现场练习、模拟等活动让学生掌握培训需求的具体分析方法和技巧。

6.2.2 基本知识要点

1. 培训需求分析概述

（1）培训需求分析的含义与特点

所谓培训需求分析，是指在规划与设计每一项培训活动之前，由培训部门、主管人员、工作人员等采用各种方法与技术，对各种组织及其成员的目标、知识、技能等方面进行系统的鉴别与分析，以确定是否需要培训及培训内容的活动或过程。它既是确定培训目标、制定培训规划的前提，也是进行培训评估的基础，是培训活动的首要环节。

从以上培训需求分析的含义，可以看出培训需求分析有下列特点。

① 需求分析的主体具有多样性，既包括对培训部门的分析，也包括对各类人员的分析。

② 需求分析的客体具有多层次性，即要通过对组织及其成员的目标、技能、知识的分析，来确定个体的现有状况与应有状况的差距，以及组织与个体的未来状况。

③ 需求分析的核心就是通过对组织及其成员的现有状况与应有状况之间差距的分析，来确定是否需要培训以及培训的内容。

④ 需求分析的方法具有多样性，如既可以采用全面分析法，也可以采用绩效差距分析法等。

⑤ 需求分析的结果具有很强的指导性，即它是确定培训目标、制订培训规划的前提，也是进行培训评估的基础。

（2）培训需求分析的作用

培训需求分析作为现代培训活动的首要环节，在培训中具有重大作用，具体表现为如下方面。

① 确认差距。培训需求分析的基本目标就是确认差距，即确认绩效的现有状况与应有状况之间的差距。绩效差距的确认一般包括三个环节：一是必须对所需要的知识、技能、能力进行分析，即理想的知识、技能、能力和标准或模型是什么；二是必须对当前实践中尚缺的知识、技能、能力进行分析；三是必须对理想的或所需要的知识、技能、能力之间的差距进行分析。这三个环节应独立有序地进行，以保证分析的有效性。

有时需求分析并非如此简单，每一个环节都有可能面临各种挑战。很多资源都用来确认所需要的知识、技能、能力，但这些资源之间可能发生冲突。当组织标准和工作人员的职位方面同时发生变革时，需求分析并不仅仅是简单的任务确定，它更像击打一个移动的靶子。

② 改变分析。需求分析的一个副产品就是改变分析。由于组织中发生的持续、动态的变革代表了一种主要挑战，改变分析对培训就显得十分重要。当组织发生变革时（不管这种变革涉及技术、程序、人员问题，还是涉及产品或服务的提供问题），组织都有一种特殊的、直接的需求。那些负责培训开发的人应该在制订合适的规划以前迅速地把握这种变革。

③ 由人事分类系统向人事开发系统转换。当需求分析考虑到培训和开发时，需求分析另一个重要的作用便是能促进人事分类系统向人事开发系统转换。无论是公共部门，还是私营部门，一般都有人事分类系统。人事分类系统作为一个资料基地，在决定新员工录用、预算等政策方面非常重要，但在工作人员开发计划、培训和问题解决

方面用处很小。如果人事分类系统不能帮助工作人员确定他们缺少什么技能以及如何获得这些技能，工作人员就不可能在一个较高级别的工作岗位上承担责任。如果这种系统不能包括有关培训的详细、特殊的需要，它对培训和人事部门是没有用的。如果它不能分析由任务和技能决定的功能，它就不会形成高质量的目标规划。然而，当相关培训部门因人事分类系统密切地结合在一起时，这种系统就变得更具综合性和人力资源开发导向。

④ 提供可供选择的方法。这些方法可能是一些与培训无关的选择，如人员变动、工资增长、新员工吸收，或是几个方法的综合。例如，假设人事部门预测，在调整公路建设方面急需增加一批交通工程专家，一个选择便是对已经工作在组织中的工程人员进行再培训，另一个选择可能是雇用已获高薪的、很有资格的工程专家，或者雇用一些低薪的、缺乏资格的个体，然后对他们进行大规模培训。这些方法具有不同的培训分类。最好的方法是把几种可供选择的方法综合起来，使其形成多样性的培训策略。

⑤ 形成一个研究基地。好的需求分析能够确定一般的需要与"听众"，确立培训内容，指出最有效的教导战略，找出特殊的"听众"等，同时，在培训之前，通过研究这些资料，建立起一个标准来评估培训项目的有效性。

⑥ 决定培训价值和成本。如果选择了科学的培训需求分析，并且找到了存在的问题，管理人员就能够把成本因素引入培训需求分析中去。需要回答的一个问题是：不进行培训的损失与进行培训的成本之差是多少？如果不进行培训的损失大于进行培训的成本，那么培训就是可行的；反之，如果不进行培训的损失小于进行培训的成本，则说明当前不需要或不具备条件进行培训。

⑦ 能够获得内部与外部的支持。如果一个组织能够证明信息和技能可被系统地传授，就可以避免或减少不利条件的制约。同时，高层管理部门在对培训规划投入时间和金钱之前，会对一些支持性资料感兴趣。中层管理部门和受影响的工作人员通常支持建立在坚实基础上的培训规划，因为他们参与了培训需求分析过程。无论是在组织内部还是外部，需求分析提供了选择适当指导方法与执行策略的大量信息，这为获得各方面的支持提供了条件。

2. 培训需求分析的三大层次

培训需求分析必须在组织中的三个层次上进行，第一个层次是个体层次，第二个层次是组织层次，第三个层次是战略层次。

（1）培训需求分析的个体层次

培训需求分析的个体层次主要分析工作人员个体现有状况的差距，在此基础上确定谁需要和应该接受培训及培训的内容。

在不同的组织以及组织内部的不同单位，培训需求分析的主体是不一样的，但是一般说来，任何组织和单位都要通过培训部门、主管人员、工作人员来进行分析。

① 培训部门。培训部门通常是选择谁需要和谁会获得培训的关键参与者。培训部

门经常要负责绩效测试。这种测试是引起培训或技能提高过程的一部分。为了未来的发展，需求分析中心可以选择一些有潜力的经理人员与行政人员参加培训。

培训部门经常负责检查和执行委托培训项目，虽然不是单独负责此类活动，但一般起主要作用。

培训部门同主管人员与工作人员相互作用，指导、劝告、通知和鼓励参加培训的人员。培训部门发布布告和清单以及与个体工作人员讨论各项选择，并同面临各种问题的主管人员一起工作。复杂的培训部门都有针对每个工作人员的详细培训目录，记载每一个工作人员曾经参加的培训，并且提出未来培训和开发的可能性。当具有下列情况时，详细培训目录就显得特别重要：委托培训项目广泛，工作人员的发展同工资和晋升联系在一起，组织想强调其工作人员的成长与发展的重要性。

② 主管人员。主管人员也是确定谁会获得培训的关键参与者。主管人员能够使培训决策成为绩效评价系统的一部分。绩效评价本身是需求分析与缺失检查的一种类型，它为培训决策的制订提供了警告性参数。

作为分析和开发过程的一部分，主管人员应该鼓励工作人员提出员工开发计划，或强调过去培训和开发员工的任务的完成报告。员工开发计划需要工作人员详细指明改进员工的知识、技能及能力的策略，而不管其现有水平如何。

主管人员能够制订包括单位内多数或所有工作人员在内的部门性培训计划表。主管人员有责任考虑工作人员具备的知识、技能和能力是否能够应对疾病、设备磨损及意想不到的工作量的增加等情况。交叉培训工作人员有助于主管人员确定不同的工作人员是否了解一种工作或一系列技能。

③ 工作人员。工作人员通过评估他们自己的需要，改进与其工作有关的技能、知识、能力，并积极寻找培训机会。工作人员需要在组织内部和外部进行培训，他们或是用工作时间或是用个人时间参加培训活动。

（2）培训需求分析的组织层次

培训需求分析的组织层次主要是指通过对组织的目标、资源、环境等因素的分析，准确找出组织存在的问题，即现有状况与应有状况之间的差距，并确定培训是不是解决这类问题最有效的方法。

培训需求的组织分析涉及能够影响培训规划的组织的各个组成部分，包括组织目标的检查、组织资源的分析和培训环境的转换等方面。

① 详细说明组织目标。明确、清晰的组织目标既对组织的发展起决定性作用，也对培训规划的设计与执行起决定性作用，组织目标决定培训目标。当组织目标不清晰时，设计与执行培训规划就很困难，详细说明在培训过程中应用的标准也不可能。

② 组织培训气候的确定。仅仅确定组织目标还不能产生任何作用，组织气候对培训也很重要。当培训规划和工作环境不一致时，培训的效果将很难保证。

路乐尔和戈德斯丁进行了一项研究，通过受训者在 102 个快餐店的工作情况来研究他们的模型。该研究主要是考察各单位的转换气候和分配给各单位的受训者的转换行为。受训者都是一些助理经理人员，他们都完成了为期 9 个星期的培训规划，然后被分配到 102 个快餐店中的任意一个。被分配到具有正转换气候的单位的受训者，在工作中往往表现出更多的转换行为。正如期望的一样，在培训中学得较多的受训者，在工作中表现得更出色，但是转换气候同培训之间的相互作用并不明显。这就提供了一个证据，即正转换气候的程度，影响到受训者所学行为方式转换到工作中去的程度，但前者不受培训者在培训规划中学习程度的影响。可见，转换气候是组织应该考虑的促进培训转换的强有力工具。

③ 资源分析。资源分析应该包括对组织人员安排、设备类型、财政资源等的描述。更为重要的是，人力资源需求必须包括反映未来需求的人事计划。1983—1989 年，美国在更新设备上的投资每年以 15%的速度增长，同时，这些技术也被大量地应用于培训规划。因此，如果一个组织计划实施这些技术，他们就需要做资源分析，以确定他们是否有人能通过参加培训来应用这些技术。

（3）培训需求分析的战略层次

传统上，人们习惯于把培训需求分析集中在个体和组织需求方面，并以此作为制订培训规划的依据。实践表明，一味地强调过去和现在的需求将会引起资源的无效应用。因此，组织应该把重点放在围绕未来需求的战略方法上。培训需求的未来分析，即战略分析，越来越受到人们的重视。

在战略分析中，有三个领域需要考虑：改变组织优先权、人事预测和组织态度。

① 改变组织优先权。引起组织优先权改变的因素主要有以下几点。

新技术的引进。例如，资料处理能力的提高使各种组织的结构、功能、性质等发生革命性改变。

财政上的约束。由于面临财政紧缺问题，各种层次的组织都把它们的预算削减到前所未有的程度，或完全终止规划。

组织的撤销、分割或合并。

部门领导人的意向。新任部门领导人的处事方式与前任不同，可能引起组织变革。

各种临时性、突发性任务的出现。由于外界环境的变化，组织需要建立新的组织或改变原有组织，以解决这些任务。

以上几点说明：培训部门不能仅仅考虑现在的需要，它必须是前瞻性的，即必须决定未来的需要并为之做准备，尽管这些需要与现在的需要可能完全不同。

② 人事预测。人事预测主要包括三种类型：短期预测，主要指对下一年的预测；中期预测，指 2~4 年的预测；长期预测，指 5 年或 5 年以上的预测。人事预测的内容有需求预测与供给预测。

需求预测主要考察一个组织所需要的人员数量以及这些人员必须掌握的技能。对于稳定性组织而言，过去的需求无疑是确定未来需求的指示灯，但对于经历了巨大变革的组织来说,将过去的需求和其他预测技术结合起来才能确定未来需求。

供给预测不但要考察可能参加工作的人员数量,而且要考查他们所具有的技能状况。

③ 组织态度。在培训需求的战略分析中,收集全体工作人员对其工作、技能及未来需求等的态度和满意程度是有用的。首先,对态度的调查有助于组织找到最需要培训的领域;其次,对态度与满意程度的调查不但可以让组织明确是否需要培训以外的方法,也能让组织确认那些阻碍改革和反对培训的领域对工作人员态度及满意度的调查应瞄准的利益领域,以便使各种反应比较集中。这些领域包括工人、领导者、团队和组织等。

3. 培训需求分析的方法与技术

任何层次的培训需求分析都离不开一定的方法与技术。这种方法与技术又是多种多样的。在此,从宏观的角度探讨三种方法:必要性分析方法、全面性分析方法和绩效差距分析方法。

(1)培训需求的必要性分析方法

① 必要性分析方法的含义。所谓必要性分析方法,是指通过收集并分析信息或资料,确定是否通过培训来解决组织存在问题的方法,它包括一系列的具体方法和技术。

② 九种基本的必要性分析方法与技术。

观察法。通过较长时间的反复观察或通过多种角度、多个侧面或有典型意义的具体事件进行细致观察,得出结论。

问卷法。调查形式多样,如对随机样本、分层样本或总体进行调查或民意测验,可采用各种问卷形式,如开放式、投射性、强迫选择、等级排列等。

关键人物访谈。通过对关键人物如培训主管、行政主管、专家主管等的访谈,了解所属工作人员的培训需要。

文献调查。通过对专业期刊、具有立法性质的出版物等的分析、研究,获得调查资料。

采访法。可以是正式的或非正式的,结构性的或非结构性的;可用于一个特定的群体(行政机构、公司董事会等,或每个相关人员)。

小组讨论。与面对面的采访一样,可以集中应用在工作(角色)分析、群体问题分析、目标确定等方面。

测验法。具有功能导向,用于测试一个群体成员的技术、知识熟练程度。

记录、报告法。包括组织的图表、计划性文件、政策手册、审计和预算报告等。该方法对较难解决的问题能提供极好的分析线索。

工作样本法。采用书面形式,由顾问对提前准备好(但是与工作有关)的案例提供书面分析报告,可以是组织工作过程中的产物(如项目建议、市场分析、培训设计等)。

(2)培训需求的全面性分析方法

① 全面性分析方法的含义。全面性分析方法是指通过对组织及其成员进行全面、

系统的调查，确定理想状况与现有状况之间的差距，从而进一步确定是否进行培训及培训内容的一种方法。

② 全面性分析方法的主要环节。

计划阶段。由于工作分析是一种系统的分析方法，需要耗费大量时间，因而分析前制订谨慎的计划对于全面性分析方法取得成功非常重要。计划阶段一般包括计划范围的确定和咨询团体的任命两部分内容。

研究阶段。工作分析的计划制订以后，必须对目标工作进行探讨研究。首先要检验的信息是工作描述，在研究阶段，工作分析人员应该能从总体上描述一项工作。

任务或技能目标阶段。这一阶段是工作分析的核心，有两种方法可以应用：一种方法是形成一个完整、详细的任务目录清单，即把每一项任务分解成微小的分析单位。另一种方法是仅把工作剖析成一些任务，然后形成一个描述任务技能目标的目录。

任务或技能分析阶段。工作任务的重要性是工作分析的一个维度，另一个维度是频率，即一定时间内从事一项任务的次数。其他维度包括工作需要的技能熟练水平、严重性及责任感的强弱程度。技能熟练水平这一维度主要考察不同的任务需要的是高级、中级还是初级的熟练水平。严重性这一维度主要考察何种任务执行不当将会产生灾难性后果。责任感的强弱程度这一维度主要考察在职工作人员在不同层次的监督下所表现出来的责任感的大小。当一个全面的任务目录分析完成以后，下一步就要分析工作人员需要什么类型的培训。

（3）培训需求的绩效差距分析方法

① 绩效差距分析方法的含义。绩效差距分析方法，也称问题分析法，它主要集中在组织问题而不是组织系统方面，其推动力在于解决问题而不是系统分析。绩效差距分析方法是一种广泛采用的、非常有效的需求分析法。

② 绩效差距分析方法的环节。

发现问题阶段。发现并确认问题是绩效差距分析方法的起点。问题是衡量理想绩效和实际绩效之间差距的一个指标，其类型诸如生产力问题、士气问题、技术问题、资料或变革的需要问题等。

预先分析阶段。预先分析阶段是由培训者进行的直观判断阶段。在这一阶段，要作出两项决定：一项是如果发现了系统的、复杂的问题，就要运用全面性分析方法；另一项是解决应用何种技术收集资料的问题。

资料收集阶段。收集资料的技术有多种，经常采用的有扫描工具、分析工具等，在使用时各种技术最好结合起来应用。

需求分析阶段。需求分析涉及寻找绩效差距。这种分析既考察实际的个体绩效与工作说明之间的差距，也考察未来的组织需求和工作说明。因此，工作设计就和培训高度结合在一起。我们可以把需求分析分为工作需求、个人需求和组织需求三个方面。

通过一个新的或修正的培训规划解决问题，是所有需求分析的目标所在。获得需求分析的结果之后，通常可以针对不同的需求采用不同的培训方法及不同的培训内容。

6.2.3　实训所需条件

1. 实训时间

本实训需 1 周时间，其中访谈需 2 学时。

2. 实训地点

公司会议室。

3. 实训所需材料

电脑、投影仪、黑板、粉笔等相应的培训用具，签到表。

6.2.4　实训内容与要求

1. 实训内容

对公司销售客户经理进行培训需求访谈。

2. 实训要求

要求学生掌握培训需求调查的相关方法。

要求学生应用关键人物访谈、问卷调查等方法对 A 公司客户经理进行调查得出他们的培训需求，并整理成需求分析报告。

要求教师在实训过程中做好组织工作，给予学生必要的、合理的指导，使学生加深对理论知识的理解，提高实际分析、操作能力。

6.2.5　实训组织方法与步骤

第一步，教师向学生说明实训要求及实训步骤。
第二步，将学生分组，每组 5~7 人。各组负责访谈不同的客户经理。
第三步，各组成员负责制定访谈计划或调查问卷。
第四步，各组成员到公司对客户经理进行培训需求调查。
第五步，各组成员将调查结果整理成分析报告，递交给公司。
第六步，由公司培训负责人对报告给予评价。
第七步，撰写实训报告。

6.2.6　实训报告

实训结束以后，每位学生必须撰写实训报告，要求在实训报告中阐明理论依据和相关分析，主要内容参考前文中表 1-1。考虑到需要撰写大量的文字，实训报告可以在实训结束后 2 天内完成，由组长收齐后上交指导教师。

6.2.7　实训考核方法

1. 成绩划分标准

实训成绩按照优秀、良好、中等、及格和不及格五个等级评定。

2. 成绩评定标准

（1）调查问卷（访谈计划）的设计是否合理、完整，满分为30分。

（2）公司对需求分析报告的评价如何，是否有助于解决实际问题，满分为40分。

（3）实训报告的书写是否规范、认真、准确，满分为30分。

6.2.8　实训拓展与提高

培训需求分析的实施程序

1. 做好培训前期的准备工作

（1）建立员工背景档案。（培训档案，俗称培训台账，可随时增添内容）

（2）同各部门人员保持密切联系。（与各部门访谈）

（3）向主管领导反映情况，采用设立信箱的形式收集需求并反馈。（个人需求—收集—向上汇报，或主动与公司高级管理人员访谈，如生产副总、安全副总等，落实下一步的培训发展战略）

（4）准备培训需求调查。（将上述资料汇总后，列出公司战略层级的培训方向与部门经理交谈，部门经理再落实给员工等）

2. 制订培训需求调查计划

（1）确定培训需求调查工作的行动计划——各工作的时间进度。（一般情况下公司每年的培训计划将在年初1月左右发布实施，因此培训需求计划在上年的10月开始进行）。

（2）确定培训需求调查工作的目标。尽量提高可信度（由于存在自下而上的收集程序，主观因素较大）。选择合适的培训需求调查方法。

（3）确定培训需求调查的内容，要注意不要太宽泛要多角度进行，便于取证，否则浪费时间与金钱。（例如培训预算表头、项目、培训对象、内容、基本预算等）

3. 实施培训需求调查工作

（1）提出培训需求建议或愿望。（分层级采集，例如可以开会将公司层面的培训发展战略布置给各部门领导）

（2）调查、申报、汇总需求建议。报告给培训负责人。（编制培训预算初稿，对培训项目进行分类，如管理类、技术类、市场营销类、外语类、重点培训项目类等）

（3）分析培训需求。（关注员工现状、存在问题、期望。公司层级、组织部门层级、个人需求三个方面进行沟通访谈）

（4）汇总培训需求意见，确认培训需求、初步计划和预算方案。（经过修改后的进一步培训计划与预算）

4. 分析与输出培训需求结果（主要以分析报告为结果）

（1）对培训需求调查信息进行归类、整理。

（2）对培训需求调查信息进行分析、总结。

（3）根据紧急程度、个别需求或当前未来需求进行分析。

（4）撰写培训需求分析报告，以调查信息为依据。

6.3 人力资源培训方法——角色扮演法

6.3.1 实训目的

通过本次实训，使学生熟练掌握角色扮演法的实施方法和步骤，掌握一定的培训技巧。

6.3.2 基本知识要点

1. 角色扮演法的定义及种类

角色扮演法是指让参加者身处模拟的日常工作环境之中，按照实际工作中应有的权责来担当与其实际工作类似的角色，模拟性地处理工作事务。角色扮演法是开发行为能力的一个手段，可以让受训者尽快了解所有状况，并积极参与到培训当中，收到很好的效果。角色扮演法通常由 2 名及以上人员参加，给予一定的角色，模拟现实场景，在表演的过程当中理解"对方的作用"和"对方希望的自己的作用"，从而提高自己的能力、改变态度。在角色扮演法中，未担任角色的其他人在下面观看，表演结束后举行情况汇报，扮演者、观察者和教师共同对整个情况进行讨论。角色扮演给学员提供了一个机会，在一个逼真而没有实际风险的环境中去体验、练习各种技能，而且能够得到及时的反馈。角色扮演的关键问题是排除参加者的心理障碍，让参加者意识到角色扮演的重要意义，减轻其心理压力。角色扮演法主要用于对询问、电话应对、销售、业务会谈等基本技能的学习和提高。通过这种方法，参加者能较快熟悉自己的工作环境，了解自己的工作业务，掌握必需的工作技能，尽快适应实际工作的要求。

角色扮演法的种类通常包括如下方面。

（1）单练法。即一人担当两个角色，自编自演。其优点在于不受时间、场所、人数的限制，可以站在不同的立场进行思考。

（2）一对一法。即从一对一的演练当中探索自己的问题，这是角色扮演法的原理。

（3）小组法。即 3 人以上为一组进行演练。其优点在于短时间内可以让更多的人参与进来，但效果可能差一些。

（4）观察法。把重点放在深入观察上。假如5人为一组，则2人是演练者，3人作为观察者进行反馈，最后综合每人的意见。

（5）单人表演法，即在全体人员当中选择一人到前面进行演练，其他人员观察研究，多用于行为训练。

（6）分组演练法，即全体人员分为几个小组开展演练（表演者为2人，观察者为1人，根据不同的情况，观察者可能多一些）。

2. 角色扮演法的操作过程

角色扮演法的操作过程主要包括准备和实施两个阶段。

（1）准备阶段

① 根据学习需要，确定学习主题，如提高商业谈判技巧等。

② 设定演出角色，指派演员，如客户和销售员。

③ 设定演出条件，确定演出时间、地点及背景道具等。

④ 将学习人员分组，最好以5人一组为佳。

⑤ 利用摄影机录制各学员的表现。

（2）实施阶段

① 在角色扮演开始时，讲解训练方法的名称、内容及预期要达到的目标。

② 在演出正式开始前做一些活动，营造轻松愉快的气氛。

③ 确定各角色的具体任务及担任者。

④ 实际演示，即各成员各就各位，根据分配的角色开始演示。

⑤ 演出结束，观察员针对各个角色扮演者存在的问题进行分析与评论。

3. 角色扮演法中各角色的注意事项

（1）主角的注意事项

① 牢记自己是学习者。

② 理解清楚自己的作用。

③ 放松心态。

④ 不要操之过急。

⑤ 不要中途放弃。

⑥ 融入真实的场景中，不要以平时的态度对待配角。

⑦ 有包容的心态，接受观察者的反馈意见。

（2）配角的注意事项

① 不要有夸张的表现或态度，尽量自然地表演。

② 不要有过分锻炼主角的意识，以现实中正常的心态对待主角。

③ 配合主角的表演。

④ 融入真实的场景中，不要以平时的态度对待主角。

（3）观察者的注意事项

① 时刻牢记自己是在与表演者一起学习。
② 观察时焦点放在主角的言行举止上，深入观察。
③ 评价时要冷静、具体，时刻牢记要有助于培训的进行。
④ 评价时最好不要叫表演者的名字，而是称呼表演者扮演的角色。

4. 角色扮演法的优点

（1）有助于训练基本动作和技能。
（2）提高人的观察能力和解决问题的能力。
（3）活动集中，有利于培训专门技能。
（4）可训练态度仪容和言谈举止。

5. 角色扮演法的缺点

（1）人为因素较多。
（2）强调个人。
（3）容易影响态度，不易影响行为。
（4）角色扮演的设计和实施较复杂。

6.3.3 实训所需条件

1. 实训时间

本实训需要 2 学时。

2. 实训地点

多媒体教室。

3. 实训所需材料

实训所需的道具，即各工种所需的道具，签到表。
签到表如表 6-2 所示。
本实训所需的背景资料如下。

A 公司的销售难题

A 公司是一家电信设备制造商，负责向电信运营商提供小灵通基站设备等。在运营之初，小灵通生产厂家少、产品销售比较容易，销售人员通常只需负责供货与回收贷款。随着市场不断成熟，相关产品设备的供应商越来越多，运营商进货渠道不断增多，在进货过程中，他们对 A 公司提出了一些不合理的要求。比如要求 A 公司为其提供一些免费旅游的机会，帮其报销一些应酬费用等。针对这种情况，A 公司派出销售经理与运营商的相关负责人进行沟通。

6.3.4 实训内容与要求

1. 实训内容

实训内容：角色扮演法的应用

A公司是一家专门生产和销售"飞达"系列品牌冰猫的中法合资公司，成立于2005年5月，目前拥有员工1 500多人，设有生产部、技术部、销售部、采购部、人力资源部、财务部等职能部门。张宏是技术部的部门经理，直接向总经理汇报工作。技术部辖下4个组，分别为生产工艺组、质量控制组、生产计划组和设备管理组。每组有员工20名，各组设组长1名，他们都直接向张宏汇报工作。技术部的主要工作职责是制订生产计划、设备的修理与维修、质量控制、生产工艺与过程控制，协调生产，随时解决生产过程中遇到的各种技术问题。

为了提高生产效率，公司的管理团队经讨论制订了一项优化生产过程的计划，将由生产工艺组负责具体的推行工作。生产工艺组的组长是吴越。这一优化过程需要生产工艺组与生产部密切合作，共同进行。因此生产部主管的配合对这一项目的成功具有极其重要的意义。但据张宏了解，在上周生产工作会议上，吴越与生产部的钱经理因意见不合发生过激烈的冲突。当时，钱经理提出要改进一套生产设备，但吴越认为，由于工厂条件所限，改进设备不可行。钱经理级别比吴越高，听后很不高兴，大发脾气，双方各执己见，吵了起来。最后在其他人的劝说下，他们虽停止了争吵，但也是不欢而散。这件事可能会影响吴越与钱经理的合作，吴越甚至会反对这一计划。

现在假设被试者就是张宏，他要做的是向吴越布置这一工作任务，并说服他主动改善与钱经理的关系，以使优化项目顺利进行。

角色任务说明：现在是周一上午，张宏经理（被试者）把吴越组长（配合者）叫到办公室，目的是通知后者有关优化生产过程项目的具体内容，同时张宏经理还希望吴越组长能够改善与生产部钱经理的关系，并全身心投入这一优化生产过程的项目中。

请记住，技术部张宏经理已经坐在办公室，吴越组长进来了。他不知道经理找他有什么事，张宏向他转达项目内容。30分钟后张宏必须出发去机场到外地参加一项重要会议。谈话时间必须控制在半小时以内。

配合者指导手册：在本次角色扮演测评活动中，配合者被要求扮演吴越组长，与其直接上司、技术部张宏经理进行一次历时约30分钟的谈话。具体的谈话背景请仔细阅读背景材料以及提供给被试者的"角色背景材料"。

配合者的背景材料：吴越已经在A公司工作了3年，从最初的蓝领生产工人做起，一年前被提升为技术部生产工艺组的组长。总的来说，他喜欢自己的岗位，有能力，工作也很努力，只是偶尔做事比较马虎。上一季度就出现过两次发错报告的问题，因此上一季度张宏经理对他的考核评价是2级（考核分5级，1级最差，5级最优）。对此他有所不满，认为这两次犯的都是小错误，也没有导致什么损失。

他已经深深地感受到了竞争的压力,而且认为该优化生产过程项目的确能起到提高生产效率的作用,但要实施这个新项目,人手方面有不小的困难,上个月有2名员工刚刚辞职,影响了整个团队的士气。最近新招聘进来的一名员工还在进行入职培训,暂时派不上用场。他目前从事的工作已非常繁忙,时间不够用。另外,要想推行这个生产优化项目,设备方面也有问题,现有的设备不够先进,推行该项目会出现较多的技术难题。

在上周的生产工作会议上,他与生产部主管钱经理发生了冲突。不过,他一直认为自己理由充分,没有做错,是钱经理无理取闹。他认为钱经理是一个自负的人,固执己见,不愿听取他人意见。他觉得与这样的人很难开展合作,打心眼儿里不愿意和钱经理打交道。

2. 实训要求

要求学生掌握角色扮演的相关理论,做好实训前的知识准备。

要求学生运用所学知识,模拟案例中的角色,体验案例中涉及的各人物心理,找出问题的解决方案。

要求做观众的学生认真观察,做好记录。

要求教师在实训过程中做好组织工作,给予学生必要的、合理的指导,使学生加深对理论知识的理解,提高实际分析、操作的能力。

6.3.5 实训组织方法与步骤

第一步,教师向学生说明实训要求及实训步骤,确定演练的内容及角色。本案例中的角色设定为A公司的销售经理及运营商的相关负责人。

第二步,将学生分组,每组5~7人。各组选出两个角色扮演者,其他学生充当观察者。

第三步,将材料发给所有参加者,演员利用2~3分钟进行热身,适应自己的角色,观察者还要另发观察表。

第四步,演示者开始表演,各组摄像人员负责摄像。

第五步,演示结束后,演示者发表对自己和对方角色的看法,如有何成功之处、失败之处及改进方法。

第六步,观察者对演示者的表演进行分析评价,包括优缺点及以后需要注意的问题。

第七步,撰写实训报告。

6.3.6 实训报告

实训结束以后,每位学生必须撰写实训报告,要求在实训报告中阐明对理论依据以及相关内容的分析,主要内容参考前文中表1-1。考虑到需要撰写大量的文字,实训报告可以在实训结束后2天内完成,由组长收齐后上交指导教师。

6.3.7 实训考核方法

1. 成绩划分标准

实训成绩按照优秀、良好、中等、及格和不及格五个等级评定。

2. 成绩评定标准

（1）角色扮演的准备工作是否充分，包括道具的准备、时间和场所的安排。

（2）角色扮演的介绍工作是否清楚，角色分配是否合理。

（3）是否能有效地引导学生做好表演前的热身。

（4）总结是否恰当、完整。

（5）实训报告是否有完整的原始材料，如道具或角色扮演中所产生的文字材料，如有条件配以角色扮演的照片或录像，是否记录完整的实施过程和确切的实训结果。

（6）是否有实际收获和体会，包括参加活动的收获或体会、活动体现的实践价值、对今后有关工作的建议等。

（7）由于该实训项目着重考查学生对角色扮演法这一培训方法的熟练操作情况，因此实训表现所占成绩比重较大，为70%，实训报告占总成绩的30%。

6.3.8 实训拓展与提高

10分钟角色扮演实例

指导语：你将与其他两个人共同合作，而你们三个角色的行为是相互影响的。请快速阅读关于你所学角色的描述，然后认真考虑你怎样扮演那个角色。进入角色前，请不要和其他两个应试者讨论即席表演的事情。请运用想象使表演持续10分钟。

角色一：图书直销员

你是一名大三的学生，你想多赚点钱养活自己，一直不让家里寄钱，这个月内你要尽可能地卖出手头的图书，否则你将发生经济危机。你刚才在党委办公室推销。任凭你怎样介绍书的内容，办公室主任都不肯买。现在你恰好走进了人事科。

角色二：人事科主管

你是人事科主管，刚才你已注意到一位年轻人似乎正在隔壁的党委办公室推销书，你现在正急于拟订一个人事考核计划，需要参考有关资料。你想买一些参考资料，但又怕上当受骗，你知道在隔壁办公的党委办公室主任会走过来，而你一直非常忌讳别人觉得你没有主见。

角色三：党委办公室主任

你认为推销书的大学生不安心读书，想利用推销书的办法多赚一点钱，以使自己的生活过得好一点。推销书的人总是想说服别人买他的书，而根本不考虑买书人的意愿与实际用途。因此，你对该大学生的推销行为感到恼火。你现在注意到这位大学生会利用你同事想买书的心理。你决定去人事科阻挠，但你又意识到你的行为过于明显会使人事科主管不高兴，认为你的好意是多余的，并让他产生自己无能的感觉。

角色扮演要点参考（仅供评分人参考）：

1. 角色一

（1）避免党委办公室的情形再度发生，但要注意不能过于强求。

（2）对人事科主管尽量诚恳、有礼貌。

（3）防止党委办公室主任的不良干扰。

2. 角色二

（1）尽量检查书的内容与适用性。

（2）尽量在党委办公室主任说话劝阻前作出决定。

（3）党委办公室主任开口劝阻你，而你又想买，则应表明你的观点，说该书不适合党委办公室是正确的，但对你还是有用的。

3. 角色三

（1）装作不是故意来为难大学生的。

（2）委婉表明你的意见。

（3）注意不要惹怒大学生与人事科主管。

6.4 人力资源培训方法——游戏法

6.4.1 实训目的

通过本次实训，了解游戏法的实施步骤，掌握一定的培训技巧。

6.4.2 基本知识要点

1. 游戏法的定义

游戏法是当前一种较先进的高级训练法，培训的对象是企业中较高层次的管理人员。游戏是指由两个或更多的受训者在一定规则的约束下，相互竞争以达到某种目标的培训方法，是一种高度结构化的活动方式。由于游戏本身的趣味性，这种培训方法能激发参与者的学习兴趣，使学生在不知不觉中学习，巩固所学的知识、技能，开拓思路，提高解决问题的能力。常用的游戏如"沙漠遇险""海上沉船""红黑游戏"等。

这一培训方法要求参与者在一定的规则、程序、目标和输赢标准下竞争，往往是全组相互合作达到一个共同的目标。这种方法寓教于游戏中，通过完成事先设计好的精妙游戏，让培训对象领悟到其中的管理思想，通过调动参与者的参与热情和兴趣来训练他们的合作意识。

游戏法的要求是：游戏涉及竞争，必须有一定的游戏规则，有一定的结局。

游戏法的优点是：能激发参与者的积极性，能改善人际关系，能加深对业务知识和技能的理解，可使参与者联想到现实的后果。

游戏法的缺点是：较简单，使人缺少责任心，比较费时，模拟游戏的有效性并没有得到证实，存在后勤问题。

2. 游戏的选用及操作

根据培训的目标、培训内容的需要恰当选用游戏，并将游戏的目的、效果与培训内容相结合。在制订培训计划时，认真考虑在培训的哪个环节加入游戏。

通常，游戏法包括以下过程：首先，选择相关游戏，准备道具。其次，培训师向学员介绍游戏规则和方法。再次，将学员分组进行游戏。最后，培训讲师对游戏进行评估总结。

3. 游戏法的一般过程

（1）选择相关游戏，准备道具。
（2）培训者向学员介绍游戏规则和方法。
（3）将受训者分组或以个人形式进行比赛。
（4）培训者进行评估和总结。

6.4.3 实训所需条件

1. 实训时间

本实训需要 2 学时。

2. 实训地点

多媒体教室。

3. 实训所需材料

游戏用的材料，包括字条卡、图画等以及签到表。
签到表如表 6-2 所示。

6.4.4 实训内容与要求

1. 实训内容

运用游戏法讲授 10~15 分钟沟通方面的课程。

2. 实训要求

要求学生掌握培训中游戏法的相关理论，做好实训前的知识准备。

要求学生通过游戏法掌握和理解沟通所包含的各个环节及每个环节的重要性。

要求教师在实训过程中做好组织工作，给予学生必要的、合理的指导，使学生加深对理论知识的理解，提高实际分析、操作的能力。

6.4.5 实训组织方法与步骤

1. 传话游戏

第一步，将学生分为3组，每组12人，排成3排。

第二步，教师取出3张字条，在每张字条上写上一句话，让站在每排的第一位同学看一下，然后让这位同学把这句话悄悄告诉站在他身边的同学，身边的同学再依次将这句话传下去。直到每排最后一个同学。

第三步，让每排最后一个同学到前面黑板上写出所听到的内容。

第四步，对照教师手中的字条，检查黑板上所写内容是否准确，如果有误找出出错环节。

第五步，游戏结束后，教师让同学总结沟通应包括哪些环节。

2. 绘图游戏

第一步，找出两名同学站在教室前面，一名面向同学，一名背对同学站在黑板前。

第二步，教师拿出一张上面画有矩形及圆形的画给面向大家的同学。

第三步，由面向大家的同学用语言陈述画面的内容，站在黑板前的同学根据该同学陈述的内容画出图形，整个过程不允许有任何提问，作画的同学只能根据自己的理解画。

第四步，由面向大家的同学用语言陈述画面的内容，站在黑板前的同学根据该同学陈述的内容画出图形，此过程中作画的同学可以提问，比如问圆形与矩形的具体位置、大小等，根据陈述的同学的反馈结果绘画。

第五步，绘画结束后，对比两次绘画的结果。

第六步，游戏结束后，教师让同学总结通过该游戏对管理沟通中的反馈环节有何认识。

第七步，撰写实训报告。

6.4.6 实训报告

实训结束以后，每位学生必须撰写实训报告，要求在实训报告中阐明理论依据以及相关的分析，主要内容参考前文中表1-1。考虑到需要撰写大量的文字，实训报告可以在实训结束后2天内完成，由组长收齐后上交指导教师。

6.4.7 实训考核方法

1. 成绩划分标准

实训成绩按照优秀、良好、中等、及格和不及格五个等级评定。

2. 成绩评定标准

（1）实训表现评定参考准则

① 选用的游戏是否合适，游戏的准备工作是否充分，包括道具的准备、时间和场所的安排。

② 游戏规则的介绍是否清楚。

③ 是否能有效地控制游戏的过程。

④ 总结是否恰当、完整。

（2）实训报告评定参考准则

① 是否有完整的原始材料，如游戏规则的文字材料，如有条件配以有关游戏过程的照片或录像。

② 是否记录完整的实施过程和确切的实训结果。

③ 是否有实际收获和体会，包括参加游戏活动的收获或体会、活动体现的实践价值、对今后有关工作的建议等。

由于该实训项目着重考查学生对游戏法这一培训方法的熟练操作程度，因此实训表现所占成绩比重较大，为70%，实训报告占总成绩的30%。

6.4.8 实训拓展与提高

模 拟 采 访

游戏内容：将学员分成2人一组，自由组合，但每组的2人必须有不同的背景，且相互之间不熟悉。每组中由1人扮演记者，1人扮演被采访者。采访的内容和形式可自由决定，时间为5分钟。注意采访时不要涉及隐私问题。记者要在5分钟内尽量多地获取被采访者的信息，然后互相调换角色，再进行一次采访。在所有的采访进行完毕之后，要求每位学员将采访的信息作1分钟的演讲，将搭档的信息介绍给大家，让大家评选出最好的陈述。

游戏目的：本游戏可以帮助大家更好地了解彼此的背景，有助于人与人之间的沟通和交流。本游戏可用于沟通技巧的培训，以及组织能力和表达能力的训练。通过游戏，学员可了解何种信息收集方式最为有效，并总结出这种沟通方式的好处。

6.5 人力资源培训方法——课堂讲授法

6.5.1 实训目的

通过本实训,使学生了解掌握课堂讲授法的培训方法,熟悉课堂讲授法的培训过程。

6.5.2 基本知识要点

1. 课堂讲授法的基本要求

课堂讲授法就是培训师在课堂上通过语言表达,系统地向受训者传授知识,期望这些受训者能记住其中的重要观点与特定知识。课堂讲授的基本要求如下。

(1)讲授内容要有科学性,这是保证讲授质量的首要条件。

(2)讲授要有系统性,条理清晰,重点突出。

(3)讲授时语言要清晰,生动准确。

(4)必要时运用板书。

(5)培训师与受训者要互相配合,这是取得良好的讲授效果的重要保证。

2. 课堂讲授法的过程

(1)做好课堂讲授前的准备工作,包括制订培训计划、设计培训课程、选择或编写教材、选择培训教师、准备培训场所和教学设备等。

① 制订培训计划。培训计划的内容主要包括培训目的与培训对象、培训课程与培训大纲等。

② 编写或选择教材。对于一般的理论培训,可以选择通用教材;对于针对性很强的培训,应当自己编写教材。从岗前培训方面来说,员工手册是基本的培训教材。

③ 选择培训教师。培训教师的来源主要有三类:一是外聘高校教师,二是企业业务骨干,三是企业内部培训机构教师。高校教师擅长理论方面的培训,企业业务骨干擅长具体业务、技能方面的培训。

④ 准备培训场所和教学设备。布置教室可选择传统布置法。传统布置法即学生面向教室前面,分排就座,座椅前通常有桌子,便于放学习用具和记笔记。这是空间利用最好的方式,只要留出教师的活动空间和座位间的通道,其余空间都可以摆放桌椅。所有学生都自然地注视前面的教师,教师也可以观察学生。

根据授课需要,可准备视听设备,如投影仪、计算机等。同时为了便于管理,要准备培训签到表或培训考勤表等。

(2)课堂实施

① 培训上课前。学员在签到表上签字,引导学员就座,课程及培训师介绍,宣布课堂纪律。

② 课堂讲授的介绍。以上准备工作做完后，接下来要做的就是介绍工作。介绍的内容包括：此次培训的主题，培训者的自我介绍，介绍后勤安排和管理规则，对课程作简要介绍，介绍日程安排。

③ 讲师开始实际的课堂讲授。

（3）培训后措施

① 向讲师致谢。

② 如果有结业证书，进行结业证书的颁发。

③ 设备清理、检查。

3. 课堂讲授法的优缺点

（1）课堂讲授法的优点

① 有利于受训者系统地接受新知识。

② 容易掌握和控制学习的进度。

③ 有利于理解难度大的内容。

④ 可以同时对许多人进行培训。

（2）课堂讲授法的缺点

① 讲授内容具有强制性。

② 学习效果易受培训师讲授的水平影响。

③ 只是培训师讲授，没有反馈。

④ 受训者之间不能讨论，不利于促进理解。

⑤ 学过的知识不易被巩固。

6.5.3 实训所需条件

1. 实训时间

准备阶段可在课后完成，实际讲授实施阶段可安排 1 小时。

2. 实训地点

多媒体教室。

3. 实训所需材料

课堂所需的教材、案例及基本的办公工具以及学生签到表。

签到表如表 6-2 所示。

6.5.4 实训内容与要求

1. 实训内容

学生以组为单位准备一次关于企业如何制订培训计划的公开课，要求使用课堂讲授法进行授课。

2. 实训要求

（1）要求学生掌握课堂讲授法的相关理论，做好实训前的知识准备。

（2）要求学生通过课堂讲授法掌握和理解讲授过程中所包含的各个环节及每个环节的重要性。

（3）要求教师在实训过程中做好组织工作，给予学生必要的、合理的指导，使学生加深对理论知识的理解，提高实际分析、操作的能力。

6.5.5 实训组织方法与步骤

第一步，指导学生做好讲授前的准备工作。可指定一本教材供学生使用，其他材料可由学生根据需要自行收集。教案设计可不拘泥于形式，学生可根据需要现场板书相关内容或提前制作课件。

第二步，以小组（3~5人）为单位，实施课堂讲授。

第三步，对照讲课基本标准进行评议，对授课内容进行修改完善。

第四步，全班交流演讲或演示，由教师进行评议。教师要注意指导学生把握讲授的速度和深度，抓住讲授要点，内容要清晰易懂，要做到语言清楚、条理清晰、板书清楚、层次清楚。要注意培养学生使用恰当的肢体语言。

第五步，撰写实训报告。

6.5.6 实训报告

实训结束以后，每位学生必须撰写实训报告，要求在报告中阐明理论依据以及相关的分析，主要内容参考前文中表1-1。考虑到需要撰写大量的文字，实训报告可以在实训结束后2天内完成，由组长收齐后上交指导教师。

6.5.7 实训考核方法

1. 成绩划分标准

实训成绩按照优秀、良好、中等、及格和不及格五个等级评定。

2. 成绩评定标准

（1）实训表现评定参考准则

① 选用的案例是否合适，案例讨论的准备工作是否充分，包括道具的准备、时间和场所的安排。

② 模拟案例规则的介绍是否清楚。

③ 是否能有效地控制课堂过程。

④ 总结是否恰当、完整。

（2）实训报告评定参考准则

① 是否有完整的原始材料，如游戏规则的文字材料，如有条件配以有关游戏过程的照片或录像形式。

② 是否记录完整的实施过程和确切的实训结果。

③ 是否有实际收获和体会，包括参加游戏活动的收获或体会、活动体现的实践价值、对今后有关工作的建议等。

由于该实训项目着重考查学生对课堂讲授法这一培训方法的熟练操作程度，因此实训表现所占成绩比重较大，为70%，实训报告占总成绩的30%。

6.5.8 实训扩展与提高

课堂讲授法模拟

本着学员自愿报名的原则，在报名的学员中选出两名或三名学员，由他们准备题目和主题，给他们一周的时间准备。在下一次的课堂展示中由他们负责向在座的学员进行现场课堂讲授。讲师负责观察和记录他们在讲授过程中的一举一动，包括表情、肢体语言、语气等，进行评分。讲解完毕由现场的学员进行打分，主要可依据：能否听懂、语言是否标准、语调是否准确、表情是否恰到好处等。讲师最后再根据各个学员的表现一一进行点评，加深各位学员的印象。

6.6 人力资源培训方法——案例分析法

6.6.1 实训目的

通过本项目实训，使学生熟练掌握案例分析法的实施方法和步骤。

6.6.2 基本知识要点

1. 案例分析法的概念

案例分析法是针对某个特定的问题，向参加者展示真实性背景，提供大量背景材料，由参加者依据背景材料来分析问题，提出解决问题的方法，从而培养参加者分析和解决实际问题的能力。此方法针对某一具有典型性的事例进行分析和解答，始终要有主题，即你将怎么做。

2. 案例分析法的过程

（1）准备

① 选择适当的案例作为研讨的内容。培训师对案例的准备要充分，经过对受训群体情况的深入了解，确定培训目标，针对目标收集具有客观性与实用性的资料加以选用，根据预定的主题编写案例或选用现成的案例。

② 制订培训计划，确定培训时间、地点。

案例分析法培训计划表范例如表 6-3 所示。

表 6-3 案例分析法培训计划表

年　月　日

培训对象		
培训目标		
培训内容		
培训要求		
培训时间		
培训讲师		
步骤	实施人员	需要时间
1. 说明培训目的、要求并简介案例分析法	培训师	30 分钟
2. 学员互相熟悉，分发案例资料	学员	30 分钟
3. 指导教师接受学员咨询	全体	20 分钟
4. 分组讨论，找出问题点	各组学员	30~40 分钟
5. 找出解决问题的策略	各组学员	30~40 分钟
6. 休息	全体	20 分钟
7. 各组代表讲述本组观点，并互相质询	全体	60 分钟
8. 全体共同作出结论，培训师总结整理	全体、指导讲师	30 分钟

（2）介绍

① 学员自我介绍，彼此相互认识，以创造一个友好、轻松的讨论气氛。

② 将学员分组，5~6 名一组，确定各组组长。

（3）讨论

将案例（如关于人才选拔的案例等）告诉给参加者，让其事先详读内容并提出问题来讨论。这时培训师必须明确是以客观立场来考量，还是以当事者的立场来讨论，具体要按培训要求进行选择。原则上，个案学习都是以客观的立场来讨论，但也可以以当事者的立场来讨论。

① 分配工作。分组讨论开始之前，必须先做好组织、记录、控制时间等工作。没有人担任整理工作，研究很难进行，因此一定要有领导者进行研究的组织和结论的整理。记录者只要把握重要观点并加以记录即可。

② 讨论问题和原因。各人将自己研究的问题分项整理，整理时按重要的程度排列。接下来整理问题背后的原因，也以重要的程度顺序排列。追究问题和原因时千万不要偏离设定的条件，这个阶段不要花费太多时间。

③ 讨论对策。小组成员提出多种解决方案，通过讨论选择最佳方案。

④ 作出结论。这里所作的结论如果能用在工作上的话，就是很好的研究成果。

⑤ 培训师参与讨论。分组讨论时，往往花费在讨论的进行、追究问题点或追究原因的时间太多。另外，讨论有时也会产生一些感情上的对立，使讨论进行得不顺利。因此，培训师必须经常注意讨论的状况、顺序或时间的控制等，做好提醒等辅助工作。

（4）各小组发言

各组用 10 分钟发表讨论的结果。发言者为各组的领导者最好。以对策和结论为发表中心，并回答其他各组的质问，但是要注意，质问最好是具建设性而非具攻击性的问题。培训师就案例内容及解决方案进行总结。

（5）总结

培训师就本次案例课程的学习要点进行总结，并对讨论质量作出分析，对学生发言进行评价。

3. 案例分析法的优缺点

（1）案例分析法的优点

① 它提供了一个系统的思考模式。
② 在个案研究的学习过程中，接受培训可学到一些有关管理方面的知识与原则。
③ 活动集中，有利于培训专门技能。
④ 有利于使接受培训者参与企业实际问题的解决。
⑤ 正规案例分析使学生得到经验和锻炼机会。
⑥ 容易养成积极参与和向他人学习的习惯。

（2）案例分析法的缺点

① 案例过于概念化并带有明显的倾向性。
② 案例的来源往往不能满足培训的需要。
③ 所需时间较长，对受训者和培训师要求较高。

6.6.3 实训所需条件

1. 实训时间

本项目实训可安排 1 小时。

2. 实训地点

多媒体教室。

3. 实训所需材料

所需的案例分析材料及签到表等。

签到表如表 6-2 所示。

6.6.4 实训内容与要求

1. 实训内容

工作职责分歧

一位机床操作工不慎把大量的液体洒在机床周围的地板上，车间主任叫操作工把洒在地板上的液体打扫干净，操作工拒绝执行，理由是职位说明书里并没有包括清扫的条文。车间主任顾不上去查职位说明书上的原文，就找来一名服务工做清扫工作。但服务工同样拒绝，他的理由是职位说明书里同样也没有包括这一类工作，这个工作应由勤杂工来完成，因为勤杂工的责任之一是做好清扫工作。车间主任威胁服务工要把他解雇，因为服务工是分配到车间来做杂务的临时工。服务工勉强同意，但是干完后立即向公司投诉。

有关人员接受投诉后，审阅了这三类人员的职位说明书。机床操作工的职位说明书规定：操作工有责任保持机床的清洁，使之处于可操作的状态，但并未提及清扫地板。服务工的职位说明书规定：服务工有责任以各种方式协助操作工，如领取原料和工具，随叫随到，即时服务，但也没有包括清扫工作。勤杂工的职位说明书确实包括各种形式的清扫工作，但他的工作时间是从正常工作下班以后开始。

2. 实训要求

分析造成上述案例中无人打扫洒落液体的原因。你认为应如何杜绝此类问题的再发生？

要求教师在实训过程中做好组织工作，给予学生必要的、合理的指导，使学生加深对理论知识的理解，提高实际分析、操作能力。

6.6.5 实训组织方法与步骤

第一步，指导学生阅读案例、综合分析。重点是指导学生认真阅读案例提供的情节内容和相关的背景资料，掌握影响人力资源管理的背景因素以及这些因素是如何对人力资源管理产生影响的。关键是培养他们获取所需要的信息和分析信息的方法，提高他们分析、判断、归纳和推理等方面的能力。

对上述案例，学生阅读后基本明确该案例涉及人力资源管理中的工作分析。案例中出现的问题，关键在于各岗位的工作职责界定不清，一旦出了问题，机床操作工、服务工和勤杂工便相互推诿。

第二步，组织学生进行小组讨论、达成共识。教师可将全班学生分成几个案例分析小组，每小组规模以 6 人左右为宜。选好小组长，并指定一人做好案例讨论记录，在小组讨论过程中，组内成员各抒己见，充分表达各自的想法和意见。各小组陈述自己的理由和依据，就不同的方案进行分析比较，集思广益，最终达成共识，并形成案例分析报告。这个阶段必须充分展开，教师不应置身事外，而应该到各小组走走、听听、看看，应根据各小组的不同情况采取不同的引导方法。

第三步，全班交流、分享成果。首先，案例分析小组所有成员走上讲台，对本小组的案例分析结果进行陈述，并接受和回答其他小组成员的提问与质疑。在这个阶段，学生之间会有不同意见和观点的争论，特别是在各组学生充当不同角色时，争论的程度还可能很激烈。由于学生的理论素养或语言表达能力方面的欠缺,教师要及时准确地归纳各小组的观点。有时,教师要有意突出各小组观点矛盾冲突之处,使学生之间思维的碰撞不断加强。这时全体学生的情绪都非常高昂,学习的参与度和专注程度很高,常常会碰撞出智慧的火花。这样的体验式教学对学生而言是非常重要和难得的,充分激发了他们的潜力,形成从不同角度思考同一问题的思维习惯,提高分析和解决问题的能力。

第四步,总结归纳、深化提高。在这个环节教师不应仅对全班的观点进行简单概括后就将答案或结局告诉学生,教师的总结应是着重讲清理由,评析学生每一种观点或结论的独到之处和存在的缺陷,鼓励这种独到之处,也承认和尊重存在的缺陷。

第五步,撰写实训报告。

6.6.6 实训报告

实训结束以后,每位学生必须撰写实训报告,要求在实训报告中阐明理论依据以及相关的分析,主要内容参考前文中表1-1。考虑到需要撰写大量的文字,实训报告可以在实训结束后2天内完成,由组长收齐后上交指导教师。

6.6.7 实训考核方法

1. 成绩划分标准

实训成绩按照优秀、良好、中等、及格和不及格五个等级评定。

2. 成绩评定标准

(1) 实训表现评定参考准则

① 选用的案例是否合适,案例讨论的准备工作是否充分,包括道具的准备、时间和场所的安排。

② 模拟案例规则的介绍是否清楚。

③ 是否能有效地控制游戏的过程。

④ 总结是否恰当、完整。

(2) 实训报告评定参考准则

① 是否有完整的原始材料,如案例的文字材料,如有条件配以有关案例的录像形式。

② 是否记录完整的实施过程和确切的实训结果。

③ 是否有实际收获和体会,包括参加游戏活动的收获或体会、活动体现的实践价值、对今后有关工作的建议等。

由于该实训项目着重考查学生对案例分析法这一培训方法的熟练操作程度,因此实训表现所占成绩比重较大,为70%,实训报告占总成绩的30%。

6.6.8 实训扩展与提高

张华是一位年轻的大学毕业生。所学专业是管理信息系统。就业时他顺利地进入一家有名的大公司，这使他十分得意。上班的第一天，他的领导王经理带他参观了厂容厂貌，看了公司的工厂设施、部分办公室、餐厅及张华的办公室。最后王经理说："张华，很高兴你进入我们公司，下午到我办公室来，有一项任务交给你。这是一个简单的系统，包括两个利用纤维镜的电子学工作组。5 天可以吧，星期五送给我检查一下。"王经理走了，张华愣住了。接受任务是一件令人高兴的事，但他不知道这是否就意味着他的职业生涯从此开始了，因为对许多事情比如人事关系、工作程序或公司发展等他都还茫然无知。

王茜本是政府机关的工作人员，2001 年随丈夫工作调动进入北京某大学的工商管理系工作。某周四下午办完报到手续，系主任把她领到教研室，对正在开会的老师说："这是新调来的王茜老师，她原来在机关负责审计工作，研究生毕业，能力很强。大家欢迎她。"教研室老师鼓了几下掌，继续开会。会后教研室主任对她说："你来得正是时候，下学期的课基本派完了，考虑到你有实践经验，《公司理财学》正适合你，这是你的优势。这是课程表，别忘了周四下午开例会。"王茜回到家中，心中很是忐忑不安。她知道新分来的大学生都有一段做助教的时间，但她没有。她有实践经验不假，但她没有大学授课的经验。本来就对北京不熟悉，学校的情况又一无所知。课程如何安排、学生有什么要求，没有人告诉她，初来乍到，她又不好意思问。王茜天天在家中焦虑重重。你认为张华和王茜在来到单位之初为什么会有那种茫然或焦虑的情绪？

6.7 人力资源培训方法——讨论法

6.7.1 实训目的

通过本项目实训，使学生掌握讨论法的实施方法和步骤。

6.7.2 基本知识要点

1. 讨论法的概念

讨论法是对某一专题进行深入探讨的培训方法，其目的是解决某些复杂的问题，或通过讨论的形式使众多受训人员就某个专题进行沟通，谋求观念看法的一致。

讨论法适用于以研究问题为主的培训方法，对培训员的技术要求很高。在培训前，培训员要花费大量的时间对讨论主题进行分析准备，设计方案时要征集学员的意见。受训人员应事先对讨论主题有所认识并准备。在讨论过程中，要求培训员具有良好的应变、临场发挥与控制的才能。在结束阶段，培训员的口头表达与归纳总结能力同样是至关重要的。讨论法比较适用于管理层人员的训练或用于解决某些具有一定难度的管理问题。

2. 讨论法的一般过程

（1）事前基础知识的学习，如上课、自学，以讲义或放映幻灯片的方式进行。

（2）确定讨论的问题和答案。

（3）进行个人研究。

（4）进行分组研究。在讨论前说明讨论时必须遵守的规则如下。

① 允许坚持自己的意见，但不要死坚持。

② 不要轻易以少数服从多数来决定。

③ 不要感情用事（不要太在意胜负）。

④ 以内容为中心来讨论。

要求事先设定讨论时间，并且遵守时间。为保证在设定时间内能够完成讨论，可先讨论意见比较一致的项目，将有意见分歧的项目移至最后讨论。

将学生分组（5~6人为一组），选出领导者进行讨论，个人带着自己的见解，彼此交换意见，通过讨论来决定小组的答案。这个阶段可以达到概念明确化、理解深入化的效果，因此可以多花费一些时间并引导学员产生正确的观念。将各组讨论的结论记入小组栏中。

（5）主持者发表正确答案并加以解说。分组研究结束之后，就进入发表答案和解说的阶段。发表正确答案时要一题一题地进行，并简单说明理由，对特别容易出错的项目作详细的说明，参加者对答案有疑问时，主持者应尽量给予完整的答复。

（6）分析各小组答案，评定各组解决问题的能力和效率。为了测定各组的效率，每组以下列的公式来计算：首先将个人得分（个人研究的答案得分）、个人平均得分（各组成员的平均得分）和小组得分（小组决定的答案得分）等各项得分算出，代入下列公式：

小组的讨论效率=（团体得分－个人平均得分）/（满分－个人平均得分）×100%。

百分比越高，说明团体的讨论效率越高。小组效率分析表如表6-4所示。

表6-4 小组效率分析表

项目		一组	二组	三组	四组
个人得分	最高分	20	25	27	23
	最低分	14	16	14	13
个人平均得分		19	20	20.2	21.3
小组得分		23	22	24	20
效率		30%	32%	34%	48%
名词		4	3	2	1
答错的项目		1、3、5、8、10、11	2、3、6、8、11、12、14	1、3、4、6、7、10、11	1、2、4、6、9、10、13

（7）主持者总结讨论过程，将普遍的疑问进行分析，进行必要的个别指导。这个阶段，从另外一个角度来看，具有再确认讲课内容的意义，所以应该多花些时间实施。

3. 讨论法的应用要求

（1）每次讨论要制定明确的目标，并让每一位参与者了解这些目标。
（2）要使受训人员对讨论的问题发生内在兴趣，并启发他们积极思考。
（3）在大家都能看到的地方公布议程表（包括时间限制），并于每一阶段结束时检查进度。

4. 讨论法的优点

（1）受训人员能够主动提出问题，表达个人感受，有助于激发学习兴趣。
（2）鼓励受训人员积极思考，有利于能力的开发。
（3）在讨论中取长补短，互相学习，有利于知识和经验的交流。

5. 讨论法的缺点

（1）讨论课题选择得好坏将直接影响培训的效果。
（2）受训人员自身的水平也会影响培训的效果。
（3）不利于受训人员系统地掌握知识和技能。

6.7.3 实训所需条件

1. 实训时间

本项目实训时间根据所讨论的具体问题不同而定。

2. 实训地点

根据具体情况选择普通的教室、大讲堂或室外。

3. 实训所需材料

讨论所需的材料，签到表以及各类背景材料。
签到表如表 6-2 所示。

6.7.4 实训内容与要求

1. 实训内容

小李和小王是计算机系 07 级的博士生，拥有同一个导师，而且这一年级就招了他们两个。有一段时间，导师有任务布置给他们，他们常常在机房工作到很晚才回宿舍。宿舍管理规定博士生宿舍楼每天晚上 12 点锁门。

有一天晚上，他们两个仍在机房工作，不知不觉已经过了 12 点。12:25 左右，小李大叫起来:"糟糕!宿舍门要锁了,快跑!"两个人关闭电脑、锁好机房,匆匆赶回去。当他们到宿舍楼时已经 12:35 了,门已上锁。两个人你推我让,谁也不肯主动叫门。虽然与管理员平常聊得还可以,但他们感觉因为晚归打扰他的休息很不应该,而且很不好意思。最终,两个人鼓足勇气喊门。

管理员带着倦意,一脸的不高兴,一边开门一边质问:"都几点了?你们看看表,有这么晚回来的吗?老这样晚回谁受得了?"小李满脸堆笑,说:"张师傅,实在对不起,今天忙着打稿子忘了时间,我们自己也想早点回来休息的,实在是对不起。而且我是第一次晚归……""第一次!这楼上住着几百号人,如果每个人都晚回一次,我还睡得了吗?谁受得了,怎么脸皮这么厚呢!"

小李和小王两人哑口无言,想想管理员说得似乎也对。默默走进楼道,小王突然说:"态度太差了!不就是晚归吗!跟脸皮厚有什么关系?"略微停顿后,他接着说:"我硕士时住的那个楼的管理员是一个阿姨,态度特别好。我们有时晚归就按门铃,她从不抱怨。我们要是说对不起、不好意思之类的,她总说这是应该做的,没关系。我们反而总觉得不好意思,一般没有特别的事情不会晚归,很尊敬她。"

两个人感觉有点沮丧,默默无语,不再多说什么。

2. 实训要求

要求用讨论法对上述案例进行分析。

要求教师在实训过程中做好组织工作,给予学生必要的、合理的指导,使学生加深对理论知识的理解,提高实际分析、操作能力。

6.7.5 实训组织方法与步骤

第一步,采取分组、集中式讨论,即先分组讨论,后集中讨论,把各组讨论的结果在全班进行交流。

第二步,提前给学生提供相关的资料,让学生先进行批判性的阅读,同时提出要讨论的问题,即谁错了。明确讨论的具体目标,从而为讨论发言做好充分的准备。

第三步,在讨论进行的过程中,教师要善于通过提问、倾听和回应等策略,有机地调控讨论的进程,鼓励学生积极发言,勇于表达自己的观点,充分展现学生的思维过程。

第四步,讨论结束后,应该及时总结讨论的成果,并对未能达成一致的问题进行适当的点拨,启发学生进一步思考。

第五步,撰写实训报告。

6.7.6 实训报告

实训结束以后,每位学生必须撰写实训报告,要求在实训报告中阐明理论依据以及相关的分析，主要内容参考前文中表 1-1。考虑到需要撰写大量的文字，实训报告可以在实训结束后 2 天内完成，由组长收齐后上交指导教师。

6.7.7　实训考核方法

1. 成绩划分标准

实训成绩按照优秀、良好、中等、及格和不及格五个等级评定。

2. 成绩评定标准

（1）实训表现评定参考准则

① 选用的案例是否合适，案例讨论的准备工作是否充分，包括道具的准备、时间和场所的安排。

② 讨论法规则的介绍是否清楚。

③ 是否能有效地控制全过程。

④ 总结是否恰当、完整。

（2）实训报告评定参考准则

① 是否有完整的原始材料，如规则的文字材料，如有条件配以有关游戏过程的照片或录像形式。

② 是否记录完整的实施过程和确切的实训结果。

③ 是否有实际收获和体会，包括参加游戏活动的收获或体会、活动体现的实践价值、对今后有关工作的建议等。

由于该实训项目着重考查学生对讨论法这一培训方法的熟练操作程度，因此实训表现所占成绩比重较大，为 70%，实训报告占总成绩的 30%。

6.7.8　实训拓展与提高

末位淘汰制，好制度为何结恶果

新贵纺织厂的老总邱金良最近被一个难题困扰。邱金良的这家企业以前是山东省纺织工业厅直属的一家大型纺织厂，5 年前改制之初，企业人浮于事，效率低下，干部能上不能下，员工能进不能出，成本居高不下，市场占有率日益萎缩。

3 年前，邱金良眼看企业走下坡路，下定决心改变现行的人事管理制度，在参考了众多知名企业的做法之后，末位淘汰制被当作一件法宝引入了企业的人事制度中。其目的是通过末位淘汰制这样一种强势管理，给员工一定的压力，激发他们的积极性，改变企业的精神面貌。该制度规定，每年年底对所有员工进行 360 度评价，各部门得分名列最后 10%的员工将被淘汰。

制度第一年实行，邱金良感觉效果很明显。一大批平日表现不好的员工得到处理，员工的工作积极性有了很大的提高，公司在市场上的表现也有很大起色。但是，由于末位淘汰制的推行,也带来了一系列问题,如到底淘汰多少比较合适呢?如果淘汰的比例过高,则容易造成后备力量跟不上、员工心理负担过重、同事关系紧张等现象,而淘汰比例过低又起不到应有的作用,还有就是淘汰后的安置也需要慎重考虑。

末位淘汰制带来的麻烦还不止这些,随着制度的实行,一些奇怪现象不断出现在公司里。

小刘进公司 5 年,在设备安装部干活卖力,还曾经因为提了好建议让公司降低成本,所以邱金良对小刘也比较看中,打算培养他做后备经理,但结果却很奇怪,一年下来,小刘的名字竟然出现在淘汰名单里。经过调查,邱金良发现,被淘汰的员工并不像想象中那么差,有些甚至还是平时挺勤快的人。干活越多的人,出错的概率越大;越坚持原则的人,得罪的人越多,结果是这两类人年终的评分都很低,按照公司的规定,他们被淘汰了。但是企业里很多人对他们被淘汰感到惋惜,意见也很大,认为如果再这样淘汰下去,将没有人敢说真话了。

因为末位淘汰制,公司销售部门在不利的市场环境中努力拼搏,取得了非常好的业绩,实行几年后,已经很难从中选出最差的 10%的人出来;即使选出这 10%的员工,邱金良也觉得他们不应该被淘汰,但是由于名列最后 10%的员工被淘汰是整个人事制度改革的核心内容,这让邱金良左右为难。

在经过一次深入调研后,邱金良陷入困惑,到底应不应该对人力资源的战略规划进行重新调整?该不该继续实行末位淘汰制?试运用讨论法对该案例进行讨论。

6.8 制订新员工培训计划

6.8.1 实训目的

通过此次实训课,让同学们意识到新员工培训的重要性,了解并掌握新员工培训计划的实施步骤和方法,并以此为例掌握企业各层员工培训计划制订的一般步骤。

6.8.2 基本知识要点

制订新员工培训计划的步骤如下。

第一步,确认培训与人力发展预算。制订培训计划工作最佳的起点是确认公司将有多少预算要分配于培训和人力发展。在不确定是否有足够经费支持的情况下,制订任何综合培训计划都是没有意义的。

第二步,分析员工评价数据。公司的评价体系应该要求经理和员工讨论个人的培训需求。如果公司的评价体系做不到这一点,说明公司的评价体系不够科学,需要改善这一功能。这是关于"谁还需要培训什么"的主要信息来源。

第三步,制订课程需求单。根据培训需求,列出一张单子,上面列明用来匹配培训需求所有种类的培训课程。

第四步，修订符合预算的清单。经常遇到的情况是总培训需求量将超出培训预算。在这种情况下，我们需要进行先后排序，并决定哪些课程将会运行和哪些课程不会。最好的办法是通过咨询部门经理，让他们说明哪些培训是最重要的。培训专家何守中认为基本的考虑是使培训投入为公司达到最佳绩效产出。哪些课程可能对参训员工绩效产生最积极的影响，进而提升公司的总体绩。

第五步，确定培训的供应方。当我们有了最终版的课程清单，接下来我们需要决定如何去寻找这些培训的供应方。首先要决定使用内部讲师还是聘请外部讲师。内部讲师的好处是成本较低，而且有时比外部讲师优秀（因为内部讲师更了解组织现状和流程）。然而，有时内部无法找到讲授某个课程的专家，就必须寻找外部讲师。

第六步，制订和分发开课时间表。人力资源部应该制订一份包含所有计划运营培训的开课时间表，列明开课的时间和地点。一种通常的做法是制作一本包含相关信息的小册子，如课程描述。这本小册子将被分发给所有的部门作为参考文件（在某些组织将拷贝给所有员工）。

第七步，为那些培训安排后勤保障。培训的后勤保障需要确保：我们有地方运营该课程（不管在内部或外部）、学员住宿（如果需要的话）和所有的设备和设施，如活动挂图、记号笔、投影机等。我们还要确保教材的复印件可供给每个参训者。

第八步，安排课程对应的参训人员。即使这看起来像一个简单的任务，安排课程对应的参训人员有时可能会有困难。我们要告知参训人员预订的培训地点，什么时候去，也许还要建议他们带计算器或在培训前完成一份问卷。

第九步，分析课后评估，并据此采取行动。

6.8.3 实训所需条件

1. 实训时间

本次实训以 4 个课时为宜。

2. 实训地点

多媒体教室或实验室。

3. 实训所需材料

实训所需的道具，即各工种所需的道具，签到表。

签到表如表 6-2 所示。

6.8.4 实训内容与要求

1. 实训内容

糟糕的第一周工作

想到明天就要正式去公司报到上班了，李阳心里别提多高兴了。这家公司是业内很有实力的"新生企业",名牌大学毕业的他要到该公司网络中心开始人生的第一次工作。虽然他的专业并不是计算机方面,而是工商管理,但他对计算机很感兴趣,大三时,他就开始帮一些公司编程和开发应用软件系统。想到在最后一轮面试时总经理对他的欣赏,李阳认为明天公司肯定会为他们这几个新招来的大学毕业生安排一些"精彩节目",比如高层管理者的接见与祝贺、同事的欢迎、人事部对公司各种情况的详细介绍和完整的员工手册等。李阳的同学有的已经上班半个多月了,有不少同学都欣喜地告诉他公司如何热情地接纳"新人"。然而,第一天是令他失望的。

他首先来到人事部,人事部确认李阳已经来到公司,就打电话告诉网络中心的王经理让他过来带李阳到自己的工作岗位。过了一段时间,王经理才派自己的助手小陈来,小陈客气地伸出手,说:"欢迎你加入我们的公司!王经理有急事不能来,我来安排你的入职事宜。"来到网络中心,小陈指着一张堆满纸张和办公用品的桌子对他说:"你的前任前些天辞职走了,我们还没来得及收拾桌子,你自己先整理一下吧!"说完,小陈自顾自地忙了起来。到中午小陈带李阳去餐厅用餐,告诉他下午去相关部门办手续,领一些办公用品。吃饭时,李阳从小陈那里了解了公司的一些情况,午休时与办公室里的一些同事又谈了一会儿,但他感到很失望,公司并没有像他想象得那样热情地接待他、重视他。

第二天,王经理见到李阳,把他叫到自己的办公室开始分派任务。当王经理说完之后,李阳刚想就自己的一些想法同他谈一谈,一个电话来了,李阳只好回到自己的电脑前面开始构思他的工作,他的工作是网络制作与维护。

他知道,他需要同不少人打交道,但他还不知道谁是谁,只好自己打开局面了。

就在第三天,李阳被王经理"教训"了几句。原来,王经理曾让李阳送一份材料到楼上的财务部,李阳送去之后,就继续自己的工作了。过了一会儿,王经理走了过来,问他:"材料交给财务了吗?是谁接过去的?"李阳回答:"交去了,是一位女士接的,她告诉我放那儿好了。"王经理一脸不悦地说:"交给你工作,你一定要向我汇报结果,知道吗?"李阳虽然嘴上说"知道了",但脸上却露出了不满的神情。王经理便问他有什么意见,李阳忙掩饰说:"王经理教导得很对,希望你以后多多指导!"李阳认为,这些细节太多余了,自己把工作完成就行了,王经理批评自己无非是想说明:他是领导。

这几天,李阳感到好受一点的是另外两个同事对自己还算热情。一个女孩是比自己高两届的校友,另一个男孩是那种爱开玩笑、颇能"造"气氛的人。李阳曾经问过他俩:"难道公司总是这样接待新员工?"校友对他说:"公司就是这种风格,让员工自己慢慢适应,逐渐融入公司。""公司的创始人是几个工程方面的博士,他们认为过多的花样没多大用处,适应的就留下来,不适应的就走人。不少人留下来是因为公司的薪水还不错!"那个男孩对他说。

到了周末,李阳约同学出来吃饭,谈起自己的第一周工作,李阳望着窗外明媚的阳光、川流不息的车辆,茫然地说:"糟糕极了!"

王闯的工作为什么没有起色

A银行是著名的股份制商业银行w银行在s市的分行,成立两年多,全行共100多人,A银行的新员工来源非常广泛,有来自国有银行的,也有来自外资银行的,还有来自企业和学校的。

王闯就是一名新员工,他来自某大型国有银行,自身综合素质较好,之前一直从事市场开发工作。A银行引进他的目的是希望他帮助分行个人业务部打开市场,把业绩做上去,个人业务部老总、人力资源部唐总以及行领导都对王闯寄予厚望。但王闯入行一个月以来,工作方面并没有多大起色,业绩也差强人意。这是怎么回事呢?

人力资源部唐总把王闯叫到了办公室,他需要跟王闯好好谈谈。一方面了解新员工的情况,另一方面也分析一下A银行的培训需求。当问到近期有什么困难时,王闯说道:"来咱们银行之前,就听说过股份制银行工作前景很好,个人有很大的发展舞台,能力会有很大提高,但来了之后,发现实际情况远远超过我的预期,我除了要做好本职工作以外,还要处理许许多多琐碎的日常工作,而这些事情非常花费个人精力。"唐总一边听,一边若有所思地点了下头,于是王闯继续说,"就拿上次报销的事情来说吧,我前前后后跑了4次,花了整整一个星期才把这件事情做好。第一次,上周一拿着产品推介会的费用发票去计财部报销,被告知报销费用需打印一份简报,以前在国有银行没有这项要求,所以,就跟别人学着打一份简报。第二次,拿着简报和费用发票去计财部报销,被告知必须填一份费用报销专用单,而且需要部门领导和本人签字。第二次又没报成,谁让自己没问清楚呢。当简报、报销单、发票都准备妥当,第三次去报销时,已经是周三了,咱们行规定只有周一和周二才可以报销,我事先也不知道,计财部的人员倒是很客气,不过没办法,还是没报成,直到这周一我才把报销的事情办完。本来工作上的事情就很多,为了一个小小的报销跑了这么多趟,真是糟糕透了。"唐总默默地听着,虽然没有发表自己的想法,但心里清楚,王闯为了一次普通的报销就来回跑了四趟,难免情绪不好,也影响了工作效率。这对开发分行业务也是不利的。通过调查,唐总发现在新员工当中,类似王闯报销之类的事情不在少数。新员工对银行工作程序、劳动纪律,甚至企业文化、经营理念都不是非常清楚,经常因为小事花费了较大精力。因此,新员工的入职培训就必须列入他这个人力资源部经理的工作范畴。

但A银行的现实情况是,人员引进非常分散,几乎每个月,甚至每周都有新员工入行。按照以前的做法,A银行的入行培训是每半年进行一次,但经过半年的工作,许多新员工对制度、经营理念等知识已经有一定的了解,入行最初所受的冷落、所走的弯路、无奈和彷徨却是无法挽回和弥补的,因此培训效果显然不是很好。如何对分散引进的、自身情况有较大差异的新员工进行系统完善的入行培训成了人力资源部经理心头的一件大事。

2. 实训要求

每个小组对以上两个案例进行讨论,首先指出它们在新员工入职方面存在的问题,以及这样做有什么影响,并提出解决办法。然后选择一家公司(可以是曾经实习或工作过的公司),结合公司实际状况制订新员工培训计划,培训计划应该包括培训的目标、内容、时间、地点、对象、讲师以及培训预算等方面。

6.8.5　实训组织方法与步骤

第一步,提前把案例材料发给学生,要求学生认真阅读案例,并参考各种书籍资料给出客观真实的想法和建议。

第二步,将全班同学分成小组,每组 4~6 人,选好组长,并指定一人记录。鼓励集思广益,得到有意义的结论和与众不同的想法,形成案例分析报告,并制订公司培训计划。

第三步,全班交流,分享成果。案例分析小组派代表讲述本小组的讨论成果,并接受其他小组的质疑和提问。可对不同小组的观点进行补充,同学之间可以争论,教师注意引导学生,并管理好氛围。

第四步,总结归纳,深化提高。教师对学生的观点进行总结概括,分析独特、有新意的观点,对优秀的培训计划进行介绍和点评,最后肯定全班同学的积极参与和学习热情。

第五步,撰写实训报告。

6.8.6　实训报告

实训结束以后,每位学生必须撰写实训报告,要求在实训报告中阐明理论依据以及相关的分析,主要内容参考前文中表 1-1。考虑到需要撰写大量的文字,实训报告可以在实训结束后 2 天内完成,由组长收齐后上交指导教师。

6.8.7　实训考核方法

1. 成绩划分标准

实训成绩按照优秀、良好、中等、及格和不及格五个等级评定。

2. 成绩评定标准

(1)是否掌握新员工培训计划的编制原则、方法和内容。
(2)是否掌握新员工培训计划的编制程序和步骤。
(3)能否结合企业的实际情况,编制合理的新员工培训计划。
(4)是否在小组讨论中充分参与,积极投入,体现出良好的团队协作精神。
(5)是否记录了完整的实训内容,规范地完成实训报告,做到文字简练、准确、叙述通畅、清晰。
(6)实训表现所占成绩比重较大,为 70%,实训报告占总成绩的 30%。

6.8.8 实训拓展与提高

宁夏亚飞凤立汽车有限公司新员工培训计划（试行）

一、目的

为使新员工尽快适应公司发展环境，进入岗位角色，适应公司业务发展的需要；同时配合员工职业发展规划，为供给进一步储备核心人才，特制订新员工培训计划。

二、培训对象

入职12个月及以下，符合公司发展方向，认同企业文化的新员工。

三、培训方式

（1）职业引导人认领。

（2）教育培训：由公司、其他部门（兄弟公司）组织的公共培训、由行政部代表公司进行的岗前培训、由用人单位组织的岗位培训、由厂家进行的业务培训以及各类扩展计划。

（3）有计划的、系统性的考核。

（4）规划员工职业发展规划。

四、具体培训实施

（一）职业引导人制度

1. 职业引导人制度实施的目的包括如下方面。

（1）使员工快速融入公司，了解组织环境，认同企业文化，尽快进入岗位角色。

（2）增强员工核心骨干作为职业引导人的荣誉感，提高职业引导人组织管理能力，为培养公司管理干部队伍储备人才。

（3）增强员工之间的配合和协作精神，建立良好的合作氛围。

2. 根据员工专业、将来的岗位、个性等不同特点，公司须为其合理安排职业引导人。

3. 在1~3个月的试用期内，职业引导人负责在工作过程中对新员工进行知识和业务的教授。

4. 新员工入职时，应由该岗位所在部门负责人，根据岗位情况从本部门骨干中确定符合任职条件的职业引导人，报行政部。

5. 行政部对职业引导人任职资格进行确认，由行政部人员对其进行培训，让其了解职业引导人制度和工作方法。

（二）培训课程安排

岗前培训应于员工入职后三天内进行。

岗位培训由各部门在当月的培训工作中落实（表6-5）。

表 6-5　培训计划内容

培训主题	培训内容	负责部门	目的
岗前培训（共6课时）	①企业概况； ②组织机构； ③管理层； ④部门基本情况； ⑤企业文化手册； ⑥公司规章制度	行政部	对公司情况基本了解或有初步了解
岗位培训（根据具体岗位确实课时数）	①工作心态； ②工作流程； ③工作职责； ④工作要求； ⑤工作技巧与能力	用人单位	掌握岗位技能，适应岗位要求

五、新员工在培养过程中应完成的工作任务

（一）主动完成培训总结

1. 入职第一周，新员工应写一份周感想，不少于 300 字，提交所属部门及行政部。

2. 入职满一个月，新员工应填写新员工首月跟进计划，其中对公司的建议部分不少于 300 字，提交所属部门及行政部。

3. 入职满 2 个月，新员工应写一份不少于 500 字的工作总结，提交所属部门及行政部。

4. 入职满 3 个月，新员工应写一份不少于 500 字的试用期工作总结及报告，提交所属部门及行政部。

（二）参加公司考核

公司培训结果考核如表 6-6 所示。

表 6-6　培训结果考核

考核时间	考核内容	考核方式	结果对应	负责部门	执行部门	备注
入职第十天	培训过的相关内容	面试或笔试	继续试用、调整岗位或解除试用	行政部	用人单位	新员工可根据自身情况申请提前进行考核
入职第二十天	培训过的相关内容	面试或笔试	继续试用、调整岗位或解除试用	行政部	用人单位	
入职第四十天	培训过的相关内容	面试或笔试	继续试用、调整岗位或解除试用	行政部	用人单位	
入职第八十天	转正考试	面试或笔试	转正或解除劳动关系	行政部	用人单位	
不定期考核	培训过的相关内容	面试或笔试	按公司培训制度执行	行政部	用人单位	

（三）新员工在培养计划中应承担的职责

1. 了解公司的创业历程和发展战略，领会公司文化的真谛，认同并融入公司文化中，自觉实践企业的核心价值观。

2. 认真学习公司的各项规章制度，熟悉公司的业务运营流程，严格遵守执行。

3. 虚心接受职业引导人的指导和管理，主动与引导人沟通，汇报工作进展及学习心得，多向引导人及老员工请教，尽快熟悉工作环境。

4. 积极参加新员工培训，认真学习培训资料。

5. 辅导期间，按规定时间上报工作总结及计划，提交给引导人、直接上级和行政部。

六、本制度自批准之日执行，由行政部负责解释及修订

第 7 章

绩 效 管 理

7.1 绩效计划的制订

7.1.1 实训目的

通过本实训，使学生掌握目标体系中的绩效计划制订方法和流程，理解目标管理的基本思想，能够熟练运用头脑风暴法和鱼骨图工具进行计划制订、目标分解以及绩效指标和考核标准的设定。

7.1.2 基本知识要点

1. 绩效计划的内涵

绩效计划是由管理者与员工根据既定的绩效标准共同制订并修正绩效目标以及实现目标的过程，是主管和员工共同沟通，对员工的工作标准和目标达成一致意见，并形成协议的过程。绩效计划一般包括：员工应该做什么，即绩效标准；员工在什么时间、做到什么程度，即绩效目标；工作中的重点是什么，即绩效权重；绩效计划的表现形式，即绩效协议。这些是绩效计划的重要组成部分。

（1）绩效标准

绩效标准实际上是针对特定的岗位工作而言的，是员工在工作中应达到的各种基本要求。绩效，反映了岗位本身对员工的要求，绩效标准是以岗位工作为基础制定的一项客观标准，该标准与岗位工作对应的人无关。

（2）绩效目标

绩效目标与绩效标准不同，标准是针对工作制定的，而目标则是考虑组织的发展战略和发展计划针对部门与个人制订的。绩效目标是在绩效标准的基础上，考虑各部门和员工现有的绩效水平，体现了管理者对部门与员工的具体要求，目标的典型特征是必须具有挑战性。对同一类工作，应该只制定一套工作标准，但对每个员工则可能制定出不同的目标，该项目标依据每位员工的个人经验、技术和过去的表现而有所不同。

（3）绩效权重

并不是所有的绩效标准对岗位或组织都是同等重要的，在有效期内，组织中的重点目标有哪些，即组织在这段时期内最重要的是做哪几件事，员工最重要的工作职责是什么，往往要在员工最重要的工作职责上设立较高的权重。

绩效标准、绩效目标和绩效权重共同构成了绩效计划的主体，它们是指导员工在新的计划期内努力工作的依据。在每一个绩效计划期三者的内容和要求有所变化，但变化的频率不同，一般来说，有绩效标准低频变化，绩效目标高频变化，绩效权重中频变化。

2. 绩效考核的方法

（1）排序法

排序法是指根据被评估员工的工作绩效进行比较，从而确定每位员工的相对等级或名次。等级或名次可从优至劣或由劣到优排列。比较标准可根据员工绩效的某一方面（出勤率、事故率、优质品率）确定，一般情况下是根据员工的总体工作绩效进行综合比较。

（2）成对比较法

成对比较法也称相互比较法，就是将各职务所得分数相加，其中分数最高者即等级最高者，按分数高低顺序将职务进行排列，即可划定职务等级，成对比较法使排序型的工作绩效评价法变得更为有效。

（3）强制正态分布法

强制分布法也称为强制正态分布法、硬性分配法，该方法是根据正态分布原理，即俗称的"中间大、两头小"的分布规律，预先确定评价等级以及各等级在总数中所占的百分比，然后按照被考核者绩效的优劣程度将其列入其中某一等级。

（4）行为对照表法

行为对照表法亦称普洛夫斯特法。评价者只要根据人力资源部门提供的描述员工行为的量表，将员工的实际工作行为与表中的描述进行对照，找出准确描述员工行为的陈述（评价者只要在符合、不符合中作出二选一的决定），评价者选定的项目不论多少都不会影响评价的结果。这种方法能够在很大程度上避免因评价者对评价指标的理解不同而出现的评价偏差。

（5）目标管理法

目标管理法是指由下级与上司共同决定具体的绩效目标，并且定期检查完成目标进展情况的一种管理方式。由此而产生的奖励或处罚根据目标的完成情况来确定。

目标管理法属于结果导向型的考评方法之一，以实际产出为基础，考评的重点是员工工作的成效和劳动的结果。

（6）关键事件记录评价法

关键事件记录评价法就是通过观察，记录下有关工作成败的"关键"性事实，依此对员工进行考核。如体质条件、身体协调性、算术运算能力、了解和维护机器设备的情况、生产率、与他人相处的能力、协作性、工作积极性、理解力等。

记录过后，要求工厂的一线领班干部，根据下列要求对各自部下最近工作行为的关键事件进行描述：事件发生前的背景，事件发生时的情况，行为的有效或无效，事件后果受员工个人控制的程度。

(7)360度考评方法

①上级考评。其权重占70%左右。

②同级考评。权重不宜过大,一般占10%左右。

③下级考评。由于下级对上级工作的整体性并不能全面把握,所以这种考评所占权重为10%左右。

④自我考评。自我考评主观性较强,权重为10%左右。

⑤客户考评。对客户考评必须进行很好的设计,才能对信息的有效性进行监控。所以这种考评应根据企业的行业特点来确定其所占权重。

对上述几个维度的考评结果,应根据企业的具体情况进行设计并实施。

(8)KPI法

在设置关键业绩指标时依据 SMART 原则。

①绩效指标必须是具体的(specific);

②绩效指标必须是可以衡量的(measurable);

③绩效指标必须是可以达到的(attainable);

④绩效指标是要与其他目标具有一定的相关性(relevant);

⑤绩效指标必须具有明确的截止期限(time-bound)。

(9)平衡计分卡(BSC)

有以下情况的组织应考虑采用BSC管理系统。

①高层管理者有短期行为,或换了几任总经理仍然业绩不良。

②缺乏有效的员工绩效管理系统。

③分公司业绩管理存在诸多问题:虚假利润、短期行为等。

④希望实现突破性业绩。

⑤需要转型或变革的国营企业。

⑥希望实现长期发展,打造百年品牌。

⑦规范化管理,提高整体管理水平。

⑧提高组织战略管理能力。

⑨二次创业的民营企业。

⑩希望对市场有更快的反应速度。

7.1.3 实训所需条件

1. 实训时间

本次实训以4个课时为宜。

2. 实训地点

多媒体教室或实验室。

3. 实训所需材料

实训所需的道具，即各工种所需的道具，签到表。签到表如表 6-2 所示。

7.1.4 实训内容与要求

1. 实训内容

H 服装有限公司原是一家国有服装生产企业，主要生产加工各种中高档休闲服装，公司始建于 20 世纪 50 年代，90 年代以后，因经营不善，连续多年亏损，为了调动管理人员及工人的积极性，公司于 2005 年进行了股份制改造，实行了员工持股计划。H 公司自改制以后，在新任董事长和领导团队的带领下，生产能力不断增强，公司现在占地已达 10 000 平方米，建筑面积 15 000 平方米，拥有平缝机、双针机等先进进口设备 1 500 余台（套），员工约 2 000 人，年服装生产能力为 300 万件。

在生产能力不断扩大的同时，H 公司产品质量也在不断提高，公司已于 2007 年全面通过 ISO 9001 国际质量体系认证。近年来，公司凭借严格的品质保证和良好的信誉，赢得了众多国内外著名服装品牌的信赖，公司先后为 POLO、苹果等世界级品牌以及众多的国内著名服装品牌加工承制品牌服装，在美国、韩国、日本、法国、瑞典、意大利等国家以及中国各地均能发现 H 公司制造的产品。

在公司改制后的发展初期，H 公司主要以外贸加工业务为主，但是随着市场竞争的加剧，外贸加工业的行业利润率越来越低，为了扭转这种不利局面，公司从 2007 年开始打造自有品牌，通过多年的品牌建设，公司的自有品牌已经形成了一定的区域影响力。

随着 H 公司业绩的逐年稳步增长，H 公司已发展成为区域内的知名服装加工企业之一。H 公司现已拥有 4 家子公司，资产总额达到 1 个亿，2016 年税后利润达到 1 000 万元。

虽然 H 公司的规模在不断扩张，但是，作为由国企转制而来的企业，该公司在内部管理上仍沿袭一些具有国有企业色彩的弊病，如管理效率不高、管理思路相对保守、管理依靠经验等，亟须通过加强内部管理来保证 H 公司的未来发展。

2. 实训要求

要求学生能够初步掌握绩效计划的制订程序与标准，并能够根据该案例举一反三，对其他相应的案例作出绩效计划。

7.1.5 实训组织方法与步骤

第一步，讨论 H 公司的战略目标，并分解制订公司年度目标（目标的制定要符合 SMART 原则）。

第二步，分析实现公司年度目标的关键领域或关键因素，并运用鱼骨图法对这些因素进行逻辑分析，画出为实现本年度目标而采取行动措施的鱼骨图。

第三步，画出实现公司年度目标和衡量指标的鱼骨图。

第四步，制订实现公司年度目标的绩效计划，并对年度绩效指标进行层层分解，制订出各个部门的绩效计划。

第五步，小组分享绩效计划制订的过程和绩效计划的结果，其余同学讨论并提出问题。

第六步，总结并撰写实训报告。

7.1.6　实训报告

实训结束以后，每位学生必须撰写实训报告，要求在实训报告中阐明理论依据以及相关的分析，主要内容参考前文中表1-1。考虑到需要撰写大量的文字，实训报告可以在实训结束后2天内完成，由组长收齐后上交指导教师。

7.1.7　实训考核方法

1. 成绩划分标准

实训成绩按照优秀、良好、中等、及格和不及格五个等级评定。

2. 成绩评定标准

（1）对于绩效计划制订程序和标准的了解程度。

（2）能够熟练掌握绩效制订的方法。

（3）能够对其他相应的案例做出绩效计划（可作为课后检测）。

（4）由于该实训项目着重考查学生对绩效计划制订的熟练操作情况，因此实训表现所占成绩比重较大，为70%，实训报告占总成绩的30%。

7.1.8　实训拓展与提高

绩效管理方案的设计

通常，一份操作性强的绩效管理方案的设计过程如下。

（一）全面盘点绩效管理所涉及的要素

首先，在设计方案之前，HR经理应对涉及绩效管理的诸要素进行全面盘点，争取把所有的关键要素都考虑到方案中。以下要素应作为关键要素进行考虑。

1. 人的要素

通常，一个企业员工有4个层面的分工，即企业老总、HR经理、直线经理、员工。在绩效管理中，他们的责任分工如下。

（1）企业老总。企业老总的主要责任是为绩效管理体系的建设和发展提供支持，推动绩效管理深入开展。

（2）HR 经理。HR 经理的主要责任是设计绩效管理方案，组织各直线经理有效执行方案，并作为绩效管理专家，为直线经理提供实时咨询，帮助他们不断提高并成为主管领域的绩效管理专家。

（3）直线经理。直线经理是企业绩效管理的中间力量，起桥梁作用，上对企业的战略负责，下对员工的发展负责，其重要性非同一般。

（4）员工。员工是自己绩效的主人，拥有并产生绩效，在直线经理的指导和帮助下不断成长与进步。

2. 产品要素

实际上，绩效管理方案就是 HR 经理制造的一个产品，产品的性能是否优良、是否实用、用的效果是否好，都将成为直线经理是否接受方案的检验标准。所以，考虑人的要素之后，HR 经理还应着手考虑产品要素。

产品要素主要解决为什么、是什么、有什么用、怎么用这几个问题。

（1）为什么？为了使绩效管理方案具有说服力，人力经理必须对企业的绩效管理现状进行深入的调查研究，向管理层提供有说服力的报告，指出当前的不足，然后有针对性地提出解决方案。

（2）是什么？绩效管理与我们以前所做的绩效考核无论在理念、方法和工具上都有着很大的区别，如果人力经理不能清楚地描述绩效管理是什么，那么方案就有可能被拒绝，甚至被彻底否定。所以，人力经理必须思路清晰地把绩效管理是什么的问题向企业老总和直线经理解释清楚，而且用语要简洁，太复杂的东西很难被他们理解。

（3）有什么用？解决绩效管理是什么的问题之后，就要解决绩效管理有什么用的问题。与绩效考核的用途相比，绩效管理的用途更加广泛，也正因如此，绩效管理更难被管理层接受，他们认为绩效管理华而不实，不如绩效考核直接、实在，所以，这也是人力经理必须费一番脑筋考虑的问题。

（4）怎么用？怎么用的问题，是流程的问题。对绩效管理来说，流程设计是否妥当，将在很大程度上影响它的实施。通常，一个完善的绩效管理体系的建立应遵循以下流程。

①设计关键绩效指标。指标是绩效管理的基础，没有指标就谈不上管理，更无从考核，所以，绩效管理方案必须对关键绩效指标的设计作出说明，引导直线经理走到指标管理的正确轨道上，逐渐抛弃先前的任务管理、惯性管理等不良的管理习惯。

②给予业绩辅导，建立业绩档案。在关键绩效指标设计完成以后，直线经理应就关键绩效指标的内容，与员工保持适时的沟通、辅导、帮助他们不断提高能力，提升业绩。同时，为使绩效管理更加科学合理，直线经理应为员工建立业绩档案，便于今后的绩效考核。

③绩效考核。绩效考核被很多管理者奉为圣经，很多管理者总是在员工表现不佳

的时候大谈考核,大有不把员工考"煳"誓不罢休的架势。也有很多业界人士认为绩效考核是绩效管理中最为关键的一环,实际上并非如此,HR 经理在设计绩效管理方案的时候应该注意这一点。

④绩效反馈。绩效反馈是绩效管理中至关重要的一个环节,其重要程度甚至超过了绩效考核。毕竟,绩效考核的结果是拿来用的,而没有反馈就谈不上使用,没有反馈的绩效考核则起不到任何作用。没有绩效反馈,员工就无法知道自己的工作是否得到了经理的认可,就会乱加猜测,影响工作心情;没有绩效反馈,经理也无法知道绩效考核是否真正起到了作用,也就对继续进行考核缺少信心;没有绩效反馈,经理就不能有的放矢地指出员工的不足,更无法给员工提出建设性的改进意见,最终将导致员工的进步受到限制,管理水平也将无法得到有效的提高。

(二)与企业老总保持积极沟通

HR 经理在盘点完这些要素之后,应就每一要素的内容与企业老总保持沟通,沟通应分多次进行,而且应在方案成型之前进行。

(三)着手撰写方案

在和企业老总就细节问题达成共识后,HR 经理就可以着手撰写方案了。

(四)向直线经理推销方案

在方案定稿以后,HR 经理应组织相关的培训和研讨工作,向直线经理逐项讲解方案的详细内容,把方案卖给他们,获得他们的支持,使方案有效推行。

7.2 绩效比较评价法

7.2.1 实训目的

通过本次实训,使学生理解绩效比较评价法的基本原理,掌握其操作流程;熟练运用绩效比较评价法进行绩效评价,能够对几种绩效比较评价法进行横向比较,分析并总结它们的优缺点。

7.2.2 基本知识要点

绩效比较评价法是通过对评价对象进行相互比较,从而确定评价对象工作绩效在组织内部的相对绩效水平的一种方法。绩效比较评价法主要有以下 4 种。

1. 排序法

排序法又可分为直接排序法和交替排序法两种。交替排序法是对简单排序法的改进。这种考评方法花费时间较少、成本较低,适用于员工绩效相差大、员工数量较少的情况。

(1)直接排序法

直接排序法是指评价者根据自己对评价对象工作绩效整体印象的判断进行评价,

并将所有评价对象按照绩效的不同从高到低或从低到高的顺序进行排列。表 7-1 所示是直接排序法的例子。

表 7-1　直接排序法

顺序	等级	姓名
1	最好	张三
2	较好	李四
3	一般	王五
4	较差	李明
5	最差	张力

（2）交替排序法

交替排序法是指评价者根据对评价对象绩效的整体判断，先从所有的评价对象中选出最好和最差的两个评价对象，然后在余下的评价对象中再选出最好和最差的两个，以此类推，直至将全部评价对象排序完毕。这种评价方法适用于评价对象人数较少时，如果评价对象较多，这种方法就难以准确排序。表 7-2 所示是交替排序法的例子。

表 7-2　交替排序法

顺序	等级	姓名
1	优	张三
2	良	李四
3	中	王五
4	差	李明
5	较差	刘平
6	最差	张力

2. 一一对比法

一一对比法又称平行比较法、配对比较法、对偶比较法。评价者将评价对象逐一配对比较，将每次配对比较中的优者选出，赋予"+"，而劣者赋予"-"，两者业绩相同计"0"，最终，根据每位员工的胜出次数多少进行排序。将每位评价对象得到的"+"相加，得到的"+"越多，对该评价对象的评价越高。表 7-3 所示是一一对比的例子，其中"+"表示横栏上的人比纵栏上的人绩效水平高。

表 7-3　一一对比法

考核对象	比较对象			
	甲	乙	丙	丁
甲	0	+	+	+
乙	-	0	+	+
丙	-	-	0	+
丁	-	-	-	0

3. 人物比较法

人物比较法亦称标准任务比较法。这种方法是把所有的人都与某一个特定的人，即所谓的"标准人物"进行比较，因此，任务比较法在一定程度上使得评价依据更加客观。具体实施方法：在评价之前，先选出一名员工，以他的各方面表现为标准，将其他员工与之相比较，从而得出评价结果。表 7-4 所示是人物比较法的例子。

表 7-4　人物比较法

评价项目：沟通能力			标准人物：张三	
评价对象	优秀	良好	中	较差	最差
李四					
王五					
张力					
孙平					

4. 强制分配法

运用强制分配法进行绩效考评时，首先，假设被考评者的绩效分布为某一概率分布模式（一般假设为正态分布）。其次，按照一定的比例确定绩效考核等级。表 7-5 所示是强制分配法的例子。

表 7-5　强制分配法

等级	优秀	良好	中	较差	最差
权重	10%	20%	40%	20%	10%
姓名	张三	李四	王五	刘丽	王磊
		杨志	曹建	魏峰	
			张波		
			孙杰		

7.2.3　实训所需条件

1. 实训时间

本实训需要 2 学时。

2. 实训地点

多媒体教室。

3. 实训所需材料

案例所用的材料，包括字条卡、图画等以及签到表。签到表如表 6-2 所示。

7.2.4 实训内容与要求

1. 实训内容

运用各种评价法进行绩效评价。

2. 实训要求

以评选班级先进个人或先进宿舍为例，分别运用排序法、一一对比法、人物比较法和强制分配法进行绩效评价。

要求教师在实训过程中做好组织工作，给予学生必要的、合理的指导，使学生加深对理论知识的理解，提高实际分析、操作能力。

7.2.5 实训组织方法与步骤

1. 运用排序法对宿舍进行排序

第一步，建立实训小组（3~5人），以小组为单位开展活动。
第二步，制定排序表。
第三步，分别用直接排序法和交替排序法对宿舍进行排序。
第四步，比较这两种排序法结果是否一致，如果有差异，请简要分析差异原因。
第五步，分析排序法的优缺点。
第六步，总结并编撰实训报告。

2. 运用对比法进行宿舍排序

第一步，建立实训小组（3~5人），以小组为单位开展活动。
第二步，制定一一对比评价表。
第三步，进行宿舍间的逐一配对比较评价，将每次配对比较中的优者选出，赋予符号"+"，劣者赋予符号"-"，两者业绩相同赋予符号"0"。
第四步，统计每个宿舍得到符号"+"的次数，按"+"的次数多少进行排序。
第五步，比较用一一对比法的评价结果和排序法评价结果的异同。如果有差异，请简要分析原因并说明。
第六步，分析一一对比法的优缺点。
第七步，总结并编撰实训报告。

3. 运用人物比较法进行班级先进个人的评比

第一步，建立实训小组（3~5人），制定人物比较评价表。
第二步，评价者先单独对班级成员进行分别评价，将评价结果填入人物比较评价表。

第三步，分组讨论评价结果，观察小组成员的评价结果是否一致，如果不一致，请分析导致评价结果差异的原因，并简要解释。

第四步，分析人物比较法的优缺点。

第五步，总结并编撰实训报告。

4. 运用强制分配法进行班级先进个人的评比

第一步，建立实训小组（3~5人），以小组为单位讨论，确定被评价对象的绩效分类以及各自的权重分配。

第二步，制定强制分配评价表。

第三步，小组成员先单独进行评价，然后再集体讨论评价结果，观察小组成员的评价结果是否相同，如果有差异，请简要分析差异原因。

第四步，将小组集体讨论后的结果填入强制分配评价表。

第五步，分析强制分配法的优缺点。

第六步，总结并编撰实训报告。

7.2.6　实训报告

实训结束以后，每位学生必须撰写实训报告，要求在实训报告中阐明理论依据以及相关的分析，主要内容参考前文中表1-1。考虑到需要撰写大量的文字，实训报告可以在实训结束后2天内完成，由组长收齐后上交指导教师。

7.2.7　实训考核方法

1. 成绩划分标准

实训成绩按照优秀、良好、中等、及格和不及格五个等级评定。

2. 成绩评定标准

（1）实训表现评定参考准则

①准备工作是否充分，包括理论基础方面的准备以及实训前的必要准备。

②能否清楚地阐明整个实训过程，在小组内合理分派任务，表现出团队意识。

③小组是否能有效地控制好实训的过程，取得预期效果。

④总结是否恰当、完整。

（2）实训报告评定参考准则

①是否有完整的原始材料，如小组成员任务清单、实训材料清单等。

②是否记录完整的实施过程和确切的实训结果。

③是否有实际收获和体会，包括对评比方法的应用、理解、体会等，以及其他在小组协作过程中的体会等内容。

7.2.8 实训扩展与提高

（1）对比各个绩效评价方法，找出它们各自的优缺点。
（2）熟练掌握绩效评价方法，并能够熟悉它们所适用的场景与条件。
（3）课下能够积极找出相关案例，并判断其属于哪种评价方法。

7.3 绩效评价量表设计

7.3.1 实训目的

通过本实训项目的练习，使学生理解量表法的基本原理和基本思路，掌握几种基本评价量表的设计方法。同时，能对几种常见量表的优缺点进行对比分析。

7.3.2 基本知识要点

1. 量表法的概念

量表法是指根据各种不同的客观标准采用相应形式的评价尺度对评价对象的绩效进行评价的一种评价方法。

量表法的通常做法：第一，根据组织对评价对象的要求确定相应的绩效评价指标体系；第二，将一定的权重或比例分配到各个绩效评价指标上，使每项评价指标都有一个权重；第三，根据评价对象在各个评价指标上的表现和预先设定的评价尺度为评价对象确定一个恰当的标志，对评价对象进行评价、打分；第四，汇总得分，作为评价对象的绩效评价结果。

2. 量表法的分类

根据量表中所使用的评价尺度的不同，对量表法进行分类，如表 7-6 所示。

表 7-6 量表法归类表

所使用评价尺度的类型		绩效评价方法名称（量表法）
非定义式的评价尺度		图示量表法 等级择一法
定义式的评价尺度	行为导向型量表法	行为锚定量表法 混合标准量表法
	结果导向型量表法	无
	综合运用以上两者	综合尺度量表法
其他		行为对照表法 行为观察量表法

（1）图示量表法。图示量表法又称为图示评价尺度法，是一种最常用的绩效评价

方法。该方法首先挑选出对企业成功有利的一些特征因素，对其进行定义或分级。其次，评价者一次只考虑一位员工，对照图示评价尺度，从中圈出与被评价者所具有的特征程度最相符的分数即可。

（2）等级择一法。等级择一法的原理与图示量表法完全相同，只是在规定评价尺度时没有使用图示，而是采用了一些有等级含义的短语来表示，如优秀、良好、满意、尚可、基本满意、不满意等。

（3）行为锚定量表法。行为锚定量表法是建立在关键事件法基础上的。该方法的目的在于：通过建立与不同绩效水平相联系的行为锚来对绩效维度加以具体界定。在同一个绩效维度中存在一系列的行为事例，每一种行为事例分别表示某一维度中的一种特定绩效水平。

（4）混合标准量表法。混合标准量表法解决了图示评价尺度法所存在的一些问题或不足。这种方法首先对相关的绩效维度进行界定，然后分别对每一个维度"好""中""差"的绩效内容与标准进行阐明或界定，最后在实际评价表格的基础上，将这些说明与其他维度中的各种绩效等级说明混合在一起，就形成了一种混合标准尺度。

（5）综合尺度量表法。这种方法是结果导向量表法与行为导向量表法相结合的一种评价方法。在该法中，评价指标的标度规定采用了行为描述与结果描述相结合的方式。这种方法既能有效地引导员工行为，又能对结果进行直接评价。同时在评价尺度的选择上采用了等级式、数量式、定义式三种方式相结合的方式。

（6）行为观察量表法。行为观察量表法是行为锚定量表法的一种"变形"，它也是从关键事件评价法中发展而来的方法，但与行为锚定量表法不同的是，在行为观察量表法中，对各个评价项目分别给出一系列有关的行为。在使用行为观察量表法时，评价者通过指出员工表现各种行为的频率来评价他的工作绩效。

7.3.3 实训所需条件

1. 实训时间

本项目实训时间可安排 1 小时。

2. 实训地点

多媒体教室。

3. 实训所需材料

所需的案例分析材料及签到表等。签到表如表 6-2 所示。

7.3.4 实训内容与要求

1. 实训内容

绩效评价表的设计如表 7-7 所示。

表 7-7 绩效评价表

姓名		职务		评价人	
事业部		评价区间			
评价尺度及分数		优秀（10分）良好（8分）一般（6分）较差（4分）极差（2分）		评分	本栏平均	权重系数

			评分	本栏平均	权重系数
工作业绩	1.工作素质	仅考虑工作的品质，与期望值比较，工作过程、结果的符合程度（准确性、反复率等）			4
	2.工作量	仅考虑完成工作数量。职责内工作、上级交办工作及自主性工作完成的总量			
	3.工作速度	仅考虑工作的速度，完成工作的迅速性、时效性，有无浪费时间或拖拉现象			
	4.工作达成度	与年度目标或与期望值比较，工作达成与目标或标准之差距，同时应考虑工作客观难度			
工作能力	5.计划性	工作事前计划程度，对工作（内容、时间、数量、程序）安排分配的合理性、有效性			3
	6.应变力	针对客观变化，采取措施（行动）的主动性、有效性及工作中对上级的依赖程度			
	7.改善创新	问题意识强否，为有效工作，在改进工作方面的主动性及效果			
	8.职务技能	对担任职务相关知识的掌握、运用，工作的熟练程度			
	9.发展潜力	是否具有学识、涵养，可塑程度			
	10.周全缜密	工作认真细致及深入程度，考虑问题的全面性、遗漏率			
工作态度	11.合作性	人际关系，团队精神及与他人（部门）工作配合情况			3
	12.责任感	严格要求自己与否，遵守制度纪律情况			
	13.工作态度	工作自觉性、积极性；对工作的投入程度，进取精神、勤奋程度、责任心等			
	14.执行力	对上级指示、决议、计划的执行程度及执行中对下级检查跟进程度			
	15.品德言行	是否做到廉洁、诚信，是否具有职业道德			

评价得分	①（1~4项平均分）×4+（5~10项平均分）×3+（11~15项平均分）×3=总得分
出勤及奖惩	②出勤：迟到、早退次×0.5+旷工天×2+事假天×0.4+病假天×0.2=总得分
	③处罚：警告次×1+小过次×3+大过次×9=总得分
	④奖励：表扬次×1+小功次×3+大功次×9=总得分
总分	①-②-③+④=得分
评价等级	A：90分及以上 B：70~89分 C：40~69分 D：40分以下
评价者意见	

*注：本表为360度绩效评价表。

2. 实训要求

以 H 公司的管理人员（7.1 的实训内容）为评价对象，分别设计图示量表、等级择一表、行为锚定量表、混合标准量表、综合尺度量表、行为对照表、行为观察量表。

7.3.5　实训组织方法与步骤

（1）以 H 公司管理人员为评价对象设计图示量表建立实训小组（3~5 人），以小组为单位开展以下各项活动。

第一步，确定对 H 公司管理人员的评价指标，并对评价指标进行定义。

第二步，为每个评价指标分配权重，并确定每个评价指标的总得分。

第三步，确定对每个评价指标的评价是采用五级量表还是其他数量级别的量表。

第四步，为每个评价指标确定各个级别相对应的评价得分。

第五步，制定图示量表。

第六步，总结并编撰实训报告。

（2）以 H 公司管理人员为评价对象设计等级择一量表建立实训小组（3~5 人），以小组为单位开展以下各项活动。

第一步，选择对 H 公司管理人员的评价指标，并为每个评价指标设定权重。

第二步，确定对每个评价指标的评价是采用五级量表还是其他数量级别的量表。

第三步，设计评价指标的评价尺度。

第四步，制定等级择一量表。

第五步，总结并编撰实训报告。

（3）以 H 公司管理人员为评价对象设计行为锚定量表建立实训小组（3~5 人），以小组为单位开展以下各项活动。

第一步，确定代表各个等级绩效水平的关键事件。

第二步，将确定的关键事件分组并提炼出若干个绩效评价指标，并对评价指标进行定义，初步建立绩效评价指标体系。

第三步，对每一个评价指标相对应的关键事件进行重新审查，确定每一评价指标相对应的关键事件。

第四步，确定各关键事件所对应的评价指标的评价等级。

第五步，建立行为锚定量表。

第六步，总结并编撰实训报告。

（4）以 H 公司管理人员为评价对象设计混合标准量表建立实训小组（3~5 人），以小组为单位开展以下各项活动。

第一步，确定对 H 公司管理人员的评价指标。

第二步，对每个评价指标进行描述（从高、中、低三个不同等级用行为描述和结果描述相结合的方式加以解释说明）。

第三步，将不同指标高、中、低三个不同等级的解释说明打乱顺序混在一起，制定混合标准量表。

第四步，制定混合标准量表的评分标准。

第五步，总结并编撰实训报告。

（5）以 H 公司管理人员为评价对象设计综合尺度量表建立实训小组（3~5 人），以小组为单位开展以下各项活动。

第一步，确定对 H 公司管理人员的评价指标，并对评价指标进行定义。

第二步，为每个评价指标分配权重，并确定每个评价指标的总得分。

第三步，确定对评价指标的评价是采用五级量表还是其他数量级别的量表。

第四步，为每个评价指标确定其各个级别相对应的评价得分。

第五步，用行为导向和结果导向相结合的方式对每个评价指标的不同评价等级进行相应的解释说明。

第六步，制定综合尺度量表。

第七步，总结并编撰实训报告。

（6）以 H 公司管理人员为评价对象设计行为对照表建立实训小组（3~5 人），以小组为单位开展以下各项活动。

第一步，根据 H 公司管理人员职责，确定 H 公司管理人员的评价要素。

第二步，根据确定的评价要素分析影响 H 公司管理人员绩效的一系列有效行为和无效行为。

第三步，选择作为评价项目的有效行为和无效行为。

第四步，为每个评价项目确定其相应的评价得分。

第五步，制定行为对照量表及其评分标准。

第六步，总结并编撰实训报告。

（7）以 H 公司管理人员为评价对象设计行为观察量表建立实训小组（3~5 人），以小组为单位开展以下各项活动。

第一步，讨论明确 H 公司的战略目标。

第二步，根据 H 公司的战略目标确定 H 公司管理人员所应具备的素质。

第三步，根据 H 公司管理人员的素质要求确定 H 公司管理人员的评价指标，并确定每个评价指标的权重和分数。

第四步，按照评价指标分析影响 H 公司管理人员绩效的有效行为，并选择若干有效行为作为评价行为。

第五步，确定对每个评价行为是运用五级量表进行评价还是其他级别的量表进行评价。

第六步，制定行为观察量表。

第七步，总结并编撰实训报告。

在进行以上 7 个子项目实训时，需要注意以下 3 个问题。

（1）评价要素的选择和绩效评价指标的设计应遵循系统性原则、目标一致性原则、独立性与差异性原则、可测性原则。

（2）对评价尺度的解释说明应遵循结果导向和行为导向相结合的方式。

（3）根据素质模型选择绩效评价指标时，绩效评价指标应尽可能覆盖素质的各个方面。

7.3.6　实训报告

实训结束以后，每位学生必须撰写实训报告，要求在实训报告中阐明理论依据以及相关的分析，主要内容参考前文中表 1-1。考虑到需要撰写大量的文字，实训报告可以在实训结束后 2 天内完成，由组长收齐后上交指导教师。

7.3.7　实训考核方法

1. 成绩划分标准

实训成绩按照优秀、良好、中等、及格和不及格五个等级评定。

2. 成绩评定标准

（1）是否能根据所提供案例公司的情况制定合理的绩效评价指标体系。

（2）能否合理地设置绩效评价指标的权重。

（3）能否合理地设计评价指标的评价尺度。

（4）评价要素的选择和绩效评价指标的设计是否遵循系统性原则、目标一致性原则、独立性与差异性原则以及可测性原则。

（5）对评价尺度的解释说明是否遵循结果导向和行为导向相结合的方式。

（6）是否理解量表法的基本原理和基本思路，是否掌握评价量表的基本设计方法。

（7）能否清晰地阐明每种评价量表法的优缺点。

（8）实训报告是否记录了完整的实训过程，文字是否简练、清楚，结论是否明确，收获和体会是否客观。

（9）课堂讨论、展示占总成绩的 30%，所设计量表和实训报告占总成绩的 70%。

7.3.8　实训扩展与提高

本项目实训拓展与提高材料如表 7-8、表 7-9 所示。

表 7-8　常见绩效考核指标（平衡计分卡）

部门	财务指标	客户指标	内部运营指标	学习与成长指标
生产部门	生产成本控制率	部门员工满意度	部门员工出勤率、生产计划完成率、产品批次检验合格率、维修返工率、物料消耗控制率、设备正常运转率、现场管理合格率、安全生产达标率	部门员工培训参加率、部门员工培训合格率
销售部门	销售费用率、部门办公费用控制流程	新客户拓展率、客户投诉率、客户投诉处理满意率、部门员工满意度	部门员工出勤率、销售增长率、销售额完成率、销售利润完成率、销售合同执行率、销售回款率	
人力资源部门	部门办公费用控制率、招聘预算费用达成率、培训费用预算达成率、薪资总量预算安排达成率	员工流失率、员工培训满意度	员工部门出勤率、人员编制控制率、人力资源配置完成率、招聘及时率、招聘合格率、公司员工培训完成率、员工绩效计划按时完成率、员工绩效考核申诉处理及时性	
行政部门	部门办公费用控制率	部门员工满意度、后期服务满意度	部门员工出勤率、公司内部档案的完整性及数据更新的及时性、设备物品管理准确率、卫生管理达标率	
财务部门	公司财务费用控制率、公司筹资成本控制率、公司资金风险控制率、公司账务核算准确率、部门办公费用控制率	部门员工满意度	部门员工出勤率、部门制度建设完成率	
技术部门	研发费用控制率	部门员工满意度	部门员工出勤率、在研项目研发履约率、研发产品通过鉴定率、新产品销售增长目标完成率、检测检验结果差错率	

表 7-9　绩效考核评价表

部门：　　　　　岗位：　　　　　被考核人：　　　　　填表日期：

考核内容	具体指标	指标类型	指标定义及说明	计算公式	数据来源	权重	得分

考评人：　　　　　　　　　　　　　　　　　　　　　　　　　　审核：

7.4 关键事件分析

7.4.1 实训目的

通过本项目实训，使学生理解关键事件分析的基本原理，掌握关键事件分析的技术和方法。

7.4.2 基本知识要点

关键事件分析的方法很多，主要有以下几种。

1. 描述法

描述法又称事实记录法、叙述法、鉴定法等，是指评价者对评价对象的能力、态度、成绩、优缺点、发展的可能性、需要加以指导的事项和关键性事件等作出评价，由此得到对评价对象的综合评价。

通常情况下，描述法只能用于发展性评价，而不能用于评价性评价。所以，它一般是作为其他评价方法的辅助方法，主要用于观察并记录评价需要的事实依据，以避免认知误差的发生，并为绩效反馈提供事实依据。

根据所记录事实的不同内容，描述法可以分为：能力记录法、态度记录法、工作业绩记录法、指导记录法和关键事件记录法。

2. 关键事件法

关键事件法是指那些对部门的整体工作绩效产生积极或消极影响的重大事件或重大行为。关键行为一般分为有效行为和无效行为。关键事件法要求评价者或管理者为每位员工准备一本绩效考评日记或绩效记录，由考察人或知情人随时记录。

3. 记录关键事件的 STAR 法

STAR 法，是由 4 个英文单词的第一个字母表示的一种方法。由于含 STAR，翻译后是星星的意思，因此也称星星法。

STAR 法记录的一个事件或行为需要从 4 个方面来描写。

（1）S 是 situation——情境：记录事件或评价对象行为发生时的情境是怎么样的。

（2）T 是 target——目标：记录评价对象为什么要做这件事情。

（3）A 是 action——行动：记录评价对象当时采取什么行动。

（4）R 是 result——结果：记录评价对象采取这个行动获得了什么结果。

把上面这 4 个英文单词的第一个首字母连起来就叫 STAR。

7.4.3 实训所需条件

1. 实训时间

本项目实训周期大约为一周,其中课堂展示时间为 2 课时。

2. 实训地点

能容纳 50 人左右的教室。

3. 实训所需材料

电脑、投影仪、黑板、粉笔等相应的培训用具,签到表。签到表如表 6-2 所示。

7.4.4 实训内容与要求

1. 实训内容

区分有效行为与无效行为。

以下是对某超市主管人员的一些行为记录,要求从以下所列的行为中分别挑选出有效行为和无效行为,并总结归纳该职位对任职人的基本素质要求。

(1)对于进入店门的顾客,经常报以热情友好的招呼,并且主动上前提供购物引导和帮助,获得顾客的好评。

(2)能够注意并分析事物内在的相互联系,判断事物之间的因果关系,按重要性排列任务的次序,并制订相应的行动计划或方案。

(3)在没有监督的条件下能够独立地工作,即使遇到一定的困难和挫折,也能够独立作出决策,能够及时地完成组织安排的任务或计划。

(4)在员工需要帮助时,能够向员工提供关于如何做的帮助,并提出一些建设性的建议。

(5)认真倾听他人的谈话,能够抓住他人谈话的思路与主要思想,偶尔提出一些问题以便确认与理解他人的谈话意思。

(6)总经理来视察时,为了表现自己,当众指出其他同事的部分错误,导致同事之间人际关系的紧张。

(7)经常在不该自己加班的时候,主动留下加班以帮助其他同事,协助其他同事及时完成公司安排的计划或任务。

(8)当一位新招聘进来的员工上班迟到时,粗暴严厉地批评了这位员工,还带有一些讽刺和挖苦,挫伤了这位员工的自尊心。

(9)能够设定具体的有挑战性的目标,并通过改进工作方法和流程来不断提高绩效。

(10)同顾客沟通时,能够比较准确地发现和挖掘顾客的需求,并提出合理化建议,赢得顾客的信任，获得顾客的好评。

（11）当顾客要求退换在本店购的某商品时，粗暴拒绝，导致顾客悻悻而去。

（12）总是提前开始工作，带齐工作所需要的必要装备，穿戴整齐。

（13）聪明，学东西的速度非常快。

（14）有时候有不配合其他部门工作的现象，存在部门本位主义倾向，从而导致公司的总体工作有时会遇到困难。

（15）能够严格要求自己，受到大家的尊重，同时对下属人员的纪律要求也比较严格，本人及其所属部门能够遵守公司的各项规章制度以及工作纪律，基本没有违规事件。

2. 实训要求

区分上述记录中的有效行为和无效行为。

要求教师在实训过程中做好组织工作，给予学生必要的、合理的指导，使学生加深对理论知识的理解，提高实际分析、操作能力。

7.4.5　实训组织方法与步骤

建立实训小组（3~5 人），以小组为单位开展以下各项活动。

第一步，挑选出有效行为。

第二步，挑选出无效行为。

第三步，总结归纳该职位对任职人员的基本素质要求。

第四步，总结并编撰实训报告。

7.4.6　实训报告

实训结束以后，每位学生必须撰写实训报告，要求在实训报告中阐明理论依据以及相关的分析，主要内容参考前文中表 1-1。考虑到需要撰写大量的文字，实训报告可以在实训结束后 2 天内完成，由组长收齐后上交指导教师。

7.4.7　实训考核方法

1. 成绩划分标准

实训成绩按照优秀、良好、中等、及格和不及格五个等级评定。

2. 成绩评定标准

（1）事件的了解程度。

（2）关键事件分析方法能否熟练应用。

（3）能够根据一个案例熟练找出适合该案例的方法。

（4）由于本实训项目着重考查学生对方法的熟练操作情况，因此实训表现所占成绩比重较大，为70%，实训报告占总成绩的30%。

7.4.8 实训拓展与提高

关键事件是指那些会对公司部门或个人的整体工作绩效产生积极或消极影响的重大事件行为及其结果。关键事件法在员工绩效管理中的作用主要体现在如下方面。

第一，提供绩效考评的事实依据。在绩效实施与辅导阶段，对员工在工作中表现出来的关键事件进行记录，是为了在绩效考评中有充足的事实依据。管理者将一位员工的绩效判断为"优秀""良好"或"差"需要一些证据做支持，即管理者依据何标准将员工的绩效评判为"优秀""良好"或"差"，这绝对不能凭感觉而是要用数据说话的。这些关键事件除了可以用在对员工的绩效进行考评以外，还可以作为晋升、加薪等人事决策的依据。

第二，提供绩效改善的事实依据。绩效管理的目的之一是改善和提升员工的绩效与工作能力。在绩效改进阶段，当管理者对员工说"你在这方面做得不够好"或"你在这方面还可以做得更好一些"时，需要结合具体的事实向员工说明其目前的差距和需要如何改进与提高。例如，主管人员认为一位员工在对待客户的方式上有待改进，他就可以举出该员工的一个具体事例来说明。"我们发现你对待客户非常热情主动，这是很好的。但是客户选择哪种方式的服务应该由他们自己作出选择，因为这是他们的权利。但我发现你在向客户介绍服务时，总是替客户作决策。比如上次……我觉得这样做不太妥当，你看呢？"这样就会让员工清楚地看到自己存在的问题，有利于他们改善和提高绩效。

第三，提供优秀绩效的事实依据。不仅在指出员工有待改善的方面需要提供事实的依据，即便是在表扬员工时也需要就事论事（以事实为依据），而不是简单地说"你做得不错"。由此，不仅可以向员工传达"管理者对他们的每一件优秀事迹都是非常清楚"的信息，而且会促使员工今后更加卖力地工作，同时还可以帮助管理者发现优秀绩效背后的原因，然后再利用这些信息帮助其他员工提高绩效，使其他员工以优秀员工为基准，把工作做得更好。

在员工绩效管理过程中，为了更好地发挥关键事件法的作用，在应用该方法时，要掌握并遵循以下要求。

第一，所记录"事件"必须是关键事件，即属于典型的"好的"或"不好的"事件，判断是否属于关键事件，其主要依据在于事件后的特点与影响性质。所记录的关键事件必须是与被考评者的关键绩效指标有关的事件。

第二，关键事件法一般不单独作为绩效考评的工具使用，而是应和其他绩效考评方法结合使用，为其他考评方法提供事实依据。

第三，记录的关键事件应当是员工的具体行为，不能加入考评者的主观评价，要把事实与推测区分开来。

第四，关键事件的记录要贯穿于整个工作期间，不能仅仅集中在最后几个星期或几个月里。

第五，关键事件法是基于行为的绩效考评技术，特别适用于那些不仅仅以结果来衡量工作绩效，还注重一些重要行为表现的工作岗位。

7.5 绩效沟通

7.5.1 实训目的

通过本项目实训，理解绩效沟通的重要意义和作用，掌握绩效沟通的基本原则，包括在组织信息时的完全性原则和对称性原则以及三个合理定位原则，即对事不对人的定位原则、责任导向的定位原则和事实导向的定位原则，并要求掌握绩效沟通的技巧，能够熟练地进行日常的绩效沟通和正确地进行绩效反馈面谈。

7.5.2 基本知识要点

1. 绩效沟通的含义和作用

绩效沟通是指管理者和员工在共同工作过程中分享各类与绩效有关的信息的过程。绩效沟通不论对于企业、对于管理者，还是对于员工都具有重要的作用。

从企业的角度看，企业能够不断适应外部市场环境变化，同时通过绩效沟通使员工的素质和技能不断提升，一方面是塑造企业竞争优势，满足市场竞争的要求；另一方面也是为客户提供更优质产品和服务的要求。

从管理者的角度看，通过绩效沟通可以安排和协调下属员工的工作，对下属员工进行工作指导，不断提升员工的技能，开发员工的潜能，掌握员工的工作信息，以便于绩效评价工作的开展和不断提高自己的管理效果。

从员工的角度看，通过绩效沟通，员工能够获得关于工作安排的有关信息以及关于工作效果的评价和反馈，还可以通过绩效沟通获得工作中有关问题的解决方案和建议，使自己的绩效不断提高。

2. 绩效沟通的有效性

全过程绩效沟通的有效性依赖于三个层面的驱动因素：企业形成高绩效的沟通文化、企业具有健全的绩效沟通机制（包括固化下来的制度和流程）、管理者掌握适当的沟通技巧。

3. 建设性沟通

（1）建设性沟通的含义

建设性沟通是一种建立在不损害管理者和员工关系的前提下进行的，针对性地解决特定问题的沟通方式。管理者掌握建设性沟通技巧的关键在于是否能做到换位思考。

图 7-1　绩效沟通有效性三层面驱动因素

（2）建设性沟通中的三个合理定位原则

①对事不对人原则，要求沟通双方应针对问题本身提出看法，充分维护他人的自尊，不要轻易对人下结论，从解决问题的角度出发进行沟通。

②责任导向原则，在沟通中引导对方承担责任的沟通模式。

③事实导向原则，在沟通中表现为以事实为主要内容的沟通方式。

4. 绩效反馈

（1）绩效反馈的意义

在没有反馈的情况下，人们无法对自己的行为进行修正，从而无法提高自己，甚至丧失继续努力的愿望。因此，缺乏具体而频繁的反馈是员工绩效不佳的最普遍原因之一。

（2）如何对错误的行为进行反馈

对错误行为的反馈不应该是负面的反馈，而应该是中立的反馈或积极的和有建设性的反馈。

（3）促成建设性批评的七个要素

①建设性的批评是战略性的。

②建设性的批评是维护对方自尊的。

③建设性的批评发生在恰当的环境中。

④建设性的批评是以进步为导向的。

⑤建设性的批评是互动式的。

⑥建设性的批评是灵活的。

⑦建设性的批评能传递帮助信息。

（4）如何对正确的行为进行反馈

管理者在对正确的行为进行反馈时应遵循以下四点原则。

①用正确的肯定来认同员工的进步。

②要明确地指出受称赞的行为。

③当员工的行为有所进步时应给予及时的反馈。

④正面的反馈中应包含这类行为可能对团队、部门以及整个组织绩效造成的影响。

5. 绩效反馈面谈

（1）绩效反馈面谈的目的

①对绩效评价的结果达成共识。

②使员工认识到自己在前阶段工作中取得的进步和存在的缺点。

③制订绩效改进计划。

④修订或协商下一个绩效管理周期的绩效目的和绩效计划。

（2）绩效反馈面谈的前期准备

①管理者一方绩效反馈面谈前期准备。选择合适的面谈时间。管理者在确定面谈时间的问题上应该充分尊重员工的意愿。②选择合适的面谈地点和环境。在进行绩效面谈的时候，管理者最好不接听任何电话，停止接待来访的客人，以避免面谈受到不必要的干扰。管理者应该注意安排好双方在面谈时的空间距离和位置。一般情况下，沟通双方成 90°角坐比较合适。③设计面谈的过程。管理者应该善于从一个轻松的话题入手，帮助员工放松心情，以便在面谈中更好地阐明自己的看法。由于反馈面谈主要针对的内容是上一阶段绩效评价的结果，这个过程必然是围绕评价员工上一阶段工作情况展开的。每个管理者可以根据自己对员工的了解情况采取不同的面谈方法，以期达到最佳的沟通效果。④收集整理面谈中需要的信息资料。

（3）员工一方绩效反馈面谈前期准备

①收集整理面谈中需要的信息资料。②草拟个人发展计划、绩效改进计划和下一绩效周期的绩效计划等文件。③安排好个人的工作，腾出充足的时间进行绩效反馈面谈。

（4）绩效反馈面谈中的注意事项

①坦诚相见，把绩效评价表展示在员工面前，而不要藏起来。

②耐心解释评价结果。

③给员工发表自己看法的时间和机会。

④充分地激励员工。

⑤不要怕承认错误。

⑥形成书面的记录。

（5）与不同类型的员工沟通需采取不同的策略

①与优秀的员工进行沟通要以鼓励为主，但是对于其要求提升或加薪的要求要有心理准备。

②与绩效差的员工沟通要具体分析绩效差的原因，不能一概认为是个人因素。

③与工龄长的员工沟通要表现出充分的尊重，一定要让他们知道过去的成绩是不

能被抹杀的，但是也不能代表现在的成绩。

④面对沉默内向的员工，要善于提开放的问题使他们多表达。

7.5.3 实训所需条件

1. 实训时间

本实训需要 2 学时。

2. 实训地点

多媒体教室。

3. 实训所需材料

沟通所需的材料、沟通前的准备工作等以及签到表。签到表如表 6-2 所示。

7.5.4 实训内容与要求

1. 实训内容

绩效计划实施过程中绩效反馈面谈模拟——刘副总和张经理的绩效反馈面谈。

这是一套角色扮演模拟训练，背景是一家软件公司，一个角色是公司的副总经理刘新民，负责公司的人力资源管理、行政管理；另一个角色是人力资源部经理张志远。

（1）刘新民副总经理的角色说明

你昨天刚刚从北京出差回来，今天上午上班之后你打电话请张经理来你办公室进行上季度的绩效反馈面谈。张经理是公司的人力资源部经理，正忙着招聘公司的新员工。张经理工作一直比较努力，但是前一段时间，营销部反映有两个岗位一直空缺，没有招到合适的人员。同时，总经理上次开会时还让你调查一下有人反映公司的员工流动率比较高的问题。你刚找出张经理前几天交给你的述职报告，正想仔细看一下，这时，张经理如约来到了你的办公室。

（2）张志远经理的角色说明

你刚才接到顶头上司——刘副总的电话，他要和你进行上季度的绩效反馈面谈。你已经写好了上季度的工作述职报告，并且已经交给了刘副总，只是刘副总最近一直比较忙，不知道他是否看过了。

想到这里，你敲响了刘副总办公室的门。

（3）观察者角色说明

你是刘副总和张经理进行绩效反馈面谈的观察者，这个角色的任务如下。

①观察绩效反馈面谈双方开始谈话的方式。谈话者做了什么，他是否以某种方式创造一种融洽的气氛；谈话者是否开门见山说明谈话目的；谈话目的是否表述得清楚简明。

②观察谈话是怎样进行的。谈话者在多大程度上了解下属对工作的感觉,谈话者是否以泛泛的、一般性的问题开始谈话,上司是否批评下属,谈话者是否能理解下属的思想感情,谁说话多,谈话者了解到别的什么没有,上司有没有表扬下属,双方在谈话中是否遵循了对事不对人的原则,双方的沟通是否是有建设性的沟通。

③观察和评价谈话结果。谈话结束时,谈话者对下属的评价在多大程度上做到了公正和准确;上司是否给下属以激励;谈完后,两个人之间的关系是改善了还是恶化了;对下属工作中的问题,上司是否给予了指导和反馈,问题是否得到了解决;绩效反馈面谈是否达到了预期的改善绩效的目的;绩效反馈面谈双方怎样才能做得更好些?

2. 实训要求

模拟刘副总、张经理的绩效反馈面谈情景并分析其效果。

要求教师在实训过程中做好组织工作,给予学生必要的、合理的指导,使学生加深对理论知识的理解,提高实际分析、操作能力。

7.5.5 实训组织方法与步骤

建立实训小组(3~5 人),以小组为单位开展以下各项活动。

第一步,角色分工(15 分钟)。由实训指导教师介绍本实训中要扮演的角色。学生分成小组,每个组派出两位同学,一位同学扮演刘副总,另一位同学扮演人力资源部张经理,其他小组成员是观察者。观察者要阅读《观察者角色说明》《刘副总角色说明》和《人力资源部张经理角色说明》3 份文件;被选出扮演刘副总和张经理的两位小组成员只阅读各自要扮演的角色的说明文件。

第二步,绩效反馈面谈(25 分钟)。上司约见下属进行绩效反馈面谈。这个过程观察者保持沉默,但以观察者角色说明为指导,记录谈话过程和内容。在谈话过程结束后,观察者对上司和下属两人给予反馈。

第三步,讨论问题(20 分钟)。

(1)说明谈话是如何开始的,指出谈话过程中的不妥当之处。

(2)说明谈话过程中的不妥当之处应该如何改正。

(3)双方的准备是否充分,思想上是否重视。

(4)上司和下属应如何做才能使得绩效反馈面谈取得理想效果。

第四步,再次绩效反馈面谈(20 分钟)。上司针对讨论中提出的改进建议,再次约见下属进行绩效反馈面谈。这个过程观察者保持沉默,仍以"观察者角色说明"为指导,记录谈话过程和内容。在谈话过程结束后,观察者对上司和下属两人给予反馈。

第五步,再次讨论问题(20 分钟)。再次进行讨论,将本次绩效反馈面谈与上次绩效反馈面谈进行对比,讨论本次面谈与上次面谈相比有哪些改进?取得效果如何?还存在哪些问题?应该如何进一步改进?

第六步,总结并编撰实训报告(20 分钟)。对整个绩效反馈面谈过程进行总结,并形成书面的实训报告。

7.5.6 实训报告

实训结束以后,每位学生必须撰写实训报告,要求在实训报告中阐明理论依据以及相关的分析,主要内容参考前文中表 1-1。考虑到需要撰写大量的文字,实训报告可以在实训结束后 2 天内完成,由组长收齐后上交指导教师。

7.5.7 实训考核方法

1. 成绩划分标准

实训成绩按照优秀、良好、中等、及格和不及格五个等级评定。

2. 成绩评定标准

(1)实训表现评定参考准则
①选用的沟通技巧是否合适,能否达到预期的沟通目的。
②沟通的时机是否恰当。
③是否能有效地控制整个沟通过程。
④能够达到预期的沟通效果,即绩效的反馈结果是否良好。
⑤总结是否恰当、完整。
(2)实训报告评定参考准则
①是否有完整的原始材料,如沟通过程的文字材料,如有条件配以有关过程的照片或录像形式。
②是否记录完整的实施过程和确切的实训结果。
③是否有实际收获和体会,包括参加游戏活动的收获或体会、活动体现的实践价值、对今后有关工作的建议等。

由于本实训项目着重考查学生对绩效沟通的理解与实际操作,因此实训表现所占成绩比重较大,为 70%,实训报告占总成绩的 30%。

7.5.8 实训拓展与提高

绩效沟通过程中的技巧

技巧一

选择一个安静的环境。面谈的环境非常重要,因为环境会影响一个人的心情,在面谈时让下属保持轻松的心情很重要。选择面谈的环境一般要注意几点:第一,噪声一定要小,尽量不要受外界环境的干扰,面谈双方一定要将手机关闭。第二,最好不要在办公室里面谈,以免受到其他人员干扰,打断正常的面谈。第三,面谈时最好不要有第三者在场。

技巧二

营造彼此信任的氛围。信任是沟通的基础，绩效面谈实际上是上下级之间就绩效达成情况的一次沟通，所以，同样需要在面谈双方之间营造信任的氛围。信任的氛围可以让下属感觉到温暖和友善，这样下属就可以更加自由地发表自己的看法。信任首先来自平等，所以，在面谈中双方尽量不要隔着桌子对坐，利用圆形的会议桌更容易拉近与下属的距离。信任还来自尊重，当下属发表意见时，主管要耐心地倾听，不要随便打断，更不要武断地指责。

技巧三

明确绩效面谈的目的。在开始进行绩效面谈时，主管应该向下属明确面谈的目的，以使下属能够清楚面谈的意义以及面谈的内容。在阐述面谈的目的时，主管应尽可能使用比较积极的语言，比如"我们今天面谈的主要目的是讨论如何更好地改善绩效，并且在以后的工作中需要我什么指导，以便我们能够共同完成目标"。

技巧四

鼓励下属充分参与。一次成功的绩效面谈是互动式的面谈，在面谈过程中双方应进行有效的互动沟通。主管应避免填鸭式的说服，即使对下属工作有不满意的地方，仍需要耐心倾听下属内心的真正想法。如果下属是一个非常善于表达的人，就尽量让他把问题充分暴露出来。如果下属不爱说话，就给他勇气，多一些鼓励，同时尽量用一些具体的问题来引导下属多发表看法。

技巧五

关注绩效和行为，而非个性。在面谈中要坚持对事不对人的原则，下属可能在某些个性方面有欠缺，但在绩效面谈中主管应重点关注下属的绩效表现，如果下属个性方面的欠缺和工作无关，则尽量不要发表意见。

技巧六

以事实为依据。如果主管发现下属在某些方面的绩效表现不好时，尽量收集相关信息资料，并结合具体的事实指出下属的不足，这样不仅可以让下属心服口服，更能让下属明白业绩不佳的原因，有利于更好地改进工作。以事实为依据要求主管平时要注意观察下属的行为表现，并能够养成随时记录的习惯，从而为绩效面谈提供充实的信息。

技巧七

避免使用极端化字眼。如果下属的业绩表现欠佳，主管在和下属面谈时容易情绪化，甚至使用一些非常极端化的字眼，极端化字眼包括"总是、从来、从不、完全、极差、太差、绝不、从未、绝对"等语气强烈的词语。比如，"你对工作总是不尽心，总是马马虎虎""你这个季度的业绩太差了，简直是一塌糊涂""你从未让我满意过，照这样下去，在公司绝对没有任何发展前途"等。极端化字眼用于对否定结果的描述中时，一方面下属认为主管对自己的工作评价缺乏公平性与合理性，从而会增加不满情绪；另一方面下属受到打击，会感到心灰意冷，并怀疑自己的能力，对未来缺乏信心。因此，主管在面谈时必须杜绝使用这类字眼，多使用中性字眼，而且还要注意用相对缓和的语气。

技巧八

灵活运用肢体语言。肢体语言在沟通中也发挥着重要的作用，主管可以灵活运用肢体语言为双方的沟通营造信任的氛围。一是身体姿势的选择。如果主管坐在沙发上，不要陷得太深或身体过于后倾，否则会使员工产生被轻视的感觉，也不要正襟危坐，以免使员工过分紧张。二是重视方法的选择。面谈时，主管不应长时间凝视员工的眼睛，也不应目光游移不定，这些都会给员工造成心理上的负担。比较好的方式是将员工下巴与眼睛之间的区域作为注视范围，进行散点柔视，不仅使员工对主管增加亲切感，也能促使员工认真聆听评价结果。

技巧九

以积极的方式结束面谈。面谈结束时，主管应该让下属树立起进一步把工作做好的信心。同时，要让下属感觉到这是一次非常难得的沟通，使他从主管那里得到了很多指导性的建议。这就要求主管在面谈结束时使用一些技巧，用积极的方式结束面谈。比如，可以充满热情地和员工握手，并真诚地说"我感觉今天的沟通非常好，也谢谢你以前作出的成绩，希望将来你能够更加努力地工作，如果需要我提供指导，我将全力帮助你"。

7.6　360度考核方法

7.6.1　实训目的

360度考核方法是绩效管理的重要方法之一，对于提升员工的工作积极性、提高绩效管理的参与度有着非常重要的作用，本实训旨在使受训者掌握360度考核方法的含义、操作程序与操作原则，以提高绩效管理的效率。

7.6.2　基本知识要点

360度考核方法又称全方位考核法，由英特尔公司最早提出并加以实施运用。360度考核法是指从与被考核者发生工作关系的多方主体那里获得被考核者的信息，并以此对被考核者进行全方位、多维度的绩效评估的过程。

被考核者的信息来源，包括来自上级监督者自上而下的反馈（上级），来自下属自下而上的反馈（下属），来自平级同事的反馈（同事），来自企业内部的协作部门和供应部门的反馈，来自企业内部和外部的客户的反馈（服务对象）以及来自被考核者本人的反馈。

1. 360度考核法的考评人员

根据360度考核法的定义及被考核者的信息来源,凡是与被考评者有工作关系的都应当参与到考评当中,即被考核者的上级、下属、同事及服务对象。

（1）上级考核

员工的绩效目标是上级与员工共同制订的,上级通过员工提供的工作成果,对员工的业绩表现最有发言权,但是局限在于上级对员工完成工作的过程不了解,在内部加薪、奖金发放时考虑更多的是部门内部资源的平衡,主观性比较强。

（2）下属考核

下属作为被考核者的直接领导对象,对被考核者的领导能力、组织能力和协调能力最为了解,最适合对被考核者的管理能力进行考核。但是也时常会出现下属报复领导者的情况,影响考核结果的公正性。

（3）同事考核

同事考核可以比较全面地考察被考核者的合作意识、工作态度和工作能力,但同事评估可能会受到关系因素、感情因素及竞争因素的影响。

（4）客户考核

客户对被考核者的评价是基于被考核者提供的服务的。客户评价主观性很强,当客户提出的要求被满足时,会给出比较积极的评价,但如果得到满足客户需求的积极评价而牺牲了企业利益,则显然违背了评价初衷。

不同考核人员具有不同的特点,具体如表7-10所示。

表7-10　360度考核方法主体的优缺点

考核主体	优点	缺点
上级	1. 考核结果可以与晋升、加薪、奖惩等相结合 2. 有机会与下属更好地沟通,了解下属的需求和想法,发现下属的潜力	1. 被考核者心理负担较重 2. 可能存在一定的心理误区,如近因效应、晕轮效应等
同事	1. 比较了解被考核者的真实情况 2. 促使同事之间互帮互学,有利于全面提高企业业绩	1. 可能会造成激烈竞争的局面或出现因其他原因扭曲事实的局面 2. 因顾及同事关系或朋友交情等影响考核结果的客观性
下属	1. 对上级产生一定的权力制衡效果 2. 帮助上级完善其管理才能	1. 下属员工因顾及上级的态度及反应而无法真实反映上级的不足之处 2. 下属对上级的工作不可能全部了解,容易产生片面的看法
自我	1. 员工心理压力相对前几种较轻 2. 可以使上级深入了解员工的具体情况,调动员工自我管理的积极性	可能会将自己估计过高,与上级或同事作出的评价差距较大

2. 360 度考核方法使用注意事项

360 度考核方法在使用时需要把握其适用范围、优点、缺点、使用难点和对某些问题的弹性处理。

（1）360 度考核方法的适用范围

①适应于中高层经理人员的考评。

②主要是考核被考核者的素质、德行、管理能力等与发展相关的绩效。

③主要用于职业发展，指导对员工的培训、调级、调岗。

④让最了解情况的人来做评价，强调客观结果。

（2）360 度考核方法的优缺点

360 度考核方法的优缺点如表 7-11 所示。

表 7-11　360 度考核方法的优缺点

优点	缺点
1. 可使组织成员对组织目标和组合绩效进行总结、交流 2. 可以强化客户中心的概念 3. 可以对被考核者的工作行为、个体特征作出比较全面的判断 4. 可以为持续改进工作提供参考依据 5. 增加了员工的自主性和对工作的控制	1. 对整体绩效中最重要的任务难以涉足 2. 容易导致客观性任务绩效指标主观化 3. 评估效率太低，不适合大规模考核 4. 容易造成人为影响考核的结果，员工可能消极抵制 5. 考核成本过高，难度较大

（3）360 度考核方法的使用难点

360 度考核所需要的内部信息网络平台建设可能处于初步阶段，推行 360 度考核需要很高的成本。传统的文化导致大部分组织成员自我管理和自我约束的意识较为薄弱，很难客观地给予判断。

（4）360 度考核方法使用的弹性处理

①可以使用相对应 360 度形式的考评，考评人与被考评人密切相关。

②对评估结果的分析可以采用抽样法。

③增加客观性评估的渠道。

④利用网络进行评估，消除数据处理过程中的人为主观因素。

3. 360 度考核方法实施流程

360 度考核方法实施流程主要分为四个阶段，即准备阶段、设计阶段、实施阶段、评估与反馈阶段。

（1）考核的准备阶段

①获得高层领导的支持。获得高层领导的支持是 360 度考核实施的前提。只有得到高层领导的支持，才能确保 360 度考核的顺利开展，出现问题及时得到解决。

②成立考核小组。考核小组由人力资源部牵头组织，由被考核者的上级、下属、

同事及客户组成考核团队,最后考评结果由人力资源部整理、汇总、分析并反馈。

③360 度考核工作的宣传。通过宣传,让被考评者扫除心理障碍,避免防御和抵制情绪的产生,让考评者正确认识自己的角色及 360 度考核的作用,从而尽可能地提供客观真实的信息。

(2)考核的设计阶段

360 度考核的设计阶段主要是确定考核周期、考核人选、考核对象、考核内容以及设计调查工具。360 度考核因为实施和组织成本较大,因此一般是每年一次,时间通常定在每年年末,考核人选及对象是中高层领导者,考核内容涉及被考核人员的任务绩效、管理绩效、周边绩效、态度和能力等方面。

360 度考核工具一般采用问卷调查法。问卷的形式分为两种:一种是给考核者提供 5 分等级或 7 分等级的量表(称为等级量表),让考核者选择相应的分值;另一种是考核者写出自己的评价意见(称为开放式问题)。两种方法也可以综合采用。从问卷的内容来看,可以是与被考核者的工作情境密切相关的行为,也可以是比较共性的行为,或二者的综合。

①考核问卷设计应注意的三大问题。第一,确定科学的绩效考核指标体系。科学有效的考核指标体系应根据企业的组织目标、价值观来设计。第二,考核问卷设计的差异化。不同工作岗位的工作内容、职责及技能要求是不一样的,这就要求设计问卷考核指标和内容上应有所差别。第三,考虑不同考核者对考核内容的侧重点。不同层面的考核者会从不同角度对被考核者的工作行为进行考核,如上级考核者注重考核被考核者的领导能力、创新能力等,同级考核者主要考核其协调能力。

②考核问卷模板。360 度考核问卷模板如表 7-12 所示。

表 7-12　360 度考核问卷模板

考核项目	考核内容	评分				备注
		上级考评	同事考评	下级考评	自我考评	
计划控制能力（20 分）	按轻重缓急排定工作次序					
	每月能够制订出明确、具体的工作计划					
	跟进、回顾下属工作,确保目标达成					
	将计划分解、按照员工能力进行合理分配					
分析决策能力（20 分）	决策及时、果断、抓住要害					
	突发事件的处理较为及时、妥善					
	见微知著,能快速采取行动,将不良事件防患于未然					
	较强的逻辑思维能力和分析问题能力,考虑问题全面					
授权与激励能力（20 分）	善于激发员工的工作激情和潜能					
	能够根据下属的表现进行及时反馈,做到赏罚分明					

续表

考核项目	考核内容	评分				备注
		上级考评	同事考评	下级考评	自我考评	
授权与激励能力（20分）	善于用人所长，有效地分配工作，并给予相应的权利和责任					
	有效地帮助下属设立明确的有挑战性的工作目标，在工作时给予鼓励					
沟通协调能力（20分）	有效地化解矛盾和冲突					
	与下属沟通其工作目标的能力					
	营造一种让员工畅所欲言的氛围					
	积极听取下属的意见并有效地给予反馈					
团队协作能力（20分）	接受和支持团队决定					
	积极促进团队成员的合作					
	主动配合领导、同事及其他部门工作					
	能够与上级和下属分享工作成绩，乐于协助同事解决工作问题					

注：1. 本评估采用无记名评价方式，请评价者不要有任何的顾虑。
　　2. 请评价者务必客观公正地对上面的内容进行评价，以保证评估结果的可靠性。

（3）考核的实施阶段

①问卷发放及填写。对问卷的开封、发放要实施标准化的管理。问卷填写采用匿名方式，整个问卷填写时间不宜过长，15~30分钟为宜。

②问卷回收。问卷的回收和加封保密要严格，由相关人员监督执行，避免篡改。

③统计并报告结果。360度数据统计分析一般采用社会科学统计软件包。评估报告要用数据说话，客观呈现数据结果，内容表述简明易懂。一般情况下，360度评估报告应当包括维度的定义和描述、被评价者核心能力的确定、不同来源评价观点的比较、被评价者的能力综述及最高和最低的得分项目等内容。

（4）考核的评估与反馈阶段

360度考评的评估与反馈阶段非常重要，意味着360度考核的落实。360度考核的评估与反馈是一个双向反馈过程，主管领导应积极地将360度考核统计结果反馈给被考核者，并与被考核者进行面对面的交流，向被考核者解释每一项评价内容的含义，并协助被考核者制订个人发展计划。

7.6.3　实训所需条件

1. 实训时间

本次实训以2个课时为宜。

2. 实训地点

多媒体教室或实验室。

3. 实训所需材料

实训所需的道具，即各工种所需的道具，签到表及相应的背景材料等。

7.6.4 实训内容与要求

1. 实训内容

ABC 公司是一家在全国各一级城市均有分公司的集团性国有企业，总部设在北京，且有多个职能部门。年终，ABC 公司对中层管理人员（部门级负责人）进行绩效考评，考评方案的主要内容如下。

（1）考评目的。根据考评结果，对公司管理人员进行奖罚、调整和聘免等。

（2）考评内容。主要涉及德、能、勤、绩和廉五个方面，考评结果分优秀、称职、基本称职、不称职 4 个档次。

（3）考评方法。从全公司范围内的上级、同级、下级三个角度进行匿名打分评价。

（4）考评实施。人力资源部召集、组织所有参加的考评人员聚集在一起，将考评表下发给大家。考评人员填写完考评表后，将其投入考评箱。

但是，公司领导在处理考评结果时，却遇到了麻烦，因为有些员工反映这种考评很不公平，理由概括起来为以下两点。

（1）打分评价的方式本身就具有很强的主观性，据此得出的统计结果只能主观反映被评价者的人际关系情况，不能对工作能力、工作行为、工作绩效等进行全面、客观的反映。

（2）考评得分低的不一定全是工作能力、工作业绩低的员工。当公司机关工作氛围比较差，人际关系较复杂时，那些坚持工作原则的员工更容易得罪人，考评得分也可能比较低。考核得分比较高的不一定全是工作能力、工作业绩高的员工，做事圆滑、工作"和稀泥"型的员工或不做事的员工，考评得分也可能比较高。

2. 实训要求

根据上述案例分析 360 度考核方法的主要弊端与改进措施。

要求教师在实训过程中做好组织工作，给予学生必要的、合理的指导，使学生加深对理论知识的理解，提高实际分析、操作能力。

7.6.5 实训组织方法与步骤

建立实训小组（3~5 人），以小组为单位开展以下各项活动。

第一步，根据该公司战略以及提供的背景资料进行讨论分析，并结合相关理论知识。

第二步，对小组讨论结果进行初步总结，有疑问可以跨小组讨论。疑点较大时可以请教教师。

第三步，教师根据各小组表现进行点评，并根据案例讲解360度考核方法的具体步骤与注意事项。

第四步，小组根据教师的讲解内容对自己的初步总结进行完善并相互讨论。

第五步，根据课堂所讲授知识自选案例进行360考核方法模拟，可以和小组成员共同完成。

第六步，就模拟内容与结果在课堂与大家及教师分享，教师同时给予专业点评。

第七步，撰写实训报告。

7.6.6 实训报告

实训结束以后，每位学生必须撰写实训报告，要求在实训报告中阐明理论依据以及相关的分析，主要内容参考前文中表1-1。考虑到需要撰写大量的文字，实训报告可以在实训结束后2天内完成，由组长收齐后上交指导教师。

7.6.7 实训考核方法

1. 成绩划分标准

实训成绩按照优秀、良好、中等、及格和不及格五个等级评定。

2. 成绩评定标准

（1）能否熟练掌握360考核方法的基本程序。

（2）360度考核方法能否熟练应用。

（3）能够根据一个案例熟练找出该案例中存在的问题并给出改进方案。

（4）由于本实训项目着重考查学生对360度考核方法这一培训方法的熟练操作情况，因此实训表现所占成绩比重较大，为70%，实训报告占总成绩的30%。

7.6.8 实训拓展与提高

为了使绩效评估有更广阔的发展前景，也为了员工发展的需要，科罗拉多州丹佛市的强生高级行为技术公司（Johnson& Johnson Advanced Behavioral Technology，JABT）已经建立了一个新的360度反馈系统。新系统使员工能够将自己的理解与上司、同事、下属和外部客户的观点做比较。公司的管理人员认为，贯彻这一系统的关键因素是选择适当的评估执行人。为了建立评估执行人群体，JABT公司的员工列出与其交往的关键的内部和外部客户，并从中推选出5~10人组成评估执行人群体。

员工的上司仍然对评估负有最终的责任，同时还要确保员工所选的评估执行人适当，这么做可以防止被评估者选择支持他的客户或同事以求得到较高的评定等级。一旦经理决定了评估执行人人选，对评估分类也应该作出清晰的定义。由于上司最了解员工个人的工作任务和目标，因此其他各类评估人最好评估他所能够直接观察到的员工的工作行为。

JABT 公司的 360 度评估表包括以下各项。

（1）员工是否在解决问题、作出决定和满足客户需求时具有时间观念？

（2）员工是否清晰表达他或她的需求期望？

（3）员工是否与其他员工共享信息或帮助他人？

（4）员工是否倾听其他员工的建议？

（5）员工是否为满足未来需求而制订计划？

（6）员工是否按计划执行任务？

评估人按照 1（需要提高）~5（非常优秀）的评定等级对员工的上述项目进行评级。同时，评估人还可以在空白处填写评语。

员工的上司负责对资料进行整理并作出最终的绩效评定。这一评定代表了不同评估者的意见和上司对员工工作的反馈。特别地，经理将得出一个平均分及其在各项的分布。

根据公司的经验，反馈不能仅仅看其表面价值。比如，当评估者给出极端高或极端低的绩效评定结果时，必须引起高度注意。JABT 公司的经理人员认为，关键是要找出数据的变化趋势或模式。如果评估者的反馈信息比较模糊或存在问题，那么，经理人员可以要求同一个评估者或其他评估者给出附加的反馈信息。经理人员在总结了全部数据之后，就可以安排正式的评估面谈了。

为了确保公正，评估者可以选择对他提供的反馈信息公开或保密。如果评估者要求对他所提供的信息匿名，那么经理人员在评估面谈时必须保密。如果评估者愿意公开他的评估信息，则经理人员可以在评估面谈时引用评估者的反馈信息。通过这种方式，公司期望 360 度绩效评估不仅是一个评估工具，更是一个促进交流、提高员工自身发展和改进工作的综合体系。

试思考下述问题。

（1）JABT 公司的 360 度评估法有何优缺点与有效性？

（2）如何提高 360 度绩效考核评估反馈在中国文化背景下的适用性？

（3）如何综合绩效评估反馈的关键条件？

7.7 绩效考核方案的制定

7.7.1 实训目的

通过本次实训，了解绩效考核方案的制订流程，能够应用目标管理法制定年终奖学金的具体考核评定方法。

7.7.2 基本知识要点

1. 绩效考核常用方法

（1）分级法

实际上，分级法是相对考核法中的一种，主要有：简单分级法、交替分级法、范例对比法、对偶比较法（也称成对比较法）、强制正态分配法。

（2）考核清单法

考核清单借鉴了心理测试技术，将考核要素、标准隐去，着重评价员工的行为，适用于对员工素质的考核，具体可分为两种：简单清单法和加权总计评分清单法。

（3）量表考核法

量表考核法是应用很广泛的考核方法，考核量表主要由以下要素组成：考核内容；考核标准（在量表考核法中，通常是针对考核内容划分若干等级，再针对每一等级制定考核标准）；考核总分及分配。

（4）行为锚定等级评价法

行为锚定等级评价法（behavioral anchored rating scale，BARS），针对每个考核要素切分相应的等级，并用典型的行为描述语句与每一等级相对应和联系（锚定），换句话说就是用典型的行为描述语句作为考核标准。

（5）目标管理考核法

目标管理考核法（management by objectives，MBO）是上级与下级通过沟通一起确定可衡量的目标，并定期评价目标完成情况的一种绩效考核方法。应用目标管理法设计绩效考核指标的具体步骤如下：首先，初步制定目标，可以自上而下制定，也可以自下而上制定；然后，确定目标，同时设定完成这一目标的时间要求；最后，确定目标的重要程度，绩效目标越重要，在总的绩效考核中的分量就越重。

2. 绩效目标的确定

按不同标准绩效目标有如下的分类。

（1）短期目标，能在绩效周期内完成，通常是在几个星期或几个月内完成的目标。

（2）长期目标，可能要在整个绩效周期内或更长的时间内完成的目标。

（3）常规或维持目标，维持目前可接受绩效水平，或使工作绩效保持在最低标准。

（4）问题解决目标，提高已经降到可接受水平以下的绩效。

（5）创新目标，刺激创造力、新思维或采取新方法。

（6）个人发展目标，强化员工的发展和员工的长期绩效。

绩效目标制定要符合 SMART 原则，即要求具体、明确，数量有限，可衡量，可达到，有时间限制。

3. 绩效考核指标权重设置

设计绩效考核之后，还要为不同的绩效考核指标设定相应的权重。在绩效考核指标体系中，各项指标的权重代表各项指标在绩效考核体系中的相对重要性或在总分中所占的比重。某项指标的权重越大，说明该指标对组织或员工的意义越大。指标权重的确定方法通常有主观经验法、德尔菲法及对偶加权法。

4. 绩效考核方案制定方法

（1）做好实施 KPI 考核前的宣传与教育工作，使公司员工认识到 KPI 考核实施的必要性、重要性、紧迫性。

（2）采取有效的激励措施，承诺公司将从年利润中拿出 X%作为 KPI 考核的奖金，KPI 考核跟员工的直接利益挂钩。

（3）统一 KPI 指标的制定原理，把公司的年度经营目标分摊到各个部门形成部门考核目标和部门考核指标，把部门考核指标再分解、细化到部门的各个岗位。

（4）采取打分制度，由企管部每月考核执行。部门或个人的考核基础分数为 100 分，没有按时完成一项指标就扣 X 分，超额完成一项指标就加 X 分，加满为止。

（5）采取公平、公正、公开的考核制度，部门 KPI 指标的定义要与责任部门主管沟通确定，双方均无异议时，部门主管要签字确认。同时，任何加分、扣分、奖罚情况都要得到当事人的确认。

（6）每个月盘点 KPI 考核实施的效果，同时不断修正考核指标的不足。同时定期公布各部门的 KPI 完成情况，通过 KPI 考核最大化地反映员工的工作绩效。

（7）从长远来看，通过 KPI 考核的实施，规范员工的工作习惯，使 KPI 考核的观念固化在员工脑中。

7.7.3 实训所需条件

1. 实训时间

本次实训以 4 个课时为宜。

2. 实训地点

多媒体教室或实验室。

3. 实训所需材料

实训所需的道具，即各工种所需的道具，签到表。签到表如表 6-2 所示。

7.7.4　实训内容与要求

1. 实训内容

拟订一份班级年终奖学金考核评定方案。

2. 实训要求

（1）收集已有的奖学金评定方案。
（2）对收集的考核方案进行分析，找出其优势及不足。
（3）选择几种考核方法，分析、确定适合奖学金评定的考核方法。
（4）确定考核指标，并为各指标分配权重。
（5）要求教师在实训过程中做好组织工作，给予学生必要的、合理的指导，使学生加深对理论知识的理解，提高实际分析、操作能力。

7.7.5　实训组织方法与步骤

第一步，教师向学生说明实训内容及考核方案的设计方法。
第二步，将学生分组，每组5~7人。
第三步，确定考核指标。指标可以涉及学习方面、体育方面、社会活动方面及团队合作方面等。
第四步，为每种指标进行成绩评定说明。例如，社会活动方面可以分为5个等级：90分以上，积极组织各项班级活动；80~90分，积极参加各种班级活动；70~80分，经常参加各种班级活动；60~70分，偶尔参加班级活动；60分以下，从不参加班级活动。
第五步，为每一项指标分配权重，比如，学习方面占30%，体育方面占30%，社会活动方面占20%，团队合作方面占20%。
第六步，教师与学生一起讨论每组设定指标及分配权重的合理性。
第七步，指出各等级奖学金的获得人数及应达到的总的分数。
第八步，将讨论结果整理成书面文件，作为年终奖学金考核评定方案。

7.7.6　实训报告

实训结束以后，每位学生必须撰写实训报告，要求在实训报告中阐明绩效考核方案制定的理论依据以及相关的分析，主要内容参考前文中表1-1。考虑到需要撰写大量的文字，实训报告可以在实训结束后2天内完成，由组长收齐后上交指导教师。

7.7.7　实训考核方法

1. 成绩划分标准

实训成绩按照优秀、良好、中等、及格和不及格五个等级评定。

2. 成绩评定标准

（1）能否根据实际情况制定出切实可行的考核方案。

（2）考核方案的可行程度。

（3）能否根据考核的结果对考核方案进行完善；

（4）由于本实训项目着重考查学生对方法的熟练操作情况，因此实训表现所占成绩比重较大，为70%，实训报告占总成绩的30%。

7.7.8 实训拓展与提高

一家资产总额为8 000多万元的中小企业，年营业收入为5 000多万元，发展至今，拥有200多名员工，于2003实施改革，退出国有体制，改为民营性质的有限责任公司。这家企业对于绩效考核的主要实施方法有以下几个方面。

（一）达成共识，强力推行绩效考核

为了能够顺利推行复杂的绩效考核系统，这家企业首先就考核原则、方案、指标等方面达成了统一意见，达成了共识，并在此基础上，建立了领导小组，划分工作职责，一一落实各项绩效考核制度。在形成了系统的绩效考核组织结构后，该企业还将项目责任人的薪酬和奖金与绩效考核制度结合起来，从而有效推进绩效考核在企业中的实施。

（二）对员工进行宣传教育和培训

绩效考核与员工自身的利益密切相关，为了减少来自员工的抵触情绪，激发工作热情，该企业通过印发宣传手册、企业内刊、开宣传大会等多种方式，向广大员工普及绩效考核的重要意义、企业的发展观念等，帮助员工树立正确的绩效观，同时对管理层和一线员工进行培训，提高这些员工的管理意识和技能，促进绩效考核的全面落实。

（三）进行岗位调查和设定

岗位调查和设定是实施绩效考核的重要前提与关键，该公司始终以"因事设人"作为用工原则，根据自身的实际情况设置岗位，配备适合数量、素质以及结构的员工，避免机构臃肿、效率低下。

（四）对岗位进行分析，明确划分职责

岗位分析就是确定各个岗位工作的性质和任务以及哪种资格和条件的人能够胜任这一工作岗位。通过对工作岗位进行分析，明确划分出各个工作岗位的职责，然后以此为依据制定绩效考核指标，使绩效考核评估更加科学合理。

（五）设计绩效考核表

以岗位分析的结果挑选重点及关键项目，并以此为依据设计考核表，依据考核表实施绩效考核。设计考核表时，需要注意两个方面：首先，绩效考评指标的设计必须要将定性和定量结合起来，对不同岗位的员工，考核的侧重点各不相同。其次，以百分制为基础，以加分或扣分的方式体现考核结果，上不封顶，下不保底。

（六）具体实施绩效考核

具体实施绩效考核时，主要有以下几个步骤。第一，按程序进行考核。每月25日员工要撰写个人工作总结和下月工作计划，并分析当月工作完成情况，最后交由主审部门以此为依据对员工的工作表现进行考核。第二，与有重大功过的员工，就绩效考核结果进行沟通，以防止员工有巨大的思想波动或过激行为。第三，人力资源部门会将绩效考核结果反馈给每一个员工。第四，人力资源部门要根据绩效考核结果统计员工当月绩效工资，并在发放工资时兑现。

成功方面的启示

案例中的企业从2003年开始推行绩效考核，并在发展过程中，对企业的绩效考核方案不断进行完善，员工的工作热情、质量和效率等都有显著的提升。该企业推行绩效考核之所以能够取得成功，主要有以下几个方面的原因。首先，该企业的领导以身作则，高度重视绩效考核，并从上到下全面落实绩效考核。其次，该企业就实施绩效考核与员工进行了有效的沟通，从而避免了许多阻力。再次，该企业制定的绩效考核标准都是以公司的实际情况为出发点，绩效评估指标与公司实际情况相符，易于具体实施。最后，绩效考核制度奖罚分明，而且严格执行该项制度，有效激发了员工的工作积极性。

存在的问题

在实施绩效考核的过程中，该企业也存在以下方面的问题：首先，该企业制定的绩效考核标准仍不够科学、客观。考核标准更侧重于员工的业绩，对员工的品德、态度等方面要求较低。其次，该企业的绩效考核仅与员工的工资挂钩，忽视了员工的长远发展，从而导致企业的人力资源竞争优势逐渐下降。

7.8 绩效反馈面谈

7.8.1 实训目的

通过本次实训，了解反馈面谈的流程，学会做好反馈面谈的准备工作，并掌握交谈过程中绩效沟通的技巧。

7.8.2 基本知识要点

1. 绩效反馈面谈的准备工作

绩效反馈面谈是上级和下级之间就下级的绩效评估结果进行的最直接、最有效面谈。为了保证面谈顺利进行，在面谈前应做好充分的准备工作。

（1）上级要做的准备工作

①收集、整理被评估者的绩效考评结果和日常工作表现记录。

②确定面谈时间。最恰当的时间是主管人员与员工两边都能腾出来,而且不受干扰的时间,一般是先由主管人员提出 1~2 个可选时间,再征得员工同意,主管人员要腾出足够的时间避免面谈受到干扰,并且面谈的时间不宜太长,一般为 30 分钟到 1 小时。

③选择和布置面谈的场所。为了更有效地进行面谈,须选择一个最佳的场所。最理想的面谈地点是在中立的地方,如远离办公室的地方,特别要远离电话。如果面谈要在办公室进行,还有一点需要注意,即办公室的门要关上,不要让别人看到里面进行面谈的过程。

④计划好面谈的方式。

⑤事先准备好面谈内容和顺序。

⑥计划好面谈的结束方式。

⑦提前通知被评估者。

(2)下级应该做的准备工作

①收集与先前的绩效有关的资料,包括工作行为及成就的详细资料,对于某些未完成或做得不正确的工作也应该找出原因。

②如果部门经理要求进行自我评价,应事先做好一份自我评估表。

③准备好个人的发展计划。

④分析工作中存在的问题,并收集需要在面谈时提出的问题和意见,以及需要上级给予的帮助和提供的条件,尽可能细化。

⑤安排好面谈时间。

2. 绩效反馈面谈的主要技巧

主管人员在面谈时要确保员工诚实回答问题。当然,最重要的还是取得员工的信任。下列面谈技巧是管理者应该掌握的。

(1)坦诚相见,将评估表公布给员工,给予员工查看的权利。

(2)向员工解释为何要这样评估。如果评估前查过员工以前的记录或是向别人打听过一些情况,则直说无妨。如果完全凭自己所知进行评估,也要告诉员工实情。管理者还应该告诉员工,希望听到坦白的意见,因为管理者的评估可能并不完全正确。如果员工做过一些事,而管理者忘记了或根本不知道,则要勇于承认。

(3)要分析员工绩效差的原因。绩效差的原因可能有多种,如工作态度不好、积极性不足、缺乏培训、工作条件恶劣等。管理者必须具体分析,找出真正的原因并采取相应措施,切忌不问青红皂白就认定是员工的过错。

(4)要记住自己的评估是暂时的,如果员工的意见让你觉得评估有错,你也要乐于更改,不要怕承认错误。

(5)摘述要点,讨论完毕后,再与员工一起将重要的地方重新浏览一遍,给他一份与你一样的资料。

3. 面谈技巧的具体应用

在绩效反馈面谈中,管理者会遇到各种各样的员工,应根据不同员工的特点采用不同的技巧与他们进行沟通。

(1) 绩效优秀的员工

优秀的员工在其职责范围内一定会把工作做得非常好,并且有很多别的员工所没有的优异表现,所以一定要首先对员工的优秀表现加以认可,并且多了解一些他们做得好的典型行为,以便推广到其他员工身上。另外,优秀的员工往往有比较强烈的个人发展愿望,在绩效反馈面谈时可以花比较多的时间了解员工的未来发展设想,这样可以更好地为其发展创造机会和空间。有的时候,主管人员和员工可以一同制订未来发展计划。最后,要注意的一点是,优秀的员工往往对自己比较自信,认为提升和加薪等奖励是自己应得的,在这种情况下,主管人员更应该谨慎,不要轻易作出加薪或晋升的承诺,以免不能兑现。

(2) 绩效无明显改进的员工

有的员工绩效总是徘徊不前,没有什么明显的进步,和这类员工面谈时首先要和员工共同分析绩效没有明显改进的原因。可能的原因不外乎以下几点。

①个人的动机问题。员工为自己设立的目标比较低,没有提出较高的要求。

②目前的职位不适合他。这个员工也许有许多潜能,也有成功的愿望,但是没有办法在现在的职位上发挥出来。

③工作的方法不对。有的员工可能在一个职位上做了很长时间,但是一直没有找到正确的工作方法,这样他的工作绩效始终提高不上去。

④有其他个人困难。

对于一直没有明显进步的员工,应该开诚布公地与他们进行交流,查明他们没有进步的原因,然后对症下药。如果是个人的动机不足,那么应该充分肯定员工的能力,必要的时候可以使用激将法;如果是现在的工作职位不适合这位员工,就要先了解员工自己想做什么,再作决定;如果是员工的工作方法不对,就要和他一起分析在哪些方面可以改进。总之,既要让员工看到自己的不足,又要切实为员工着想,帮助他们找到有效的改进方法。

(3) 绩效差的员工

主管人员可能都有这样的感觉:与那些绩效好的员工进行面谈是一件比较愉快的事情,而跟那些绩效差的员工进行面谈却是一件令人头疼的事情,绩效差的员工可能很难面对一个很差的评估结果,但主管人员又不得不让他们去面对。有的绩效差的员工可能比较自卑,认为自己一无是处,结果破罐子破摔,绩效更差;有的绩效差的员工可能并不认为自己绩效差,在绩效反馈面谈中容易与主管人员产生冲突。对待绩效差的员工,一定要具体分析其绩效差的原因,不要一概认为是员工个人的问题。

（4）资历老但绩效不佳的员工

有些资历老的员工由于种种原因绩效不佳，这类员工可能会有各种复杂的想法，比如某些年轻的员工绩效比他们好，比他们提升得快，他们会觉得不平衡，认为组织在对他们的价值提出质疑，想渐渐地以年轻人来替代他们。和这类员工进行面谈时，首先要肯定他们过去为组织作出的贡献，并且对他们表示亲切的关怀，同时让他们知道，过去的成绩是不会被抹杀的，可也不能代表现在或将来的成绩，绩效评估是对一定时间范围内的成绩进行评估，而且是有客观依据的，因此他们应该接受评估的结果。

（5）过分雄心勃勃的员工

有的员工的成就动机可能过于强烈，显得雄心勃勃。他们往往期望自己能够为组织作出更加重要的贡献，提出很多设想和计划。对于这样的员工，虽然要用事实向他们表明一些现存的差距，但不能对他们一味地泼冷水，要与他们讨论未来发展计划的可行性，帮助他们制订现实的计划。

（6）沉默内向的员工

有的员工非常内向，在绩效反馈面谈的过程中，主管人员问他们问题时他们回答，否则他不会主动表达自己的想法。他们在与主管人员交流时可能会局促不安，也可能表现得沉静、冷漠、矜持。对待这种员工，要善于提开放性的问题，使他们多表达，同时多征询他们的意见，这样可以迫使其多说话。

（7）发火的员工

有时，在绩效反馈面谈的过程中，员工可能会由于强烈不同意或不满意评估结果而发火。在这种情况下，主管人员应该耐心地听员工把话讲完，不要急于和员工争辩，等到员工冷静下来后再同员工一起找原因，分析问题。

（8）自我防卫意识很强的员工

自卫是我们生活中很重要也很熟悉的一种反应，是人类乃至各种动物生存的本能。当一个人因工作成绩和行为较差而受到责备时，有时其第一反应就是否认或辩解，通过否认错误来消除人们对其能力的怀疑，另一反应就是生气和进攻，还有种反应就是退避三舍，委曲求全。在任何情况下，理解和处理好自卫问题都是评估的一个重要技巧，具体做法如下。

①承认自卫行为是一种普遍的正常的现象。

②永远不要攻击一个人的自卫行为，要对事不对人。

③延缓行为。有时最好的办法是什么也不要做，给他们足够的时间，让他们更理性地接受这一问题。

（9）被给予正式书面警告的员工

如果一位员工的工作成绩和表现实在太差，有些组织就采取给其正式的书面警告的形式来提醒他。使用正式书面警告通常有两个目的，即提醒被警告者改掉他的坏习惯以及帮助被警告者接受给予他的评估等级。在评估面谈时，应清楚地告知员工被警告的原因，并告知在此之前已用某些相关的标准对被警告者进行过提示，尤其是对违反标准的评估结果进行过提示，并给予了一次改过的机会。

7.8.3 实训所需条件

1. 实训时间

本次实验以 4 个课时为宜。

2. 实训地点

多媒体教室或实验室。

3. 实训所需材料

实训所需的道具，即各工种所需的道具，签到表。

签到表如表 6-2 所示。

7.8.4 实训内容与要求

1. 实训内容

针对学校奖学金考核方案对自身进行自评、组内互评、组长评价组员，最终由组长综合考核结果，并据此与组员开展反馈面谈。

2. 实训要求

（1）要求学生掌握绩效考核的相关理论，做好实训前的知识准备。

（2）要求学生根据学校奖学金的考核方案对自己在绩效期内的表现给予自评。

（3）要求小组成员进行互评，组长综合评价。

（4）组长针对组员自评与互评结果进行小组面谈。通过面谈，被评者要了解自己在本绩效周期内的成绩如何，双方应对考核结果达成一致的看法。面谈结束后，被评者应清楚地知晓自己的优点和需要改进的地方及今后的发展方向。

（5）要求教师在实训过程中做好组织工作，给予学生必要的、合理的指导，使学生加深对理论知识的理解，提高实际分析、操作的能力。

7.8.5 实训组织方法与步骤

第一步，将学生分组，5~7 人为一组。

第二步，各组开始正式面谈，首先说明面谈的目的及步骤。

第三步，每位同学先对自己在绩效周期内的具体表现给予自我评定。比如，学习成绩如何、社会活动有哪些、体育成绩如何等。

第四步,各组成员分别为同组的其他成员打分。

第五步,根据预先设定的绩效指标讨论每位成员的任务完成情况,一起分析成功与失败的原因,讨论各名学生的强项、有待改进的方面及未来发展方向。

第六步,将每个人的成绩进行排名,按照各等奖学金的比重评出一等、二等、三等奖学金。

7.8.6 实训报告

实训结束以后,每位学生必须撰写实训报告,主要内容参考前文中表1-1。考虑到需要撰写大量的文字,实训报告可以在实训结束后2天内完成,由组长收齐后上交指导教师。

7.8.7 实训考核方法

1. 成绩划分标准

实训成绩按照优秀、良好、中等、及格和不及格五个等级评定。

2. 成绩评定标准

(1)实训表现评定参考准则

①面谈的准备工作是否充分,包括理论基础准备、对面谈流程的熟悉程度、对面谈问题的准备等。

②小组成员是否在过程中表现出良好的团队协作意识。

③是否能有效地控制面谈的过程。

④对方法的整体掌握情况,如能否熟练应用。

⑤总结是否恰当、完整。

(2)实训报告评定参考准则

①是否有完整的原始材料,如小组任务或分工清单、问题准备清单等。

②是否记录完整的实施过程和确切的实训结果。

③是否有实际收获和体会,包括对面谈过程的理解与体会,或对其他同学的意见建议等。

7.8.8 实训拓展与提高

本项目实训拓展与提高材料如表7-13所示。

表 7-13　绩效反馈面谈表

面试时间：　　年　　月　　日

姓名：		部门：		职位：	
入职起算时间			评价区间：	年 月 ——	年 月
在工作中哪些方面较成功					
在工作中有哪些需要改善的地方					
是否需要接受一定的培训					
你认为自己的工作在本部门和全公司中处于何种状况					
你认为本店铺/本部门工作最好、最差的是谁					
你认为全公司谁最好和谁最差					
你对本次绩效评价有什么意见					
希望从公司得到怎样的帮助					
下一步工作和绩效改进的方向是什么					
备注					

受评人：　　　　　　面谈人：　　　　　　审核人：

说明：
1. 本表在每次绩效考评后由考评主管负责约见被考评人面谈，面谈记录应在一周内上报。
2. 本表应手写，各店铺面谈后交营运部审核，汇报总裁。其他部门由行政部安排或存档。

第 8 章

薪 酬 管 理

8.1 薪酬满意度调查

8.1.1 实训目的

通过本项目实训,掌握员工薪酬满意度调查的设计与分析方法,能够编写薪酬满意度调查问卷。

8.1.2 基本知识要点

1. 薪酬满意度的含义

薪酬满意度是反映员工对组织薪酬管理的制度、政策、薪酬体系、薪酬福利水平、薪酬结构、薪酬公平性等各种与薪酬管理相关事项的满意程度。

2. 薪酬满意度的多维建构

薪酬满意度是多维建构,薪酬水平满意只是薪酬满意度诸多影响因素中的一部分。美国学者把薪酬分解为下列四个不同的维度:薪酬水平、薪酬结构、薪酬体系和薪酬形式。因此,薪酬满意度可相应地被划分为对薪酬上述四个维度的满意程度。

3. 薪酬满意度的影响因素

(1)薪酬公平性。薪酬公平性是影响员工个体薪酬满意度高低的关键因素,也是薪酬满意度的核心,它包括内部公平性、外部公平性和员工个人公平感 3 个方面。

(2)薪酬制度。薪酬制度是组织对薪酬实施分配的制度形式,是贯彻薪酬战略、实现薪酬目标的组织制度框架。

(3)薪酬结构。薪酬结构是指同一组织内部不同职位或不同技能的薪酬之间的对比关系,或是不同薪酬形式在总薪酬内部的比例关系。

(4)薪酬水平。薪酬水平是指组织之间的薪酬关系,是组织相对其竞争对手的薪酬水平或市场平均薪酬水平的高低。

(5)薪酬管理。薪酬管理主要涉及的是薪酬成本与预算控制方式以及企业的薪酬制度、薪酬规定和员工的薪酬水平是否保密等问题。

(6)福利及服务。福利及服务一般包括非工作时间付薪、提供的在职及脱产培训、向员工及其家庭提供的服务、健康及医疗保健、人寿保险以及法定和企业补充养老金、公积金等内容,是不以员工为企业工作的时间为支付依据的。

4. 薪酬满意度调查的方法

员工薪酬满意度调查是企业进行薪酬体系自我诊断的重要手段,通过薪酬满意度调查可以了解企业不同层次与不同职位的员工对薪酬制度和薪酬管理的各类不同意见,从而为企业未来的薪酬制度调整和薪酬管理改善提供有效的信息。

员工薪酬满意度调查的重点是不同层次与不同职位的员工分别对公司的薪酬管理领域各个方面与其他企业或职业的薪酬管理内容进行比较后的满意程度。

员工薪酬满意度调查的常用方法主要有两种:一是访谈调查法,二是问卷调查法。使用调查问卷进行调查时,既可采用书面调查,也可采用网上调查。实践中,两种方法结合使用的效果要明显优于采用单一方法。

(1) 访谈调查法,即通过设计访谈提纲,记录谈话内容,总结观察到的现象,得出访谈调查结果。在访谈过程中,调查者既要根据访谈提纲作全面了解,又要根据受访者的背景以及具体的谈话情况,进行有侧重点的深入挖掘。

一般来说,访谈调查可以分为访谈准备阶段、进行访谈阶段和访谈总结与分析阶段三个阶段。

①第一阶段:访谈准备。这个阶段主要的工作为:确定访谈目标。在明确访谈目标之后,要根据访谈目标设计访谈提纲。确定访谈对象。组建访谈小组。明确访谈任务和分工。

确定访谈方式。一般来说有两种访谈方式:一种是漏斗式,即先开放式问题,后封闭式问题,总体思路是从宏观到微观;另一种是倒漏斗式,即先封闭式问题,后开放式问题,总体思路是从微观到宏观。不管采用哪种方式,访谈人都要做到心中有数,要对整个访谈的进程有意识地进行控制。要依据访谈目标,根据被访谈人的特点,选择不同的访谈方式。整理思路,确定访谈提纲。

②第二阶段:进行访谈。在这个阶段,需要注意以下几个方面:访谈时不要迟到,要注意营造良好的访谈氛围,要声明保密原则,要让被访谈者在安全放松的环境中进行访谈。访谈过程中要集中注意力,同被访谈者保持眼神接触,以表示对被访谈者的尊重。同时,在访谈过程中,不应完全拘泥于访谈提纲,对访谈内容要灵活掌握,以便顺利完成访谈工作。访谈结束时,要总结本次访谈的要点,并对被访谈者表示感谢。

③第三阶段:访谈总结与分析。在这个阶段,访谈者要仔细回顾访谈的过程和成果,及时地修改、整理和补充原始的访谈记录与要点,并适当地加入背景资料,分析总结以得出访谈结论。

(2) 问卷调查法是获取人力资源管理信息最常用的方法之一。问卷调查法的关键在于问卷的结构性程度以及问题设计。一份好的调查问卷应该是设计中既有结构性问题,也有开放性问题。

问卷调查法的优点在于效率高、调查面广。可以在一个较短的时间内，以较低的成本获得大量的信息，并可采取许多科学的分析方法对调查结果进行分析。问卷调查法的主要缺点是对调查问卷设计要求较高。问卷设计直接关系到问卷调查的成败，所以问卷一定要设计得完整、科学、合理，问题指示要明确，避免出现歧义。在问卷设计中，要求问句设计简明精练，数量不能过多，答题时间控制在 30 分钟内。同时，做好问卷调查表填写培训和宣讲工作，并耐心接受被调查者的质疑和提问。

设计调查问卷应注意以下问题。

①调查表中拟订的问题不能有词义不清楚的地方，要让员工一眼看上去就知道你问的是什么，知道应回答什么，并能准确选择答案。问卷设计好之后要由专门人员审阅校对或进行预调查，通过校对或预调查发现问题，把词义不清楚的地方修改过来。

②设计的选项应该有一定的可分辨度。分数等级少，难以准确衡量满意程度；分数等级太多，要求的分辨率太高，员工会感觉问卷的答案设计太烦琐，一是容易引起员工反感，二是给员工的衡量带来不便，反而导致测量准确度下降。综合大多数调查问卷设计，常用的是五级量表，一般不超过七级。

③如果调查题目有相关的比较内容，为提高比较的准确性，要对其中一项内容的特性、特质和范围加以界定或说明。例如，要员工比较其工资水平相对高低，就需要指明比较的对象。比如可以说在目前的生活水平下，与本地周围的企业相比，你认为你的收入水平如何？

④对于调查结果的失真问题，有些是可以通过合理设计问卷避免的，有些是难以避免但要尽量避免的。所以，在进行问卷设计时，还应注意：对于不同的企业，员工的素质会存在一定差别，因此，设计问题的复杂程度要有一定的梯度，同时注意提问的方式。对于文化程度较低的员工，问题一定要简洁易懂，保证员工对调查问卷的正确理解和回答准确。问卷答案的选择方式尽量采用打"√"或"×"，既方便又省时，保密性较好，员工也乐于接受。对同一问题，为了充分了解员工的真实想法，可以通过反复提问，即通过不同的提问方法实现多角度了解。对于企业内部不同层次的员工，可以分别设计不同的调查问题，以便了解不同层次及职类的员工对薪酬的不同满意度，但在问卷处理时会相对比较烦琐。

5. 薪酬满意度调查需要注意的问题

（1）要注意调查时机的选择。不要在员工工作繁忙时进行。如果在员工工作繁忙时进行调查，一方面员工缺乏足够的时间和精力来填写问卷，另一方面可能导致员工应付式地填写问卷。

（2）要注意保证调查的客观性。应尽可能采取匿名方式以获取真实信息，但要求每个被调查者注明其职务或所在的部门，以便于分析和诊断是哪个层次或职类的员工薪酬出现了问题。一般来说，薪酬满意度调查虽然都是匿名填写，但也会要求填写被调查者所在的部门、工作职位、年龄区间、性别和教育背景等有关的个人信息，这些个人信息或多或少都会给被调查者带来不安全感。所以，调查问卷中与调查对象有关的个人背景信息应尽量放在卷末，而不要放在卷首。这样可以有效提高调查问卷的回收率和真实性。当然，调查方在得到员工的真实想法后，一定要严格遵守对员工的保密承诺，否则在今后的调查中很难再得到员工的配合。

（3）要注意将员工薪酬满意度的调查结果向员工进行反馈。

6. 薪酬满意度调查的工作流程

（1）确定调查目的和目标。

（2）确定调查对象，是针对公司全部员工，还是管理人员以及技术人员等部分人员。

（3）确定调查方式，是通过问卷调查还是访谈的方式进行。

（4）确定调查内容，影响薪酬满意度的因素是否都包括在内。

（5）进行调查。

（6）回收调查问卷并进行统计分析，或对访谈内容和结果进行分析总结。

7. 薪酬满意度的提高策略

薪酬是企业普遍利用的一种非常有效的激励工具。一个有效的薪酬体系，应该是对外具有竞争力，对内具有公正性，对员工具有激励性，做到公开、公正、公平，能充分调动员工积极性和工作热情，使员工的努力方向符合企业的发展方向。

公平是薪酬满意度的核心，提高员工的薪酬满意度，最终要解决的就是公平问题，但这不是一个简单的事情，它需要运用多种手段，需要企业其他制度的配合。必须加强企业的制度化建设，制定科学、合理的企业薪酬制度，建立起内外部相对公平的薪酬体系，最大幅度地提高员工的满意度，以激励员工的工作积极性。

（1）提高管理者的认识

管理者要从思想上重视员工薪酬满意度的管理，重视员工的需求，要通过员工薪酬满意度调查了解员工的实际需要，为企业制定人力资源管理政策提供依据。提高员工薪酬满意度是企业人力资源管理的日常工作，是不断改进的过程，随着企业情况的改变而改变，没有一成不变的激励方式，也没有绝对正确的激励方式。企业管理者必须全面了解员工的薪酬满意状况及需求，制定并实施有针对性的激励措施，提高员工对薪酬的满意度，激发员工的工作热情。

（2）进行职位测评，评估职位相对价值

职位测评是根据企业的发展战略，结合企业经营目标，利用科学的方法对企业所设职位的职责大小、难易程度、技能要求等方面进行测评，评估出各职位的相对价值，并根据职位相对价值和对企业的贡献度，划分出职位等级，确定各职位之间的相对工资率和工资等级。

职位测评是对职位进行的价值判断，而不是针对实际从事这些工作的员工。我们应明确进行职位测评是评价某职位应该承担的职责，而不是该职位员工实际行使的职能。因此，企业要建立一套规范、合理、公正的职位评估体系和程序，通过严格而科学的职位测评，使各职位之间的相对价值得到公平体现，有效地解决员工的内部公平问题。

（3）建立有效的沟通机制

员工薪酬的内部公平度是员工的主观感受，要解决这一问题，可通过加强管理者和员工的沟通交流的方式，增强员工与管理者之间的相互信任。现在许多企业采用薪酬保密制度，提薪或奖金发放不公开，其目的是防止员工在知道其他员工的薪酬后，降低对薪酬管理公平度的认同。这种封闭式制度使员工很难判断报酬与绩效之间的联系，员工既看不到别人的报酬，也不了解自己对企业的贡献，这样会削弱薪酬制度的激励和满足效用。因此，建立沟通机制是员工感受平等的有效方法，也是实现激励机制的重要手段。

（4）通过薪酬市场调查，确定企业的薪酬水平

薪酬市场调查是解决薪酬外部不公平的有效手段。通过外部市场调查，了解市场薪酬水平及动态，尤其是同行业企业的薪酬水平，从而检查分析本企业各职位薪酬水平的合理性，确定薪酬在市场上的地位和竞争力。实践表明，一个企业在薪酬水平的确定上可以采取与社会平均水平持平、略高于社会平均水平、略低于社会平均水平等方式。一般说来，企业的薪酬水平要处于市场平均水平线以上才具有外部竞争力。制订与市场平均水平相对应的或高于其的企业薪酬水平，将有助于企业吸引和留住优秀人才。

当然，在确定企业的薪酬水平时，还要综合考虑企业的战略定位及发展阶段，是选择薪酬水平领先策略，还是市场跟随策略，企业薪酬水平是高于、等于还是低于市场平均水平，应具体情况具体分析，要对企业的支付能力深入分析，明确提高薪酬水平所带来的企业效益和成本支出，这是企业必须考虑的实际问题。

（5）设计合理的薪酬体系

企业提高薪酬满意度必须设计合理的薪酬体系和相应的配套制度。实行职位薪酬制度的企业，在目前缺少其他激励方式的情况下，绩效薪酬应当成为激励员工的主要方式，以区别在相同职位上工作的人对组织的不同贡献。在绩效薪酬的管理中，对员工的绩效评估主要是通过对员工的行为测评和业绩测评来实现的。这就要求企业建立完整的业绩评价体系，使公司的薪酬体系富有弹性，以保证绩效薪酬能够起到对员工的激励作用。

8.1.3 实训所需条件

1. 实训时间

本次实训以 4 个课时为宜。

2. 实训地点

多媒体教室或实验室。

3. 实训所需材料

实训所需的道具,即各工种所需的道具,签到表及相应的背景材料等。

8.1.4 实训内容与要求

1. 实训内容

制定薪酬调查方案,选择调查对象进行薪酬调查,并编写薪酬调查分析报告。

2. 实训要求

(1)要求学生掌握薪酬调查的主要内容、方法、基本程序等相关知识,做好实训前的知识准备。

(2)要求学生运用所学知识,选取有效的调查方法与手段,对薪酬调查对象进行调查。

(3)要求教师在实训过程中做好组织工作,给予学生必要的、合理的指导,使学生加深对理论知识的理解,提高实际分析、操作的能力。

8.1.5 实训组织方法与步骤

1. 实训方法

(1)访谈调查法

建立实训小组(3~5人),以小组为单位开展以下各项活动。

第一步,明确公司进行薪酬调查的目的。

第二步,确定调查对象。

第三步,确定调查内容和访谈方式,并设计访谈提纲。

第四步,整理形成完整的薪酬满意度调查方案。

第五步,总结并编撰实训报告。

(2)问卷调查法

建立实训小组(3~5人),以小组为单位开展以下各项活动。

第一步,明确公司进行薪酬调查的目的。

第二步,确定调查对象。

第三步,确定调查内容,设计调查问卷。

第四步,整理形成完整的薪酬满意度调查方案。

第五步,制作演示幻灯片,并进行演示。

第六步,总结并编撰实训报告。

2. 实训步骤

(1)成立薪酬调查小组。制订薪酬调查方案,确定薪酬调查目的、调查对象、调查范围、调查方式、调查起始时间、调查预算等,组织有关培训。

(2)确定薪酬调查内容。根据薪酬调查方案,明确被调查企业基本信息、薪酬福利信息、职位和员工信息等薪酬调查内容,设计薪酬调查问卷。①基本信息,包括公司名称、地址、经营范围、企业规模、企业财务状况等。②薪酬福利信息,包括基本工资、长短期激励工资、津贴、福利、薪酬结构、工作时数假期等。③职位和员工信息,包括员工人数、职位设置、平均薪酬额、总收入、最近一次加薪等。

(3)实施薪酬调查。根据薪酬调查方案,采用自行调查、委托外部专业调查公司、购买薪酬调查数据以及获取公共数据等渠道,选定基准职位,收集被调查企业主要信息。

(4)薪酬调查数据汇总分析。计算被调查企业最高、最低、平均工资率,分析调查数据的频数分布、集中趋势、离中趋势等。将本企业的薪酬水平与当地市场平均薪酬水平进行比较,绘制市场薪酬分布图。

(5)编写薪酬调查报告。根据薪酬调查实施情况,说明调查目的、调查对象、调查时间。根据薪酬调查结果,分析各职位薪酬状况。按照领先型、跟随型、滞后型的薪酬策略,提出薪酬水平调整思路。

8.1.6 实训报告

实训结束以后,每位学生必须撰写实训报告,要求在实训报告中阐明理论依据以及相关的分析,主要内容参考前文中表1-1。考虑到需要撰写大量的文字,实训报告可以在实训结束后2天内完成,由组长收齐后上交指导教师。

8.1.7 实训考核方法

1. 成绩划分标准

实训成绩按照优秀、良好、中等、及格和不及格五个等级评定。

2. 成绩评定标准

(1)能否根据实际情况制定出切实可行的满意度调查表。

(2)满意度调查表的可行程度。

(3)能否根据满意度调查表的结果对表格进行完善。

(4)由于本实训项目着重考查学生对方法的熟练操作情况,因此实训表现所占成绩比重较大,为70%,实训报告占总成绩的30%。

8.1.8 实训拓展与提高

薪酬满意度调查表

亲爱的员工：

你好！非常感谢您接受此次薪酬满意度调查，本次调查涉及员工对薪酬水平、薪酬结构、薪酬差距、薪酬决定因素、发放方式等满意度调查。

为使本次公司薪酬体系设计更具激励性、公平性、竞争性，请您务必表达真实想法，我们将对您所填的信息进行保密。再次向您表示感谢！

所在部门：	职位：	性别：
社会工龄：	学历：	婚否：

1. 你对目前获得的年收入感到：
   □ 很满意　　　□ 基本满意　　　□ 不满意　　　□ 很不满意　　　□ 说不清楚

2. 你的年收入与本地区同行业其他企业相比，你感到：
   □ 很满意　　　□ 基本满意　　　□ 不满意　　　□ 很不满意　　　□ 说不清楚

3. 你认为目前的薪酬结构对你有很大的激励作用吗？
   □ 起到很大的激励作用　　□ 起到一定的激励作用　　□ 没有起到激励作用　　□ 说不清楚

4. 下列因素中，激励你努力工作的主要是哪些？（请不要超过三个选项）
   □ 公司前景　　　　□ 公司管理团队的综合能力　　□ 高薪酬　　　□ 晋升机会
   □ 技能提升机会　　□ 直接主管的个人魅力　　　　□ 强烈的责任心与事业心
   □ 职业道德　　　　□ 良好的工作氛围　　　　　　□ 其他：

5. 你比较认同的薪酬结构（可多选）
   A 经济型薪酬
   □ 月薪　　　　□ 月度奖金　　□ 季度奖金　　□ 年终奖金　　□ 项目奖金
   □ 股权　　　　□ 公积金　　　□ 社会保险　　□ 商业保险　　□ 通信补贴
   □ 午餐补贴　　□ 交通补贴　　□ 过节费　　　□ 高温补贴　　□ 其他：
   B 非经济型薪酬
   □ 休假　　　　□ 带薪休假　　□ 培训　　　　□ 文体活动　　□ 体检
   □ 无息贷款　　□ 员工宿舍　　□ 其他：

6. 对于下列决定薪酬差异的因素，你认可的是（可多选）：
   □ 工作技能　　□ 文化水平　　□ 工作年限　　□ 工作复杂度　□ 决策责任
   □ 管理责任　　□ 经济责任　　□ 协调责任　　□ 工作紧张程度
   □ 工作负荷量　□ 工作质量　　□ 创新程度　　□ 其他：

7. 你认为薪酬结构中职位工资与绩效奖金的比例应是：
   □ 9 : 1　　　□ 8 : 2　　　□ 7 : 3　　　□ 6 : 4　　　□ 5 : 5

8. 你对薪酬保密这一点如何看待？
   □ 应该全部公开　　　　　□ 应该全部保密　　　　□ 合理分层次公开
   □ 薪酬制度应该全部公开，薪酬金额保密　　□ 按公司规定执行　　□ 无所谓
   □ 其他：

9. 你对薪酬设计还有其他建议吗？

8.2 职位评价

8.2.1 实训目的

本实训项目主要通过学生对职位评价过程的参与，加深学生对职位评价相关知识的理解，并掌握职位评价的基本内容、方法、程序，增强学生对职位评价相关知识和技能的运用，初步学会在人力资源管理工作中进行职位评价工作。

8.2.2 基本知识要点

1. 职位评价的含义

所谓职位评价，就是指对企业所设职位的责任大小、所需解决问题能力以及知识和技能的程度等进行评价，系统地确定职位之间的相对价值从而为企业建立职位结构的过程。工作以工作内容、技能要求、对组织的贡献、组织文化以及外部市场等为综合依据的，就是根据各职位对企业经营目标的贡献，对企业中各个职位的价值进行综合评价，决定企业中各个职位相对价值的大小，从而确立一个合理、系统、稳定的工作结构，开发工作价值的等级制度，在此基础上确定各职位的薪酬级别和职位待遇。职位评价立足于职位，从劳动多样性的角度设计薪酬，依靠价值定待遇，使不同职位之间的比较科学化、规范化，让员工相信公司每个职位的价值都反映了该职位对公司的贡献。由于它对薪酬的基础做了明确、清晰地限定，避免了由于薪酬基础限定模糊引起的员工不信任和对偏袒、歧视的怀疑。由于职位评价的作用，员工对各职位间的价值差的接受性相对较高，对绝对薪酬差距的心理承受能力也随之增强，易于获得薪酬的内部公平感。

2. 职位评价的原则

（1）职位评价的对象是职位而不是任职者。
（2）让员工积极参与到职位评价工作中来。
（3）职位评价的结果应该公开。

3. 职位评价的方法

（1）排序法是职位评价方法中最早使用的方法，其特点是简便易行，比较直观，能比较全面地把握职位，不会忽略职位中某些重要的部分。该方法根据排序的方法不同又可以进一步划分为简单排序法和配对比较法。

第一，简单排序法。这种方法是将每种职位填入一份职位说明书的卡片，然后将这些职位说明书进行排序，其中价值最高的职位排在最前边，价值最低的职位排在最后边，然后再从剩下的职位中选出价值最高和价值最低的，这样依次排列，直到所有职位排序完毕。

简单排序法对于职位层次较少的企业一般比较合适，由于职位层次少，责任划分明确，而且对于每一位员工，尤其是富有经验的管理者而言，对每一种职位都有比较明确的了解。所以操作起来比较得心应手，而且排序的结果清楚明了，争议较少。但是，金融机构往往职位层次较多，而且职位之间的责任关系比较复杂。因此，简单排序的困难就比较大，往往容易出现被忽略或不明确的情况，这样，我们可以考虑另外一种排序方法——配对比较法。

第二，配对比较法。这种方法就是将所有要进行评价的职位列在一起，两两配对比较，价值较高者得1分，最后将各职位所得分数相加，其中分数最高者即等级最高者，按分数高低顺序将职位进行排序，即可划定职位等级。在此方法中，由于两种职位的困难性不容易对比，所以在评价时要特别注意。

（2）归类法是事先将所有职位的价值做一个总结，然后从总体上将职位的价值区分为几个等级，并为每个等级设定明确的标准，各类标准写明本等级职位的难易程度和责任大小程度要求，然后将各职位与标准进行比较，将其归入与之相符的等级之中。这种方法类似于我们在选择VIP客户时的做法：先确定不同等级客户的标准，再根据客户具体的资金量、对公司利润的贡献程度等，将客户分为不同的等级，从而形成金融机构中不同层级的客户结构。

（3）要素计点法。前面两种方法尽管操作比较简便，但是最大的问题是主观性比较强，容易受到评价人主观态度的影响，主要是基于定性，而没有定量的评价，这样多少在客观程度上受到质疑。要素计点法则试图解决职位评价中的定量问题，以提高职位评价的准确性。

要素计点法的基本原理是，为了进行职位评价，首先将待评价职位分解成几个要素，这几个要素我们称为评价要素，评价要素应该是全公司所有职位都包括的，当然，这些要素在不同职位中的重要性和责任大小是不一样的。要素选择出来以后，还要根据公司的业务内容和对不同要素的重视程度，对这些要素在职位评价过程中应占比重确定等级，各等级赋予不同的点数，这是职位评价的前期准备工作，要素选择并分级赋点后即可进行职位评价。

在评价某一职位时，确定其包含的各个要素在该要素的全公司等级序列中应处于哪一等级，属于哪一等级即取得这一等级要素的相应点数，该职位所有要素的点数确定下来以后将其加总便为此职位的应得点数。全公司所有职位的点数都计算出来以后，按点数大小排序，得分最高者即为职位价值最大者，也就是职位等级最高者。最后，按照得分顺序作最后的职位等级表。

在此方法中，最为关键的是职位评价要素的选择。由于所有的比较都是基于这些要素的，所以我们在选择评价要素的时候一定要确保选择那些能够准确反映职位特征，又在所有职位中都有体现的代表性要素，否则，就会导致后面点数比较的标准不准确，使排序出现问题。当然也要注意评价要素在全公司内部的分级，最好在要素级别的划定中不要出现级别之间过于模糊的问题。

（4）要素比较法。和前一方法相比，要素比较法也是从定量角度来思考和解决职位价值大小的排序问题的。但这一方法比上一种方法操作上要复杂一些，这一方法的最大特点是将职位评价和职位工资的确定结合在一起同时进行，在职位评价完成的同时，该职位的工资也确定下来。具体做法如下。

第一，选择标准职位。从企业的所有职位中选择一些有代表性的职位来进行职位评价，这些被选定的职位我们称为标准职位，其他未选定的职位的价值将会以这些标准职位的价值作为比照对象，因此，标准职位应该具有典型性，在企业中为员工所熟知。标准职位选定以后，还要确定每种职位合适的工资额度，以作为职位工资确定的标准。

第二，选择评价要素。和要素计点法一样，也要从标准职位中选出全公司职位都具备的职位评价要素，如知识结构、业务熟练程度、责任、体力脑力消耗程度、环境状况等。

第三，确定标准职位的基本描述和与外部市场接轨的工资率。

第四，按照每一评价要素对工作重要程度的不同，对工作进行排序，即比较相同的评价因素在不同的职位中的等级要求。

第五，对每项工作中的评价因素进行排序，并分配相应的工资率。

第六，建立标准职位评级因素等级定价表。同时，在表中不同等级的评价因素的工资率中一并反映。

第七，参照上述表格，评价其他的非标准职位。将每一项待评职位的评价因素和等级表相比较，得出每一项评价因素的价格，从而得到每一项待评职位总的工资率。

要素比较法相对准确、系统，容易向员工解释并能得到员工的认可。但是评价过程比较复杂，而且评级因素的选择比较困难。

4. 职位评价的注意事项

（1）评价的是工作的职位而不是目前在这个职位上工作的人。

（2）我们讨论的是该职位的等级分数，是该职位的相对价值评估，而不是该职位的最终工资总数，从薪点到工资还有很长的路要走。

（3）参加职位评价的专家小组的成员必须独立地对各个职位进行评价，专家小组的成员之间不能互相协商打分，有疑问与主持人商讨。

（4）参加职位评价的专家小组成员不允许对职位的评价结果进行记录，而且打分的结果也要严格保密。

5. 职位评价的主要工作程序

在具体的职位评价实践中，职位评价是按照以下程序来开展工作的。

（1）选择要进行职位评价的典型职位。一般情况下，如果企业的职位不多，可以将所有的职位都进行职位评价，但是如果企业的职位比较多，就需要选择有代表性的典型职位来进行职位评价，其他职位的价值可以通过与这些典型职位进行比较而得出。

（2）选择职位评价方法。企业在选择职位评价方法时，可以选择一种方法，也可以选择多种方法结合使用。另外，既可以自己设计职位评价方法，也可以借鉴使用像美国的合益或美世等公司开发的通用的职位评价方法。

（3）建立职位评价委员会。职位评价委员会的人选一般包括公司的中高级管理人员以及对公司的整体运营流程比较熟悉的一线主管或基层员工。这样做的目的是，一方面避免人为的误差；另一方面也可以增强员工基础，增加员工对职位评价结果的信任度和可接受度。

（4）对职位评价人进行评价技术培训。在进行实际的评价之前，需要通过培训以及模拟评价使评价人了解职位评价的目的，掌握职位评价的方法以及如何有效地避免评价中可能出现的误差。

（5）制定职位等级结构表。评价委员会首先要根据职位评价方法对典型职位进行评价，然后将其他未评价的职位与已评价的典型职位进行比较而得出其他职位的相对价值和职位等级，最后制定出包含所有职位的职位等级结构表。

（6）同员工进行反馈沟通，并建立申诉机制。职位评价工作完成之后，还需要同员工进行反馈沟通，以取得员工的理解和接受。另外，组织还要建立申诉机制，以避免个别职位评价结果的不公正。

6. 职位评估标准

职位评估标准是指有关部门对职位评估的方法、指标及指标体系等方面所做的统一规定。它包括评价指标标准和评价技术方法标准。任何同类事物之间的比较都必须建立在统一的标准基础上，以保证评价工作的正确性和评价结果的可比性。因此，职位评估也必须采用统一的标准进行评价。用国家已颁布的有关标准和行业标准作为评价标准，并应用国家标准规定的方法和技术进行评价。对于暂时还没有国家标准的部分，则根据制定国家标准的基本思想和要求制定统一的评价标准。

8.2.3 实训所需条件

1. 实训时间

本次实训以 4 个课时为宜。

2. 实训地点

多媒体教室或实验室。

3. 实训所需材料

由教师准备某公司的相关材料，需包含公司背景、公司战略等内容。

8.2.4 实训内容与要求

1. 实训内容

根据职位分析结论及企业发展目标,对部门内部各工作职位进行职位评价,并编写职位评价汇总表。

2. 实训要求

(1)要求学生掌握职位评价的主要内容、方法、基本程序等相关知识,做好实训前的知识准备。

(2)要求学生在运用所学知识,分析职位说明书及企业发展目标的基础上,对职位评价对象进行评估。

(3)将评估结果进行汇总、排序以备薪酬设计及其他人力资源管理工作使用。

(4)要求教师在实训过程中做好组织工作,给予学生必要的、合理的指导,使学生加深对理论知识的理解,提高实际分析、操作的能力。

8.2.5 实训组织方法与步骤

建立实训小组(3~5人),以小组为单位开展以下各项活动。

第一步,对教师提供的背景资料进行讨论分析,选取合适的报酬要素。如有必要,报酬要素可以再细分为子要素。要求列举出详细的报酬要素及其子要素,并说明选择这些报酬要素的理由或依据。

第二步,分别对不同的报酬要素进行分等以界定报酬要素的不同程度或水平,并对不同等级的报酬要素进行准确的定义或解释。在对不同的报酬要素及其子要素进行分等界定时,一般不要超过7级。要求列明每一个报酬要素及其子要素的不同等级,并进行清晰的界定或解释。

第三步,讨论分配或设定不同报酬要素在职位评价体系中的权重。要求列明每一个报酬要素及其子要素在职位评价体系中的权重,并说明不同报酬要素间权重差异的原因或依据。

第四步,设定职位评价体系的总点数或总分数,并根据不同报酬要素的不同权重来为每一个报酬要素分配相应的点数或分数,然后根据第二步中所界定的报酬要素在内部划分的不同等级,为每一个报酬要素内部的不同等级分配或设定相应的点值或分数。要求列明每一个报酬要素及其内部不同等级的点值或分数。

提示:

(1)一般来说,如果被评价的职位数量比较多,而且价值差异较大,那么需要使用的总点数或总分数就相对比较高;反之,总点数或总分数就相对比较低。

（2）在对报酬要素内部的不同等级进行赋点值或分数时，一般有两种方法，即几何法和算术法。几何法是按照等比数列的要求来排列报酬要素内部不同等级的点值或分数，而算术法是按照等差数列的要求来排列报酬要素内部不同等级的点值或分数。因此，在使用几何法时，需要首先确定报酬要素内部不同等级之间的点值比率差，在使用算术法时仅需要将报酬要素的总点数或总分数除以报酬要素内部的等级数就可以得到报酬要素内部不同等级间的等级差。

第五步，仔细阅读工作说明书，运用报酬要素来对职位进行模拟职位评价。要求列出每个职位在每个报酬要素上进行模拟职位评价的得点数或分数，并将职位在每个报酬要素上所得点数或分数进行相加以得出职位评价的总点数或总分数。

第六步，将所有被评价的职位根据点数或分数高低进行排序汇总，划分点值范围，建立职位等级结构。要求说明点值划分范围，并列出职位等级结构表。

第七步，设计公司总体的职位评价方案，制作培训用的演示幻灯片，并进行演示。

第八步，总结并编撰实训报告。

8.2.6 实训报告

实训结束以后，每位学生必须撰写实训报告，要求在实训报告中阐明理论依据以及相关的分析，主要内容参考前文中表 1-1。考虑到需要撰写大量的文字，实训报告可以在实训结束后 2 天内完成，由组长收齐后上交指导教师。

8.2.7 实训考核方法

1. 成绩划分标准

实训成绩按照优秀、良好、中等、及格和不及格五个等级评定。

2. 成绩评定标准

（1）能否熟练掌握职位评价的基本程序。

（2）职位评价方法能否熟练应用。

（3）能够根据一个案例熟练找出适合该案例的职位评价方法。

（4）由于该实训项目着重考查学生对职位评价方法与步骤的熟练操作情况，因此实训表现所占成绩比重较大，为 70%，实训报告占总成绩的 30%。

8.2.8 实训拓展与提高

本项目实训拓展与提高所需材料如表 8-1 所示。

表 8-1 职位评价表

序号	部门		职位	评估时间：年 月 日	
	要素名称	要素权重/%	子要素名称	点数标配权重/%	实际评估点数/%
1	职位资质	10	1.1 专业或知识要素	5	
			1.2 工作技能要求	5	
			子要素权重小计	10	
2	工作质量要求	25	2.1 工作联系要求	7	
			2.2 沟通协调及人际关系处理要求	6	
			2.3 组织及决策力要求	6	
			2.4 创新能力要求	6	
			子要素权重小计	25	
3	工作责任	55	3.1 产品质量及销量责任	6	
			3.2 公司财产安全责任	8	
			3.3 风险控制责任	8	
			3.4 成本收益责任	8	
			3.5 管理监督责任	8	
			3.6 组织及人事责任	6	
			3.7 法律及道德责任	5	
			3.8 商业机密保密责任	6	
			子要素权重小计	55	
4	工作强度与环境	10	4.1 工作均衡性及压力	5	
			4.2 工作环境或环境危害	5	
			子要素权重小计	10	
合计		100		100	

8.3 薪酬调查

8.3.1 实训目的

通过本项目实训，使学生掌握薪酬调查的主要程序，并能够设计编写薪酬调查问卷。

8.3.2 基本知识要点

1. 薪酬调查的含义

薪酬调查是指企业通过收集市场薪酬信息来分析、判断和掌握其他企业所支付的薪酬状况的过程。市场薪酬调查是了解市场薪酬水平的重要手段，是解决薪酬管理中外部公平性问题的基础工具。通过实施市场薪酬调查，企业可以根据调查结果及自己的战略来设计和调整自己的薪酬水平、薪酬结构、薪酬体系、薪酬管理政策等内容，就是通过一系列标准、规范和专业的方法，对市场上各职位进行分类、汇总和统计分析，形成能够客观反映市场薪酬现状的调查报告，为企业提供薪酬设计方面的决策依据及参考。薪酬调查是薪酬设计中的重要组成部分，重点解决的是薪酬的对外竞争力和对内公平性问题，薪酬调查报告能够帮助企业达到个性化和有针对性地设计薪酬的目的。薪酬调查的方式有查看权威机构发布的薪酬调查报告、委托专业机构进行薪酬调查等。

2. 薪酬调查的方法

对企业来说，薪酬调查一般有两种方法：一是自行组织进行调查；二是把自己的需求提交给外部专业薪酬调查公司，委托它们完成调查。

自己进行薪酬调查可以节省成本，调查结果更符合自己公司的要求，但可能由于缺乏专业调查技术人才，导致调查结果难以令人满意。委托外部专业薪酬调查公司进行调查，无论是在技术上还是在获取竞争对手的真实性信息方面都具有一定的优势，但可能花费较高，而且调查结果未必能满足公司的实际需求。

3. 薪酬调查的目的

企业进行市场薪酬调查的目的，主要是了解市场薪酬水平及其动态，保持企业薪酬分配的对外竞争力，做到外部公平。具体来说，薪酬调查的目的有：调整薪酬水平，调整薪酬结构，整合薪酬要素，估计竞争对手的劳动力成本，了解其他企业薪酬管理实践的发展和变化趋势，促进薪酬审计。

4. 薪酬调查的程序

（1）根据需要审查已有的薪酬调查数据，确定调查的必要性，如果企业现有的薪酬调查数据已经能够满足企业的要求，就没有必要再进行市场薪酬调查。如果现有的薪酬信息和数据难以满足企业的需要，那么就需要考虑下一步应该如何来开展薪酬调查，是自己组织进行调查还是委托第三方或是与第三方合作共同进行薪酬调查。

（2）确定需要进行调查的职位和层次。在确定进行薪酬调查之后，需要明确的就是要对哪些层次的何种职位进行调查，是要调查某些类型的职位，还是要调查所有类型的职位？在确定了要调查的职位范围之后，调查企业还需要进一步明确在调查中使用的典型职位，因为限于调查的时间和费用，一般不会对全部的职位开展薪酬调查。另外，在选定被调查职位时，调查者必须提供最新的总体职位描述，同时，所采用的职位名称也应当是比较标准或通常被使用的职位名称。

（3）界定劳动力市场范围。劳动力市场的划分需要从三个维度进行，分别是职业划分、地理划分、行业/产品市场。在确定调查的市场范围时，一般是先确定调查哪些职位，然后确定不同的职位类别在地理范围与产品市场上的交叉，进而形成相关的劳动力市场定位。调查企业数目可根据企业人力、物力、财力、时间及目的而有所不同，通常需要调查至少 10 家企业。

可供选择调查的企业主要有五类：①同行业中同类型其他企业；②其他行业中有相似职位或工作的企业；③与本企业雇佣同一类劳动力，可构成人力资源竞争对手的企业；④本地区在同一劳动力市场上招聘员工的企业；⑤经营策略、信誉、报酬水平和工作环境均合乎一致标准的企业。

（4）确定需要进行调查的薪酬信息。需要进行调查的薪酬信息主要有：①组织与工作信息，包括组织规模、财务信息、人员结构、市场份额等；②薪酬战略信息，包括薪酬战略目标、薪酬政策等；③与薪酬水平及薪酬结构有关的信息；④薪酬体系的其他信息，如薪酬等级结构、薪酬要素组织、薪酬管理方式等。

（5）设计薪酬调查问卷并实施。设计薪酬调查问卷应考虑以下几方面的信息：被调查企业的组织信息、薪酬战略信息、薪酬水平信息、薪酬结构方面的信息、职位权限范围方面的信息、任职者及其任职职位的一些信息、其他信息。

设计薪酬调查问卷时需要注意以下问题：①每个问题只提问一个信息，并要为回答者留出足够的书写空间；②调查问卷要尽量简单明了，要使被调查者容易理解和回答；③在关键字和关键句下面画横线或加黑；④在问卷的结尾留下开放式问题；⑤提供调查者的联系方式以便被调查者有疑问时可以及时与调查者联系。

（6）核查调研信息。在调查问卷被回收以后，调查者首先要做的就是对每份调查问卷进行分析，判断该份问卷是不是有效问卷以及每个数据是否可用。

（7）统计分析调查数据。薪酬调查中进行统计分析的常用方法主要有以下几种：

①频度分析：是指将得到的与某一职位相对应的所有薪酬调查数据从低到高排列，然后看落入每一薪酬范围之内的公司的数目。

②趋中趋势分析：具体又可分为简单平均数、加权平均数（以目标公司从事该职位的员工人数作为权重）、中位数三种分析方法。

③离散分析：又包括标准差分析和四分位/百分位分析。

④回归分析：一般可用回归分析来分析两个或多个变量之间的相关关系，并用得到的函数关系式进行预测。

（8）形成薪酬调查结果分析报告。薪酬调查数据分析完成之后，一般还要将最后的分析结果进行整理，并编写薪酬调查分析报告。

8.3.3 实训所需条件

1. 实训时间

本项目实训周期大约为一周，其中课堂展示时间为 2 课时。

2. 实训地点

多媒体教室。

3. 实训所需材料

电脑、投影仪、黑板、粉笔等相应的用具，签到表以及相应的背景材料。

8.3.4 实训内容与要求

1. 实训内容

X 集团始建于 1989 年，主要从事大豆、玉米加工业务，年加工大豆 90 万吨、玉米 50 万吨，年产大豆分离蛋白 2 万吨、组织蛋白 1 万吨、豆油 17 万吨、各种粕类 70 万吨、玉米淀粉 35 万吨。主营产品享誉国内外，远销欧洲、非洲、东南亚等国家和地区，经济效益居省内同行业首位，名列全国油脂加工企业前列，是全国食品工业百强企业、全国农产品加工业示范企业、省百强民营企业、省高新技术企业、省环境友好企业。

集团现有员工 1 500 余人，占地面积 102 万平方米，总资产 13 亿元，下设粮油、蛋白、淀粉、生物工程、热动 5 个子公司，是国家大型大豆加工企业、省农业产业化重点龙头企业、国家农副产品深加工基地。拥有省级技术中心和全国同行业一流的检测中心，长期与国内外大专院校进行技术交流，聘请国内知名专家、教授为集团技术顾问，具有较强的自主研发能力，是一家集产、销、研于一身的大豆、玉米深加工企业。

根据集团公司的战略发展规划，集团公司将以创建农业产业化国家重点龙头企业和国家级企业技术中心为契机，大力发展"循环经济"，着力推进大豆、玉米深加工，不断拉长产业链，提高产品附加值，到 2010 年实现产值 50 亿元；到 2015 年，实现产值 80 亿元，并实现企业上市经营，进一步将集团打造成资源节约型和科技创新型企业。

随着集团公司近年来的迅速发展和规模扩张，人才及人力资源管理问题越来越成为限制公司发展的重要因素。为解决这方面的问题，公司一方面积极争取引进高水平人才；另一方面加大了自己培养人才的力度。近年来，集团公司特聘了 7 名粮油知名专家担任公司的技术顾问，引进各类高科技技术人才 40 余名，招聘本、专科毕业生 200 名，先后派出 50 名技术骨干到高等院校和行业先进企业学习。在公司努力引进人才的同时，也出现了人才流失的现象，主要表现在两个方面：一是引进的人才留不住，部分引进的高科技人才和招聘的大学毕业生在工作半年或一年之后就离开了，留下的人才中也有部分在寻找合适的跳槽机会，能够长期安心在基层企业工作的人才较少；二是自己培养的人才也出现了流失问题，不少自己送出去培养的人才在回来之后不久就跳槽到了其他企业。另外，近年来，企业的部分中层管理人员也有不少流失到其他企业或去了外地。

根据在公司内部进行的问卷调查和访谈，发现人才流失的原因主要有两点：一是公司地处县城，在对人才的吸引方面不具有地理优势，无法同经济发达城市相比；二是公司对人才的激励机制不完善，其中主要表现之一就是公司的薪酬体系设计不科学，需要改进。具体来说，公司原有的薪酬体系存在以下几个问题。

（1）一些中高层管理人员和专业技术人员的薪酬水平低于市场平均薪酬水平，薪酬外部竞争性不强，未能起到对人才的吸引和保留作用。去年初，生产部经理与技术开发部经理两位重要管理人员跳槽，管理层的这一人事动荡给公司造成了重大影响，使得公司去年的发展战略未能如期实现。

（2）公司在薪酬管理方面存在比较严重的平均主义倾向，不同职级和职位之间的薪酬差距过小，不能有效地体现不同职位对公司的价值差异，缺乏内部公平性。

（3）绩效薪酬的管理需要改进。首先，对公司的职能管理人员来说，与绩效薪酬相联系的绩效考核形同虚设，每到季末考核几乎都是走过场，绩效薪酬只占总薪酬的10%，即使考核成绩不理想，对员工的收入影响也不大。其次，营销人员的绩效薪酬管理方式已经不能适应公司的发展需要。营销部一直采用的是底薪加提成的薪酬构成方式，其中底薪所占比例为20%，与提成相对应的考核指标是单一指标——销售量。同时，公司为激励销售人员实现销售目标，将销售提成额设置得较高，并对销售人员实行薪酬领先策略，将其整体薪酬水平定位于市场薪酬水平的75%，这种销售人员的薪酬管理方式在公司成立初期，市场竞争不是很激烈的情况下，不但可以实现既定的销售目标，而且销售利润率也比较高，在当时促进了公司的销售量提高与利润增长，对企业在创业阶段的迅速发展起到了积极作用。但随着市场竞争的日益加剧，企业在宣传和促销等各方面的成本加大，销售利润率在逐渐减少，原有的绩效薪酬管理方式已经不能适应当前的竞争和发展要求。

总之，公司现在的薪酬体系已经不能适应公司的发展需要，影响了对人才的激励和保留以及公司战略目标的顺利实现。

2. 实训要求

（1）假设案例中公司准备进行薪酬调查，调查方法拟采用自行组织调查，要求根据案例材料，设计一份满足该公司需要的薪酬调查问卷和薪酬调查设计方案，并在上述成果的基础上制作演示幻灯片进行演示。

（2）要求教师在实训过程中做好组织工作，给予学生必要的、合理的指导，使学生加深对理论知识的理解，提高实际分析、操作能力。

8.3.5 实训组织方法与步骤

建立实训小组（3~5人），以小组为单位开展以下各项活动。

第一步，仔细阅读所提供的案例材料，要求在阅读案例的基础上总结概括案例公司的薪酬调查目的。

第二步，讨论需要进行调查的职类、职种和层次，并详细列明。

第三步，讨论确定需要进行调查的区域范围以及目标企业的数量。

第四步，讨论确定并详细列明需要进行调查的有关薪酬信息。

第五步，讨论并设计案例公司进行薪酬调查所需的薪酬调查问卷。

第六步，讨论并设计案例公司的薪酬调查方案。

第七步，制作演示幻灯片和相关文稿并进行演示。

第八步，总结并编撰实训报告。

8.3.6 实训报告

实训结束以后，每位学生必须撰写实训报告，要求在实训报告中阐明相关理论依据以及相关的分析，主要内容参考前文中表 1-1。考虑到需要撰写大量的文字，实训报告可以在实训结束后 2 天内完成，由组长收齐后上交指导教师。

8.3.7 实训考核方法

1. 成绩划分标准

实训成绩按照优秀、良好、中等、及格和不及格五个等级评定。

2. 成绩评定标准

（1）薪酬调查主要方法的了解程度。

（2）能否熟练编制与修改薪酬调查表。

（3）由于本实训项目着重考查学生对薪酬调查表的掌握，因此实训表现所占成绩比重较大，为 70%，实训报告占总成绩的 30%。

8.3.8 实训拓展与提高

本项目实训拓展与提高所需材料如表 8-2 所示。

表 8-2 薪酬调查表

企业信息	企业名称		企业性质			
	企业所在地		人员规模			
	所属行业					
	主营业务					
个人信息	姓名		年龄		性别	□ 男　□ 女
	毕业学校					
	工作年限		户口所在地			
	所在部门		担任职位			
薪酬信息						
现有薪资（元）		□ 1 500~2 000　　□ 5 000~6 500		□ 2 000~3 500　　□ 6 500~8 000		□ 3 500~5 000　　□ 8 000 元以上	
对现有薪资是否满意		□ 非常满意		□ 基本满意		□ 不满意	

续表

薪资构成	薪资构成	所占总薪资的比例
福利津贴		
（该职位）你认为满意的薪资水平		

| 调查人： | 调查日期： 年 月 日至 年 月 日 |

8.4 技能薪酬体系设计

8.4.1 实训目的

通过本项目实训，熟练掌握技能薪酬体系的基本原理与设计方法，能够设计符合企业需要的技能薪酬体系。

8.4.2 基本知识要点

1. 技能薪酬体系的含义

技能薪酬体系是一种以人为基础的基本薪酬决定体系，有狭义和广义之分。狭义的技能薪酬体系通常是指所从事的工作比较具体，所需技能能够被清晰界定的操作人员、技术人员以及专业职能人员的一种报酬制度。狭义的技能薪酬体系通常又可以分为深度技能薪酬体系和广度技能薪酬体系两种类型。广义的技能薪酬体系是指组织根据员工所掌握的与工作有关的技能、能力以及知识的深度和广度支付基本薪酬的一种报酬制度，包括狭义的技能薪酬体系和能力薪酬体系。

2. 技能薪酬体系的行业适用性

近年来，技能薪酬体系被广泛应用于电信、金融、制造业以及其他一些服务性行业，已经成为一种全球范围内的重要的薪酬体系。具体来说，技能薪酬体系比较适合于以下行业。

（1）运用连续流程生产技术的行业，如石油、化工、冶金、造纸等行业。

（2）运用大规模生产技术的行业，如汽车及其零部件生产制造业、电子与计算机生产等行业。

（3）服务行业，如金融、餐饮等行业。

（4）运用单位或小批量生产计划的行业，如服装加工业、食品加工业等行业。

3. 技能薪酬的显著特征

基于任职者的薪酬体系是以职位为基础的薪酬变革。尽管基于任职者的薪酬体系有多种类型，但是它们都具有如下特征。

（1）以"人"为本的薪酬设计

技能薪酬体系的核心特点就是以"人"为中心进行设计的报酬制度。以人为基础的薪酬和以职位为基础的薪酬最大区别在于：前者以任职者个人的特质和能力为基础，关注的是各个员工在获取组织需要的知识、技能与能力方面的差异；后者以职位为基础，关注员工从事的工作差异。

（2）以技能的提高为支付依据

技能薪酬体系薪酬支付的依据是员工个人掌握的、经过组织认可的、鉴定程序认可的知识、技能与能力水平。

（3）技能薪酬体系具有两面性

一般认为，基于任职者的薪酬体系能够激发员工作出贡献的潜能，但这也正是技能薪酬体系的优势与不足形成的原因之一。由于组织奖励的是员工掌握的知识与技能，其假设的条件是，员工掌握的知识与技能越多，员工的工作效率就越高，弹性也越强。然而，如果知识与技能不能在工作中得到使用或恰当使用，组织预期的绩效水平很可能无法实现。

4. 技能薪酬体系的优缺点

（1）优点

①激励员工不断掌握新的知识和技能，从而有利于员工和组织适应日益加快的技术变革和组织变革。

②为员工提供了更多的薪酬增长机会，并有利于塑造企业的竞争优势。

③有利于鼓励优秀专业人才安心本职工作，而不是去谋求报酬尽管很高却并不擅长的管理类职位。

④技能薪酬体系在员工配置方面为组织提供了更大的灵活性。

⑤技能薪酬体系有助于高度参与型管理风格的形成。

（2）缺点

①培训问题。在培训过程中，资金不足、培训资源分配的公平性、培训需求的准确性等问题都是难题。如果处理不好，极有可能既增加了成本，又让员工感觉不公平，影响员工的积极性。

②成本控制问题。造成这一问题的主要原因有如下几点。

技能模块的界定与组织战略发展的需求结合不紧密，使得员工获取的技能无用武之地而发生闲置与浪费。

员工追求技能的提升、工资的上涨与组织对高技能的需求数量不成比例,可能造成组织中高技能等级的员工比例过大,人力资源得不到充分利用,人力资源缺乏转化为生产力的平台,从而导致组织人力资源成本过高的情况发生。

技术的进步、市场的变化都有可能导致一些技能过时。如果过时的技能不能得到及时清理,也会导致人力成本的上升,使组织成本缺乏竞争力。

③加大了管理的难度。与职位薪酬体系相比,技能薪酬体系管理的难度主要体现在以下方面:

设计难。在设计技能薪酬体系时,一是技能模块的建立难,技能模块的建立直接关系设计目标能否有效达到;二是技能模块的定价难。在技能模块定价时,要在当地劳动力市场与相关行业中找到一个技能薪酬基准是十分困难的事。

管理难。技能薪酬体系的最大特点就是因人而异,员工的技能水平可能随时发生变化。要对员工具备何种资质水平,应该获取什么样的工资水平进行追踪需要一定的管理支持。另外,员工随时都有可能进入一个新的技能模块并得到认证,其薪酬就有可能在一年中的任何时候发生变化。这些都增加了管理的难度。

职位配置难。要使员工掌握的技能得到充分运用和发挥,要求组织在职位配置时有充分的弹性,以确保员工的职位能够得到及时的调整。

5. 技能薪酬体系设计的流程

技能薪酬体系设计的重点在于开发一种能够使技能和基本薪酬联系在一起的薪酬计划。其基本流程如图 8-1 所示。

图 8-1 技能薪酬体系设计的基本流程

(1)成立技能薪酬体系设计小组

制订技能薪酬计划通常需要建立两个层次的组织:一是由企业高层领导组成的指导委员会;二是具体执行任务的设计小组。另外,为了更好地解决设计中可能遇到的各种技术问题,还有必要挑选出一批对工作流程非常熟悉的员工作为"主题专家"来协助设计小组开展设计工作。

(2)进行工作任务分析

技能薪酬体系准备支付报酬的对象,应当是对于有效完成任务至关重要的技能。因此,开展技能薪酬体系设计的首要工作,是要详细地、系统地描述所涉及的各种工作任务。如有必要,还需要将工作任务进一步分解为更小的工作要素。根据这些详细的工作描述,就可以分析出与不同层次的绩效水平相对应的技能水平。

进行工作任务分析，通常包括 5W1H 内容，即
① 要做什么（what）？
② 为什么做（why）？
③ 由谁做（who）？
④ 在哪里做（where）？
⑤ 什么时候做（when）？
⑥ 如何做（how）？

（3）评价工作任务，创建新的工作任务清单

在对工作任务分析的基础上，设计小组需要进一步评价各项工作任务的重要性和难度，然后重新编排工作任务信息，对技能进行组合，从而为技能模块的界定和定价打下基础。

（4）确定技能等级并为之定价

① 技能等级模块的界定。所谓技能等级模块是指员工为了按照既定的标准完成工作任务而需要执行一个工作任务单位或是一种工作职能。在对技能等级模块进行等级界定时，一般可以根据技能等级模块所包括的工作任务所需要的知识、技能和能力。

② 技能模块的定价：可以按照下列几个维度来确定技能模块之间的相对价值：

失误后果。由于工作失误可能导致的财务、人力资源及组织问题。

工作相关性。技能对于完成组织认为非常重要的那些工作任务的贡献程度。

基本能力水平。指掌握一项技能所需要的数学、语言以及逻辑推理、判断能力等。

工作或操作水平。工作中所需要技能的深度和广度。

监督责任。指该技能涉及的领导能力、小组问题解决能力、培训能力以及协作能力等的范围大小。

（5）技能分析、培训与认证

技能分析、培训与认证阶段的主要工作是在对员工现有技能进行分析的同时，制订出相应的培训计划、技能资格认证计划以及追踪管理工作成果的评价维度。员工技能等级或技能资格认证，一般通过设立认证委员会作出相关的认证管理决策和制订认证管理制度来实现。

8.4.3 实训所需条件

1. 实训时间

本项目实训周期大约为一周，其中课堂展示时间为 2 课时。

2. 实训地点

多媒体教室。

3. 实训所需材料

电脑、投影仪、黑板、粉笔等相应的培训用具，签到表及所需的背景材料。

8.4.4 实训内容与要求

1. 实训内容

技能薪酬体系设计。

设计背景：组织学生到某企业人力资源部门进行调研访谈和实习，通过调研访谈和实习使得学生了解和掌握企业人力资源部门的各项主要工作内容及其所需要的知识、技能和能力。

2. 实训要求

以该企业为例，设计人力资源管理人员的技能薪酬体系。

要求教师在实训过程中做好组织工作，给予学生必要的、合理的指导，使学生加深对理论知识的理解，提高实际分析、操作能力。

8.4.5 实训组织方法与步骤

第一步，组织学生到某企业人力资源部门进行调研访谈和实习。

第二步，对学生进行分组，建立技能薪酬体系的设计小组（3~5人）。

第三步，各设计小组根据企业调研和实习体验，对人力资源部的基本工作进行工作任务分析，详细描述人力资源部的基本工作内容。

第四步，分别评价各项工作任务的难度和重要性程度，并分别按照工作重要性程度和工作难度进行排列、分组，创建新的工作任务清单。

第五步，界定不同等级的技能等级模块，然后为不同等级的技能等级模块分别定价（假设通过外部市场薪酬调查得知，员工的起薪为10元/小时）。

第六步，对该企业人力资源管理人员的现有技能进行分析，制定技能培训方案和技能认证方案。

第七步，设计该公司人力资源管理人员技能薪酬体系管理方案。

第八步，制作演示幻灯片和文稿并进行演示。

第九步，总结并编撰实训报告。

8.4.6 实训报告

实训结束以后，每位学生必须撰写实训报告，要求在实训报告中阐明理论依据以及相关的分析，主要内容参考前文中表1-1。考虑到需要撰写大量的文字，实训报告可以在实训结束后2天内完成，由组长收齐后上交指导教师。

8.4.7 实训考核方法

1. 成绩划分标准

实训成绩按照优秀、良好、中等、及格和不及格五个等级评定。

2. 成绩评定标准

（1）技能薪酬体系设计方法的了解程度。
（2）技能薪酬体系设计方法能否熟练应用。
（3）能够根据一个案例熟练找出适合该案例的技能薪酬体系设计方法。
（4）由于本实训项目着重考查学生对技能薪酬体系设计方法的熟练操作情况，因此实训表现所占成绩比重较大，为70%，实训报告占总成绩的30%。

8.4.8 实训拓展与提高

薪酬设计须知：不会分钱的老板无法凝聚人心

无论是成熟企业还是创业企业，要走向可持续发展之路，背后一定要有一支坚强的职业化团队。职业化团队如何去养成和凝聚人心，重要举措之一在于分配。诚如华为，从创立之初的20 000元起家到现在已突破2 400多亿，成为中国的教父级式企业，其成功的密码何在？原因很多，其中一个关键因素在于内部管理的强大，而强大的内部管理在于背后有一批强大的管理干部。任正非对其管理干部的要求，其中有一条"必须懂得分钱"。他的逻辑其实很简单："钱分好了，才能得人心；得人心者，才能聚团队；有了团队，管理干部才能有作为；管理干部有作为了，企业才能有作为！"

分配如此重要，重要到了能决定一家企业的可持续发展命运，但如此重要的一环，在很多企业并没有做好，存在种种弊端。

（一）薪酬设计的弊端

企业薪酬设计的弊端，主要集中体现在下述三个方面。

1. 重人治而轻规矩

太多的企业习惯于"拍脑袋"定工资，人招聘进来定多少工资，包括员工涨多少工资，完全凭着人的主观臆断，随意随性没有规则。长此以往，势必影响薪资体系的专业性、客观性，工资奖金的发放也难以保证公平性。这样势必失去人心，很难保证薪酬的激励性，企业花了工资成本，但并没有能够激励大家更好地去工作。

2. 重任职而轻绩效

定工资的规则在于两个方面：一是要搞清楚岗位值多少钱，二是要搞清楚岗位上的任职人值多少钱，两者不能混为一谈。比如岗位值3 000元，这要通过岗位评估的方式，综合岗位需承担的责任、对任职人的要求、劳动风险与环境等诸要素予以科学认定。但岗位值3 000元，并不意味着岗位的任职人也值3 000元。若岗位的任职人在3 000元的岗位上要拿到3000元，必须具备两个条件：一是任职条件和岗位是否匹配，二是岗位任职人所创造的业绩是否达到了岗位的业绩要求。但在现实中，很多企业在每月发工资的时候，往往没有去评估人的这两个条件是否和岗位相匹配，达不到岗位要求的人，也享受到了岗位的标准工资，干多干少一个样，这自然也失去了薪酬分配的公平性。因而，企业薪酬体系要科学，一定要辅以人岗匹配度测评和业绩评估。

3. 重单点而轻宽带

"单点"在于"岗位单点"和"系列单点"。"岗位单点"是指一个岗位只对应一份工资，比如"保安"岗，对应工资2 000元。若"保安"岗有五位保安，通常五位保安会存在工龄、学历等方面的差异，工资套级"保安"岗时，一般不可能定相同的2 000元。假如"保安"岗只单点对应一个"2 000元"的标准时，具体到对这五位保安进行工资定级时，显然无法合理操作。正确的做法是要设定岗位宽带，即要围绕"2 000元"这个标准宽带点，有低于和高于这个标准节点的宽带空间，并设定相应的套级标准，这样，就可因人而异定出合理的工资了。

"系列单点"是指只有对岗位工资的界定而没有岗位晋升的空间。同样也如保安，当一名保安招聘进来，也许清楚在保安这个岗位当前的工资定级，但他不会清楚，如果保安干好了，级别和工资会以一种什么样的发展路径晋升。专业的薪酬设计应该是：假如技术员，其上有助理工程师，再上有工程师，直至高级工程师、总工程师。从技术员到总工程师，这就是发展路径。一旦发展路径明确就会促进岗位当前的任职员工努力地干好本职工作，因为能看到未来的薪资晋级方向，且每晋级一层，都有相对规范的游戏规则。若干不好当前的工作，就不能往上晋级了。

（二）薪酬设计的"1-2-3法则"

科学的定薪要遵循相应的法则，其中最重要的当属"1-2-3法则"。

"1"是指一个核心：薪酬体系的设计必须以驱动企业发展为核心。企业的发展离不开团队的强大，强大的团队在于管理者的作为，管理者要能有效的作为，一定要具备领导力，而领导力的核心在于能充分调动团队成员工作的积极性。调动积极性的根本在哪里？首先在于分配的公平与合理性。所以，薪酬体系的设计首先要从这个理念高度去着手。不能驱动企业发展的制度设计都是无效的。

"2"是指两个指向：薪酬体系设计的第一个指向要能促进职责的履行和目标的达成。企业的发展依赖于每一个岗位员工都能做事，并将事情做正确。只有岗位员工的工作到位了，才有部门工作的到位，只有部门工作的到位，才有企业工作的到位，进而实现企业的远景目标。所以，薪酬设计一定首先要能激励每一个岗位的员工愿做事、能做事、做成事！薪酬体系设计的第二个指向是促进员工的能力增长。要让员工更好地承担责任，首先在于员工的能力要能匹配岗位的要求，因而，薪酬体系的设计也要能激励员工主动提升自己的能力。只有让员工更好承担责任，同时也能促进员工能力提升的薪酬体系，才是好的薪酬设计。

"3"是指三个策略。第一个策略是"利他"。传统薪酬的设计往往从企业发展的角度去考虑而忽略驱动发展的"人"的因素。这很容易在企业形成一种劳资对立的博弈："企业实现了利润，跟我有什么关系？"所以现实中，容易出现推诿扯皮、不负责任等不作为现象。若将薪酬的设计同时也贯入为员工"创富"的理念，企业实现了利润，个人也在这个平台上有了和利润增长同步的薪酬增长，将大大提升员工"为自己干"的积极性。第二个策略是"平衡"。首先应体现"内在"和"外在"的平衡。"内在"体现为员工核心竞争力的成长；"外在"是指在企业可承受范围之内的收入的合理增长；其次体现"企业"和"员工"劳资双方的平衡，要能满足企业对劳动力成本合理承担的要求，也要兼顾员工对收入增长的诉求。只有两者之间取得了平衡，才能有劳资关系的和谐发展。第三个策略是"系统"。一套薪酬体系要起作用，跟岗位管理体系和绩效评估体系是否完善紧密相关。很简单，若岗位职责不清晰，或对岗位任职人工作的好坏没有客观的评估，是不可能科学地发好每月的工资的。只有"岗效薪酬"系统设计，才能提升薪酬体系的专业性和有效性。

（三）薪酬设计的价值取向

薪酬体系的设计一定要能体现自身的价值，在当前"互联网+"时代背景下，薪酬体系的设计应服务于"企业平台化、员工创客化、用户中心化"的"三化"发展趋势。

（1）企业平台化。传统企业等级森严，总经理到部门经理，再到主管和员工，这种科层制的设计，极大地影响到企业的执行。部门经理在等总经理交办任务，主管和员工在等部门经理交办任务，一级对一级向上诉求："我要干什么？"一级对一级向上踢球："你说怎么办？"企业变成了少数几个人的舞台，80%的责任落在20%的人身上去承担，大部分的人能推则推，能躲则躲，安逸享受。这样的企业，安能有发展前途？所以万科要从职业经理人制转型到事业合伙人制；海尔要将企业变小；日本的稻盛和夫极力推动"阿米巴"经营模式。这些企业和企业家的行为，无不在朝一个方向努力：将企业变成一个舞台，让人人都能像经营者一样思考，去拼命，让有能力的人在这个舞台上与企业共舞。这必定是企业做强做大的一个发展趋势，由此，企业薪酬体系的设计如何去支撑企业的平台化运作，也必是薪酬改革要思考并且突破的一个重要着力点。

（2）员工创客化。企业的员工通常有三种类型：一是"折扣型"，没办法100%地完成工作任务，交办10件活，也许只能干好五六件；二是"执行型"，交办的事情100%均能到位地完成，仅此而已；三是"创客型"，分内的事情100%执行到位，还乐于主动承担职责之外的工作，主动且创新性地去挑战和承担新任务新目标。无疑，在当前的企业，只有少量的员工才是"创客型"，大部分的员工是"执行型"和"折扣型"。我们闭着眼都能想到：企业里只有大部分的员工成为"创客型"的时候，企业才能行驶在发展的快车道上。所以，薪酬激励体系能否引导员工主动承担职责外的工作，并能挑战传统、创新工作，是薪酬改革及设计的另一个突破点。

（3）用户中心化。没有用户，企业便没有了安身立命的土壤，抓住用户，根本在于产品和服务。无论任何时代，这种商业的本质是不会也不可能改变的。所以，如何让企业的产品经理及其他相关人员愿意在乎用户、研究用户、融入用户，这对企业而言是多么重要的一件事！要做到这点，光靠讲情怀、讲理想等高大上的东西，而忽略了物质利益的驱导，是落不了地的。所以，薪酬激励体系的设计如何引导大家以用户为中心，也必将成为薪酬改革与设计的重中之重。

（四）如何做好薪酬体系改革

薪酬体系要能改革与设计成功，须明确并做好下述几点。

一是顶层设计与顶层推动。中国的事情从来都是如此，没有一把手的点头和首肯，大部分的事情不可能做成的。薪酬体系的改革与设计也必然要得到一把手的高度重视和亲自推动才可能成功。当前企业或机关事业单位内部运营最大的问题其实是"用人"的问题，人若用不好，任何事情都不可能好。而"用人"的问题归根结底在于分配的问题。华为的员工为何愿意加班加点睡地铺？在于华为的以奋斗者为本，绝不让"雷锋"吃亏的分配理念；机关事业单位、国有垄断型企业为何有些人不愿意作为，不想主动担当？干多干少、干好干坏一个样！没有解决分配的问题，一定解决不了用人的问题，没有解决用人的问题，任何单位和组织的发展都只能成为空谈。"一把手"只有意识到这个问题，才能从根本上去推动和解决分配的问题。

二是要有利他的思想。不能光是老板富而员工穷，如果一套薪酬体系的设计只是鼓励大家为企业的利润而奋斗，怎么可能让员工和企业同心同德？薪酬激励体系一定也是"创富"机制，让那些愿意干事、能干成事的人能同步享受到企业增长而实现的红利，让有能力的人，人人都有创富的机会，让大家都觉得这是为自己干，才能深层次调动大家拼命干的干劲。谈雷锋，谈焦裕禄是需要的，但前提是要解决好真金白银的事情。

三是要定期对薪酬激励体系进行审计。通过审计，发现不利点、问题点，并提出整改措施，限时整改。只有与时俱进，才能科学发展。

四是要改变管理思维，提升管理者技能。当前大部分的单位在薪酬体系中都有一块叫"绩效工资"，但在大部分单位，"绩效工资"都变成了固定工资，为何？管理者不愿意客观考核，奈何？不改变管理者思维，再好的制度都会变成一纸空文。

五是在必要时借助专业咨询公司的力量。薪酬改革与设计是技术含量比较高的一项专业工作，很多单位仅靠自己之力,很难成功。所以在必要的时候，最好能借助专业公司的力量来攻克难关。很多单位有这方面的意愿，但考虑到成本的投入，往往又打消了念头。其实并不是所有的咨询服务都需要高投入，比如同博公司推出的"薪酬设计微咨询"就是一项小投入高产出的专项服务。

总之，要解决企业发展的问题，除了明确大方向之外，团队的问题一定会成为核心。没有团队，企业是不可能发展的。而塑造和凝聚团队，首先一定要解决分配的问题。所以，薪酬激励体系的设计必须上升到公司战略层面考量。

8.5 绩效薪酬体系设计

8.5.1 实训目的

通过本项目实训，使学生掌握绩效薪酬设计的基本原理，能够设计企业的绩效薪酬管理方案。

8.5.2 基本知识要点

1. 绩效薪酬的含义

绩效薪酬是指为了奖励达到某些绩效标准的员工和激励员工实现某些绩效目标而支付的激励性薪酬，其发放的依据主要是员工个人、团队或组织整体的绩效标准。

2. 绩效奖励计划的优缺点

（1）绩效奖励计划的优点
①有利于组织战略目标的实现，有利于强化组织规范，引导员工的行为。
②有利于企业控制薪酬成本。
③有利于提高组织绩效。

（2）绩效奖励计划的缺点
①当所使用的绩效标准不准确和不公正时，绩效奖励计划有可能流于形式。
②绩效奖励计划有可能导致员工之间的不正当竞争，影响组织的整体利益。
③有可能会影响管理层和员工之间的关系。
④有可能导致企业的绩效标准不断提高，破坏企业和员工之间的心理契约。
⑤有可能导致员工对绩效奖励计划的误解。

3. 实施绩效奖励计划的注意事项

（1）绩效计划只有与其他薪酬计划相配合才能确保绩效奖励计划作用的正常发挥。
（2）绩效奖励计划必须与公司战略目标和企业文化保持一致，同其他经营活动相配合。
（3）企业必须建立起完善的绩效管理体系与人力资源开发体系。
（4）绩效评价和绩效奖励之间必须相挂钩。
（5）绩效奖励计划必须获得有效的沟通战略的支持。
（6）绩效奖励计划必须保持一定的动态性。

4. 绩效奖励计划的种类

绩效奖励计划可以根据不同维度进行划分。按时间维度可以分为短期激励计划和长期激励计划；按激励对象可以分为个体激励计划和群体激励计划；按奖励目的可以分为绩效工资计划和激励工资计划。绩效工资计划也称为绩效奖金计划，是对超标准的员工绩效进行奖励的薪酬方案。激励工资计划是指用来对能够完成预先设定的绩效目标的员工进行激励的奖金支付方案。

5. 绩效工资计划

绩效工资计划主要包括绩效加薪计划、一次性奖金计划和特殊绩效奖励计划三种形式。

（1）绩效加薪计划

绩效加薪是将基本薪酬的增加与员工在某种绩效评价体系中所获得的评价等级联系在一起的一种绩效奖励计划。绩效加薪计划有三大要素。

①加薪的幅度，一般在 2%~10%范围内。

②加薪的时间，应与绩效考核周期相适应。

③加薪的实施方式，业绩工资或业绩奖金。

在设计绩效加薪计划时，主要有三种操作方法。

①直接基准法：仅以绩效为基础的绩效加薪矩阵，根据员工的绩效评价等级来直接确定成就工资增长比率的方法。

②绩效奖励方格图法：以绩效和相对薪酬水平为基础的绩效加薪矩阵，是考虑不同基本薪酬水平的员工获得不同的加薪幅度，这种加薪方案或是以四分位或百分位法为依据，或直接以市场比较比率为依据，其中四分位或百分位所表示的是员工个人薪酬在企业内部薪酬水平比较中的相对位置。一般情况下，相对薪酬越低，加薪幅度越大；相对薪酬越高，加薪幅度越小。

③综合绩效加薪矩阵法：以绩效奖励方格图法为基础，引入时间变量构建的加薪矩阵。一般是员工绩效水平越高，所获得的加薪幅度越大，频率也越高。

（2）一次性奖金计划

从广义上讲，一次性奖金也属于绩效加薪的范畴，但它不是在基本薪酬基础上的累计性增加，而是一种一次性支付的绩效奖金。对组织而言，一次性奖金的优势是比较明显的。首先，它可以减少因为基本薪酬的累计增加而导致的企业薪酬成本的上升。其次，它可以保证组织各等级薪酬范围的稳定性，避免大量出现超出薪酬范围的员工。

一次性奖金的发放金额可以是固定的，也可以根据员工的不同绩效而浮动，在发放时间上，既可以以年度为单位，也可以以季度或月度为周期。

如果一次性奖金的发放数额根据员工的绩效而浮动，在实际计算奖金数额时，员工个人的奖金数额往往还要同其所在部门的绩效相联系。企业通常采用以下公式计算员工个人应得到的一次性奖金数额（以季度为例）：

部门季度绩效奖金＝[（部门季度绩效工资总额×本部门绩效评价系数）/∑（部门季度绩效工资总额×部门季度绩效评价系数）]×公司季度绩效奖金总额

员工季度绩效奖金＝[（个人季度绩效工资总额×个人绩效评价系数）/∑（个人季度绩效工资总额×个人季度绩效评价系数）]×个人季度绩效奖金总额

（3）特殊绩效奖励计划

特殊绩效奖励计划是指一种现金或非现金的绩效奖励，即在员工个人或团队远远超出工作要求表现出特别的努力、实现了优秀的业绩或作出了重大贡献的情况下，组织给予他们的一次性奖励。特殊绩效奖励计划具有非常大的灵活性，对组织薪酬战略的贡献主要表现在以下几方面。

①提高了整个薪酬系统的灵活性和自发性。
②扩大了员工在薪酬体系中的参与机会，提供真正符合员工兴趣的报酬。
③有利于激励那些与组织的价值观和文化相一致的行为，强化企业的战略目标。
④有利于实现薪酬体系成本有效性的最大化。

特殊绩效奖励计划的奖励对象主要包括周边绩效和超额绩效，其奖励对象的特征和类型如表 8-3 所示。

表 8-3 特殊绩效奖励计划的奖励对象

奖励对象分类	奖励对象特征	主要类型
周边绩效	工作投入	能力开发（开发自我与开发他人） 缩减劳动时间 强化安全意识与卫生意识 出勤的稳定性 为企业服务的长期性
周边绩效	工作媒介	新技术的开发与引进（发明、构想） 提案与建议计划 节约经费 节约原料、能源与改善建议 为组织文化所作出的贡献
超额绩效	工作产出	显著增加生产量与销售量 新市场与新产品开发 长期较好的业绩表现

特殊绩效奖励主要有货币与非货币薪酬两种形式，具体来说有以下几种。
①货币奖励。
②口头与书面奖励。
③与工作相关的奖励。
④社交活动奖励。
⑤其他物质性奖励。

6. 激励薪酬计划

激励薪酬是根据员工可以衡量的工作结果或预先设定的工作目标给予的奖励薪酬，其主要分类标准如表 8-4 所示。

表 8-4　激励薪酬计划的分类

分类	个人激励薪酬计划	群体激励薪酬计划
短期	计件工资、计时工资等	收益分享计划、团队奖励计划、利润分享计划、成功分享计划等
长期	员工持股计划、长期现金激励等	全员股票期权、长期现金计划、长期利润分享、长期成功分享计划等

（1）个人激励薪酬计划

个人激励薪酬计划是指针对员工个人的工作绩效提供奖励的一种薪酬激励计划。个人激励薪酬计划有很多类型，一般可以分为针对生产操作类人员的个人激励薪酬计划和针对管理人员的管理激励薪酬计划。

管理激励薪酬计划主要是针对直线及职能部门的管理人员，对其所管理的部门达到或超过预定的绩效目标时，对经理个人进行的奖励。这类激励计划的管理思想来源于目标管理，其基本原理是将目标管理作为绩效奖励计划的一部分，预先通过设定具有挑战性的目标及达到目标后的奖励来对经理人员进行激励，其设定的绩效目标既包括定量的目标，也包括一部分难以定量的定性指标。

生产操作类人员的个人激励薪酬计划实施时应具有一定的前提条件。

①从工作角度看，员工个人工作任务的完成不取决于其他人的绩效，具有相对独立性。

②从组织角度看，企业所处的经营环境、所采用的生产方法以及资本—劳动要素组合是相对稳定的。

③从管理方面看，企业注重员工个人的专业分工以及由此带来的绩效。

④完善科学的绩效管理体系和管理者公平公正的绩效评价过程。

生产操作类人员的短期个人激励薪酬计划主要有以下类型。

①直接计件工资计划，指员工报酬随着单位时间内的产出成比例增加的一种工资形式。直接计件工资通常分为无保底的和有保底的直接计件工资。其计算方法是先确定在一定时间内应当生产出的标准产出数量，然后以单位产出数量确定单位时间工资率，最后根据实际产出水平算出实际应得薪酬。

②差别计件工资计划，也称泰勒制，是对于不同生产效率的员工采用不同的工资率。在泰勒制计件工资计划中，只有两种工资率。如果员工在给定时间内的产量高于标准产量，就按高于规定的工资率标准计算工资水平；如果员工的实际产量低于标准产量，就按低于规定的工资率标准计算工资水平。

③梅里克计件工资计划，梅里克计划的运作和泰勒制计划基本相同，只是它设定

的计件工资率有三档。

高档：实际产量 100%超过标准产量；

中档：实际产量为标准产量的 83%~100%；

低档：实际产量低于标准产量的 83%。

④标准计时计划，是指以在特定时间内完成的工作量作为激励工资率的报酬激励计划。其设计方法是：通常先确定正常技术水平的员工完成某种工作任务所需要的时间，然后再确定完成这种工作任务的标准工资率。

⑤贝多计划（Bedeaux plan），是直接计件工资计划和标准计时计划的一种结合，即将整个工作任务划分为简单的活动，并且确定平均技能水平的员工完成每一任务所需要的时间。员工如果能以低于标准时间的时间完成工作，则会获得以所节约时间计算的奖励。奖励额是实际工时和标准工时差额的一个正比例函数。

⑥哈尔西（Halsey）50：50 计件工资计划。是在标准计时工资的基础上，由企业和员工平均分配剩余劳动力的节余。企业通过时间研究确定完成某项任务的标准工作时间，如果员工以低于标准工时的时间完成工作，成本的节余按 50：50 的比率在公司和员工之间分配。

⑦罗恩（Rowan）计件工资计划。罗恩计划同哈尔西计划的不同在于随着员工所节约时间的增加，员工所能分享的收益所占的比率也在增加，而不再是固定的 50：50。在计算方法上，哈尔西计划以节约的时间数量来计算，而罗恩计划则根据员工节约的标准时间比来计算，直接将节约标准时间比例加到标准小时工资率上。

⑧甘特计件工资计划，它将完成工作的时间标准有意设置成需要员工非常努力才能达到的水平。能在工时定额内完成任务的员工能得到预先确定的保障工资。然而，如果员工能以等于或少于定额的时间完成任务，其工资报酬就会维持在这样一个水平：

工资报酬 = 保障工资 × （1 + 1.2 × 节余时间）

这样做的结果是，只要实际工时等于或少于工时定额，员工工资报酬的增长就会快于产量的增长。

（2）群体激励薪酬计划

群体激励薪酬计划适用于以下条件。

①从工作角度看，工作产出是集体合作的结果，无法衡量员工个人对于产出作出的贡献。

②从组织状况看，在组织目标相对稳定的情况下，个人的绩效标准需要针对环境的变化而经常地变化，并且生产方式以及资本和劳动力的要素组合也必须适应压力的变化而经常作出调整。

③从管理方面看，企业中存在着良好的绩效文化和团队文化。

群体激励薪酬计划的缺点如下。

①有可能导致员工的"搭便车"行为或偷懒行为。

②高绩效员工可能会因为自己的努力和绩效得不到认可而放弃努力或干脆离开。

群体激励薪酬计划通常可以分为利润分享计划、收益分享计划、成功分享计划和小群体或团队奖励计划等各种类型，分别简述如下。

①利润分享计划，是指根据对某种组织绩效指标的衡量结果来向员工支付报酬的一种绩效奖励模式，根据这一计划，所有或某些特定群体的员工按照一个事先设计好的公式，来分享所创造利润的某一百分比，员工根据公司整体业绩获得年终奖或股票，或是以现金的形式或延期支付的形式得到红利。

②收益分享计划，是一种使组织与员工分享因生产率提高、成本节约和质量提高而带来收益的绩效奖励方法。收益分享计划主要包括斯坎伦计划、拉克计划和分享生产率计划3种形式。

③成功分享计划，又称目标分享计划，其主要内容是运用系统性绩效管理方法为某个经营单位制定目标，然后对超越目标的情况进行衡量，并根据衡量结果来对经营单位的全体员工提供绩效奖励的一种奖励计划。这里的经营单位既可以是整个企业，也可以是一个事业部、一个子公司或分公司、一个部门或某个经营团体。

④小群体或团队奖励计划，是根据团队的实际产出来衡量绩效奖励，即根据设定的团队绩效标准作为团队奖金发放的依据，或以效率和产出质量的提高或原材料与劳动力成本的节约作为奖励发放的依据。

（3）长期激励薪酬计划

长期激励薪酬计划是指绩效衡量周期在一年以上，对既定绩效目标的达成提供奖励的计划。长期激励薪酬计划的主要形式包括现金与股权两种。长期现金计划可以分为项目现金计划、事件相关计划以及绩效重叠期计划。股票所有权计划是长期绩效奖励计划的常见形式，常见的股票所有权计划可分为现股计划、期股计划和股票期权计划三类。

长期激励薪酬计划的主要类型、设计与奖励条件如表8-5所示。

表 8-5 长期激励薪酬计划的主要类型、设计与奖励条件

	类型	基本设计	奖励条件
长期现金计划	项目现金计划	奖励多年项目成就完成	项目成功对公司业绩非常关键，并且具有可评估性
	事件相关计划	在某一事件末尾或完成之后奖励成果	在事件完成之后要有成果
	绩效重叠期计划	在绩效重叠期间奖励绩效	—
股票所有权计划	现股计划	使员工在企业取得一定绩效之后能够直接获得企业股权	完成公司一定的绩效目标，并且乐意从股东那里获得股权
	期股计划	规定员工在一定时期内以预先约定的价格购买一定数量的公司股票	—
	股票期权计划	员工有在一定时期内以某一价格购买一定数量公司股票的权利，员工可以使用或放弃这种权利	—

与长期现金计划相比，企业在实践中会更多地采取股票所有权计划来对员工进行长期激励。股票所有权计划是指企业所有者通过转让获赠予股票及其衍生权利给受益人而对受益人进行长期激励的一种产权激励制度安排。股权激励计划主要包括如下 3 种类型。

①现股计划，有广义持股和狭义持股之分。广义持股是指激励对象以各种形式持有本企业股票或购买本企业股票（包括红股和优先股等）的权利。狭义持股是指激励对象按照与公司股东约定的价格购买一定数额的本企业股票，并享有股票的一切权利，股票收益可在当年兑现。一般采取通过企业奖励或参照股权当期市场价值向激励对象出售的方式，使激励对象即时地直接获得股权，同时也规定激励对象在一定时期内必须持有股票，不得出售。一般现股激励主要是指狭义的现股激励。

②期股计划，是指企业出资者同激励对象协商确定股票价格，在某一时期内由激励对象以各种方式（个人出资、贷款、奖励部分转化等）获取适当比例的本企业股份，股票收益将在中长期兑现的一种激励方式。

③股票期权计划，即公司给予员工在一定的期限内按照某个既定价格购买一定数量公司股票的权利。公司给予员工的既不是现金报酬，也不是股票本身，而是一种权利。一般股票期权具有以下几个特征。

同普通的期权一样，股票期权也是一种权利，而不是义务，员工可以根据情况决定购买或不购买公司的股票。

这种权利是公司无偿赠送给它的员工的，也就是说，员工可以不付出任何代价获得这一权利，而一种权利本身也就意味着一种"内在价值"，期权的内在价值就体现为它的"期权价"。

虽然股票期权的权利是公司无偿赠送的，但是与这种权利联系在一起的公司股票却不是如此，即股票是要员工花钱购买的。

股票期权具有不可转让性。

8.5.3 实训所需条件

1. 实训时间

本项目实训周期大约为一周，其中课堂展示时间为 2 课时。

2. 实训地点

多媒体教室。

3. 实训所需材料

电脑、投影仪、黑板、粉笔等相应的培训用具，签到表及相应的背景材料等。

8.5.4 实训内容与要求

1. 实训内容

J公司成立于20世纪90年代初,经过十多年的快速发展,现已成为国内小家电行业的著名企业,规模与效益均位居同行业前列。公司立足于小家电领域,致力于新型健康小型家用电器的研发、生产与销售,不断向顾客提供新型健康的小家电产品,其主打产品已居业内领先地位,国内市场占有率达80%以上,已覆盖全国30多个省、市、自治区,并远销美国、日本、新加坡等海外十多个国家和地区。截至2015年年底,公司拥有总资产8亿元,净资产3亿元,销售收入突破10亿元。

公司是国家级星火计划重点扶持企业,高度重视技术研发和产品质量,产品技术在同行业中遥遥领先,公司通过ISO 9001国际质量体系认证,并且所有产品通过了中国强制认证(CCC)。公司现有员工1 900多人,其中,产品研发人员100多人,管理层中本科以上学历人员占90%以上。

近年来,由于小家电行业竞争的不断加剧、技术的快速更新以及不断变化的、多样性的客户需求等因素,J公司所处的经营环境发生了巨大变化。为了应对新环境对公司产生的影响,公司推行了业务重组、流程优化、组织精简等变革措施,以期不断提升企业的经营业绩。然而,令人遗憾的是公司付出的这些努力都没有取得预期的理想成果。

最近,公司进行了一次员工内部调查,调查结果清晰地反映出几个主要问题:除了高层外,大多数员工并不清楚公司的未来发展战略以及公司如何有效实施战略;公司在实施变革后,员工工作责任发生了变化,但薪酬还是老样子;员工薪酬的升降只与职务等级相联系;员工的薪酬虽然也与绩效考核相挂钩,但绩效考核既没有显示与公司战略的联系,又缺乏相应的客观标准,基本上完全依靠上级主管的主观判断。具体来说,公司薪酬管理的情况如下。

J公司的薪酬制度是以职务等级标准建立的,公司薪酬项目主要包括三部分:基本工资、绩效工资和福利。这种基于职务等级标准为基础来确定薪酬的内部等级体系,主要考虑的是职位的职务高低、管辖范围、决策权力等,按此方法将所有职位划分为12个等级,一个职务等级对应一个薪酬级别,即实行一岗一薪。

员工薪酬项目中的基本工资和绩效工资部分,所有员工不论职位高低都是9∶1的比例,没有反映出不同职位对企业经营业绩产生的影响,这样的比例分布对于所有员工来讲,即使其绩效考核位于最末位,也能得到其对应工资(基本工资和绩效工资)总额的95%以上,绩效工资部分对员工已经失去了激励作用。并且,基于绩效的激励性工资不管对于高层或基层员工都是短期性的,使员工特别是高层很难去关注企业的长远发展,也难以体会到企业成长给他们带来的好处。由于公司目前正处于变革时期,要求员工不断地提升能力、对企业忠诚、承担责任、勇于进取等,但在公司薪酬组合项目中没有得到体现，使员工看不到自己的付出能够得到何种收益。

从薪酬公平性方面进行分析，J公司的薪酬具有以下特点。首先，内部公平性缺乏。由于公司的整个薪酬等级体系是基于职位等级建立起来的，没有体现不同职位的性质、职责、能力、技术、经验等要求，使职位内部价值分配等级体系缺乏对企业经营贡献方面的综合考虑。其次，外部公平性不足。J公司在设计整个薪酬结构之初，没有考虑外部同行业的薪酬水平现状，从而造成管理人员的工资明显高于市场水平，而其他人员，如研究开发、人力资源和财务人员的薪酬水平却低于市场水平，这给企业吸引和保留专业技术人员带来不利影响。最后，个人公平感难以保证。J公司体现员工个人公平是基于考核的绩效工资分配。公司每个月通过对员工进行绩效考核来决定其绩效工资，主要集中在对生产和销售人员的考核，考核由员工的直接上级进行，人力资源部进行复核和汇总。考核主要是从工作态度、工作任务和出勤方面进行，以确定员工的绩效等级。绩效考核结果共分为三级：一等（优秀）、二等（称职）、三等（不称职），其相应等级的考核系数为1.1、0.9、1.7，并采取强制分布法将员工考核一、二、三等的比例控制在10%、60%、30%的范围内。但由于只对普通员工进行绩效考核，中高层管理人员未纳入整个绩效考核系统，给员工造成一种不公平感；而且员工的绩效工资所占比例很小，考核结果受主观因素影响比较多，绩效高低对个人工资的总体收入影响很小，以致绩效工资失去了对员工进行激励的作用。

从薪酬结构的设计来分析，J公司的薪酬结构具有以下特点。一方面，薪酬等级缺乏弹性。公司薪酬等级共分12等，一等对应一级，在实际薪酬运行中明显缺乏灵活性，难以使薪酬随着员工的业绩和能力以及职位调整等进行动态变化。另一方面，没有薪酬变动范围，且不同的薪酬等级之间没有交叉和重叠。在J公司的薪酬结构中，如果薪酬不随职位、业绩和能力进行调整，则会产生内部不公平；而随着职位、业绩和能力调整，则很容易就达到外部市场薪酬水平高端，从而过高增加公司成本；这就使公司的薪酬管理陷入两难困境。

特别奖励方面的情况如下，每年年底公司会对员工一年的绩效进行一次总结性评估，以评选出具有卓越贡献的员工给予特别奖励。自实施以来，最多的一次获得特别奖励的员工也没有超过5人。另外，公司实施了总经理奖励制度，由总经理依据公司阶段性工作任务安排进行奖励，奖励方式是发放现金，额度为200元至1 000元不等，其实施对象主要是面向部门负责人以上级别的管理人员。

在加薪的管理方面，J公司工资等级是依管理职级建立的，使得员工薪酬、晋升必须在管理职级上获得提升，一旦员工职级得不到上升，其工资水平基本上不会发生变化，除非公司进行员工工资普调。由于薪酬增加只与职位等级晋升相关，而不是与职位贡献与员工能力提升相关，使得员工缺乏学习、创新的向上动力。而公司管理职位毕竟有限，只有极少数员工有机会增加薪酬，即使是内部职位调整，如果职位等级没有提高，薪酬也得不到增加。因此，员工增加薪酬的唯一机会就成了升职，职位晋升成了员工的主要激励导向。由于大多数员工难以获得加薪机会，加上外部薪酬水平的不断上涨，造成公司近年来在吸引人才方面缺乏竞争优势，老员工也对薪酬水平现状非常不满。

2. 实训要求

在仔细阅读案例材料的基础上，针对 J 公司的现状，为 J 公司制定明确的薪酬战略，并根据其薪酬战略设计符合需要的绩效薪酬管理方案。

要求教师在实训过程中做好组织工作，给予学生必要的、合理的指导，使学生加深对理论知识的理解，提高实际分析、操作能力。

8.5.5 实训组织方法与步骤

建立实训小组（3~5 人），以小组为单位开展以下各项活动。

第一步，阅读案例，通过小组讨论为 J 公司明确薪酬战略；进行 J 公司的总薪酬结构设计，要求详细列出总薪酬中各个构成部分及类型。

第二步，根据员工不同的工作性质，将员工划分成不同职类的人员，并设计员工的职业发展路线。

第三步，讨论确定 J 公司不同层次及职类人员的绩效考核方法，绩效薪酬在总薪酬中的构成比例，所采用的绩效奖励计划类型和数量。

第四步，讨论确定不同类型绩效奖励计划的发放周期或频率，讨论并列明各类绩效奖励计划的资金来源。

第五步，设计 J 公司的绩效薪酬管理方案。

第六步，制作演示幻灯片和文稿并进行演示。

第七步，总结并编撰实训报告。

8.5.6 实训报告

实训结束以后，每位学生必须撰写实训报告，要求在实训报告中阐明理论依据以及相关的分析，主要内容参考前文中表 1-1。考虑到需要撰写大量的文字，实训报告可以在实训结束后 2 天内完成，由组长收齐后上交指导教师。

8.5.7 实训考核方法

1. 成绩划分标准

实训成绩按照优秀、良好、中等、及格和不及格五个等级评定。

2. 成绩评定标准

（1）绩效薪酬体系设计方法的了解程度。

（2）绩效薪酬体系设计方法能否熟练应用。

（3）能够根据一个案例熟练找出适合该案例的绩效薪酬体系设计方法。

（4）由于本实训项目着重考查学生对绩效薪酬体系设计方法的熟练操作情况，因此实训表现所占成绩比重较大，为70%，实训报告占总成绩的30%。

8.5.8 实训拓展与提高

绩效薪酬体系设计的步骤

基于职位价值和业绩导向的薪酬结构；即职位绩效薪酬形式是目前薪酬设计的主流。通过下面七个步骤进行职位薪酬的设计，相信对于企业建立合适的薪酬体系会起到一定的指导作用。

第一步，梳理工作职位。从企业整体发展需要出发，基于工作流程的顺畅和工作效率的提高，梳理目前的工作职位。分析不同职位之间划分的合理性：工作职责是否清晰，各个职位间的工作联系是否清晰、合理，工作分析的结果是形成职位清单和各个职位的工作说明书。

第二步，进行职位价值评估。选择某种职位价值评估工具，并组织企业内部专家和外部专家逐个对职位进行评价，这个过程如果企业自身认为力量不够时可以考虑请外部专家进行培训和指导。职位价值评价方法和工具有很多，分为量化的和非量化的两类。对于评价职位较多时，建议优先考虑计分法，计分法的优点是结果量化直观，便于不同职位间的价值比较。

对于一般制造型企业的评价工具可以考虑北大纵横的二八因素法。

第三步，职位分类与分级列等。首先，对职位进行横向的职系分类；其次，根据评价结果按照一定的分数段进行纵向的职位分级；最后，考虑不同职位级别的重叠幅度。分级时应当考虑两个平衡：不同职系间职位的平衡和同类职系职位的平衡。不同职系和级别的职位薪酬水平不同。

第四步，设定薪酬水平。根据上一步职位分等列级的结果，对不同级别的职位设定薪酬水平。薪酬水平的设定要考虑企业薪酬策略和外部薪酬水平，保证公司薪酬的外部竞争性和公平性，保障公司薪酬的吸引力和控制公司重点职位员工的流失。

第五步，确定薪酬结构。以设定的职位薪酬水平为该职位的薪酬总额，根据不同职系职位性质确定薪酬结构，包括确定固定部分与绩效浮动部分比例以及工龄工资、各种补贴等。一般来讲，级别越高的浮动部分比例越大，职位对工作结果影响越大的职位浮动比例越大。

第六步，进行薪酬测算。基于各个职位确定的薪酬水平和各职位上员工的人数，对薪酬总额进行测算；针对职位上某些员工的薪酬总额和增减水平进行测算，做到既照顾公平又不出现较大幅度的偏差。

第七步，对薪酬定级与调整等作出规定。从制度上规定员工工资的初始级别和今后职位调整规则。薪酬调整包括企业总体自然调整、职位变动调整和绩效调整。在职位绩效薪酬中应该对个人薪酬调整和绩效考评的关系作出规定。此外，对薪酬发放的时间、发放形式也要作出适合企业情况的规定，如是否采取密薪制等。

8.6 薪酬方案设计

8.6.1 实训目的

通过本项目实训，详细了解薪酬的构成及其在员工激励中发挥的作用，掌握如何应用福利管理以及长期激励来留住员工。

8.6.2 基本知识要点

1. 整体薪酬的构成

（1）保障薪酬——基本工资

保障薪酬对于员工来讲是基本生活保障部分。传统的观点认为，企业的这一部分支出属于人工成本，所以为了减少成本企业往往采用减员的方法。现在我们需要重新认识基本工资的性质，它并不仅仅是一种成本，还是一种实实在在的投资。

（2）激励薪酬——奖金

激励薪酬是一种一次性发放的薪酬，它是员工在达到某个具体目标或业绩水准或创造某种收益后获得的收入。激励薪酬的一种形式是利益共享薪酬，即当企业获得盈利后，员工可以共享其中一部分利润，共享的形式可以是现金，也可以是股权。在高级管理层中，利润共享的方法通常是提供股票期权。激励薪酬的另一种重要形式是业绩薪酬。企业希望通过业绩薪酬将员工的利益和员工个人业绩及公司业绩结合起来，使员工发挥出更大的潜能。

（3）薪酬的替代品——福利

福利是另一种形式的薪酬，它更强调对员工的未来提供保障，大部分费用由企业承担，如医疗保险、失业保险、养老保险等。传统的福利制度缺乏针对性和灵活性，员工都是被动接受企业提供的福利形式，有时他们可能根本不需要这样的福利，而巨大的福利支出又给企业造成沉重的负担，企业犹如被套上绳索，无法解套，有的企业甚至不堪重负而破产。自助式福利计划是革命性的突破，越来越受到欢迎。员工在规定的时间和范围内，有权按照自己的意愿组合自己的"一揽子"福利计划。他们享受的福利待遇将随着他们生活的改变而改变。比如，有的公司为员工提供汽车保险；根据弹性福利制，有的员工可以放弃医疗保险，因为他的配偶的医疗保险已将他包括在内，他可以用这部分福利工资去抵消购买汽车保险的支出。员工们喜欢自助式福利方案，因为它具备灵活性和可以选择性，同时这种方案也减少了企业的成本，是双赢的方案。

（4）薪酬的补充——额外津贴

额外津贴是一些比较特殊的收入，有的人在企业担任特殊的职务，因而有权接受特殊的优惠待遇。例如，优惠购买公司产品，享受低息的个人贷款，可带配偶旅游等。这部分虽然是薪酬领域比较模糊的部分，但对提高员工忠诚度有很好的效果，可以让员工对企业产生认同感，提高凝聚力。良好的办公设备和办公环境可以为员工创造快乐的工作心情。额外津贴可以大大增加员工的实际薪酬，让员工更轻松地生活。

（5）薪酬的柔性部分——个人发展、心理收入、生活质量

薪酬激励中除了物质激励以外，还包括精神激励。对许多年轻人来说，精神激励的分量举足轻重，决定了他们最终是走还是留，是一种让员工终身受益的薪酬。

①个人发展。年纪轻轻就功成名就是很多年轻人的梦想，人们总是以一个人职位的高低评价他的成败，所以争取晋升机会、向上攀升是很多员工工作的动力。但是随着组织结构的扁平化，组织内部晋升的路线越来越短，高级职位的数目锐减，员工的晋升空间变小了，那么如何才能留住这些员工呢？内部轮岗制度逐渐为员工所接受，这是一种企业内部的横向调动。对于员工来说，不同的工作经历可以积累丰富的经验，为以后的跳槽打好基础。另外，企业还可以根据员工个人需求给他们设计个性化的教育培训计划，员工对于企业提供的培训机会的重视已经超过对晋升的重视。

②心理收入。心理收入指由工作性质、工作表现和工作环境等因素共同创造出来的情绪上的满足感。企业如果忽视了员工的心理收入，就会造成员工的流失。

事实上，确实有一些因素能够帮助企业创造一种积极的工作环境，让员工精神饱满地投入工作。那么企业可以从哪些方面增加员工的心理收入呢？企业可以通过增加工作的趣味性、提高工作的价值、创造良好的团队气氛、加强员工的沟通等方法增强员工在工作中的快乐感受。

③生活质量。处理好工作和生活的和谐与平衡关系，愉快地享受工作和生活的乐趣是每位员工追求的目标。有位工程师这样评价自己的工作：我在工厂里不分白天和黑夜地干，根本没有时间看看自己的三个孩子，这根本不是我要的生活。所以弹性的工作时间、年假、托儿所、养老院、各种代理服务等都可以体现出企业对员工的关怀。

2. 员工福利的种类

这里主要介绍法定社会保险、企业补充保险计划、员工服务福利以及弹性福利计划四类型。

（1）法定社会保险

目前我国的法定社会保险类型包括养老保险、失业保险、医疗保险、工伤保险以及生育保险。

（2）企业补充保险计划

①企业补充养老计划。企业对员工提供的最主要的福利应该是为其退休后的生活提供经济保障。养老金计划有三种基本形式，分别是团体养老金计划、延期利润分享计划和储蓄计划。团体养老金计划是指企业（可能也包括员工自己）为员工向养老基金缴纳一定的养老金。利润分享计划是指企业在每位员工的储蓄账户上借记一笔数额

作为一定的应得利润。储蓄计划是指员工从其工资中提取一定比例的储蓄金作为养老金，与此同时，企业通常还会付给员工相当于储蓄金的一半或同样数额补贴。在员工退休或死亡后，这笔收入会发给员工本人或其遗属。

②集体人寿保险计划。人寿保险是市场经济国家的一些企业提供的一种常见福利。大多数企业都要为其员工提供团体人寿保险，因为这是一个适用于团体的寿险方案，对企业和员工都有好处。

③健康医疗保险计划。健康医疗保险可以减少员工生病或遭遇事故时本人或其家庭遭受的损失。

（3）员工服务福利

①员工援助计划。员工援助计划是企业针对诸如酗酒、吸毒、赌博或压力问题等向员工提供咨询或治疗服务的正式计划。

②咨询服务。企业可以向员工提供广泛的咨询服务。咨询服务包括财务咨询、家庭咨询、职业生涯咨询、重新谋职咨询以及退休咨询等。

③教育援助计划。教育援助计划是针对那些想接受继续教育或完成教育的员工实施的一种很普遍的福利计划。

④儿童看护帮助。儿童看护帮助可以根据企业介入程度的不同分为多种形式。企业参与程度最低的一种儿童看护帮助，是企业向员工提供或帮助员工查找儿童看护服务的成本和质量方面的一些信息。参与程度较高的企业对于那些已经购买了儿童看护服务的员工提供补贴。参与程度最高的企业直接向员工提供儿童看护服务。

⑤老年护理服务。企业提供的老年护理服务主要包括弹性工作时间、长期保健保险项目以及公司资助的老年人照顾中心等。

⑥健康服务。健康服务通常包括为员工提供健身场所和器械，以及为员工举办健康讲座等。

（4）弹性福利计划

弹性福利计划又称为"自助餐福利计划"，其基本思想是让员工对自己的福利组合计划进行选择，但这种选择会受两个方面的制约：一是企业必须制定总成本约束线；二是每一种福利组合中都必须包括一些非选择性项目，如社会保险、工伤保险以及失业保险等法定福利计划。

8.6.3 实训所需条件

1. 实训时间

本项目实训周期大约为一周，其中课堂展示时间为 2 课时。

2. 实训地点

多媒体教室。

3. 实训所需材料

电脑、投影仪、黑板、粉笔等相应的培训用具，签到表及所需的背景材料等。

8.6.4 实训内容与要求

1. 实训内容

NAT 公司的薪酬管理

（1）公司基本情况

NAT 公司是由 S-A 股份有限公司、DB 通信集团公司、LNS 邮电管理局共同投资兴建，并于 1997 年获准成立的中外合资企业。作为重要的电信设备和全面电信解决方案供应商之一，S-A 公司提供端到端的解决方案，业务覆盖固定语音网络、移动通信网络、数据通信网络、智能光交换网络、多媒体终端和网络应用等。S-A 公司拥有遍及海内外的市场营销网络、与全球信息技术同步的研发实力和面向亚太地区乃至全球的世界一流的先进工艺与设备的生产基地。NAT 公司作为 S-A 公司的子公司，主要为东北地区的电信公司提供程控交换机产品的设计、安装及售后服务，同时生产线圈及电缆等配套产品。公司有员工 203 人，其中临时员工 92 人，员工平均年龄 28 岁，拥有本科以上学历的员工占正式员工人数的 86%。NAT 公司下设工程部、设计部、生产部、市场部、人力资源部、财务部六个主要部门。工程部负责产品安装与调试，设计部负责产品开发与设计，生产部下设线圈与电缆两个车间，主要由临时员工组成，市场部负责产品的销售及售后维修，人力资源部负责公司人力资源的开发与管理。

（2）公司薪酬结构

公司薪酬结构主要由固定工资、奖金、福利、股份分红四部分组成。

①固定工资。公司在建成初期参考要素计点法，并根据公司当时的状况对每种工作在企业内部的相对价值作出评价，然后根据价值评价结果划分工资等级，制定薪酬支付方案。公司选择的报酬要素为工作经验、受教育程度、工作复杂性及需要承担的责任。公司高级管理层通过集体讨论为每一种报酬要素赋予一个不同的工作评价点值，并分配了不同的权重，具体如表 8-6 所示。

表 8-6 NAT 公司要素工作评价系统

工作名称	报酬要素及其权重								总计
	工作经验	权重	受教育程度	权重	工作复杂性	权重	需承担责任	权重	
一级工程技术员	100	0.3	200	0.5	200	0.1	100	0.1	160
二级工程技术员	200	0.3	200	0.4	200	0.2	200	0.1	200
三级工程技术员	400	0.4	200	0.2	200	0.3	200	0.1	280
市场调研人员	200	0.2	200	0.3	100	0.3	200	0.2	170
产品销售人员	200	0.5	200	0.2	100	0.2	200	0.1	180

续表

工作名称	报酬要素及其权重								总计
	工作经验	权重	受教育程度	权重	工作复杂性	权重	需承担责任	权重	
售后服务人员	200	0.4	200	0.2	100	0.2	100	0.2	160
办公室职员	200	0.3	200	0.2	200	0.2	100	0.3	170
会计员	200	0.3	200	0.3	200	0.2	200	0.2	200
出纳员	300	0.3	200	0.1	100	0.1	80	0.5	160
培训人员	200	0.3	200	0.3	200	0.2	100	0.2	180
部门秘书	200	0.3	200	0.3	200	0.2	100	0.2	160
总经理秘书	200	0.3	200	0.4	200	0.2	100	0.1	190
司机	200	0.6	50	0.1	100	0.1	80	0.2	151
技术督导	400	0.4	200	0.1	200	0.2	200	0.3	280
部门经理	200	0.1	200	0.2	200	0.2	400	0.5	300
财务总监	500	0.3	200	0.1	200	0.2	200	0.4	290
副总经理	200	0.2	200	0.2	300	0.1	400	0.5	310
总经理	200	0.1	200	0.2	300	0.2	460	0.5	350
后勤服务人员	100	0.5	50	0.2	50	0.1	80	0.2	81
车间工作人员	150	0.5	50	0.3	50	0.1	80	0.1	103

②奖金。奖金由全勤奖和业绩奖两部分组成，全勤奖根据出勤情况按每人每月100元发放，业绩奖分为季度奖和年终奖。公司每季度根据公司经营效益和部门、个人业绩发放季度奖金，采用基本薪酬乘以系数的方式确定。其中，系数根据公司的总体绩效状况进行上下调整。

③福利。公司按政府规定为员工缴纳"五险一金"，为员工提供日常药品及免费午餐，并根据季节为员工提供免费班车，为进公司满一年的员工提供带薪年假，还为员工每年提供免费全面体检、住房补贴。

④股份分红。公司对进公司满一年的员工，参照基薪级别无偿分配一定股份，根据公司经营情况，不定期分配红利，股份不可以转让，调离的员工股份收回。

根据工作评价系统划分的五等级工资结构见如表8-7所示。

表8-7　NAT公司薪酬等级结构　　　　　　　　　　　　　　　　　　元

薪资等级	工作评价点数的范围		月工资率浮动范围		
	最低	最高	最低	中间值	最高
1	60	150	600	700	800
2	150	200	1 200	1 600	2 000
3	200	250	2 400	3 000	3 600
4	250	300	4 000	4 800	5 600
5	300	350	6 000	7 000	8 000

（3）公司目前形势

在公司建成初期，员工人数比较少，部门划分也很集中，员工构成趋于年轻化，公司内部负担小，加之通信行业正处于高速发展时期，因此薪酬较之其他行业及其他通信企业具有一定的优势，薪酬水平一直高于市场平均值，也由此吸引了很多优秀人才。随着公司规模的扩大，业务不断拓展，部门开始增多，员工人数迅速增加，人力资源部门忙于新员工的招聘与培训，忽略了对薪酬方案的改进，继续沿用初期的薪酬管理制度。此时，外部环境也发生了强烈的变化，市场平均薪酬水平上升。NAT 公司人员流动比率提高，很大一部分流动人员是高级技术人员和高级管理人员，核心员工的离去造成公司人力资本储备成本上升，使公司处于竞争劣势。

2. 实训要求

（1）要求学生掌握薪酬方案设计的相关理论，做好实训前的知识准备。

（2）要求学生认真阅读背景资料，找出 NAT 公司目前的薪酬政策存在的问题，应用已学习的理论知识对该公司的福利及长期激励制度进行重点设计，提供有效建议。

（3）要求学生运用所学知识为 NAT 公司设计一套行之有效的薪酬方案。

（4）要求教师在实训过程中做好组织工作，给予学生必要的、合理的指导，使学生加深对理论知识的理解，提高实际分析、操作能力。

8.6.5　实训组织方法与步骤

建立实训小组（3~5 人），以小组为单位开展以下各项活动。

第一步，将学生划分成若干小组。

第二步，每组学生根据课前准备的背景资料和相关的理论书籍，结合 NAT 公司的薪酬现状，找出 NAT 公司薪酬政策的不足。

第三步，每组学生根据分析的结果，为 NAT 公司设计新的薪酬方案。

第四步，教师调动学生积极思考和发言，让每组学生进行充分的分析和讨论，并在小组内部形成统一的结论，由小组代表在全班发表看法。

第五步，教师对各种观点进行分析、归纳和总结，提出指导意见，帮助学生完善自己的结论并将方案整理成书面文字。

第六步，每个小组根据讨论的结果编写实训报告。

8.6.6　实训报告

实训结束以后，每位学生必须撰写实训报告，要求在实训报告中阐明理论依据以及相关的分析，主要内容参考前文中表 1-1。考虑到需要撰写大量的文字，实训报告可以在实训结束后 2 天内完成，由组长收齐后上交指导教师。

8.6.7 实训考核方法

1. 成绩划分标准

实训成绩按照优秀、良好、中等、及格和不及格五个等级评定。

2. 成绩评定标准

（1）薪酬方案设计方法的了解程度。
（2）薪酬方案设计方法能否熟练应用。
（3）能够根据一个案例熟练找出适合该案例的薪酬方案设计方法。
（4）由于本实训项目着重考查学生对薪酬方案设计方法的熟练操作情况，因此实训表现所占成绩比重较大，为70%，实训报告占总成绩的30%。

8.6.8 实训拓展与提高

如何设计薪酬系统

一般来说，薪酬系统的设计可以划分为六个基本步骤。

一、制定薪酬策略（明确企业的总体战略）

制定薪酬策略是企业文化的部分内容，是以后诸环节的前提，对后者起着重要的指导作用。它包括对职工本性的熟悉（人性观）、对职工总体价值的评价、对治理骨干及高级专业人才所起作用的估计等这类核心价值观，以及由此衍生的有关薪资分配的政策和策略，如薪资等级间差异的大小，薪资、奖励与福利费用的分配比例等。

二、职务分析与工作评价（职务分析又称工作分析，任务是进行组织结构设计编写职务说明书；工作评价则是确定薪酬因素，选择评价方法，大多数观点把这两块分开表述）

职务分析与工作评价是薪资制度建立的依据，这一活动将产生企业的组织机构系统图及其中所有工作说明与规格等文件。

三、市场薪酬调查（主要指地区及行业的调查）

市场薪酬调查其实并不应列在上一步骤之后，两者应同时进行，甚至应在考虑外在公平性而对薪资结构线进行调整之前。这项活动主要需研究两个问题：要调查什么；怎样去调查和做数据收集工作。调查的内容，当然首先是本地区、本行业尤其是主要竞争对手的薪资状况。参照同行或同地区其他企业的现有薪资来调整本企业对应工作的薪资，以便保证企业薪资制度的外在公平性。

四、薪资结构设计

经过工作评价这一步骤，无论采用哪种方法，总可得到表明每一工作对本企业相对价值的顺序、等级，分数或象征性的金额。工作的完成难度越高，对本企业的贡献也越大，对企业的重要性也就越高，就意味着它的相对价值越大。企业内所有工作的薪资都按统一的贡献律原则定薪，便保证了企业薪资制度的内在公平性。但找出了这样的理论上的价值后，还必须据此能转换成实际的薪资值，才有使用价值。这便需要进行薪资结构设计。

五、薪资分级和定薪（或称确定薪酬水平，主要内容是薪酬范围级数值的确定）

薪资分级和定薪是指在工作评价后，企业根据其确定的薪资结构线，将众多类型的职务薪资归并组合成若干等级，形成一个薪资等级（或称职级）系列。通过这一步骤，确定企业内每一职务具体的薪资范围，保证职工个人的公平性。

六、薪资制度的控制与治理（或称薪酬评估与控制，主要内容是对薪酬的评估及成本控制）

企业薪资制度一经建立，如何投入正常运作并对之实行适当的控制与治理，使其发挥应有的功能，是一个相当复杂的问题，也是一项长期的工作。

8.7 福　　利

8.7.1 实训目的

了解福利的基本形式，掌握几种福利的设计方式，能够根据不同的企业现状与问题设计出符合企业情况的福利薪酬制度。

8.7.2 基本知识要点

1. 福利的类型

企业中的福利五花八门、不胜枚举。每个企业除了法律政策规定的福利以外，可以提供任何有利于企业和员工发展的福利项目。

下面是企业经常选用的一些福利项目。

（1）公共福利

公共福利是指法律规定的一些福利项目，主要有以下几种。

①医疗保险。医疗保险是公共福利中最主要的一种，企业必须为每一位正式员工购买相应的医疗保险，确保员工患病时能得到一定的经济补偿。

②失业保险。失业是市场经济的必然产物，也是经济发展的必然副产品。为了使员工在失业时有一定的经济支持，企业应该为每一位正式员工购买规定的失业保险。

③养老保险。员工年老时，将失去劳动能力，因此企业应该按规定为每一位正式员工购买养老保险。

④伤残保险。员工由于种种意外事故受伤致残，为了使员工在受伤致残失去劳动能力时得到相应的经济补偿，企业应该按规定为每一位正式员工购买伤残保险。

（2）个人福利

个人福利是指企业根据自身的发展需要和员工的需要选择提供的福利项目，主要有以下几种。

①养老金,又称退休金,是指员工为企业工作了一定年限,到了一定年龄后,企业按规章制度及企业效益提供给员工的金钱,可以每月提取,也可以每季度或每年提取。根据各地的生活指数,有最低限度。如果企业已为员工购买了养老保险,养老金可以相应减少。

②储蓄,又称互助会,是指由企业组织、员工自愿参加的一种民间经济互助组织,员工每月储蓄若干金钱,当员工经济发生暂时困难时,可以申请借贷以渡过难关。

③辞退金,是指企业由于种种原因辞退员工时,支付给员工一定数额的金钱,一般来说,辞退金的多少主要根据员工在本企业工作时间的长短来决定,聘用合同中应该明确规定。

④住房津贴,是指企业为了使员工有一个较好的居住环境而提供给员工的一种福利,主要包括:根据职位不同每月提供住房公积金;企业购买或建造住房后免费或低价租给或卖给员工居住;为员工的住所提供免费或低价装修;为员工购买住房提供免息或低息贷款,全额或部分报销员工租房费用。

⑤交通费,主要指上下班为员工提供交通方便,主要包括:企业派专车到员工家接送其上下班;企业派专车按一定的路线行驶,上下班员工到一些集中点去等候车子;企业按规定为员工报销上下班的交通费。

⑥工作午餐,是指企业为员工提供免费的或低价的午餐,有的企业虽然不直接提供工作午餐,但可以报销一定数额的用餐发票。

⑦海外津贴,是指一些跨国公司为了鼓励员工到海外去工作而提供的经济补偿。海外津贴的标准一般根据以下条件制定:职务高低、派往国家的类别、派往时间的长短、家属是否可以陪同、工作时期回国度假机会的多少、愿意去该国的人数多少等。

⑧人寿保险,是指企业全额资助或部分资助的一种保险,员工一旦死亡,其家属可以获得相应的经济补偿。

(3)有偿假期

有偿假期是指员工在有薪酬的前提下,不来上班工作时的一类福利项目,主要有以下几种。

①脱产培训。脱产培训既是企业对人力资源投资的一种商业行为,又是一种福利,尤其是该培训项目对员工有明显的直接好处时,更显示出福利的特点。

②病假。有的企业要求员工出示医生证明,有的企业只要上级管理者同意即可,但一般较长的病假需出示医生证明。

③事假。各企业的事假规定不一,主要包括婚假、丧偶假、父母丧假、男性员工的太太产假、搬迁假等。有时员工为了个人私事而调休不作为事假。

④公休。是指员工根据企业的规章制度、经有关管理人员同意,在一段时间内不来上班的一种福利,探亲假也可以看作一种公休。企业一般根据种种条件,规定员工

每年有一周至一月的公休。

⑤节日假，我国规定的法定节假日有 10 天：春节 3 天、元旦 1 天、国庆节 3 天、劳动节 3 天，但有些企业还有一些节日假，如青年节、妇女节、圣诞节、中秋节、元宵节、端午节等。

⑥工作间休息。工作间休息是指员工在工作中间的休息，一般上下午各一次，每次 10~30 分钟不等。

⑦放游。是指由企业全额资助或部分资助的一种福利，企业可以根据自己的实际情况确定旅游时间与旅游地点。可以每年一次，也可以 3 年一次；可以去欧美，也可以去附近的名胜古迹。

（4）生活福利

生活福利是指企业为员工的生活提供的其他各类福利项目，主要有以下几点。

①法律顾问。企业可以聘用长期法律顾问为员工提供法律服务，也可以为员工聘请律师而支付费用。

②心理咨询。现代企业中员工的心理问题日益严重，企业可以为员工提供各种形式的心理咨询服务。例如，设立心理咨询站；长期聘用心理顾问；请心理专家作心理健康讲座，等等。

③贷款担保。员工由于个人的原因需要银行贷款时，企业出具担保书，使员工能顺利贷到款。企业可以根据不同情况，规定担保贷款的数额。

④托儿所。往往在两种情况下企业建立托儿所会深受员工的欢迎：一是有幼儿的员工多，又很难解决托儿问题；二是暑假期间。

⑤托老所。由于老龄化的不断发展，员工父母年老体弱，需要人照顾的现象将越来越严重，因此，有些企业根据自身的需要开始设立托老所，以帮助员工更安心地工作。

⑥内部优惠商品。某些生产日用品的企业为了激励员工，会以成本价向员工出售一定数量的产品，也有些企业会购买一些员工需要的商品，以折扣价出售或免费向员工提供。

⑦搬迁津贴。是指企业为员工搬迁住所而提供一定数额的经济支持。但企业会规定工作多少年以上搬迁才有此津贴，或规定何种职位有多少津贴等。

⑧子女教育费。现代员工越来越重视子女的教育，为了使员工子女能接受良好的教育，企业提供的子女教育费成为一项吸引优秀人才的重要福利。企业会根据自身的情况制定相关的政策。例如，不同的职位有不同的待遇：可以全额报销员工子女教育费用，可以为员工子女进入优秀学校而设立奖金，可以为员工子女出国深造提供国际旅费或奖学金，等等。

2. 福利的管理

企业提供的福利反映了企业的目标、战略和文化，因此，福利的有效管理对企业的发展至关重要。有些企业由于不善于管理福利，虽然在福利方面投入了大量的金钱，效果却不理想，许多优秀人才纷纷离职，企业效益明显下降，福利的管理涉及以下几个方面：福利的目标、福利的成本核算、福利的沟通、福利的调查、福利的实施。

（1）福利的目标

每个企业的福利目标各不相同，但是有些内容是相似的，主要包括如下内容。

①必须符合企业的长远目标。

②满足员工的需求。

③符合企业的薪酬政策。

④要考虑员工的眼前需要和长远需要。

⑤能激励大部分员工。

⑥企业能担负得起。

⑦符合当地政府的规定。

（2）福利的成本核算

福利的成本核算是福利管理的重要组成部分，管理者必须花较多的时间与精力在福利的成本核算上。主要涉及如下内容。

①通过销量或利润计算出公司最高可能支出的福利总费用。

②与外部福利标准进行比较，尤其是与竞争对手的福利标准进行比较。

③做出主要福利项目的预算。

④确定每个员工福利项目的成本。

⑤制订相应的福利项目成本计划。

⑥尽可能在满足福利目标的前提下降低成本。

（3）福利的沟通

要使福利项目最大限度地满足员工的需要，福利沟通相当重要。研究显示并不是福利投入的金额越多，员工越满意，员工对福利的满意程度与对工作的满意程度呈正相关。

福利沟通可以采用如下方法。

①用问卷法了解员工对福利的需求。

②用录像带介绍有关的福利项目。

③找一些典型的员工面谈了解某一层次或某一类型员工的福利需求。

④公布一些福利项目让员工自己挑选。

⑤利用各种内部刊物或其他场合介绍有关的福利项目。

⑥收集员工对各种福利项目的反馈。

（4）福利的调查

福利的调查对于福利管理来说十分必要，主要涉及三种调查。

①制定福利项目前的调查，主要了解员工对某一福利项目的态度、看法与需求。

②员工年度福利调查，主要了解员工在一个财政年度内享受了哪些福利项目、各占比例多少、满意程度如何。

③福利反馈调查，主要调查员工对某一福利项目实施的反应如何，是否需要进一步改进，是否要取消。

（5）福利的实施

福利的实施是福利管理最具体的事项，应该注意如下问题。

①根据目标去实施。

②预算要落实。

③按照各个福利项目的计划有步骤地实施。

④有一定的灵活性。

⑤防止产生漏洞。

⑥定时检查实施情况。

8.7.3　实训所需条件

1. 实训时间

本次实训以 4 个课时为宜。

2. 实训地点

多媒体教室或实验室。

3. 实训所需材料

实训所需的道具，即各工种所需的道具，签到表。

8.7.4　实训内容与要求

1. 实训内容

符合员工需要的福利才是有效的福利，不管花多大成本，不管用什么形式，只有那些迎合员工迫切需要的激励方式才能充分发挥激励作用。上海贝尔公司的福利政策始终设法贴近员工需求，根据员工的现实情况实施相应的福利方案。上海贝尔公司的员工平均年龄仅为 28 岁，正值成家立业之年，而这个阶段的年轻人又恰恰没有什么积蓄。上海高昂的房价足以浇灭许多年轻人在上海安家立业的梦想，许多人视上海为淘金地，却不敢当上海是安身所。上海贝尔公司了解员工的难处，为帮助员工解决后顾之忧，推出无息购房贷款的福利项目。员工不但可以轻松贷款，而且当工作年限达到一定期限后，还可减半偿还。解决了员工的燃眉之急，员工方可安心地长期工作。在无息购房贷款福利项目的推动下，许多员工视上海贝尔公司为终身的理想雇主。还有一些员工已解决了住房问题，有意于购置私家车，上海贝尔公司又为这部分员工推出了购车的无息专项贷款。根据员工的需求和变化推行相应的福利项目，为员工提供最渴求的福利，才能对人才持续保持吸引力。

上海贝尔公司还对福利项目加以创新，给员工更多的选择权。如购房和购车专项贷款额度累加合一，员工自己选择是购房还是购车；员工可以领取津贴解决上下班交通问题，也可以不领津贴搭乘公司的交通车……更多的选择权利可以让福利项目更加人性化，增强激励的作用。

2. 实训要求

根据案例材料分析上海贝尔公司福利政策取得巨大成功的原因。

要求教师在实训过程中做好组织工作，给予学生必要的、合理的指导，使学生加深对理论知识的理解，提高实际分析、操作能力。

8.7.5　实训组织方法与步骤

第一步，了解福利的主要类型与各自特点以及注意事项。
第二步，对案例进行详细分析。
第三步，寻找案例中出现的问题，并与其他人员讨论交流。
第四步，结合福利的相关理论知识点对该公司的福利措施作出解释。
第五步，总结并编写实训报告。

8.7.6　实训报告

实训结束以后，每位学生必须撰写实训报告，要求在实训报告中阐明理论依据以及相关的分析，主要内容参考前文中表 1-1。考虑到需要撰写大量的文字，实训报告可以在实训结束后 2 天内完成，由组长收齐后上交指导教师。

8.7.7　实训考核方法

1. 成绩划分标准

实训成绩按照优秀、良好、中等、及格和不及格五个等级评定。

2. 成绩评定标准

（1）是否对福利相关的理论知识点有深入的了解。
（2）是否能够对案例进行深刻的分析。
（3）能否通过对案例的深入分析加强对理论知识与实际操作的理解。
（4）由于本实训项目着重考查学生对方法的熟练操作情况，因此实训表现所占成绩比重较大，为 70%，实训报告占总成绩的 30%。

8.7.8 实训拓展与提高

华为公司员工福利制度

第一章 总则

第一条 为了保障员工利益,加强员工归属感,体现公司人文关怀,进一步推动公司企业文化建设,形成良好的企业向心力和凝聚力。根据《中华人民共和国劳动法》等法律法规,结合公司具体情况,特制定了以下员工福利制度。

第二条 福利待遇是公司在岗位工资和奖金等劳动报酬之外给予员工的报酬,是公司薪酬体系的重要组成部分。

第三条 本制度适用于岳阳东方自控工程设备有限公司所有部门及全体员工。

第四条 福利制度执行

(一)办公室:负责本制度的具体执行和统一福利的发放安排。

(二)财务室:负责对公司福利进行综合预算及财务支持。

(三)经理室:负责福利费用的审批与核定。

第二章 福利待遇的种类

第五条 福利待遇分类

(一)法定福利:是指公司为员工提供国家或地方政府规定的各项福利。

(二)统一福利:是指公司全体员工都有权利享受的共有福利。

(三)专项福利:是指公司为特殊条件职位的员工提供的专门福利。

第三章 福利待遇的标准

第六条 法定福利

(一)社会保险:社会保险是国家通过立法的形式,由社会集中建立基金,以使劳动者在年老、患病、工伤、失业、生育等丧失劳动能力的情况下能够获得国家和社会补偿与帮助的一种社会保障制度。

1. 社会保险由养老保险、医疗保险、生育保险、工伤保险、失业保险五种保险组成。

2. 公司按岳阳市政府规定为员工办理基本社会保险,并承担公司应缴纳部分,个人应缴纳部分由公司代缴并从员工薪资中扣除。

(二)法定休假:国家相关法律规定员工应享有的带薪休假福利。

1. 法定节假日:按国家相关规定带薪休假。

2. 其他法定假:

(1)婚假:在职正式员工可享有婚假待遇。法定婚龄(男年满 22 周岁,女年满 20 周岁)员工,凭合法结婚证,婚假 7 天。晚婚(男年满 25 周岁,女年满 23 周岁)、初次结婚的在婚假假期上增加 12 天晚婚假。结婚地不在岳阳市的可按实际情况增加部分路程假。

（2）产假：在职正式女员工可享有 98 天产假待遇，其中产前保休假 15 天，产后 83 天。难产的增加产假 15 天，多胞胎每多生一个增加假期 15 天，晚育的增加假期 30 天。

（3）陪产假：在职正式男职工，妻子合法生育的，在生育期间可享有陪产假期 5 天，符合晚育条件的可享有陪产假 15 天。

（4）丧假：员工直系亲属去世可以享受 3 天带薪丧假，直系亲属指父母、配偶、配偶父母、子女；员工祖父、祖母、外祖父、外祖母去世，可以享受 2 天带薪丧假。赴外地奔丧的可酌情增加部分路程假。

（5）工伤假：员工因工受伤的情况，按医院的正规诊断证明书和相关法规休假。

第七条 统一福利

（一）午餐补贴：公司员工工作日享有午餐补贴。具体标准由公司根据实际情况确定和调整，午餐补贴按实际出勤天数计算并与当月薪资一起发放。

（二）交通补贴：公司员工工作日享有交通补贴。具体标准由公司根据实际情况确定和调整，交通补贴按实际出勤天数计算并与当月薪资一起发放。

（三）传统节日福利：春节、端午节、中秋节等假日，员工享有节日礼品。

（四）高温消暑福利：按相关法规和公司相关文件执行。

第八条 专项福利

（一）特殊假日：传统或国家特殊节假日，符合条件的员工可享有相关假期福利。

1. 三八国际妇女节：女性员工可休假 0.5 天，并发放福利金 100 元/人。

2. 八一建军节：有退伍证的退伍军人可休假 0.5 天，并发放福利金 100 元/人。

（二）特殊福利

1. 结婚礼金：结婚礼金：公司工作满 1 年且婚假获批准的员工（首次结婚），可享有结婚礼金，标准为 500 元/人，夫妻同在公司工作的领取一份。

2. 慰唁金：有父母、子女、配偶、配偶父母去世的员工，可发放吊唁金，标准为 500 元/人。

3. 伤病住院慰问金：在职员工受伤、生病住院，发放慰问金 200 元。

第四章 福利待遇给付

第九条 福利待遇给付程序

（一）休假福利：休假福利一般按公司相关规定办理，由办公室统一安排，具体按《考勤管理制度》执行。

（二）实物福利：由办公室统一安排申报、采购及发放，员工签收。

（三）货币福利：由办公室申报，垫付或申请支付，员工签收。

（四）社会保险：由办公室负责申报，财务室统一支付和代扣。

第五章 附则

第十条 本制度经总经理批准后颁布。

第十一条 本制度由办公室制定，未尽事宜由办公室按国家相关法规处理，并报总经理批准。

第十二条 本制度自颁布之日起执行

第 9 章

职业生涯规划与管理

9.1 职业倾向测评

9.1.1 实训目的

通过本次实训，使学生了解职业倾向测评的概念、基本理论，独立完成个性测验和职业倾向测验，更加了解自己的个性和职业倾向。

9.1.2 基本知识要点

1. 职业倾向测评的基本概念

职业倾向测评是按照人格类型同职业类型相匹配的原则，在对受测者的人格类型进行定位的基础上，寻找适合受测者的职业类型。该方法有利于了解受测者的自我定位，便于为受测者的职业生涯规划提供指导。值得注意的是，影响职业选择的因素是多方面的，不能仅仅依据兴趣类型，还要参照社会的职业需求及获得职业的现实可能性来选择职业。

2. 霍兰德职业兴趣理论

（1）霍兰德的四个假设

①大多数人的人格可以分为现实型、探索型、艺术型、社会型、企业型和传统型六种类型，这些是在个人与环境的相互作用中形成的。具有特定人格类型的人会对相应职业类型中的活动感兴趣。

②人们所生活的职业环境也同样可以划分为上述六种类型。特定的职业环境大致被具有同一种人格类型的人占据。

③人们寻求的是能够充分施展自己的能力，充分表现、发展自己价值观的职业环境。

④个人的行为是由个人的人格和其所处的环境相互作用决定的。在上述假设之下，霍兰德提出，人格类型模式和职业类型模式应互相配合，否则，人们难以在职业活动中获得自己需要的机会和奖励。

（2）六种人格类型的特征

①现实型（realistic）。其基本的人格倾向是：喜欢以机械、动物等事物为对象，

从事有规则的、明确的、有序的、系统的活动。因此，这类人偏好的是以物为对象的技能性和技术性职业。为了胜任工作，他们需要具备与机械、电气技术等有关的能力。他们的性格往往具有顺从、细致、朴实的特点，社交能力则比较缺乏。

②探索型（investigative）。其基本的人格倾向是：分析型的、智慧的、有探究性的和内省的，喜欢通过观察对物理的、生物的、文化的现象进行抽象的、创新性的研究活动。因此，这类人偏好的是智力的、抽象的、分析的、独立的、带有研究性质的职业活动，诸如科学家、医生、工程师等。

③艺术型（artistic）。其基本的人格倾向是：喜欢想象、冲动、直觉、无秩序、情绪化、理想化、有创意、不重实际等，喜欢艺术性的职业环境，也具备语言、美术、音乐、演艺等方面的艺术能力，擅长以形态和语言来创作艺术作品，而对事务性的工作则难以胜任。文学创作、音乐、美术、演艺等职业特别适合这类人。

④社会型（social）。其基本的人格倾向是：合作、友善、助人、负责任、圆滑、善于社交言谈、善解人意等。他们喜欢社会交往，关心社会问题，具有教育能力和人际关系方面的能力。适合这类人的典型职业有教师、公务员、咨询员、社会工作者等以与人接触为中心的社会服务型工作。

⑤企业型（enterprise）。其基本的人格倾向是：喜欢冒险、精力充沛、善于社交、自信心强。他们强烈关注对目标的追求，喜欢从事为获得利益而操纵、驱动他人的活动。由于具备优秀的主导性、说服力和与人接触的能力，因此这一类型的人特别适合从事领导工作或企业经营管理方面的职业。

⑥传统型（conventional）。其基本的人格倾向是：顺从、谨慎、保守、实际、稳重、有效率、善于自我控制。他们喜欢从事记录、整理档案资料，操作办公机械，处理数据资料等有系统、有条理的活动，具备文书、算术等能力，适合他们的典型职业包括事务员、会计师、银行职员等。

（3）六种人格类型的关系

霍兰德所划分的六大类型并非是并列的、有着明晰边界的，他以六边形标示出六大类型的关系，如图9-1所示。

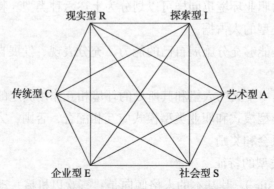

图9-1 霍兰德划分的六种人格类型的关系

①相邻关系，如 RI、IR、IA、AI、AS、SA、SE、ES、EC、CE、RC 及 CR。属于这种关系的两种类型的个体之间共同点较多，现实型 R、探索型 I 的人都不太偏好人际交往，这两种职业环境中也都较少与人接触的机会。

②相隔关系，如 RA、RE、IC、IS、AR、AE、SI、SC、EA、ER、CI 及 CS。属于这种关系的两种类型个体之间的共同点较相邻关系少。

③相对关系，在六边形上处于对角位置的类型即为相对关系，如 RS、IE、AC、SR、EI 及 CA。具有相对关系的人格类型的共同点少，因此，同一个人同时对处于相对关系的两种职业环境都感兴趣的情况较为少见。

3. 职业锚理论

（1）职业锚的含义

职业规划实际上是一个持续不断的探索过程，在这一过程中，每个人都在根据自己的天资、能力、动机、需要、态度和价值观等，逐步明确个人需要与现阶段的差距。明确自己的特长所在及发展的重点，并且针对符合个人需要和价值观的工作，以及适合个人特质的工作，自觉或不自觉地改善、增强和发展自身的才干，达到自我满足和补偿的目的。经过这种不断整合，员工寻找到自己的职业定位，也称为"职业锚"。

（2）职业锚的五种基本类型

①技术能力型职业锚。这种类型具有相当明确的职业工作追求、需要和价值观，强调实际技术或某项职能业务工作。这种类型的员工比较热爱自己的专业技术或岗位工作，注重个人专业技能的发展，大多从事工程技术营销、财务分析、系统分析、企业计划等工作。

②管理能力型职业锚。这种类型的人愿意担负管理责任，且责任越大越好。他们倾心于全面管理，掌握更大的权力，肩负起更大的责任。他们把具体的技术工作或职能工作仅仅看作通向更高管理层的必经之路；他们从事一个或几个技术职能性的工作，只是为了更好地展现自己的能力，瞄准更高职位的管理权力。

③创造型职业锚。创造型职业锚是一种定位独特的职业锚，在某种程度上，同其他类型的职业锚有重叠。追求创造型职业锚的人要求有自主权、管理能力，能施展自己的才干。但是，这些不是他们的主要动机或价值观，创造性才是。

④安全型职业锚。安全型职业锚又称作稳定型职业锚，职业的稳定和安全是这类员工的追求、驱动力和价值观。他们的安全取向主要有两类：一种是追求职业安全，如大公司的组织安全性高，做其成员的稳定系数高；另一种是注重情感的安全稳定，包括定居、家庭稳定和自己融入团队的感情。

⑤自主型职业锚。自主型职业锚又称作独立型职业锚，其特点是，最大限度地摆脱组织约束，追求能施展个人职业能力的工作环境。以自主、独立为追求的人认为，组织活动是限制人的，具有非理性的成分，他们追求的是自由自在、不受约束或少受约束的工作生活环境。

4. MBTI 理论

（1）MBTI 理论的含义

MBTI 的全称为 Myers-Briggs Type Indicator，是一种迫选型、自我报告式的性格评估工具，用以衡量和描述人们在获取信息、作出决策、对待生活等方面的心理活动规律和性格类型。它以瑞士心理学家卡尔·荣格（Carl Jung）的性格理论为基础，由美国的凯瑟琳·布理格斯（Katherine Briggs）和伊萨贝尔·布理格斯·麦尔斯（Isabel Briggs Myers）母女共同开发。

根据 MBTI 理论，大部分人在 20 岁以后会形成稳定的 MBTI 类型，此后基本固定。当然，MBTI 的类型会随着年龄的增加以及经验的丰富而发展完善，每种个性类型均有相应的优点和缺点，适合的工作环境、适合的岗位特质。使用 MBTI 进行职业生涯开发的关键在于如何将个人的人格特点与职业特点结合起来。

（2）MBTI 理论中的人格类型

MBTI 理论认为一个人的个性可以从四个角度进行分析，分别是：驱动力的来源为外向 E-内向 I，接受信息的方式为感觉 S-直觉 N；决策的方式为思维 T-情感 F；对待不确定性的态度为判断 J-知觉 P。其中两两组合，可以组成 16 种人格类型，实际上这 16 种类型又归于四个大类。

①SJ 型——忠诚的监护人。这种类型的人的共性是有很强的责任心与事业心，忠诚，能够按时完成任务，推崇安全、礼仪、规则和服从，受到服务于社会需要的强烈动机驱使，坚定，尊重权威、等级制度，持保守的价值观。他们充当着保护者、管理员、稳压器、监护人的角色。在这种类型的人中，大约有 50%为政府部门及军事部门的职务所吸引，并且表现出卓越成就。

②SP 型——天才的艺术家。这种类型的人有冒险精神，反应灵敏，在任何技巧性要求高的领域中都游刃有余，常常被认为是喜欢活在危险边缘并寻找刺激的人。在这种类型的人中，约有 60%喜欢艺术、娱乐、体育和文学，他们被称赞为天才的艺术家。

③NT 型——科学家、思想家的摇篮。这种类型的人有着天生的好奇心，喜欢梦想，有创造力、洞察力，有兴趣获得新知识，有极强的分析问题、解决问题的能力。他们是独立的、理性的、有能力的人。人们称这种类型是思想家、科学家的摇篮，他们中的大多数喜欢物理、管理、电脑、法律、金融、工程等理论性和技术性强的工作。

④NF 型——理想主义者。这种类型的人具有极强的哲理性，善于言辩，充满活力，有感染力，能影响他人的价值观。他们帮助别人成长和进步，具有煽动性，被称为传播者和催化剂。在这种类型的人中，约有一半的人在教育界、文学界、宗教界、咨询界，以及心理学、文学、美术和音乐等行业显示着他们的非凡成就。

9.1.3 实训所需条件

1. 实训时间

本实训项目时间安排以 2 个课时为宜。

2. 实训地点

多媒体教室或实验室。

3. 实训所需材料

职业倾向测评相关软件（至少两种）。

9.1.4 实训内容与要求

1. 实训内容

运用几大主流测评软件（推荐霍兰德职业测评软件、职业锚测试）上机操作，分别进行自我职业倾向测评。

2. 实训要求

要求教师认真选择适合大学生层次的职业测评软件，并能够与计算机的操作系统兼容。

要求学生初步掌握各职业测评理论的基本内容，做好实训前的知识准备。

测试必须限定在一定时间内完成，要求学生按时间要求答题。

要求学生以自己的实际想法独立、认真作答，不要写入虚假信息，答题时要避免相互干扰、交头接耳，以免影响测评结果。

要求教师在实训过程中做好组织工作，给予学生必要的、合理的指导和监督。

几次测评之间，应有 1~2 小时的间隔。

测评结束后，要求学生针对不同软件的测评结果进行分析和比较，结合自身情况，得出个人的职业倾向。

9.1.5 实训组织方法与步骤

第一步，做好准备工作，测试计算机房硬件环境，运行测试软件，调整至符合实训要求。

第二步，教师向学生介绍选定的几种职业倾向测评软件的情况和操作细节。

第三步，学生上机进行职业倾向测评，在规定时间内独立完成测评。

第四步，学生根据测评结果进行充分的分析和讨论，分析自己的职业倾向，列出适合的职业顺序。

第五步，撰写实训报告。

9.1.6 实训报告

实训结束以后，每位学生必须撰写实训报告，要求在实训报告中阐明相关理论依据以及相关的分析，主要内容参考前文中表 1-1。考虑到需要撰写大量的文字，实训报告可以在实训结束后 2 天内完成,由组长收齐后上交指导教师。

9.1.7 实训考核方法

1. 成绩划分标准

实训成绩按照优秀、良好、中等、及格和不及格五个等级评定。

2. 成绩评定标准

(1)是否掌握职业倾向测试的基本概念和理论。

(2)能否在规定时间内真实独立地完成多种测试内容。

(3)能否分析几种测试方法的优点和缺点。

(4)是否记录了完整的实训内容,规范地完成实训报告,做到文字简练、准确,叙述通畅、清晰。

(5)课堂讨论、分析占总成绩的 50%,实训报告占总成绩的 50%。

9.1.8 实训拓展与提高

霍兰德职业倾向测试

请根据对每一题目的第一印象作答,不必仔细推敲,答案没有好坏、对错之分。具体填写方法是,根据自己的情况每一题回答"是"或"否"。

1. 我喜欢把一件事情做完后再做另一件事。
2. 在工作中我喜欢独自筹划,不愿受别人干涉。
3. 在集体讨论中,我往往保持沉默。
4. 我喜欢做戏剧、音乐、歌舞、新闻采访等方面的工作。
5. 每次写信我都一挥而就,不再重复。
6. 我经常不停地思考某一问题,直到想出正确的答案。
7. 对别人借我的和我借别人的东西,我都能记得很清楚。
8. 我喜欢运用抽象思维的工作,不喜欢动手的工作。
9. 我喜欢成为人们注意的焦点。
10. 我喜欢不时地夸耀一下自己取得的成就。
11. 我曾经渴望有机会参加探险。
12. 当我独处时,会感到更愉快。
13. 我喜欢在做事情前,对此事情作出细致的安排。
14. 我讨厌修理自行车、电器一类的工作。
15. 我喜欢参加各种各样的聚会。
16. 我愿意从事虽然工资少但是比较稳定的职业。
17. 音乐能使我陶醉。

18. 我办事很少思前想后。
19. 我喜欢经常请示上级。
20. 我喜欢需要运用智力的游戏。
21. 我很难做那种需要持续集中注意力的工作。
22. 我喜欢动手制作一些东西,从中得到乐趣。
23. 我的动手能力很差。
24. 和不熟悉的人交谈对我来说毫不困难。
25. 和别人谈判时,我总是很容易放弃自己的观点。
26. 我很容易结识同性朋友。
27. 对于社会问题,我通常持中立的态度。
28. 当我开始做一件事情后,即使碰到再多的困难,我也要执着地干下去。
29. 我是一个沉静而不易动感情的人。
30. 当我工作时,我喜欢避免干扰。
31. 我的理想是当一名科学家。
32. 与言情小说相比,我更喜欢推理小说。
33. 有些人太霸道,我有时明明知道他们是对的,也要和他们对着干。
34. 我爱幻想。
35. 我总是主动地向别人提出自己的建议。
36. 我喜欢使用锤子一类的工具。
37. 我乐于解除别人的痛苦。
38. 我更喜欢自己下了赌注的比赛或游戏。
39. 我喜欢按部就班地完成要做的工作。
40. 我希望经常更换不同的工作。
41. 我总留有充裕的时间去赴约。
42. 我喜欢阅读自然科学方面的书籍和杂志。
43. 如果掌握一门手艺并能以此为生,我会感到非常满意。
44. 我曾渴望当一名汽车司机。
45. 听别人谈"家中被盗"一类的事,很难引起我的同情。
46. 如果待遇相同,我宁愿当商品推销员,而不愿当图书管理员。
47. 我讨厌跟各类机械打交道。
48. 我小时候经常把玩具拆开,把里面看个究竟。
49. 当接受新任务后,我喜欢以自己的独特方法去完成它。
50. 我有文艺方面的天赋。
51. 我喜欢把一切安排得整整齐齐、井井有条。
52. 我喜欢做一名教师。
53. 和一群人在一起的时候,我总想不出恰当的话来说。

54. 看情感影片时，我常禁不住眼圈红润。

55. 我讨厌学数学。

56. 在实验室里独自做实验会令我寂寞难耐。

57. 对于急躁、爱发脾气的人，我仍能以礼相待。

58. 遇到难解答的问题时，我常常放弃。

59. 大家公认我是一名勤劳踏实、愿为大家服务的人。

60. 我喜欢在人事部门工作。

计算方法：答对以下题号得1分，不对得0分；得分多者属于该类型。

现实型：是（2，13，22，36，43），否（14，23，44，47，48）。

探索型：是（6，8，20，30，31，42），否（21，55，56，58）。

艺术型：是（4，9，10，17，33，34，49，50，54），否（32）。

社会型：是（26，37，52，59），否（1，12，15，27，45，53）。

企业型：是（11，24，28，35，38，46，60），否（3，6，25）。

传统型：是（7，19，29，39，41，51，57），否（5，18，40）。

卡特尔16PF人格因素测量

卡特尔（1905—1998），美国心理学家，最早应用因素分析法研究人格，他将人格特质区分为表面特质和根源特质。表面特质是指外部行为能直接观察到的特质，不会随时间的改变而改变。根源特质是那些内在的、稳定的，作为人格结构基本因素的特质。根源特质需要通过严格的科学方法才能获得（表9-1）。

表 9-1　卡特尔16PF人格因素测量表

得分	低分特征	1	2	3	4	5	6	7	8	9	10	高分特征
	抑郁、缄默、孤独、对人冷漠、宁愿独自工作					乐群性						外向，热情，和蔼，容易与人相处
	思维缓慢，学识不高，抽象思维能力较弱					智慧性						聪明，富有才能，善于抽象思维
	情绪容易激动，烦恼多，容易受环境影响					稳定性						情绪稳定，能面对现实，有魄力，能沉着应付各种问题
	谦虚、顺从、通融、恭顺					恃强性						好强、固执、独立性强、有主见，但容易自以为是
	严肃、谨慎、冷静、寡言、内省、处世消极					兴奋性						轻松、兴奋、随遇而安，通常比较活泼、愉快、健谈
	敷衍随意、马虎、责任感不强					有恒性						尽职尽责，工作细心周到，有始有终
	缺乏信心、自卑、羞怯					敢为性						冒险敢为，少有顾忌，但粗心大意，易忽略细节

续表

得分	低分特征	1	2	3	4	5	6	7	8	9	10	高分特征
	理智、客观、尊重事实，不感情用事					敏感性						敏感，感情用事，易激动，易幻想
	随和、不猜忌，容易相处，顺应合作，善于体贴人					怀疑性						多疑，固执己见，不信任他人，斤斤计较
	现实，合乎常规，力求妥善合理，不鲁莽行事					幻想性						狂放不羁，易忽视生活细节，关注自我，富有创造力
	坦率，思想简单，感情用事，与世无争					世故性						精明能干，处事老练，行为得体，沉着冷静
	情绪稳定，心态平和、安详，相信自己的能力					忧虑性						烦恼、忧虑、抑郁、觉得人生不如意，沮丧、悲观
	保守、传统，不愿尝试探新，常常激烈地反对变革					实验性						自由、激进，不拘泥于现实，勇于尝试新事物
	依赖、随群、愿意与人合作，附和众议					独立性						独立自强，当机立断，独立解决问题，不依赖他人
	不能克制自己，生活随意，不在乎礼俗					自律性						言行一致，能克制自己，生活有规律
	平和、闲散宁静，心理平衡，也可能过分松散，缺乏进取心					紧张性						紧张、困扰，缺乏耐心，激动，过度兴奋，时常感到疲劳

9.2 个人职业生涯规划

9.2.1 实训目的

通过本次实训，熟练掌握个人职业生涯规划的方法与步骤，能够独立设计科学的个人职业生涯规划。

9.2.2 基本知识要点

1. 职业生涯与职业生涯规划的概念

（1）职业生涯

狭义上来说，职业生涯是一个人一生中从事的职业和担任的工作职务的发展道路。广义上来讲，职业生涯是一个人从获得职业能力、培养职业兴趣、选择职业、就业，直至最后完全退出职业劳动的完整的职业发展过程。

（2）职业生涯规划

职业生涯规划指的是一个人对其一生中所承担职务的相继历程的预期和计划，这个计划包括一个人的学习与成长目标，以及对一项职业和组织的生产性贡献与成就期望。个体的职业生涯规划并不是一个单纯的概念，它和个体所处的家庭以及社会环境存在密切的关系，并且要根据实际条件具体安排。因为未来具有不确定性，所以规划也不是一成不变的。同时，职业规划也是个体人生规划的主体部分。

2. 职业生涯规划的五大前提

（1）正确的职业理想，明确的职业目标

职业理想在人们的职业生涯规划过程中起着调节和指南作用。一个人选择什么样的职业以及为什么选择某种职业，通常都是以其职业理想为出发点的。任何人的职业理想必然要受到社会环境、社会现实的制约。社会发展的需要是职业理想的客观依据，凡是符合社会发展需要和人民利益的职业理想都是高尚的、正确的，并具有现实的可行性。

（2）正确进行自我分析和职业分析

首先，要通过科学认知的方法和手段，对自己的职业兴趣、气质、性格、能力等进行全面认识，清楚自己的优势与特长、劣势与不足。避免规划中的盲目性，达到规划高度适宜。其次，现代职业具有自身的区域性、行业性、岗位性等特点，要对该职业所在的行业现状和发展前景有比较深入的了解，比如人才供给情况、平均工资状况、行业的非正式团体规范等；还要了解职业所需要的特殊能力。

（3）构建合理的知识结构

知识的积累是成才的基础和必要条件，但单纯的知识数量并不足以表明一个人真正的知识水平，人不仅要具有相当数量的知识，还必须形成合理的知识结构，没有合理的知识结构，就不能发挥其创造的功能。合理的知识结构一般指宝塔型和网络型两种。

（4）培养职业需要的实践能力

综合能力和知识面是用人单位选择人才的依据。一般来说，进入岗位的新人，应重点培养满足社会需要的决策能力、创造能力、社交能力、实际操作能力、组织管理能力和自我发展的终身学习能力、心理调适能力、随机应变能力等。

（5）参加有益的职业训练

职业训练包括职业技能的培训、对自我职业的适应性考核、职业意向的科学测定等。可以通过"三下乡"活动、大学生"青年志愿者"活动、毕业实习、校园创业及从事社会兼职、模拟性职业实践、职业意向测评等进行职业训练。

3. 个人职业生涯规划的基本原则

（1）与兴趣结合的原则

兴趣是最好的老师，调查表明：兴趣与成功概率有着明显的正相关关系。在规划自己的职业生涯时，务必注意考虑自己的特点和兴趣，择己所爱，选择自己喜欢的职业。

（2）发挥特长的原则

任何职业都要求从业者掌握一定的技能，具备一定的能力和条件，而一个人一生中不能将所有技能都掌握，所以必须在进行职业选择时择己所长，发挥自己的优势。

（3）幸福最大化的原则

职业是个人谋生的手段，其目的在于追求个人幸福，所以一个人在择业时，注重的是自己的预期收益——个人幸福最大化。明智的选择是在由收入、社会地位、成就感和工作付出等变量组成的函数中找出一个最大值。

（4）分析社会需求的原则

社会需求不断变化，旧的需求不断消失，新的需求不断产生，新的职业也不断产生，所以一个人在规划自己的职业生涯时，一定要分析社会需求，择世所需。最重要的是，目光要长远，能够准确预测未来的行业或职业发展方向，所选择的职业不仅仅要有社会需求，并且这个需求要长久。

4. 个人职业生涯规划的主要内容

（1）基本情况

基本情况包括姓名、规划年限、年龄跨度、起止时间。规划年限不分长短，可以是半年、3年、5年，甚至是20年，视个人的具体情况而定。

（2）职业目标

职业目标包括职业方向、阶段目标和总体目标。职业方向即从业方向，是对职业的选择；阶段目标是职业规划中每个时间段的目标；总体目标即当前可预见的最长远目标，也是在特定规划中的终极目标。在确定总体目标时，适当地看得远些、定得高一点，有助于最大限度地激发规划者的潜能。

（3）自我职业分析

自我职业分析是指客观地综合运用自我分析的多种方法，如自我反思法、职业测评法、360度评估法等，对与职业有关的自我性格特征进行分析，其中职业兴趣、职业能力、职业价值观和个性特征是主要因素，此外还包括对自己目前状况的分析和对将来的基本展望，以及对职业生涯有一定影响的角色建议。

（4）社会环境分析

社会环境分析指对政治、经济、文化、法律和职业环境等社会外部环境的分析。

（5）组织（企业）分析

组织分析是指综合运用多种途径，如互联网、报刊、职业搜索引擎、电台、电视、招聘会、实习等，结合自己的专业情况、就业机会、职业选择、家庭环境、社会需求等因素，对职业、行业与用人单位的分析，包括对行业发展、企业要求、制度、背景、文化等的分析。

（6）确定评估标准

确定评估标准就是设定衡量此规划是否成功的标准，以及在实施过程中无法达到目标或要求时应当如何修正和调整。

（7）制定实施战略

制定实施战略就是要制定周详的行动方案，明确需要进行的培训和准备工作，逐步缩小差距以实现各阶段目标。制定实施战略要遵循两个原则：一是 SMART 原则，即具体明确（specific）、可衡量（measurable）、可实现（achievable）、有价值（rewarding）、有时间限制（time bounded）；二是时间管理原则，即将事情按重要性和紧急性分类，首先处理既重要又紧急的事情，然后处理重要但不紧急的事情，接着处理紧急但不重要的事情，最后处理既不重要又不紧急的事情。

（8）评估与反馈

职业生涯规划者要在实施中不断检验、评估，看实施效果如何，及时诊断生涯规划各个环节出现的问题，找出相应对策，及时对规划进行调整与完善。

5. 个人职业生涯规划的一般程序

（1）前期准备工作

查阅职业生涯规划相关书籍，准备适合的人员素质测评工具。

（2）确立人生愿景

人生愿景反映着一个人的理想、胸怀、情趣和价值观，对一个人的成就有决定性的影响。

（3）个人分析

个人分析是指采用素质测评工具对自己进行评估，主要包括对个人的要求、能力、兴趣、性格、气质、受教育程度等的分析评估，以确定什么样的职业比较适合。

（4）环境分析

环境因素包括组织内部因素和社会环境因素。环境分析是指通过对组织和社会环境的分析评估，确定自己是否适应组织或社会环境的变化以及怎样调整自己以适应组织和社会的需要。

（5）职业选择

职业选择的正确与否，直接关系到人生事业的成功与失败。在职业选择中应注意性格、兴趣和特长等与职业相匹配。

（6）确立目标

首先确立目标及其年限，做好目标分解工作，制定分阶段目标。

（7）职业生涯路线选择

选择职业生涯路线通常要考虑往哪条路发展、能往哪条路发展，以及哪条路可以发展这三个问题。对这三个问题进行综合分析后，才能确定自己的最佳职业生涯路线。

（8）制定行动方案

在确定了职业生涯目标和职业生涯路线后，行动便成为关键的环节。这里的行动是指落实目标的具体措施,包括培训、轮岗等方面的措施。这些行动方案要详细具体,以便定时检查。

(9)评估和调整

在人生的发展阶段,由于社会环境的巨大变化和许多不确定因素的存在,原来制定的职业目标和规划与现实存在偏差,需要做好及时评估和调整的准备。

6. 个人职业生涯规划中的职业锚

美国人力资源管理专家埃德加·施恩等人对麻省理工学院的 44 位男性毕业生进行了长达 10 年的跟踪研究,结果发现,职业生涯规划实际上是一个持续不断的探索过程,在这一过程中,每个人都在根据自己的天资、能力、动机、需要、态度和价值观等慢慢形成较明晰的与职业相关的自我概念。随着对自我认识的不断深入,个人就会形成一个占主导地位的职业锚。所谓职业锚,是指当一个人不得不作出职业选择时,他不会放弃的至关重要的东西或价值观。要想对职业锚提前预测是很困难的,因为个人的职业锚是不断变化的,是一个不断探索的动态过程。只有在必须作出重大职业抉择时(如是接受晋升还是辞职开办自己的公司),一个人过去所有的工作经历、兴趣、资质、性向等才能集合成一个有意义的模式(职业锚),为其职业选择指明方向。施恩根据其对麻省理工学院 44 位毕业生的研究,提出了以下五种职业锚。

(1)技术或功能型职业锚

具有较强的技术或功能型职业锚的人,往往不愿选择那些带有一般管理性质的职业。相反,他们总是倾向于选择那些能够保证自己在既定的技术或功能领域不断发展的职业。这类人的职业价值观是追求个人专业技术能力的提高,获得该领域专家的肯定与认可,并通过承担日益增多的、富有挑战性的工作来实现职业目标。当然,对这一类人而言,职级提升并非不重要,但他们较少追求专业领域外的职业发展,而是谋求在能力区内的提升。他们在职业选择上多从事工程技术、营销、财务分析、系统分析、研究发展等职能领域的工作,在职级上包括从专业技术人员到职能部门领导的各类工作。

(2)管理型职业锚

有些人表现出成为管理人员的强烈动机,他们的职业经历使其相信自己具备担任一定管理职位所需的各种必要能力和相关的价值倾向。这类人的整个职业发展都在追求沿着某一组织的权力阶梯逐级攀升,直至达到一个必须承担全面管理责任的高级管理职位。当被问及他们为什么相信自己具备获得这些职位所需的能力时,许多人回答说,他们认为自己具备以下三方面的能力:①分析能力,即在信息不完全、不确定的情况下发现问题、分析问题和解决问题的能力;②人际沟通能力,即在各种层次上影响、监督、领导、操纵和控制他人的能力;③情感能力,即在情感和人际危机面前只会受到激励而不会受其困扰和削弱的能力,以及在较大的责任压力下保持目标的能力。

（3）创造型职业锚

有些麻省理工学院学生在毕业后，逐渐成为成功的企业家。在施恩看来，这些人都有这样一种需要：建立或创设某种完全属于自己的东西或署着他们名字的产品或工艺品、一家他们自己的公司或一批反映他们成就的个人财富等。对这一类型的人而言，发明创造、奠基立业是他们工作的强大驱动力。为达到这一职业理想，他们一般都做好了冒险的准备。

（4）自主与独立型职业锚

麻省理工学院的某些毕业生在选择职业时，似乎被一种自己决定自己命运的需要所驱使。他们希望摆脱那种困在大企业中依赖别人的情形。因为，当一个人在某家大企业工作时，他的提升、工作调动、薪资等诸多方面都取决于他人的决策行为。这些毕业生中的一些人还有着强烈的技术或功能导向，但他们却不是到某一企业去追求技术或专业上的成功，而是从事独立自主的工作，如成为独立咨询顾问、自由职业者、小企业的合伙人等。

（5）安全型职业锚

麻省理工学院还有一些毕业生极为重视长期的职业稳定和工作保障性。他们似乎比较愿意从事能提供有保障的工作、稳定的收入以及可靠的未来生活（包括良好的退休计划和较高的退休金）的职业。对于那些更关注地理安全性的人来说，如果追求更为优越的职业意味着在他们的生活中将要注入一种不稳定或保障较差的地域因素，如迫使他们举家搬迁，那么他们将选择在一个熟悉的环境中维持一种稳定的、有保障的职业。对于另一些追求安全型职业锚的人来说，安全则意味着所依托的组织的安全性。他们可能优先选择到政府机关工作，因为公务员可以作为一种稳定的终身职业。这些人显然更愿意让他们的雇主来决定他们未来所从事的职业。

将职业锚的理论应用到职业选择的意义在于，职业锚中所包含的价值观、动机是明显地带有发展性的，并能够反映出每个人对明确的自我概念的追求，而这种追求很可能是持续终身的。因此，个人可以通过逐步明确自我概念，识别个人职业抱负模式和职业成功标准，从而为自己职业周期中后期的职业生涯规划提供指导。

7. 个人职业生涯的阶段

（1）职业幻想阶段（18岁以前）

根据劳动法的有关规定，18岁以下的人属于未成年人，企业不允许聘用未成年人为正式员工。但是这个年龄段的人可以作为临时工参与社会劳动，在谋得经济收入的同时，也能够不断认识社会。通过家庭教育、学校教育等不同方式，这个年龄段的人对不同的职业开始有所了解，并开始对自己未来从事的职业产生幻想，幻想以后自己会从事何种职业。这个年龄段的人心理还不是很成熟，对社会的了解也不是很深入，一般接触什么样的人多，就会觉得这样的人是自己的榜样。因此，身边人对其产生的行为示范作用非常大。丰富的想象力会让这个年龄段的人有很多不符合实际的幻想，往往会见异思迁，凡是自己看见的、听说的，并且对自己产生较为强烈的影响作用的事情，都会在较短的时间内对自己产生影响。他们在听到"白衣天使能够救死扶伤，是生命的守护神"的言论的时候，希望将来自己能够成为一名神圣的医生，身着白大褂，拿着手术刀，为病患消除痛苦；在听到"教师是人类灵魂的工程师，燃尽自己，照亮他人"的言论的时候，又希望自己能够与三尺讲台终身为伴。这个年龄段的人正在通过幻想勾画未来的自己，将未来的自己与现在某个行业中的成功人士相比较。幻想是年轻人学习的动力，在幻想的激励下，年轻人就会不断奋斗。这些幻想中的某个职业将来很可能就会成为自己的事业。没有幻想就没有动力，年轻人在幻想中走过自己的幼年、童年和青少年时期。这种幻想可能是目前已经存在的某种职业，也可能是现在根本不存在的某种职业，如果是这个意义上的幻想，则会推动社会高速向前发展。社会就是在幻想中不断进步的。

（2）职业探索阶段（18~25岁）

18岁以后一直到25岁，这段时间可以算作职业生涯的探索阶段。在这一阶段，很多人在读大学或研究生，其所学专业与自己未来的职业理想是紧密相关的。这个年龄段的人，无论是开始参加工作，还是正在就学，实际上都是在为自己将来有一份稳定的工作做准备。这个阶段的年轻人精力旺盛，每天都有使不完的劲，开始试探着将自己曾经的幻想变成现实。但是在职业探索过程中，他们逐渐开始感到曾经的那些幻想，有很多是不符合实际的。在社会上闯荡的年轻人开始尝试多种职业，看看哪种职业是适合自己的，能够让自己有美好的前程。这个年龄段的人会非常快地从事一个职业，也会非常快地更换一个职业，在职业转换过程中丰富自己的阅历，为自己将来定位职业生涯方向打基础。这个意义上的职业生涯选择是自市场经济以来的事情，在过去的计划经济体制下，人们就没有这么多的职业探索机会。在过去，给人提供的选择并不是很多，人们基本上是"从一而终"：如果是农民，将来就要过着"面朝黄土背朝天的生活"；如果是工人，就注定一辈子要与机器零件打交道了。市场经济给人们提供了更多的选择，企业在选择员工的同时，员工也在选择企业。在这种双向选择过程中，人们就会有更多的机会将自己的职业、事业与兴趣紧密结合在一起。在读的大学生将来所从事的职业并不一定要与自己所学的专业完全吻合。因为学生在进入大学之前，对自己所报考的专业也许并不非常了解，在学习了一些专业课程之后，也许就会发现自己所学与未来发展预期之间有距离，于是就会向自己有兴趣的方向发展。大学生虽然还没有步入社会，但已经在知识、技能储备上为将来准备了。大学生步入社会后，有很多人趁年轻经常"跳槽"，而"跳槽"的过程就是职业探索的过程，可以通过"跳槽"找到自己的生活坐标，在能力、收入、心理等多方面谋求平衡。职业探索阶段的人力求在"效用最大化"原则下实现多种平衡，而这个平衡点就是职业确立的原则。

（3）职业确立阶段（26~35岁）

这个年龄段的人在心理方面逐渐成熟，职业也基本定型，开始找到了人生的立足点。如果说此前是在"四面出击",现在则是在"重点突破"。该阶段的人开始清楚自己的生活方向,在幻想与现实之间进行了对接,能够很好地分析自己的实际情况,并能够从实际出发做事情,将此前在职业探索中遇到的挫折作为人生的财富,以此为基础不断扩展自己的事业。如果说此前是在"博"上面做文章,这时候则是在"专"上做文章。在尝试了做多件事情之后,终于将自己的精力集中在一个"点"上。古人云:"三十而立。"职业确定就具有这个层面的含义。原来是四处找方向而找不着,现在则是大局已定,于是就开始静下心来做事情了。职业生涯确立主要表现在"凝神定气做一件事情"上面。如果仍然没有做到这一点,就说明此人还处在前一阶段。人们经常会羡慕"多面手",实际上每个人的精力都是有限的,所以同时做好很多事情是很不容易的。只要能够将一两件事做好,就是成功的,不仅能够使自己的财富得到增长,还能够在同行中凸显自己。心理学专家研究表明,某个人一生中第一次从事何种职业,在其未来发展中继续从事这种职业的可能性就非常大。在第一次从事这种职业和最终选定这种职业之间的这段时间内,此人虽然经过很多次探索,但是第一次从事的职业对其影响还是非常大的。在彷徨期间,这个人所做的事情基本上是在给自己"充电",以便能够更好地做这件事情。人们对自己第一次从事的职业情有独钟,主要的原因还在于自己比较熟悉这个职业,"东山再起"的可能性比较大,很多成功的创业案例都能够证明这一点。从自己完全不熟悉的某个行业着手,靠着摸索做事情,会较其他人付出更多的辛苦。职业生涯确立实际上就是让自己的箭对准靶心,从此不再浪费宝贵的时间和精力,于是自己的人生目标得以确定,下一步需要做的就是如何将确定下来的这个"点"做大做强。

(4)职业成长阶段(36~45岁)

职业生涯确定下来后,人就不会再彷徨,接下来就是要全神贯注地做这件事。这个年龄段的人阅历已经很丰富,早年"闯荡江湖"为自己积攒下了宝贵的物质财富和精神财富。该年龄段的人做事有魄力,精力充沛,敢作敢为,应该说是人生中的黄金时段。古人云,四十而不惑。实际上在现代社会,人们在进入40岁的时候能够达到"不惑"的境界也还是非常不容易的。该阶段的人或成为组织中的中层管理者,或成为专业技术方面的骨干力量,如果是创业者,也是一个事业上小有所成的人。由于前期的积淀已经较深厚,所以在事业上成长较快,能力较强的人已经建立起了以自己为中心的团队。这个年龄段的人非常务实,往日那种喜欢空想的心情已经荡然无存,视野开阔,能够清楚地看到自己的弱项和强项,经过多年打拼,已经建立起来自己的生活圈子,在事业上闯出了一条属于自己的路子。该年龄段的人能够承受挫折,能够正确对待生活和工作中出现的问题。他们的生活和工作压力很大,是家庭中的顶梁柱,在单位往往也扮演着重要角色。处在这样一个"上有老,下有小"的年龄段,需要用"分身术"将自己有限的精力安排在很多方面,需要处理好家庭和工作之间的关系,所以很多人精神高度紧张。在一些事情处理不到位的时候,就会出现问题,如果不能保持平和的心态,就可能影响事业发展。不同的人职业成长速度有很大差别,这不仅与个人的综合素质有关，还与机遇有关，但是个人努力所发挥的作用是最为主要的。常言道："机遇总是钟情于有准备的人。"勤思考、善观察、爱学习的人，在职业成长道路上就会有更多的机会。所有的机会都是自己主动把握的，不能等着"贵人"前来相助。有的人的职业成长生涯顺风顺水，有的人则好事多磨，不但在成长的道路上会遇到很多挫折，而且还可能会出现反复。一些成功的创业人士，在创业生涯中都有过先跌到低谷又升到峰巅的经历。职业成长道路就是一个"万花筒"，每个人都有自己的一段故事。

（5）职业维持阶段（46~55岁）

这个年龄段的人不但体力开始衰减，而且智力也开始下降，对外界事物的反应速度变得迟钝起来。在这个年龄段的最初一段时间内，各方面的情况与职业成长阶段相比并无太大变化，由于职业成长阶段的惯性，事业继续向前发展。该阶段的人一般事业有成，并在此前的发展中摸索出一套成功的做事套路。该阶段就是要沿着前面的发展道路继续向前走，正确的方法、正确的思路、优秀的团队以及健康的文化氛围都是让事业青云直上的有利因素。"职业维持"应该是在较高水平上的维持。这个阶段的人已经不会再"惑"，但体力和智力已经不如年轻人，不会再像年轻人那样有多变的想法。如果此前事业是成功的，则会在其已经较大的摊子上滚动发展；如果此前没有将摊子铺大，则会努力将自己的事情做好。虽然也有些人属于"老来得志"，但也得益于其前期的积淀，后期才能够有爆发力。有些人直到年纪较大的时候还一事无成，有些人则在"羽扇纶巾"的时候就已小有作为了。"少年得志"的人在年轻的时候就能够牢牢把握住方向，并沿着这条路走下去，这样的人目标就会更高；而"老来得志"的人成长路上就会多些坎坷，"维持阶段"的任务是维持职业发展的成果，"维持"不等于停滞甚至停止，很多有作为的人都是在这个年龄段才展示出自己的魅力的。虽然这个年龄段的人体力正在下降，但是由于经验非常丰富，所以具有较强的"把舵"作用，可以通过自己的团队实现自己的想法。如果说其年轻的时候是自己一个人在做事情，那么这时候就会有一群人在做事情。基于自己的号召力，做事的效率会更高，所以"维持"实际上意味着更快的发展。原先为了探索成功的思路和方法，会有很多"试错"，而这些"绊脚石"阻碍了其职业发展的速度。现在这些"绊脚石"没有了，也不用再"试错"，所以该阶段的人是"轻装上阵"，走起路来就会更稳、更快。很多处于职业探索阶段的年轻人对处于职业维持阶段的人会非常羡慕，但只有这个阶段的人才明白"不经历风雨怎能见彩虹"的道理。

（6）职业退出阶段（56岁到退休）

这个阶段之所以这样划分，是建立在国家法定退休年龄基础上的。从这个层面讲，退休就意味着职业生涯结束。我国规定男性60周岁退休，女性55岁周岁退休。以男性为例，进入56岁以后，很多人就开始抱着等待退休的态度工作。应谨慎对待这段时间，以便给自己的职业生涯画上个完美的句号。很多公职人员抱有"等退休"想法虽然不会降低工作效率，但是以往的闯劲已经荡然无存，在年轻人面前开始"卖老"，回忆年轻的自己会成为这个阶段许多人的主流思维方式。这些人由于与现今年轻人成长的时代不同，职业成长轨迹也有很大差异。现在条件变好了，年轻人的成长机会越来越多，因而他们对现在的年轻人充满羡慕，对曾经的自己充满埋怨。而年轻人则羡慕老一辈年轻的时候生活比较惬意，而自己现在的生活压力比较大。有专家对这种现象作出结论："两代人不要生硬地进行对比，赶上哪班车就坐哪班车，这是没有选择的，能够选择的就是把自己应该做的事情做好。"在职业生涯发展轨迹中，很多事情自己是没有办法选择的，能够选择的只有自己的努力程度。处于职业生涯退出阶段的人，在事业发展方面已经缺乏探索性，在生存哲学方面"享受生活"重于"追求事业"。在年轻人的印象中，这样的员工就是"不求上进"。年轻人与这些老年人谈论的话题会有很大差异。年轻人正处于事业上升阶段，正在经历老年人曾经经历的轨迹，希望从老年人那里得到一些职业成功的"奥秘"，而老年人经常考虑的问题却是养生、保健等享受晚年生活的事情。两代人之间没有太多的共同语言。退休阶段的老年人已经褪去了往日奋斗时的风采。有智慧的管理者应该积极将这些"宝贵财富"拢在一起，让其将人生感悟、奋斗轨迹、常犯错误等很多问题，在退休之前分门别类地整理出来，通过报告会的方式与年轻人交流，激发年轻人的斗志，在职业生涯中少走弯路。虽然直接受益者是年轻人，但是企业也会从中受益。企业在"育人"方面借力老年员工的宝贵经验，可降低培训成本，让年轻人尽快成长起来，使企业拥有更多的优秀人才。

9.2.3　实训所需条件

1. 实训时间

本实训项目时间安排以 2 个课时为宜。

2. 实训地点

多媒体教室。

3. 实训所需材料

教师提前给出个人职业生涯规划的范本，学生准备好自我性格测评结果，并掌握目前社会及所在城市的基本职业状况。

9.2.4　实训内容与要求

1. 实训内容

撰写个人职业生涯规划。

2. 实训要求

要求学生熟练掌握个人职业生涯规划的基本原则、内容和步骤等基本理论，做好时间准备。

要求学生选择适当的个人职业生涯规划年限，一般为 5 年。

要求学生在真实的自我职业素质测评的基础上进行设计。在整个规划流程中，自我职业分析是最基础最核心的环节，这一环节做不好或出现偏差，就会导致整个职业生涯规划各个环节出现问题。

要求学生认真剖析自我，根据自己的实际情况，客观真实地对自己的职业生涯进行规划，撰写个人职业生涯规划书。

要求教师在实践过程中做好组织工作，给予学生必要的、合理的指导，使学生加深对理论知识的理解，提高实际分析、操作能力。

9.2.5　实训组织方法与步骤

第一步，学生确定个人职业生涯规划的时间范围，视个人的具体情况而定，一般为 5 年。

第二步，学生在教师的帮助下整理和分析个人资料，包括个人环境、兴趣特长、专业方向、性格特征、职业能力倾向测评结果等。

第三步，学生可通过书籍、网络等手段，查阅相关资料，了解社会发展趋势、所在城市环境以及未来可能从事行业的特征。

第四步，在教师指导下对自我情况进行分析，根据所学的相关理论，参考相关资料，形成完整的个人职业生涯规划书。

第五步，学生课堂展示职业生涯规划书，教师充分调动学生思考和发言的积极性，让学生进行充分的分析和讨论，并给予点评。

第六步，撰写实训报告。

9.2.6　实训报告

实训结束以后，每位学生必须撰写实训报告，要求在实训报告中阐明相关理论依据以及相关的分析，主要内容参考前文中表 1-1。考虑到需要撰写大量的文字，实训报告可以在实训结束后 2 天内完成，由组长收齐后上交指导教师。

9.2.7　实训考核方法

1. 成绩划分标准

实训成绩按照优秀、良好、中等、及格和不及格五个等级评定。

2. 成绩评定标准

（1）能否利用科学的人员素质测评工具对自己进行准确测评。

（2）能否对外部环境和职业环境进行客观分析。

（3）能否掌握个人职业生涯规划的一般构成。

（4）能否独立完成个人职业生涯规划书。

（5）实训报告是否记录了完整的实训内容，文字是否简练、准确，叙述是否通畅、清晰，结论是否明确，收获和体会是否客观。

（6）个人职业生涯规划书完成情况占总成绩的80%，实训报告占总成绩的20%。

9.2.8 实训拓展与提高

一名大学生的职业生涯规划书

【姓名】

金鑫

【规划期限】

5年

【起止时间】

2008年10月至2013年10月

【年龄跨度】

23~28岁

【发展目标】

总体目标：成为一家发展前景较好的公司的人力资源部门经理。

目标分解：总体目标可分解成两个大的目标，一是顺利毕业，二是成为一名人力资源管理从业人员。第一个目标可分解为把专业课和选修课学好，以便修完足够的学分，顺利毕业，还可以进一步细分：在专业课程方面，如何学好每一门课程；在选修课程方面，需要选择哪些课程，如何学好。第二个目标可分解为接触社会环境阶段、了解社会环境阶段、熟悉社会环境阶段。

目标组合：顺利毕业的前提是学好专业课程，而学好专业课程对职业目标（成为一名人力资源管理从业人员）的达成有促进作用。

【个人分析】

个人性格：比较外向，善于沟通，具有友善、有责任心、热情、善于表达、喜欢与人接触的特点。与人交往时较为敏感，有同情心，喜欢关心他人并提供实际的帮助，对朋友忠实友好，有奉献精神。比较务实，实事求是，追求具体和明确的目标，喜欢做实际的考虑。善于单独思考、收集和考察丰富的外在信息。拥有很强的推理能力和逻辑能力。做事自信心强，尊重约定，维护传统。工作时严谨而有条理，愿意承担责任，依据明晰的评估结果和收集的信息做决定，充分发挥敏锐的洞察力。

职业兴趣：喜欢同各种观念、思想、想法交流，偏爱具有挑战性的工作，以从事发挥和提高智能的活动为乐趣。注重工作的逻辑性、条理性，凡事主张理性解决，喜欢推敲细节。愿意与他人合作，与团队一起解决问题。对工作执着，但不太喜欢被条条框框困住手脚，喜欢能满足好奇心和发挥创造力的活动。能够较为灵活地处理人际关系。具有担任人力专员考核销售人员工作绩效的兼职工作经历，并取得相当不错的成绩。对人力资源管理专业非常热爱，这也是自己的兴趣所在。

自身能力：英语水平出众，能流利沟通；人力资源专业理论扎实，知识涉猎广泛；具有较强的人际沟通能力；思维敏捷，表达流畅；在大学长期担任学生干部，有较强的组织协调能力；有很强的学习愿望和能力。

职业价值观：最突出的职业价值观是支持满足、赞誉赏识。

支持满足，是指期望获得管理层的支持，比如获得充分的培训机会，能够在单位规定的范畴内获得应有的待遇。在这个方面细化分析，可以看出如下特点。

（1）工作能够在一个具有规范和约束的背景下有序而顺利地进行。
（2）自己的工作能够获得公司的合理反馈，获得应有的资源。
（3）希望在工作中能够及时获得上级的支持与肯定。
（4）希望在工作中有比较好的培训机会，从而更好地胜任自己的工作。
（5）希望在工作中有一个合情理的、具有理解力的上司。

赞誉赏识是指对职业的追求能够使自己获得充分的提升领导力的机会，并拥有充分的权威，能够对他人的工作提供指导，并且这个职位是富有社会声望的。在这个方面细化分析，可以看出如下特点。

（1）希望自己在工作中所付出的努力与才智能够及时被同事和领导认可。
（2）期望在工作中有较充分的职位或地位得到提升的空间与机会。
（3）渴望通过工作获得较好的社会地位，从而博得同学、朋友的赞赏。
（4）希望所从事的工作在社会上的地位比较高。
（5）渴望对工作的付出和在工作方面取得的成绩可以博得业界的认可。
（6）希望通过积极的工作获得更多的指导权。
（7）期望在工作中有较充分的管理权，从而依自己的想法恰当安排事务。
（8）希望工作内容是制订行动计划，指导大家共同努力。

可能出现的问题：有高度的责任心，会陷入日常事务的细节中，每件事情从头做到尾，这总是让自己过度劳累。压力很大时，会过度紧张，甚至产生消极情绪。由于比较自信，有时会一意孤行，听不进其他的想法和意见，容易陷入极端自我的误区，给人造成比较专制的印象。容易忽略事情的全局和发展变化趋势，难以预见存在的可能性，所以需要周到考虑解决问题的不同方法和可能性，增强对远景的关注。不停地制订计划并保证其完成，以至于经常花费更多的时间和投入更多的精力来完成工作，所以需要给自己安排必要的娱乐和放松的活动，不要总是"低头拉车"，而要考虑"抬头看路"。

【社会环境分析】

中国是一个政治稳定，经济、文化高速发展的国家。国民经济运行成功地实现了"软着陆"，国民经济保持了适度快速地增长。社会总供求基本平衡，金融财政形势基本稳定，人民生活水平继续提高。改革开放以来，中国与世界各国在经济等多方面深入交流，人力资源管理的发展在日趋深入，受到越来越多企业的重视，很多企业先后成立了具有现代意义的人力资源部门。中国加入WTO后，中国企业的管理模式更快地与世界接轨，人力资源管理得到更多的重视，在企业长期目标实现过程中将扮演重要的角色。

【职业分析】

社会的发展将会对人力资源管理职业产生重要的影响：社会对人力资源的依赖性越来越大，因而对人力资源管理从业人员的需求也将越来越大，随着社会的发展，这个行业的发展空间也会增大。

【具体实施方案】

要成为一名人力资源管理从业人员，需要缩小自己和有一定经验的人力资源管理从业人员的差距。这些差距包括如下方面。

（1）思想观念上的差距。刚参加工作的人一般会认为人力资源管理只是管理人员，但有一定经验的人则会认为HR是深层次的概念，涵盖很多内容。为了缩小这种差距，需要向有经验的人员请教，并在实践中去体会这一点。

（2）知识上的差距。理论知识的欠缺只是一个方面，更重要的是实践经验的差距。为了缩小这种差距，需要在学习理论知识的同时，多参与真正的人力资源管理，在实践中加深对理论知识的理解。

（3）心理素质的差距。任何工作都需要百折不挠的精神，而作为被人称为"天之骄子"的大学生，缺少的可能恰恰是这种精神，遇到些许挫折和失败往往就退缩。这种差距需要在实践中逐步消除。

（4）能力的差距。这一点可能是最重要的。为了缩小这种差距，除了在实践中逐步学习和锻炼外，还要多和领导、同事积极沟通，积极向他们请教，弥补差距。

【成功标准】

我的成功标准是个人事务、职业生涯、家庭生活协调发展。

只要自己尽心尽力，能力得到了发挥，每个阶段都有了切实的自我要求，即使目标没有实现（特别是收入目标），我也不会觉得失败，给自己太多的压力本身就是一件失败的事情。

为了家庭放缓实现职业目标的速度，我认为是可以理解的，在28岁之前要有自己的家庭。

【评估和反馈】

职业路径评估与策略：如果原路线与策略不符合日后的发展模式，或达到最终目标——人力资源高级经理，有很大障碍，我将调整策略，选取最优路径。

其他因素评估：如果所选职业严重影响了我的身体健康、家庭稳定，我将进一步思考，尽量做到既满足自己与家人的要求，又不影响职业生涯的发展。确实有必要时，才考虑调整发展方向。

机遇：在探索过程中，如果遇到商业方面的机遇，我会慎重思考，时机适合的话，我会投身商业以获得更好的发展。

评估时间：5 年。在这 5 年里我会对自己做更深入的了解，充分认识自己的优缺点，扬长避短，同时了解最新专业知识，及时对自己的发展方向做适当调整，再用最后 1 年适应新的、较完善的计划。

规划调整原则：由于社会环境、家庭环境、个人因素等发生变化以及各种不可预见因素的影响，计划始终赶不上变化，实际情况不会按照设想发展，为了更好地把握人生，有必要作规划作出及时的改变。在一般情况下，我将每半年做一次评估，对既定的规划进行调整。当特殊或突发事件出现时，我将立即进行相应的调整。

总体最优原则：我所希望的生活是工作、家庭和休闲相协调，不希望让工作影响家庭或让家庭干扰工作。总之，希望一切向最优、最协调的方向发展。

9.3 组织职业生涯管理

9.3.1 实训目的

通过本次实训，掌握职业生涯阶段的划分，能够熟练进行组织职业生涯管理。

9.3.2 基本知识要点

1. 组织职业生涯管理的含义

组织职业管理是组织人力资源管理的主要内容之一，是组织将员工个人发展和企业目标相结合，对决定员工职业生涯的主客观因素进行分析、测定和总结，并通过设计、规划、执行、评估和反馈，使每位员工的职业生涯目标与组织发展的战略目标相一致的过程。

2. 组织职业生涯管理的主要内容

（1）职业生涯常规管理

①设定职业生涯目标。职业生涯目标是指个人在选定的职业领域内在未来时点上所要达到的具体目标，包括短期目标、中期目标和长期目标。职业生涯目标一般是在进行个人评估、组织评估和环境评估的基础上，由组织的职能部门负责人或人力资源部负责人与员工个人共同设定，注意：职业生涯目标要具体、明确，高低适度，留有余地，并与组织目标相一致。

②帮助适应职业。为了帮助职场新人尽快度过适应期，组织要先做一些工作，如招聘时就把有关工作内容和工作环境的描述尽可能多地展现给应聘者，管理人员多向新员工提出希望并给予信任，提供具有挑战性的初始工作，同时进行一些心理疏导等。

③及时评估绩效。人人都希望自己的工作状况能得到反馈，以便从中看到自己的优势和不足。对于组织来说，通过评估，可以发现员工个人的工作绩效是好还是差，好在

哪里，差的原因是什么，是态度问题还是能力问题，以便有针对性地进行反馈和调整。

④轮岗与升迁。组织要建立和完善员工的轮岗与升迁制度，开辟多种升迁渠道，如行政管理系列、技术职务系列、实职领导岗位、非领导岗位等，促进员工职业生涯目标的实现，调动员工的工作积极性。

⑤提供培训机会。任何员工从一个层次上升到一个更高的层次，由于知识和能力要求的不同，都需要进行相应的培训，因此，从职业发展的角度来说，制订一个与生涯规划相配套的培训计划是非常必要的。

⑥修改职业生涯规划。由于环境等各方面因素的不断变化，在职业发展过程中，不适应的情况时有发生。如果遇到这种情况，组织要给员工个人提供修改生涯规划的机会，以选择新的发展道路。

（2）职业生涯延伸管理

①关注员工健康。人的健康包括身体健康和心理健康。关注员工健康，要给员工提供有利于健康的工作环境，关心员工因心理紧张或压力造成的各种疾病，帮助员工进行健康教育和心理调适。

②处理员工工作与生活的矛盾。对员工进行职业生涯管理时，要经常了解员工的家庭生活状况，分析员工工作与生活的矛盾，并进行相应的管理。同时，也要制定一些政策，帮助员工及时处理家庭生活中的有关问题，并有计划地安排员工的家属在某些特殊日子到单位深入了解员工工作方面的一些情况，从而使其更加理解员工的工作，进而支持员工的工作。

③帮助再就业。在企业发展的过程中，总会有各种各样的原因引起裁员。裁员并不是简单地把员工踢向社会，任何一个以职业生涯管理为导向的组织，都会重视这项工作。在员工离开单位之际，帮助其设计再就业方案，甚至为其提供再就业培训，或和其他部门建立合作就业机制等，对于有效激励在职员工会收到较好的效果。

④员工退休管理。从职业生涯管理的角度来说，退休管理一是要帮助员工进行退休前的准备，如心理适应、老年健康和联谊等；二是要关注已经退休的员工，对他们给予关心和提供发挥余热的机会，或组织一些慰问活动等。

3. 职业生涯管理的有效性标准

（1）达到个人或组织目标

个人目标包括：高度的自我决定；高度的自我意识；获得必要的组织职业信息；加强个人成长和发展；改善目标设置能力。组织目标包括：改善管理者与员工的交流；改善个人与组织的职业匹配，强化组织形象；确定管理人才库。

（2）考察项目所完成的活动

这一标准包括：员工使用职业工具（参与职业讨论会，参加培训课程）；进行职业讨论；员工实施职业规划；组织采取职业行动（提升，跨职能部门流动）；组织确定继承人。

（3）绩效指数变化

这一标准包括：离职率降低，旷工率降低，员工士气改善，员工绩效评价改善，填补空缺的时间缩短，增加内部提升。

（4）态度或知觉到的心理变化

这一标准包括：职业工具和实践评价（参加者对职业讨论会的反映，管理者对工作布告系统的评价）；职业系统可觉察到的益处；员工表达的职业感受；员工职业规划技能的评价；组织职业信息的充足性。

4. 组织职业生涯管理的实施步骤

（1）确定目标和计划

确定目标是员工职业生涯管理的第一步。组织需要做好两方面的工作：一是认清并描述组织的发展战略，从战略中提取组织未来的人力资源管理需求；二是评估组织人力资源管理现状，明了组织的实际情况。据此，组织就可以为员工职业生涯管理确定一个合理的目标。

（2）制订此项工作的计划

该计划主要是对整个流程从任务上、时间上、方法上、宏观层面和微观层面进行总体规划。制订具体的实施计划要力求切实可行和细化，切忌高谈阔论，华而不实。采用隐晦或过于宏观的字眼描述的计划不仅会影响执行力，甚至会误导整个员工职业生涯管理工作的实施。

（3）组建员工职业生涯管理小组

员工职业生涯管理工作是一项跨部门、跨领域的工作，因此，需要组建一个相应的跨领域、跨部门的团队来有序推进该项工作，从而使其在人员和组织上得到根本保障。

（4）开展职业生涯管理学习和宣讲

这一步骤主要包括两个层次：第一层次是对员工职业生涯管理小组成员展开重点培训，因为他们是组织整个员工职业生涯管理工作的主导者和执行者，他们对职业生涯管理的认知程度、对相关技术和方法的掌握程度直接决定了整项工作的最终效果；第二层次就是获得广大员工群体的配合。员工职业生涯管理工作能否得到有效推进，在很大程度上取决于员工对职业生涯管理的认识以及他们的配合程度，因此要重点向他们说明开展职业生涯管理的目的、可以获取的益处、他们应当怎样配合此项工作，以便于获取他们的有效配合。

（5）组织员工面谈和员工自我认知

员工面谈主要是由员工的上司根据员工过去一个阶段的绩效与员工展开沟通，明确该员工在过去所取得的成就和具备的能力，同时指出他的不足和改善的方法。员工自我认知是员工面谈的重要补充，主要是员工全面评估自身过去、现在和未来的工作情况，具备什么样的兴趣和爱好，对未来有哪些规划等。同时，员工进行自我认知后应当主动与上司展开沟通，告知自我评估的真实信息，使组织能够综合设计出一条与员工的职业倾向和组织的发展战略相吻合的职业生涯规划路线。

（6）勾勒职业生涯规划路线图

首先，研究和整合通过员工面谈与自我认知获得的信息，找准员工的职业倾向。其次，组织根据员工的职业倾向设计一条职业发展路线。最后，组织与员工进行协商，确定职业生涯规划路线图。在勾勒定职业生涯规划路线图时，组织务必与员工进行协商。另外，组织在勾勒员工职业生涯规划路线图时，一定要审视组织现有的资源和将来可以提供的资源，保障职业生涯规划路线图的可实现性和可操作性。

（7）构建员工职业生涯发展通道

员工职业生涯发展通道主要分为三大类型：第一类是纵向职业发展通道，即职位上的晋升，多用于管理人员职业的发展；第二类是横向职业发展通道，就是传统意义上的轮岗和非行政级别的职业发展，多用于技术人员的职业发展，主要包括丰富工作内容和岗位轮换两种方式；第三类是双阶梯职业发展通道，是指设计多条平等的晋升通道，满足各种类型员工的职业发展需求。双阶梯职业发展通道的一个重要标志就是职级上升，但行政级别并不变更。总的来说，对于这三类发展通道，组织必须依据不同的人员进行差异化的设计，但前提是组织能够提供这些发展通道上的职位。

（8）实施人才培养和晋升

组织实施人才培养和晋升主要是基于两个目的。第一，组织为员工设定的职业发展路线对员工的能力提出了新的要求，这就促使组织开展相关的培训来满足这种需求。第二，在员工职业生涯管理的过程中，组织需要对相关人员进行培养和维护，从而在整个流程的执行中导入激励因素，实现职业生涯规划路线图由"静"向"动"的转变。

（9）开展监督、反馈和评估

开展监督、反馈和评估有两个关键点。一是员工群体，如实施职业生涯管理工作之后，员工的哪些行为发生了改变，员工的满意度是否增加，员工流失率是否发生变化，员工对职业生涯管理工作的切实感受是怎样的等，这些都是评估管理效果的重要指标。二是组织，如组织的人才竞争力是否增强，组织原有的人力资源管理状况是否发生改变，组织在此项工作中的成本支出和收益的关系是怎样的，等等。

9.3.3 实训所需条件

1. 实训时间

实训周期为 1~2 周，课堂用时为 2~4 课时，其余时间供调查访问、收集信息之用。

2. 实训地点

具有一定规模、组织职业生涯管理较为成熟的企业。

3. 实训所需材料

教师提前给出目标企业的背景资料。

9.3.4 实训内容与要求

1. 实训内容

深入一家具有一定规模、组织职业生涯管理较为成熟的企业,进行组织职业生涯管理方案设计。

2. 实训要求

要求教师选择一家组织职业生涯管理工作开展较为成熟的企业作为实训基地,与企业进行良好沟通,取得组织职业生涯管理方案设计所需的相关资料和人员支持。

要求学生熟练掌握组织职业生涯管理方案设计的内容、标准和步骤等基本理论,做好实训前的知识准备。

要求学生深入目标企业了解实际情况,通过查找资料、与高管面谈、走访相关行业其他企业等工作,结合所学的理论知识,以小组为单位,尝试进行组织职业生涯管理方案设计。

教师指定实训规范,要求学生遵守企业的相关制度,不做实训以外的事情,不得干扰企业的正常工作。

要求教师在实训过程中做好组织和协调工作,给予学生必要的、合理的指导,使学生加深对理论知识的理解,提高实际分析、操作能力。

9.3.5 实训组织方法与步骤

第一步,教师联系一家或几家合适的企业,取得企业的支持,为学生聘请企业相关人员作为指导教师,确定学生到企业实训的时间。

第二步,教师向学生明确实训要求,规范学生行为,实训时不得干扰或影响企业的正常工作,须在教师和企业专业人员指导下开展实训活动。

第三步,学生分组(4~6人)进入实训岗位,小组成员可分工协作,各负责一部分,收集所需要的资料,在方便的时候与相关人员面谈或进行问卷调查。

第四步,根据所获得的资料,在教师和企业专业人员的指导下,结合所学理论知识,为该企业设计科学合理的组织职业生涯管理方案。

第五步,各小组在课堂上展示方案,讨论、分析、对比,教师与企业相关领导一起对方案进行点评,并提出指导意见,帮助学生完善自己的方案。

第六步,撰写实训报告。

9.3.6 实训报告

实训结束以后,每位学生必须撰写实训报告,要求在实训报告中阐明相关理论依据以及相关的分析,主要内容参考前文中表1-1。考虑到需要撰写大量的文字,实训报告可以在实训结束后 2 天内完成,由组长收齐后上交指导教师。

9.3.7 实训考核方法

1. 成绩划分标准

实训成绩按照优秀、良好、中等、及格和不及格五个等级评定。

2. 成绩评定标准

(1) 能否把握组织职业生涯管理的含义及相关理论。

(2) 在设计中能否深入企业员工当中,把个人职业生涯目标与组织职业生涯目标结合起来考虑。

(3) 在设计中是否全面考虑到组织职业生涯管理的各个方面。

(4) 小组分工是否合理,合作是否顺畅和谐,小组内各个成员是否都参与其中。

(5) 各小组在调研访谈和课堂讨论中,是否认真、积极投入,表现出良好的团队合作精神。

(6) 是否记录了完整的实训内容,规范地完成实训报告,做到文字简练、准确,叙述通畅、清晰。

(7) 课堂模拟、讨论、分析占总成绩的 20%,组织职业生涯管理方案和实训报告占总成绩的 80%。

9.3.8 实训拓展与提高

1. 基本素质测评方法

基本素质测评方法如表 9-2 所示。

表 9-2 基本素质测评方法

测评方法	测评内容
管理能力测评	运用情境模拟方法中的公文处理技术对管理人员或应聘人员的管理能力进行测评
智力测验	测验人的逻辑推理、语言理解、数字计算等方面的基本能力
卡特尔 16 种个性测验	测验人的内向与外向、聪明与迟钝、激进与保守、负责与敷衍、冒险敢为或胆小畏缩、顾全大局或矛盾冲突、情绪激动或情绪稳定等方面的个性特征
职业兴趣测验	测验职业兴趣是现实型、企业型、研究型、社会型、艺术型还是常规型
气质测验	测验人的气质是胆汁质、多血质、黏液质还是抑郁质
一般能力倾向测验	测验人的图形识别、空间想象、计算的速度与准确性、语言理解、词语组合等方面的能力倾向性
A 型行为与 B 型行为	测验人对自己的要求高,经常定出超出自己实际能力的计划,完不成计划又很焦虑;还是随遇而安,不会强迫自己紧张工作
领导测评	测评其是否适合在当前的职位上工作,哪些职位适合其工作,如何提高管理水平

2. 惠普公司员工的职业生涯设计与管理

美国惠普是世界知名的高科技大型企业，它的被称为"惠普之道"的独特而有效的管理模式为人所称道。该公司聚集了大量素质优秀而训练良好的技术人才，是惠普公司最宝贵的财富，是其发展与拥有竞争力的主要根源。惠普能吸引、保留和激励这些高级人才，不仅靠丰厚的物质待遇，更重要的是靠向这些员工提供良好的提高、成长和发展机会。其中，帮每位员工制订令他们满意的、有针对性的职业发展计划，是重要因素之一。

该公司的科罗拉罗泉城分部开发出一种职业发展自我管理课程，要三个月才能学完。这门课程主要包含两个环节：先是让参加者用各种信度考验的测试工具及其他手段进行个人特点的自我评估；然后将评估中的发现结合其工作环境，编制出每个人的发展途径图。

把自我评估当作职业发展规划的第一步，当然不是什么新方法。自我评估的书籍已在书店泛滥成灾多年，不过这些书本身却缺乏一种成功的要素，那就是在一种群体（小组或班组）环境中所具有的感情支持，在这种环境里大家可以共享激动和劲头，并使之长久维持不衰。

这家公司从哈佛 MBA 班第二年的职业发展课里得到六种工具，用在这门课程的学习里，来获得每个人的特点资料。这些工具如下。

（1）一份书面的自我访谈记录。给每位参加者发一份提纲，其中有 11 道关于他们自己情况的问题，要他们提供有关自己生活（有关的人、地、事件）、他们经历过的转折，以及未来的设想，并让他们在小组中互相讨论，这篇自传摘要体裁的文件将成为随后的自我分析所依据的主要材料。

（2）一套"斯特朗—坎贝尔个人兴趣调查问卷"，这份包含有 325 项的问卷填答后，就能据此确定他们对职业、专业领域、交往的人物类型等的喜恶倾向，为每人跟各种不同职业中成功人物的兴趣进行比较提供依据。

（3）一份"奥尔波特—弗农—林赛价值观问卷"。此问卷中列有多种相互矛盾的价值观，每人需对之做 45 种选择，从而测定参加者对多种不同的关于理论、经济、美学、社会、政治及宗教价值观接受和同意的相对强度。

（4）一篇 24 小时活动日记。参加者要把一个工作日及一个非工作日全天的活动如实而无遗漏地记下来，用来对照其他来源所获同类信息是否一致或相反。

（5）对另两位"重要人物"（指跟他们的关系对自己有较重要意义的人）的访谈记录，每位参加者要对自己的配偶、朋友、亲戚、同事或其他重要人物中的两个人，就自己的情况提出一些问题，看看这些旁观者对自己的看法。这两次访谈过程需要录音。

（6）生活方式描述。每位参加者都要用文字、照片、图或他们选择的任何其他手段，把自己的生活方式描绘一番。

这项活动的关键之处就在于所用的方法是归纳式的而非演绎式的。开始就让每位参加者提供有关自己的新资料，而不是先从某些一般规律去推导出每人的具体情况。这个过程是从具体到一般，而不是从一般到具体，参加者观察和分析了自己提供的资料，从中认识到一些一般性规律，他们先得把六种活动所获资料，一种一种地分批研究，分别得出初步结论，再把六种活动所得资料合为一体，进行综合分析研究。

每人都做好了自我评估后，部门经理逐一采访参加过此活动的下级，听取他们汇报自己选定的职业发展目标，并记录下来，还要写出目前在他们部门供职的这些人的情况与职位。这些信息可供高层领导用来制订总体人力资源规划，确定所要求的技能，并拟订一个时间进度表。当公司未来需要的预测结果与每位学习参加者所制订的职业发展目标对照后相符时，部门经理就可据此帮助他的部下绘制出自己在本公司发展升迁的路径图，标明每一升迁前应接受的培训或应增加的经历。每位员工的职业发展目标还得和绩效目标与要求结合起来，供将来绩效考评时用。部门经理要监测他的部下在职业发展方面的进展，作为考绩活动的部分，并需要对他们提供尽可能的帮助与支持。

思考题：

惠普公司员工的职业生涯设计与管理有什么特点？预计这套方法在保留和激励惠普公司的人才方面会不会有效？为什么？

第 10 章

劳动关系管理

10.1 劳动合同的订立

10.1.1 实训目的

通过本次实训，了解劳动合同的内容、劳动合同订立的程序以及劳动合同订立过程中应注意的问题，学习在劳动合同订立过程中根据具体事实制定劳动合同条款，全面分析劳动合同内容，避免劳动纠纷的发生。

10.1.2 基本知识要点

1. 劳动合同的内容

劳动合同的订立涉及劳动合同的文本内容、短期劳动合同、非全日制劳动合同、无固定期限劳动合同、劳务合同、劳动合同期限、试用期、保守商业秘密协议、培训条款、违约金等方面的知识，《中华人民共和国劳动法》(以下简称《劳动法》)以及《中华人民共和国劳动合同法》(以下简称《劳动合同法》)对上面各项内容都有较为详细的规定。

劳动合同的内容是当事人双方经过平等协商所达到的关于权利义务的条款，劳动合同按照程序合法、内容合法的原则一经签订，就具有法律效力，不得随意更改。

劳动合同的内容包括法定条款和约定条款。

（1）法定条款

法定条款是依据法律规定，劳动合同双方当事人必须遵守的条款。不具备法定条款，劳动合同就不能成立。

法定条款包括以下几方面。

①用人单位的名称、住所和法定代表人或主要负责人。

②劳动者的姓名、住址和居民身份证或其他有效身份证件号码。

③劳动合同期限。

④工作内容和工作地点。

⑤工作时间和休息休假。

⑥劳动报酬。

⑦社会保险，一般包括生育保险、养老保险、医疗保险、失业保险、工伤保险和

住房公积金。

⑧劳动保护、劳动条件和职业危害防护。

⑨劳动纪律。

⑩劳动合同终止的条件。

（2）约定条款

除上面的法定条款外，用人单位与劳动者可以在劳动合同中约定试用期、培训、竞业禁止、第二职业、补充保险和福利待遇等其他事项。

2. 订立劳动合同的程序

订立劳动合同主要包括以下三个程序。

（1）要约和承诺

劳动者或用人单位向对方提出订立劳动合同的建议称为要约，即一方向另一方提出订立劳动合同的要求。提出要求的一方为要约方，与之相对的一方为被要约方。被要约方接受要约方的建议并表示完全同意称为承诺。

在人力资源管理中，要约方往往是用人单位。用人单位通过招工简章、职业介绍机构的招聘登记等形式，提出要约。要约包括工作岗位、工作职务、劳动报酬、劳动条件、保险福利等事项，以及应聘人员应具备的条件等。当然，要约方也可以是劳动者，劳动者可以通过求职信、求职登记等形式提出要约。

（2）相互协商

被要约方与要约方就订立劳动合同的建议和要求进行平等协商，各自向对方如实地介绍自身的真实情况和各自的要求。

（3）双方根据《劳动合同法》的规定签约

3. 订立劳动合同需要注意的事项

（1）正确行使订立劳动合同过程中的知情权

所谓知情权，简单地说，就是劳动合同当事人了解有关信息的权利。

《劳动合同法》第八条规定："用人单位招用劳动者时，应当如实告知劳动者工作内容、工作条件、工作地点、职业危害、安全生产状况、劳动报酬，以及劳动者要求了解的其他情况；用人单位有权了解劳动者与劳动合同直接相关的基本情况，劳动者应当如实说明。"

这里需要注意的是，用人单位履行告知义务必须在订立劳动合同前，而劳动者履行告知义务必须在用人单位招用之时。

（2）禁止设定担保和收取抵押金

《劳动合同法》第九条规定："用人单位招用劳动者，不得扣押劳动者的居民身份证和其他证件，不得要求劳动者提供担保或者以其他名义向劳动者收取财物。"这一规定明确了我国劳动立法就是要禁止用人单位向劳动者收取保证金或风险抵押金的行为。

（3）"临时工"属于事实劳动关系

《劳动合同法》出台后，用人单位不得以使用"临时工"为由，不与职工签订劳动合同、不给职工缴纳社会保险等。《劳动合同法》第七条第一款明确规定："用人单位自用工之日起即与劳动者建立劳动关系。"

（4）试用期属于劳动合同期限的一部分

一些用人单位在招聘时明确表示，新招用人员的试用期是一年，试用期满合格后才能签劳动合同。其实，试用期不签劳动合同的做法，已经违反了《劳动合同法》的规定。试用期是用人单位和劳动者协商确定的劳动合同内容之一。《劳动合同法》第十九条规定："劳动合同期限在三个月以上不满一年的，试用期不得超过一个月；劳动合同期限在一年以上不满三年的，试用期不得超过二个月；三年以上固定期限和无固定期限的劳动合同，试用期不得超过六个月。同一用人单位与同一劳动者只能约定一次试用期。以完成一定工作任务为期限的劳动合同或者劳动合同期限不满三个月的，不得约定试用期。试用期包含在劳动合同期限内。劳动合同仅约定试用期的，试用期不成立，该期限为劳动合同期限。"

可以说，试用期是劳动合同期限的一部分，因为签订劳动合同是在试用期工作之前。同时，《劳动合同法》第二十条规定："劳动者在试用期的工资不得低于本单位相同岗位最低档工资或者劳动合同约定工资的百分之八十，并不得低于用人单位所在地的最低工资标准。"第二十一条规定："在试用期中，除劳动者有本法第三十九条和第四十条第一项、第二项规定的情形外，用人单位不得解除劳动合同。用人单位在试用期解除劳动合同的，应当向劳动者说明理由。"第八十三条规定："用人单位违反本法规定与劳动者约定试用期的，由劳动行政部门责令改正；违法约定的试用期已经履行的，由用人单位以劳动者试用期满月工资为标准，按已经履行的超过法定试用期的期间向劳动者支付赔偿金。"

这些全新的规定对劳动者在试用期的合法权益给予了充分的保证。

10.1.3 实训所需条件

1. 实训时间

本实训周期为1周，课堂展示时间为2课时。

2. 实训地点

一般教室。

3. 实训所需材料

某企业背景资料，最好是当地中型或大型企业。

教师或学生课前初步准备《劳动合同书》（可以分小组准备）。

实训所需的道具，即各工种所需的道具，签到表。签到表如表6-2所示。

10.1.4 实训内容与要求

1. 实训内容

模拟某公司与新招聘员工签订劳动合同的过程，包括新招聘员工提出利益要求、公司提出对员工的要求，以及双方进行协商。

新招聘员工的利益要求必须包括工资、"五险一金"，也可以包括假期、培训、晋升、自由度等。

2. 实训要求

学习《劳动法》以及《劳动合同法》，研究有关劳动合同订立的法律规定。

学习当地的劳动法规，研究当地政府有关劳动合同订立的法律规定。

了解劳动合同的主要内容并且能够制定《劳动合同书》。

了解劳动合同订立的程序以及在此过程中应注意的事项，避免在劳动合同订立过程中产生可能导致劳动纠纷的因素。

能够为企业制定有关劳动合同签订的管理制度，或为已经制定管理制度的，提供建设性的意见。

10.1.5 实训组织方法与步骤

第一步，教师首先说明实训内容、要求以及评分标准。

第二步，教师组织学生进行分组，5~6 名学生为一组，并设组长 1 名对组员进行组织管理。

第三步，教师以抽签或自愿选择的方式为每个小组分配角色，即企业方和招聘员工方。

第四步，教师号召组长组织组员模拟企业与新招聘员工签订合同的过程。

第五步，模拟之后，各组对模拟过程中出现的问题比如纠纷、矛盾或摩擦进行讨论分析，集思广益，提出解决问题的办法以及避免类似问题再次发生的建议，并形成 PPT 文件和文字报告，包括课前准备的劳动合同书、修改之后的劳动合同书等。

第六步，教师组织各小组通过抽签按顺序在课堂上公示报告结果。每组 PPT 文件的展示时间为 15 分钟。

第七步，公开展示后，各小组根据各项考核标准进行自我评价，评价结果不作为评分参考。

第八步，撰写实训报告。

10.1.6 实训报告

实训结束以后，每位学生必须撰写实训报告，要求在实训报告中阐明理论依据以及相关的分析，主要内容参考前文中表 1-1。考虑到需要撰写大量的文字，实训报告可以在实训结束后 2 天内完成,由组长收齐后上交指导教师。

10.1.7 实训考核方法

1. 成绩划分标准

实训成绩分按照优秀、良好、中等、及格和不及格五个等级评定。

2. 成绩评定标准

(1)实训表现评定参考准则

①选用的案例是否合适,案例的准备工作是否充分,包括道具的准备、时间和场所的安排。

②实训案例的背景介绍是否清楚。

③是否能有效地控制模拟的过程。

④总结是否恰当、完整。

(2)实训报告评定参考准则

①是否有完整的原始材料,如文字材料,如有条件配以有关游戏过程的照片或录像形式。

②是否记录完整的实施过程和确切的实训结果。

③是否有实际收获和体会,包括活动体现的实践价值、对今后有关工作的建议等。

④实训表现所占成绩比重较大,为 70%,实训报告占总成绩的 30%。

10.1.8 实训拓展与提高

某公司在与员工签订劳动合同时遇到一个棘手问题,员工甲 2017 年 1 月 1 日进厂,但公司一直遗忘与员工甲签订劳动合同,员工甲知道公司如果不与其签订书面劳动合同,依法需要向其支付双倍的工资,因此一直不动声色,直至 2008 年 5 月 1 日,公司对劳动合同进行了一次普查,才发现与员工甲漏签了劳动合同,公司表示要与员工甲补签劳动合同,员工甲同意补签,但是公司要先支付其 2008 年 1 月至 4 月的一倍工资,否则员工甲只愿意将补签劳动合同日期订在 2008 年 5 月 1 日。

问题:公司应当如何处理上述案件较为妥当?

10.2 劳动合同的中止、变更、解除、续订与终止

10.2.1 实训目的

通过本次实训,理解劳动合同中止、变更、解除、续订与终止的程序及有关规定,掌握其中应注意的问题,避免产生导致劳动纠纷的因素。

10.2.2 基本知识要点

1. 劳动合同的终止

（1）劳动合同中止的含义

劳动合同中止是指在劳动合同履行的过程中，出现法定或约定的状况，致使没有劳动过程但是劳动合同关系仍继续保持的状态。劳动合同中止履行的，劳动合同约定的权利和义务暂停履行（但是法律、法规、规章另有规定的除外），待到法定或约定的原因消除后，劳动合同仍继续履行。中止履行劳动合同期间用人单位一般办理社会保险账户暂停结算（封存）手续。中止期间如若劳动合同期满的，劳动合同终止。

（2）劳动合同中止履行的情形

一些地方性劳动法规规定，有以下情形发生时，劳动合同可以中止。

①劳动者应征入伍或履行国家规定的其他法定义务的。

②劳动者暂时无法履行劳动合同的义务，但仍有继续履行条件和可能的。

③法律、法规规定的或劳动合同约定的其他情形。

劳动合同中止情形消失的，劳动合同继续履行，但法律、法规另有规定的除外。

2. 劳动合同的变更

（1）劳动合同变更的含义

劳动合同的变更是指劳动合同双方当事人就已经订立的合同条款达成修改、补充或废除的法律行为。

（2）劳动合同变更的条件

①订立劳动合同所依据的法律、法规、规章制度发生变化，应变更相关的内容。

②订立劳动合同所依据的客观情况发生重大变化，致使劳动合同无法履行，应变更相应的内容。这里所指的客观情况包括：发生自然灾害或企业事故；企业调整生产任务；企业分立、合并、迁移厂址；劳动者个人情况发生变化，要求调整工作岗位或职务等。

③提出劳动合同变更的一方应提前书面通知对方，并要平等协商一致方能变更合同。

有些企业中的劳动者会在拒绝错误指令时遭到企业开除，理由是劳动者违反了劳动合同。某些企业想开除员工时，会故意设置违章指令让员工就范，如员工拒绝执行则以此为解除合同的依据。《劳动合同法》第三十二条明确规定："劳动者拒绝用人单位管理人员违规指挥、强令冒险作业的，不视为违反劳动合同。劳动者对危害生命安全和身体健康的劳动条件，有权对用人单位提出批评、检举和控告。"

针对企业通过更换法人而掩盖经济性裁员的目的，《劳动合同法》第三十三条规定："用人单位变更名称、法定代表人、主要负责人或者投资人等事项，不影响劳动合同的履行。"同时，该法第三十四条规定："用人单位发生合并或者分立等情况，原劳动合同继续有效，劳动合同由承继其权利和义务的用人单位继续履行。"

3. 劳动合同的解除

（1）劳动合同解除的含义

劳动合同的解除是指劳动合同签订以后，尚未全部履行之前，由于一定事由的出现，提前终止劳动合同的法律行为。

（2）劳动合同解除的条件及赔偿金核算

依据《劳动法》的规定，经当事人协商一致，劳动合同可以解除。双方协议解除劳动合同时，应提前书面通知对方。

《劳动合同法》第四十七条规定："经济补偿按劳动者在本单位工作的年限，每满一年支付一个月工资的标准向劳动者支付。六个月以上不满一年的，按一年计算；不满六个月的，向劳动者支付半个月工资的经济补偿。劳动者月工资高于用人单位所在直辖市、设区的市级人民政府公布的本地区上年度职工月平均工资三倍的，向其支付经济补偿的标准按职工月平均工资三倍的数额支付，向其支付经济补偿的年限最高不超过十二年。本条所称月工资是指劳动者在劳动合同解除或终止前十二个月的平均工资。"

依据《劳动合同法》第三十六条，三十八条，四十条，四十一条第一款，四十四条第一款、第四款和第五款的规定而协议解除劳动合同的，用人单位须按照《劳动者合同法》第四十七条之规定向劳动者进行赔偿。根据该法第八十七条之规定，若用人单位违反《劳动合同法》的规定而解除或终止劳动合同，必须依照《劳动合同法》第四十七条规定的经济赔偿标准的二倍向劳动者支付赔偿金。

（3）用人单位单方随时提出解除劳动合同且不承担经济补偿的条件

《劳动合同法》第三十九条规定，劳动者有下列情形之一的，用人单位可以解除劳动合同。

①在试用期间被证明不符合录用条件的；

②严重违反用人单位的规章制度的；

③严重失职，营私舞弊，给用人单位造成重大损害的；

④劳动者同时与其他用人单位建立劳动关系，对完成本单位的工作任务造成严重影响，或者经用人单位提出，拒不改正的；

⑤因本法第二十六条第一款第一项规定的情形致使劳动合同无效的；

⑥被依法追究刑事责任的。

（4）用人单位不得解除劳动合同的情况

《劳动合同法》第四十二条规定，劳动者有下列情形之一的，用人单位不得依照本法第四十条、第四十一条的规定解除劳动合同。

①从事接触职业病危害作业的劳动者未进行离职前职业健康检查，或者疑似职业病病人在诊断或者医学观察期间的；

②在本单位患职业病或者因工负伤并被确认丧失或者部分丧失劳动能力的；
③患病或者非因工负伤，在规定的医疗期内的；
④女职工在孕期、产期、哺乳期的；
⑤在本单位连续工作满十五年，且距法定退休年龄不足五年的；
⑥法律、行政法规规定的其他情形。

（5）劳动者单方解除劳动合同的情况

《劳动合同法》第三十七条规定：劳动者提前三十日以书面形式通知用人单位，可以解除劳动合同。劳动者在试用期内提前三日通知用人单位，可以解除劳动合同。

该法第三十八条规定，用人单位有下列情形之一的，劳动者可以解除劳动合同。
①未按照劳动合同约定提供劳动保护或者劳动条件的；
②未及时足额支付劳动报酬的；
③未依法为劳动者缴纳社会保险费的；
④用人单位的规章制度违反法律、法规的规定，损害劳动者权益的；
⑤因本法第二十六条第一款规定的情形致使劳动合同无效的；
⑥法律、行政法规规定劳动者可以解除合同的其他情形。

用人单位以暴力、威胁或非法限制人身自由的手段强迫劳动者劳动的，或者用人单位违章指挥、强令冒险作业危及劳动者人身安全的，劳动者可以立即解除劳动合同，不需事先告知用人单位。

4. 劳动合同的续订

劳动合同续订是指有固定期限的劳动合同到期，双方当事人就劳动合同的有效期进行商谈，经平等协商一致而续延劳动合同期限的法律行为。

提出劳动合同续订要求的一方应在合同到期前30天书面通知对方。

5. 劳动合同的终止

（1）劳动合同终止的含义

劳动合同的终止，是指劳动合同依法生效后，因出现法定情形和当事人约定的情形而导致劳动合同的效力消灭，当事人之间的权利、义务关系终止。劳动合同关系是当事人依法自行设定的权利、义务关系。劳动合同当事人之间可以根据一定的法律事实设立权利、义务关系，也可以因一定的法律事实而消灭相互之间的权利、义务关系，终止劳动合同。

（2）劳动合同终止的条件

《劳动合同法》第四十四条规定，有下列情形之一的，劳动合同终止。
①劳动合同期满的；
②劳动者开始依法享受基本养老保险待遇的；
③劳动者死亡，或者被人民法院宣告死亡或者宣告失踪的；

④用人单位被依法宣告破产的；

⑤用人单位被吊销营业执照、责令关闭、撤销或者用人单位决定提前解散的；

⑥法律、行政法规规定的其他情形。

该法第四十五条规定：劳动合同期满，有本法第四十二条规定情形之一的，劳动合同应当续延至相应的情形消失时终止。但是，本法第四十二条第二项规定丧失或者部分丧失劳动能力劳动者的劳动合同的终止，按照国家有关工伤保险的规定执行。

（3）劳动合同中止与终止的区别

法律意义上的中止与终止是截然不同的概念。

中止，主要是说某行为未完全结束而于期间停住（存在继续的可能和条件）、某个法律时效暂时停止计算（之后继续计算）等一种在进行中突然暂时停止的情形。

终止，主要是说某行为无论是否发生预期效果都完全停止，不再继续，或某个法律时效停止计算等情形。

中止的行为或事件有可能在之后继续，而终止则表示行为或事件完全停止，中止可以发展到终止。

10.2.3 实训所需条件

1. 实训时间

本实训周期为1周，课堂展示时间为2课时。

2. 实训地点

多媒体教室。

3. 实训所需设备材料

实训所需的道具，即各工种所需的道具，签到表。

10.2.4 实训内容与要求

1. 实训内容

通过对课前准备的案例进行分析讨论，掌握劳动合同的应用及注意事项。

这里需要收集的案例应该为有关劳动合同中止、变更、解除、续订与终止的内容，可以参照本节"实训拓展与提高"中提供的案例。

收集案例的方式：查阅有关书籍等资料，这样做的效果是涉及的案例较全面；教师带领学生到有关企业或律师事务所进行实地采访，这样做的效果是增强学生对知识的理解和掌握。

2. 实训要求

（1）学习《劳动法》以及《劳动合同法》，研究有关劳动合同中止、变更、解除、续订与终止的法律法规。

（2）学习当地的劳动法规，研究当地政府有关劳动合同中止、变更、解除、续订与终止的法律法规。

（3）了解劳动合同中止、变更、解除、续订与终止的程序以及在此过程中应注意的事项，避免在劳动合同中止、变更、解除、续订与终止过程中产生可能导致劳动纠纷的因素。

（4）对于因劳动合同中止、变更、解除、续订与终止而导致的纠纷能够厘清头绪，进行深入分析。

（5）要求教师在实训过程中做好组织工作，给予学生必要的、合理的指导，使学生加深对理论知识的理解，提高实际分析、操作能力。

10.2.5　实训组织方法与步骤

第一步，教师首先说明实训内容、要求以及评分标准。

第二步，教师组织学生进行分组，5~6 名学生为一组，并设组长 1 名对组员进行组织管理。

第三步，由教师或组长带领学生在课下进行案例的收集、整理工作。

第四步，在课上，教师号召组长组织组员对收集的案例进行分析讨论，集思广益，提出解决问题的办法以及避免类似问题再次发生的制度修改建议，并形成 PPT 文件和文字报告。

第五步，教师组织各小组通过抽签按顺序在课堂上公示报告结果。每组 PPT 文件展示时间为 15 分钟。

第六步，公开展示后，各小组根据各项考核标准进行自我评价，评价结果不作为评分参考。

第七步，教师讲评。

第八步，撰写实训报告。

10.2.6　实训报告

实训结束以后，每位学生必须撰写实训报告，要求在实训报告中阐明理论依据以及相关的分析，主要内容参考前文中表 1-1。考虑到需要撰写大量的文字，实训报告可以在实训结束后 2 天内完成，由组长收齐后上交指导教师。

10.2.7　实训考核方法

1. 成绩划分标准

实训成绩按照优秀、良好、中等、及格和不及格五个等级评定。

2. 成绩评定标准

（1）实训表现评定参考准则

①选用的案例是否合适，案例的准备工作是否充分，包括道具的准备、时间和场所的安排。

②实训案例的背景介绍是否清楚。

③是否能有效地控制模拟的过程。

④总结是否恰当、完整。

（2）实训报告评定参考准则

①是否有完整的原始材料，如模拟过程的文字材料，如有条件配以有关游戏过程的照片或录像形式。

②是否记录完整的实训过程和确切的实训结果。

③是否有实际收获和体会，包括活动体现的实践价值、对今后有关工作的建议等。

④实训表现所占成绩比重较大，为70%，实训报告占总成绩的30%。

10.2.8 实训拓展与提高

1. 经典案例：劳动合同终止

李先生是上海某企业新招用的大学生。双方在劳动合同中签订：李先生担任企业产品的工艺设计工作，合同期两年，试用期为三个月。合同签订后，李先生在担任辅助工作期间努力学习，积极创新，受到了企业的嘉奖。三个月试用期过后，李先生被安排到正式设计岗位工作。半年后的某一天，李先生收到家中来电，称其父亲患病，希望李先生能去看望。李先生为尽孝心，决定请假前往。于是，他向企业请三个月探亲假，并表示请假期间不享受工资待遇。企业对李先生的工作比较满意，同意了李先生的请假要求，并希望其按时返回履行合同。三个月后，李先生在家致电企业，称其父亲尚未痊愈，希望续假三个月。企业希望李先生尽快回来。

又一个月后，李先生结束探亲回到企业上班，但是被告知企业为正常经营已另用他人顶替李先生工作，请李先生另谋高就，同事交给李先生一张终止劳动合同的通知。李先生认为双方合同期未满，企业不能终止合同，双方于是发生了争议。

思考：如果这个案例发生在2008年1月1日之后，该如何处理？

点评：根据《劳动合同法》第三十九条、四十条、四十一条和四十四条的有关规定，用人单位可以解除或终止与劳动者的劳动合同。但是，本案例中李先生向企业请长假出现劳动合同中止履行的情况并不符合《劳动合同法》上述四条规定中的任何一条，因此企业单方面解除劳动合同的做法违反了《劳动合同法》的规定。

根据《劳动合同法》第四十八条之规定：用人单位违反本法规定解除或者终止劳动合同，劳动者要求继续履行劳动合同的，用人单位应当继续履行；劳动者不要求继续履行劳动合同或者劳动合同已经不能继续履行的，用人单位应当依照本法第八十七条规定支付赔偿金。

其实，我国《劳动合同法》对于劳动合同中止还没有明确的规定。如果有中止的情况出现，劳动者与用人单位应当书面约定当中止的情形消失后可以继续履行原合同，以免出现争议。例如本案例中，企业同意李先生请假回家探亲，劳动合同中止；三个月后企业要求李先生尽快回来工作，这属于"仍有继续履行条件和可能的"情形；李先生回来上班后，劳动合同中止情形已消失，双方的劳动合同应继续履行。

2. 公司未给员工开离职证明是否要赔钱

杨某2009年7月20日被某连锁酒店录用，双方签订了劳动合同，约定工作期限为2012年9月3日至2017年9月2日。

此外，劳动合同上还载明，杨某同意根据公司的工作需要，在全国从事酒店服务岗位工作。公司则根据需要，结合杨某的能力或工作表现，可以变更杨某的工作岗位或职务并相应变更其劳动报酬。

2013年7月8日，杨某被派驻密云某加盟店任店长，同年11月8日，杨某被调离该岗位。杨某认为自己被调离的理由是她给该店造成了损失。

被调离后的第三天，公司通知杨某去齐齐哈尔筹备新店，杨某以腿伤为由拒绝，随后，公司再次通知杨某去上海工作，并发邮件限其三日内到上海报到。杨某再次以腿伤及怀孕为由拒绝。

2013年12月9日，杨某申请离职，理由为"个人原因，寻求其他发展"。

2014年3月，杨某向某公司求职，并被该公司录用，该公司通知杨某，要求其携带原公司离职证明等材料于2015年3月25日下午2时到人事处办理入职手续。

因杨某无法提供离职证明，该公司决定不再录用杨某。

杨某表示自己曾数次要求原单位给自己开具离职证明，但均遭到了拒绝，为此，杨某将原单位某连锁酒店诉至法院，要求其赔偿自己因此遭受的损失11万余元。

庭审中，杨某向法庭提交了后一家公司为其出具的证明，证明中显示杨某已被该公司录用为"中英文文案策划，基本工资为8 000元/月，因杨某无法提供离职证明，为了避免劳动合同争议，该公司未能录用杨某。"

同时，杨某出具了与原单位领导索要离职证明遭拒的短信记录。杨某原单位则认为杨某后被公司录用一事为虚假，但并未提供相应证据。

法院经审理认为，当事人应当为自己的主张提供证据，没有证据或是证据不足以证明当事人主张的，由负有举证责任的当事人承担不利后果。

用人单位未向劳动者出具解除劳动合同书面证明，给劳动者造成损害的，应当承担赔偿责任。

本案中，连锁酒店未及时应杨某要求出具离职证明，对杨某失去工作机会，产生经济损失的后果负有责任，应当予以赔偿，故判决连锁酒店为杨某出具离职证明（已执行），并赔偿杨某经济损失 2.5 万元，同时驳回了杨某其他诉讼请求。

10.3 集体谈判模拟实验

10.3.1 实训目的

了解劳动关系管理相关的法律法规；掌握集体谈判的要点和技巧；提高沟通协调能力和应变能力等。

10.3.2 基本知识要点

1. 集体谈判的含义

集体谈判是指劳方集体性地通过工会，与资方谈判雇佣条件，资方必须参与，谈判结果具有法律约束力。其目的是希望劳资双方能够在一个较平等的情况下订立雇佣条件，以保障劳方应有的权益。而集体谈判权就是一些国家及地区赋予劳工的一种权利。

集体谈判的作用意义是双重的，对雇员来讲，通过集体行动，可以有效抑制雇主一些不合理的、侵犯劳动者利益的行为发生，为劳动者争得平等的地位、必要的劳动条件和基本的生活保障等一些合法权益。对雇主来讲，通过谈判的方式可以加强劳资双方的沟通与合作，促进劳动关系的稳定，推动企业目标的实现和效益的提高。

市场经济条件下，集体谈判不是解决劳资冲突的唯一有效方式，因为劳资之间的对立与冲突是不可能根除的。集体谈判的双方，都有强制力量和破坏方式做后盾。对工人来说，集体谈判不成功，工会以罢工作为最后的解决手段；对雇主来说，某些谈判条件没有满足，也会以停工和对工人代表施加压力相要挟。

随着劳资关系的性质和解决方式的改变，许多西方国家的企业也在尽量避免这种两败俱伤的解决方式，尽量采取相互让步和妥协的解决途径。

2. 集体谈判模拟实验的要点

（1）进行集体模拟谈判之前，要明确谈判的方向和目标，确定谈判议题和提纲，并与本方成员就各项议题及目标达成共识。充分做好实训教学前的准备工作。

（2）记录好所有的准备工作、谈判策略、分析工作与结果，并于下次上课时上交教师。

（3）投入程度决定学习的效果和成绩。所以要在全程放开自己，不要害羞，尽量投入自己的角色，不能因为这只是角色扮演而马马虎虎。

（4）必要时可引用劳动法、工资集体协商办法等，或依个人经验对角色的活动进行适当的增减，但以不违反案例内容或增添新的谈判议题为原则。

（5）努力尝试说服自己的对手接受自己的理由，方式可由自己选择。

（6）模拟集体谈判之前，就事先准备、谈判攻略、沟通情况、目标达成、双方关系等方面做好总结评估，为今后提高工作水平提供参考。

3. 集体谈判的策略和技巧

在协商过程中，双方协商代表，应当对正式协商的实施运作从策略上进行整体运筹谋划。从协商策略的类型看，主要包括：进攻策略、退却策略和迂回策略等。平等协商策略的运用，是一种复杂巧妙的组合搭配，实战中往往需要攻守兼备，扬长避短。协商策略一旦确定，双方各自的协商代表都应按照本方确定的策略执行，切忌各行其是。

实践中，协商技巧的运用十分灵活，具体可通过下列原则得以体现。

（1）双赢原则，即在协商过程中，不仅应考虑职工方面的利益目标，同时也应兼顾企业方面的利益目标，从而通过有效的协商和所达成的共识，使双方的利益目标趋向接近，进而使双方通过协商共同受益。

（2）4P 原则，即政策（policy）、预测（predict）、准备（preparation）、陈述（presentation），在协商过程中，不仅应坚守本方的基本政策和主张，同时又能够预测对方可能作出的反应并适时采取相应的对策；不仅对协商资料准备充分，而且能够充分陈述自己的立场和基本主张。

（3）2C 原则，即控制（control）、协调（coordination）。在协商过程中，不仅能够有效控制协商的过程并使其逐渐靠近所期望达到的目标，同时又能够有效协调内部成员之间的分工以形成默契配合。

10.3.3 实训所需条件

1. 实训时间

本次实训以 4 个课时为宜。

2. 实训地点

多媒体教室或实验室。

3. 实训所需材料

模拟实训所需的案例背景、案例材料，准备实训所需的道具，即各工种所需的道具，签到表。

10.3.4 实训内容与要求

1. 实训内容

××煤矿公司劳资谈判

（1）××煤矿公司背景

××煤矿是一家中型国有企业。煤矿业是当地的支柱产业，政府的关注程度很高，近年来一直在大力推行煤矿企业的兼并重组工作。在此背景下,一方面,煤矿企业开始逐渐重视员工福利,政府也给予了极大支持;另一方面,煤矿工人也逐渐意识到可以通过怠工、停工的方式要求权益,促使公司正视劳方需求。

(2)谈判事由

煤矿公司员工要求公司加薪或给予更多的福利照顾,如未能达到员工满意效果,则以怠工、停工威胁来达成目的。虽然此次之前有过几次协商,但都无果而终。具体的事件和焦点有以下四项。

①由于多次协商无果,5 名员工不满矿长排班安排,与矿长争执发生口角,矿长将 5 名员工停职。

②井下机械设备出现过几次无法运作的情况,但是经简单修理后可以使用。

③井下时常出现小事故,虽未有人员受伤,但是员工感到不安,希望增设安检人员以保障他们的生命安全。

④低温、有毒补助虽然符合国家标准,但是与本行业其他企业相比并不算高,同时员工认为公司这些年的高额利润应该能够满足员工对补贴的要求。

(3)劳方要求

工会主席要求公司尽量满足员工的要求,员工坚决要求公司提高福利待遇,如果不能达成协议,员工有可能停工。作为谈判主要成员的工会主席不愿意看到两败俱伤的结果,而是希望公司和员工都能有良好的发展。根据劳资双方先前的协商结果,劳方拟定了协商的内容大纲与可能协议细目,大纲如下所列:

井下采掘人员起薪提高幅度	现为 1 400 元/月
井下辅助人员薪资提高幅度	现为 1 200 元/月
提高矿工的年休假长度(工作未满 5 年员工)	现为 10 天
提高矿工的年休假长度(工作满 5 年员工)	现为 15 天
增加机械维修师编制	—
增加安检人员人数	—
低温、有毒、有害条件下的补助	目前没有补助
矿长的命运	—
5 名员工的命运	—

(4)资方要求

作为资方代表,总经理认为要考虑到公司目前的发展情况。同时,由于近年来政府对煤矿企业的监管力度加强,公司在安全与员工福利上也一直非常重视并且投入很大。随着煤矿资源的不断减少,公司的产量已大不如前。基于公司的发展状况,员工薪资及福利不宜作出大幅度调整。然而资方也不希望和工会搞僵关系,希望缓和员工和公司的关系,为公司创造出更多的利润。所以资方的谈判原则是,以公司利益为大,员工福利同样要考虑。

老北京味道餐饮管理公司集体谈判案例

（1）材料说明

材料中的信息是资方代表和劳方代表在形成模拟集体谈判策略时必须考虑的信息。案例最后附录多张表格，对于开展集体谈判的老北京味道餐饮管理公司（以下简称"老北京味道"）的背景和所处的市场环境进行了详细的描述。其中包括工资率、公司财务状况、行业状况等内容。

谈判双方遵守下列基本原则：工人和管理方均试图达成协议而无须求助罢工或闭厂的形式，但是需要通过谈判争取各自利益的最大化。

（2）公司情况介绍

老北京味道餐饮管理公司是在北京市东城区注册成立的一家有限责任公司，始创于1992年，主要经营老北京风味各式经典菜品，是北京最具知名度和影响力的餐饮品牌之一，入选北京"50强餐饮企业"，采用24小时营业模式，在北京开设30家门店，还建立了一个菜品研发中心、一个蔬菜种植基地、一个食品加工中心和一个采购配送中心。食品主推"传统、健康、绿色"，顾客人均消费80元。

2013年以来，受中央"八项规定"和反对铺张浪费、提倡勤俭节约的政策影响，以及快餐等大众餐饮业的竞争冲击，老北京味道的营业受到一定程度的影响。高价值酒水、菜品消费大幅度减少，公司利润下滑，到2015年季度，公司的盈利状况并未明显好转。公司决定继续研发大众菜品的同时，考虑开展创新的营业模式，实现转型发展，其中调整人员队伍和店员工作势在必行。

（3）行业概况

2013年度北京50强餐饮企业（集团）与百强餐饮门店的销售收入总额（已扣除重复统计部分）为276.81亿元，较2012年50强集团、百强门店销售收入总额下降了7.2%。这是自2009年开展北京餐饮百强认定以来营业额总收入首次出现下跌。其中，餐饮50强集团营业收入同比下降6.7%；百强门店营业收入同比下降17.7%。北京餐饮业打破了连年快速递增的态势，个别企业发展甚至陷入"冰点"，迫切需要加快转型。从50强餐饮企业集团的业态分布来看，正餐类占席位的60%，但销售额占比仅为42%；快餐、休闲、团膳等综合类占席位的24%，销售额占比却达到48%。旗下拥有庆丰包子铺、护国寺小吃两个大众化连锁品牌的华天饮食集团，在2013年北京餐饮行业20年来首次出现负增长的背景下，销售额却逆势上扬11.12%，跃居2013年度北京餐饮50强的第四把交椅。

2014年度北京餐饮业持续下滑。2015年全国总工会强调职工正常福利不能削减，北京餐饮业一季度营业状况有所回暖。大众化和休闲化的餐饮逐渐成为主流，而休闲餐饮的需要显得更为迫切，消费者更为偏好的是休闲性餐饮，如快餐、咖啡厅等。特别是白领阶层，对于小资范儿更明显的休闲餐饮有极大的好感。可见未来休闲餐饮或许会成为餐饮发展的新亮点。

（4）公司人员结构

公司共拥有员工 2 000 余人，包括管理人员、厨房人员、店内服务员、采购运输人员、种植人员、研发人员、信息维护人员、保安等。人工成本占销售额的比重过高。此次谈判涉及 1 000 名店内服务人员和 1 200 名厨房人员。服务员平均年龄 22 岁，女性占 70%，在老北京味道的工龄平均 1.5 年。厨房工作人员平均年龄 36 岁，女性占 40%，平均工龄 6 年。

公司此前服务员和厨房人员采用 8 小时工作制，每天 4 个班次，分班轮换，每周休息 2 天。本次谈判公司方面想最大限度地节约人力成本，一方面打算裁减人员，另一方面打算调整店内服务人员和厨房人员工作时间，在中午 11：30—2：00，下午 5：00—9：30 引入非全日制的小时工人员。

（5）公司工会及劳动关系状况

老北京味道公司工会成立于 2004 年，属于较早建立工会的餐饮企业，隶属于东城区工会。总体来说，公司并不反对建立工会，而且事实上，公司工会在协调劳动关系方面发挥了重要的积极作用。工会与公司较早展开集体协商，自 2009 年起与公司签订综合性集体协议，且约定 2 年重新签订一次。最近一次的综合性集体协议为 2013 年签订，本次重新签订协议日期临近。工会预计到公司方面将有大的变动。

另外，2014 年工会方面积极与公司签订工资专项集体协议，这得益于北京市餐饮业的行业集体协议。2014 年 9 月 1 日，对于北京市餐饮行业部分企业职工来说是一个非同寻常的日子，本市 22 家餐饮连锁企业，12 个特色美食街区的 569 个企业与职工签订了工资协商专项集体合同，涉及职工 21 701 名，根据该合同，参与协商的企业最低工资标准不低于 2 000 元，高于本市最低工资标准 28.2%。这对于有 6 万多家餐饮企业的北京来说，覆盖到的企业虽然不到 1%，实际意义有限，但形式意义非凡，意味着全市餐饮行业掀开了新的一页。老北京味道虽然未参与本次行业集体协商，但是在公司工会的积极作用之下，与工会签署了工资集体协议，约定各类岗位最低工资标准从原来的 1 800 元提高到不低于 2 000 元。

工会与公司的关系是建设性的，总体较为和谐。2009 年，因为公司未给服务员缴纳社会保险，公司曾出现过一次短暂的小规模停工事件，对于此次停工地方工会积极干预，公司及时回应，事后为所有员工缴纳社会保险，并且给在职员工补缴社会保险，未酿成严重的劳动者群体性事件。老北京味道员工工资待遇在同行业中处于中上水平，公司按时足额为所有员工缴纳社会保险，为单身员工就近安排集体宿舍，为晚班员工提供休息场所；定期组织员工做健康体检，为困难员工提供援助。

（6）谈判前情况

对于公司前景，管理层保持积极乐观的态度，但与其他餐饮公司一样，也担心餐饮行业的不景气带来的更高的劳动成本、场地租金。为了应对危机，公司启动了降低成本的计划，强调了控制人工成本的重要性。近期，公司发表了一系列公开声明，分析目前餐饮行情和竞争态势，希望在随后的谈判中从工会获取工资方面的让步。其声明如果不这么做，可能会丧失目前在本地区的竞争优势。公司打算在工作时间调整上与工会代表进行协调，并适当裁减人员、缩减营业规模。但裁员后如何计算补偿，对于劳资双方又是一个有待解决的问题。

公司尽量避免罢工行为，但是如果双方无法达到合理的协议，有可能真的出现停工或罢工。谈判需要公平，但是也要极力避免人工成本增加导致未来的增长停滞，影响盈利能力和公司的生存。公司在积极准备谈判的同时，也在准备它的最佳替代方案，即积极与外包公司接洽，准备在忙时采用外部小时工的方式解决劳动力短缺问题。

公司管理方表示将本着与劳动者合作互信的原则，共同分享企业经营目标和经营成果，但工会持观望态度，希望管理层能做到言行一致。工会也在积极收集劳动者的诉求，其中最明显的呼声是要求提高工资。

（7）相关资料

资料1：公司当前部分岗位的工资　　　　　　　　　　　　　　　　　　元

工资等级	工种	工资率
1	服务员	
	一级服务员	11.49
	二级服务员	14.37
	三级服务员	17.24
	大堂经理	54.47
2	厨房人员	
	厨师长	114.94
	领班	57.47
	高级厨师	68.96
	中级厨师	57.47
	初级厨师	40.22
	三级杂工	17.24
	二级杂工	14.37
	一级杂工	11.49

资料2：公司净销售额和净收入　　　　　　　　　　　　　　　　　　元

年份	净销售额	净收入（未刨除人工成本）
2012	3 269 681 370	1 871 356 610
2013	2 491 185 800	1 220 681 040
2014	2 092 596 070	837 038 430
2015年第一季度	470 834 110	177 870 660

资料3：公司员工工资占销售额的比重

年份	所占比重
2012	16%
2013	21%
2014	25%

注：餐饮业员工工资占销售额的16%~18%属于正常水平，超过20%则为亏损状态。

GZ大学城环卫工人劳资集体谈判案例

（1）案例背景

GD物业管理有限公司（以下简称"GD公司"）是GZ大学城的一家老牌物业管理公司，自GZ大学城开始运营以来的10年时间，一直负责大学城的物业管理工作。2015年4月，GZ大学城进行了新一轮物业管理的竞标，GD公司在竞标过程中意外失败，新的物业公司将于9月初进行物业管理接管。但是，GD公司并没有把这一情况告知200多名环卫工人，而是与他们续签了一份为期4个月的劳动合同，并在合同中进行了工作地点的变更，由原来的大学城改为PY、GZ或空白。

GZ大学城的环卫工人绝大多数是因为建造大学城而失去土地的村民，有着10多年的维权经验。2015年8月初，环卫工人终于知道了GD公司即将退出大学城物业管理的消息，由于担心自己未来的工作及安排问题，环卫工人很快就团结和组织起来，开始向GD公司展开了维权抗争。

（2）事件经过

2015年8月21日，GZ大学城的环卫工人举行了第一次罢工抗议。适逢大学城部分高校开学的日子，200多名环卫工因合同终止，GD公司不承认工龄，集体举行了罢工抗议。在此之前，工人们从8月8日开始，先后去过公司、街道办以及劳动监察等相关部门，后者不是避而不见就是敷衍了事，没有给予任何积极的回应，工人们像皮球一样被踢来踢去。眼看劳动合同即将在8月31日终止，环卫工们不知道自己将何去何从，迫于无奈，他们决定在开学日举行罢工，希望以此引起社会和学生的关注。

2015年8月22日，200多名环卫工人集体前往GD公司、街道办、劳动监察部门提交了诉求书，要求GD公司在三天之内给予回应，否则将继续采取行动。下面是大学城环卫工人诉求书的内容摘要：

从2004年至今，200多位环卫工开始为大学城的物业管理服务。2005年，全部环卫工人的劳动关系从市Q环卫处转到GD物业管理有限公司，直到2015年8月。在此期间，环卫工人与公司至少签了三次合同，还不包括两次总共一年多的变更合同。如今，由于GD公司没有中标，200多名环卫工的去处也没有说法，环卫工的合法权益受到侵害，对此，环卫工提出以下诉求，期望公司回应，同时期望政府相关部门依法执法，监督公司保障工人的合法权益。

①去向问题。根据2015年5月1日签订的《劳动合同变更协议书》，所有工人的

合同将于 2015 年 8 月 31 日中止，而 200 多名环卫工的去向却至今没有说法。据传将被分配到大学城外的地方从事楼宇保洁等类型的工作。所有工人对此深感忧虑，强烈要求公司告知每个工友的具体去向安排（包括工种、工作内容、工作地点、工作时间和工作待遇等）。对于将来的工作安排，工人应当有参与决策和协商的权利，不能接受公司单方面强加的工作安排。

②合同问题。之前与公司签订的合同中工作地点五花八门，包括 GD、GZ、PY 等，没有具体的工作地点，哪怕具体到街道。个别合同没有起止日期。之前签订劳动合同时，公司要求工人在空白合同上签字按手印，而具体合同内容却不告知。自 2005 年至今，工人与 GD 公司至少签订了三次合同，还不包括两次总共一年多的变更合同，因此强烈要求依法签订无固定期限劳动合同，并对 2010 年以来未签订"无固定期限合同"的行为进行依法补偿。

③工作量问题。自 2010 年亚运会以来，环卫工数量不断减少，扫水车和扫路车再未出现，全部工作都是人工打扫，清扫面积不断增加，工人实际的劳动量大大增加（是以前的 2~3 倍），未完成工作任务则要扣除工资。更令人不满的是，公司承包绿化带的园林工作，却将部分工作强加给该路段的环卫工，要求环卫工从事工作范围之外的工作（这个问题与劳动合同未能明确工作内容有关）。因此要求公司补偿自 2010 年以来每个月因工作量增加的费用（每月至少 20 元）。

④工作内容和待遇。自 2004 年大学城建设以来，政府承诺对每一名环卫工就地安排就业，如果更换工作内容，工人现有的待遇将不能得到保障。大多数环卫工从事环卫工作长达 10 年之久，希望继续从事环卫工作，并且待遇能得到提高。另外，环卫工的家庭都在大学城，这里是环卫工的老家，是环卫工生长的地方，因此强烈要求在大学城内继续从事环卫工作。

8 月 23 日，环卫工人举行第一次工人大会和工人代表会议。著名劳工公益机构 PY 打工族服务部工作人员来到大学城，辅导工人召开了第一次工人大会，200 多名工人参会。会上，以工作组别和部门为单位，选举产生了 18 名工人代表。8 月 23 日下午，召开了第一次工人代表会议，选举产生了 1 名总代表、4 名谈判代表和 3 名经费审查代表，按集体行动需要进行了分工，由相应代表负责组建组织、谈判、对外宣传和联络、后勤与财务等若干小组。

8 月 25 日，举行了第二次工人代表会议，大学生发起签名和众筹支持活动。会上进一步梳理了工人的诉求，集中在要求 GD 公司给出合理安置方案和留在大学城工作两点上，并讨论和部署了工人的行动策略。

8 月 26 日，大学城环卫工人在公司没有答复其诉求后，正式停工维权。

8 月 27 日，大学城环卫工人继续停工并进行维权静坐。PY 区总工会也明确表示下午会派人过来支持环卫工人。然而，经工人代表多次催问，直到下午 3 点还未见"娘家人"的身影，导致全体工人对"娘家人"失去信任。工人情绪失控，讨论 8 月 28 日要进一步升级行动。

8月28日，冲突升级，1名女工代表被打，工人方的W律师被带走。此时区总工会派人赶到现场，工人提出四项诉求：①放了W律师；②支付被打伤的环卫工代表的医疗费；③要求委托第三方谈判顾问；④确定集体谈判的时间、地点。

8月29—30日，环卫工人继续静坐维权。与此同时，近年大学城所在地街道的环卫成本测算表被披露：2004年成立街道办时环卫工核定420人，成本工资每人每月3 800元，而现在环卫工实际到手工资是2 000元多一点，相差巨大，环卫工说只有200多个工人干活。

8月31日，环卫工人继续静坐维权，ZS大学学生申请公开大学城环卫作业财政拨款及雇佣环卫工人数、工资组成等，并公开对GD公司环卫工合法权益保障的调查情况，让公众更加了解环卫工境况。

9月1日，环卫工人继续静坐维权，RMZX报也发表了支持文章。9月1日是大学城学生普遍开学的日子，也是GD公司和大学城环卫工合同到期后的第一天，到目前为止，GD公司和政府的相关部门还没有为环卫工人解决有关诉求。

（3）GD公司与环卫工人双方的争议

针对此劳资纠纷事件，大学城街道办宣传处W主任表示，从2015年8月8日开始，环卫工几乎每天都来街道办，街道办也成立了工作小组跟进处理，劳动和社会保障中心、司法、信访、综合治理、工会、爱卫办等部门都在协助解决，帮助工人走法律途径，并不存在不理工人的现象。多数工人表示，一开始之所以没有选择申请劳动仲裁等法律途径，一是不懂法；二是能协商解决的话，工人也不想把事情闹大。不过，由于事情久未解决，已经闹得沸沸扬扬。环卫工人还称，为了此事曾多次到GD公司大学城办事处，也曾多次致电公司相关负责人，但屡遭推脱拒绝。GD公司表示，公司曾在街道办开过两次大会与工人商讨问题，也组织了管理人员到工人家里进行家访，并请部分员工进行一对一或一对多沟通，遭到了工人的拒绝。

据悉，GD公司与大学城的环卫承包项目于2015年4月30日到期，此次投标未中，由新公司SC公司接手。宣传处W主任称，按照投标协议，如果环卫工人愿意，SC公司将无条件接收这批工人，工资、医保、社保等仍按原来的水平发放，这些都是环卫工所知道的。而此次事件的矛盾在于，工人认为与GD公司合同期满，故而提出GD公司给他们经济补偿金以及加班工资等多项诉求，并称GD公司一直不给正面回应。具体争议如下。

①经济赔偿金。工人认为与GD公司合同期既满，公司需支付经济补偿金。很多工人有着长达10年的工龄，此次双方争议的最大焦点即"公司是否该支付工人经济补偿金"。按街道办所说，GD公司投标未中引发工人上访后，本需在8月16日前制订环卫工人合同期满人员安置方案，然而至今双方仍未达成协议。工人们多是本地居民，并不愿意离开大学城去市区的楼宇或其他地方做保洁工作，一则担心被分到路途遥远之地，有交通费等的顾虑；二则有家庭方面的考虑，家里还有老人小孩，在这边工作

方便照顾。GD公司代表称已于8月21日将最终解决方案交给街道办，希望与这批环卫工续约，因为需要这批员工，并已给工人发了续签通知书，承诺在劳动变更合同期满之后按照"三不变"（劳动关系、劳动性质、工资待遇）原则安排员工在合同所在地点附近上班，并提出会给予工人一定的交通补贴与住宿补贴，倘若工人单方面拒绝签订，是自动放弃合同，公司不必进行经济补偿。

②加班工资。环卫工称2012年5月到2013年4月期间，他们每月四天休息日都加班，却无相应的加班工资。街道办称GD公司此前在街道办的要求下需要准备工人请求支付时间段的工资表和考勤表等资料，以便查证。

③补发未达标准部分的工资。环卫工人称，根据GZ市政府文件，每人的薪资水平应达到3 800元/月，而自己每月只拿了3 000元左右的工资。GD公司认为，按市政府有关文件规定，环卫工人每月用工成本为3 800元/月，包括成本、社保、医保、住房公积金、其他津贴等，再加上纳税，收到3 000元左右是正常的。而关于住房公积金问题，有工人反映有人被多收了一两个月的公积金，每月212元。针对此争议，GD公司表示，目前还没有资料证明公积金缴纳有误，如果有问题，公司一定会补偿。

④工人质疑协议书的有效性。GD公司与工人的合同三年一签，原本GD公司与工人在2015年4月30日就已终止劳动合同关系，而在这之前，GD公司曾给工人每人一份《劳动合同变更协议书》，将合同期限变更为2015年5月1日至2015年8月31日，工作地点部分是"PY区"，部分是"GZ市"，部分是"GD省"。而环卫工人曾称，自己当初是在一张白纸上签字画押。后来又表示，这份协议书在签订时没有具体时间和内容，很多处空白，他们认为自己被欺骗了，是在不知情的情况下签订的协议书，因而质疑协议书的有效性，一名工人反映签名和空白处填的字，字迹是不同的。而GD公司回应，一个成人不可能会在一张白纸上或一张多处空白的合同上签字画押，工人所说并不符合事实。辖区劳动保障中心表示，曾抽检工人协议书，并没有发现工人反映的现象，并告知工人如果还对协议书的有效性存疑，可以申请仲裁以最终确定。

（4）集体谈判

在有关部门的推动下，GD公司最终同意与GZ大学城环卫工开启集体谈判，GD公司副总、人力资源部等部门3位总监与4名工人代表进行了谈判。

案例讨论：

请劳资双方根据案例提供的材料，切合实际，进行模拟集体谈判。

10.3.5　实训组织方法与步骤

第一步，由教师说明实训任务与实训要求，以及考核标准。

第二步，划分小组，一般以4~5人为一组，分别扮演不同角色。

第三步，认真阅读背景材料，了解相关法律法规规定，查找资料，做好谈判准备。

第四步，进行集体谈判模拟实验。

第五步，教师对其表现进行打分和点评。

第六步，撰写实训报告。

10.3.6 实训报告

实训结束以后，每位学生必须撰写实训报告，要求在实训报告中阐明理论依据以及相关的分析，主要内容参考前文中表1-1。考虑到需要撰写大量的文字，实训报告可以在实训结束后2天内完成，由组长收齐后上交指导教师。

10.3.7 实训考核方法

1. 成绩划分标准

实训成绩按照优秀、良好、中等、及格和不及格五个等级评定。

2. 成绩评定标准

（1）模拟实验的准备工作是否充分，包括道具的准备、时间和场所的安排。

（2）模拟实验的角色扮演的介绍工作是否清楚，角色分配是否合理。

（3）是否能有效地引导学员做好实训前的热身。

（4）总结是否恰当、完整。

（5）是否有完整的原始材料，如各种文字材料，如有条件配以照片或录像形式，是否记录完整的实训过程和确切的实训结果。

（6）是否有实际收获和体会，包括参加活动的收获或体会、活动体现的实践价值、对今后有关工作的建议等。

（7）实训表现所占成绩比重较大，为70%，实训报告占总成绩的30%。

10.4 劳动争议仲裁模拟实验

10.4.1 实训目的

了解劳动争议调解仲裁的相关法律法规及相关程序；了解与劳动关系管理相关的法律法规；促进知识运用和实践相结合。

10.4.2 基本知识要点

1. 劳动争议仲裁的含义

劳动争议仲裁，是指劳动争议仲裁委员会根据当事人的申请，依法对劳动争议在事实上作出判断、在权利义务上作出裁决的一种法律制度。

（1）劳动争议由劳动合同履行地或用人单位所在地的劳动争议仲裁委员会管辖；

（2）双方当事人分别向劳动合同履行地和用人单位所在地的劳动争议仲裁委员会申请仲裁的，由劳动合同履行地的劳动争议仲裁委员会管辖。

受案范围：

① 因确认劳动关系发生的争议。

② 因订立、履行、变更、解除和终止劳动合同发生的争议。

③ 因除名、辞退和辞职、离职发生的争议。

④ 因工作时间、休息休假、社会保险、福利、培训以及劳动保护发生的争议。

⑤ 因劳动报酬、工伤医疗费、经济补偿或赔偿金等发生的争议。

⑥ 法律法规规定的其他劳动争议。

解决途径：

"一调一裁两审"：发生劳动争议，当事人不愿协商、协商不成或达成和解协议后不履行的，可以向调解组织申请调解；不愿调解、调解不成或达成调解协议后不履行的，可以向劳动争议仲裁委员会申请仲裁；对仲裁裁决不服的，除法律另有规定的外，可以向人民法院提起诉讼。

（3）《中华人民共和国劳动争议调解仲裁法》第五十三条规定：劳动争议仲裁不收费。劳动争议仲裁委员会的经费由财政予以保障。

2. 劳动争议仲裁委员会

劳动争议仲裁委员会是由劳动行政主管部门、同级工会和组织三方代表组成的，是依法成立、独立行使劳动争议权的劳动争议处理机构，其生效的仲裁决定书和调解书具有法律强制力。它以县、市为组织，负责本地区发生的劳动争议。

3. 劳动争议仲裁的原则和步骤

劳动争议仲裁的原则是：调解原则，先行调解，调解无效再申请仲裁；及时迅速，一般裁决应在收到仲裁申请的 60 日内作出；一次裁决，当事人不服从裁决，可以在收到裁决书之日起 15 日内向有管辖权的人民法院起诉。

劳动争议仲裁的一般步骤如下。

①受理案件阶段。当事人应在争议发生之日起 60 日内向仲裁委员会递交申请，委员会应在收到申请书之日起 7 日内作出受理或不予受理的决定。

②调查取证阶段。拟定调查提纲，进行调查取证，审查证据。

③调解阶段。遵循自愿、合法原则，调解书具有法律约束力。

④裁决阶段。调解无效即执行裁决。

⑤执行阶段。

4. 劳动争议仲裁模拟实验

劳动争议仲裁模拟实验具有不同于其他教学方式的一些特点，主要包括，第一，学习过程的实践性。劳动争议仲裁模拟实验是理论与实践的结合，是学生在教师的指导下，将所学的劳动法理论知识具体运用到劳动争议仲裁活动之中，学生具体扮演各种劳动仲裁角色，自己进行实际操作，按照法定程序和实体法律的相关规定实际演绎劳动仲裁的全过程。第二，角色安排的模拟性。劳动仲裁中的法律职业人角色都由学生担当，主要包括仲裁员、书记员、律师、当事人、证人、鉴定人等。在实验的每一过程，都由学生来扮演这些角色，由他们进行模拟劳动仲裁的演出活动，而指导教师就像导演，通过对学生演出活动的指导，锻炼学生的实际操作能力。

通过劳动争议仲裁模拟试验能够帮助学生达到的收益。

（1）帮助学生掌握"劳动仲裁"申请的全部流程。

（2）帮助学生了解相关"劳动仲裁"表格应该如何规范填写，每一项表格的作用。

（3）分别代表企业和个人应该如何为本方争取有利的证据。

（4）让学生亲身感受"仲裁庭"的庭审过程。

（5）让学生知晓仲裁判决的结果依据哪些相关的法律条款。

（6）帮助学生深入了解劳动纠纷，把握企业用工风险，提升人力资源从业者的劳动价值。

实验流程如图 10-1 所示。

图 10-1　劳动争议仲裁模拟实验流程

资料来源：葛培华，孔东，郭如平编.人力资源管理专业实验（实训）指导书[M].北京：经济科学出版社，2011：138.

10.4.3　实训所需条件

1. 实训时间

本次实训以 4 个课时为宜。

2. 实训地点

多媒体教室，模拟法庭或宽敞的实验室、会议室。

3. 实训所需材料

模拟实验所需的案例背景、案例材料，准备实训所需的道具，即各工种所需的道具，签到表。

10.4.4 实训内容与要求

1. 实训内容

材料一 参加集体活动受伤是工伤吗

2012年3月11日星期天,重庆某汽车配件公司在铁山坪风景区举办公司成立1周年庆典,工会组织员工积极参与。在庆典开始前的舞蹈彩排中,员工张某不慎从舞台上跌倒,经医院诊断,张某腿部骨折并伴有轻微脑震荡,需住院观察治疗。公司垫付了检查治疗费,并给予了一定的慰问金。

张某伤愈出院后,要求公司报销其住院期间的相关费用。公司认为,其摔伤也有自身原因,工会已对其进行慰问,单位不再担责。张某认为,其摔伤是因为公司安排其参加舞蹈演出造成的,应该认定为工伤。

材料二 劳动者工伤的界定

(一) 工伤的认定

根据我国《工伤保险条例》第十四条规定职工有下列情形之一的,应当认定为工伤。

1. 在工作时间和工作场所内,因工作原因受到事故伤害的;
2. 工作时间前后在工作场所内,从事与工作有关的预备性或者收尾性工作受到事故伤害的;
3. 在工作时间和工作场所内,因履行工作职责受到暴力等意外伤害的;
4. 患职业病的;
5. 因工外出期间,由于工作原因受到伤害或者发生事故下落不明的;
6. 在上下班途中,受到非本人主要责任的交通事故或者城市轨道交通、客运轮渡、火车事故伤害的;
7. 法律、行政法规规定应当认定为工伤的其他情形。

(二) 视同工伤条件

根据该条例第十五条的规定,职工有下列情形之一的,视同工伤。

1. 在工作时间和工作岗位,突发疾病死亡或者在48小时之内经抢救无效死亡的;
2. 在抢险救灾等维护国家利益、公共利益活动中受到伤害的;
3. 职工原在军队服役,因战、因公负伤致残,已取得革命伤残军人证,到用人单位后旧伤复发的。

职工有前款第1项、第2项情形的,按照本条例的有关规定享受工伤保险待遇;职工有前款第3项情形的,按照本条例的有关规定享受除一次性伤残补助金以外的工伤保险待遇。

(三) 非工伤的界定

根据该条例第十六条的规定,职工符合本条例第十四条、第十五条的规定,但是有下列情形之一的，不得认定为工伤或者视同工伤。

1. 故意犯罪的；
2. 醉酒或者吸毒的；
3. 自残或者自杀的。

材料三　破产清算时期女职工的赔偿问题

王某于 2004 年 4 月 1 日进入天津××冷轧钢板有限公司从事会计工作，签订的合同期限为 2004 年 4 月 1 日至 2007 年 9 月 1 日，合同期间工资为 4 000 元/月。由于王某工作勤恳、技术扎实，该公司与其商量并续签了合同，合同期限到 2016 年 4 月 1 日，合同期限工资为 5500 元/月。2016 年 1 月 5 日，该公司因为经营不善，准备进行内部破产清算，但是王某此时已经有了 3 个月的身孕。公司在确定相关经济补偿的时候，将王某的经济补偿年限算至合同结束的 2016 年 4 月 1 日。王某与公司协商不成，于是向当地劳动争议仲裁委员会申请仲裁，要求将工资和经济补偿金的计算年限延伸至哺乳期结束。

材料四　公司搬迁的劳动合同解除问题

林女士于 2009 年 1 月入职一家钢板制造公司担任采购部经理，与公司签订了为期 6 年的劳动合同，合同期间约定每月基本工资为 1 万元，交通补贴 500 元，通信补贴 50 元，职务津贴 1 000 元，加班工资另外计算。2014 年 6 月，由于公司战略转变，人力资源部门通知所有员工搬迁到更为偏远的郊外办公，并配有班车接送往来职工上下班，也解决员工的午饭问题。林女士因为家住在市区，有孩子、父母需要照顾，无奈选择辞职，在辞职的同时提出了经济补偿的请求，但是公司仅接受离职请求，不接受经济补偿请求。林女士无奈，只好向劳动争议仲裁委员会申请仲裁。据了解，林女士离职前 12 个月的平均工资为 5 000 元，该公司所在地 2013 年度职工的平均工资为 3 990 元。

2. 实训要求

根据所给材料，进行角色扮演，分别模拟劳动争议仲裁法庭。

10.4.5　实训组织方法与步骤

第一步，由教师说明实训任务和实训要求，以及考核标准。
第二步，划分几个大组，每个大组里需要有劳方和资方。
第三步，根据案例材料分配角色，查找资料，做好仲裁准备。
第四步，进行劳动争议仲裁模拟。
第五步，由教师进行打分和点评。
第六步，撰写实训报告。

10.4.6 实训报告

实训结束以后,每位学生必须撰写实训报告,要求在实训报告中阐明理论依据以及相关的分析,主要内容参考前文中表 1-1。考虑到需要撰写大量的文字,实训报告可以在实训结束后 2 天内完成,由组长收齐后上交指导教师。

10.4.7 实训考核方法

1. 成绩划分标准

实训成绩按照优秀、良好、中等、及格和不及格五个等级评定。

2. 成绩评定标准

(1)劳动争议仲裁模拟实验的准备工作是否充分,包括道具的准备、时间和场所的安排。

(2)劳动争议仲裁模拟实验的介绍工作是否清楚,角色分配是否合理。

(3)是否能有效地引导学员做好实训前的热身。

(4)总结是否恰当、完整。

(5)是否有完整的原始材料,如道具或角色扮演中所产生的文字材料,如有条件配以照片或录像形式,是否记录完整的实训过程和确切的实训结果。

(6)是否有实际收获和体会,包括参加活动的收获或体会、活动体现的实践价值、对今后有关工作的建议等。

(7)由于本实训项目着重考查学生对劳动争议仲裁双方博弈这一方法的熟练操作情况,因此实训表现所占成绩比重较大,为 70%,实训报告占总成绩的 30%。

10.4.8 实训拓展与提高

以下为某省劳动争议仲裁案件开庭审理程序,可供学生阅读参考。

××省劳动争议仲裁案件开庭审理程序

一、书记员宣布仲裁纪律
二、书记员报告仲裁庭的准备工作和双方当事人到庭情况
三、宣布开庭
首席仲裁员宣布:
1.现在开庭。
2.劳动争议仲裁委员会现在开庭审理(申诉人)诉(被诉人)(案由)劳动争议案。
四、宣布仲裁庭组成人员
首席仲裁员宣布:
1. 宣布仲裁庭组成人员。

2. 本庭由首席仲裁员（姓名）、仲裁员（姓名）、仲裁员（姓名）组成，仲裁员（姓名）兼任书记员或（姓名）任书记员负责本庭记录。

五、核对当事人身份

首席仲裁员宣布：

1. 现在核对当事人身份。

2. 请申（被）诉人说明自己的姓名、性别、年龄、民族、原工作单位、职务、现工作单位、现住址；请委托代理人说明自己的姓名、性别、工作单位、职务、委托权限。

3. 请被（申）诉人说明单位全称、单位性质、上级主管部门；法定代表人的姓名、性别、工作单位、职务；请委托代理人说明自己的姓名、性别、工作单位职务、委托权限。

4. 申诉人对被诉人的情况有质疑吗？

5. 被诉人对申诉人的情况有质疑吗？

六、宣布当事人在仲裁活动中的权利、义务

首席仲裁员（可以指派仲裁员宣读）宣布：

1. 当事人在仲裁活动中享有以下权利：当事人有权委托代理人、申请回避、提供证据、进行辩论、请求调解、提起诉讼、申请执行，申诉人有变更、撤回仲裁申请的权利。

2. 当事人在仲裁活动中应履行以下义务：当事人有义务依法行使属于自己的权利，遵守仲裁活动的程序，有义务回答仲裁员的提问，尊重对方当事人及其他仲裁活动参加人的权利，履行发生法律效力的裁决、调解协议。

3. 申诉人听清了吗？

4. 被诉人听清了吗？

如果提出回避请求，令其说明理由，仲裁庭暂时休庭，由仲裁委员会或仲裁委主任作出决定。

七、仲裁庭调查

现在本庭调查开始。

1. 请申诉人宣读申诉书。

2. 请问申诉人对请求事项有无补充说明。

3. 如申诉人提出不宜在本案中一并审理的补充或变更事项，可请申诉人另行申诉，作另案处理。

4. 请被诉人宣读答辩书

5. 请问被诉人对答辩的主要事项有无补充说明。

如被诉人在答辩中提出反诉，可一并审理，亦可请被诉人另行申诉，作另案处理。

6. 请申诉人回答本庭提出的如下问题（按拟定的调查提纲进行）。

7. 请被诉人回答本庭提出的如下问题（按拟定的调查提纲进行）。

8. 请证人到庭。

9. 宣读证人应履行的义务：证人有义务协助仲裁庭调查案件事实，提供与案件事实有关的证据，必须实事求是地反映案件的真实情况，所证明的事实不准扩大或缩小，对所提供的证据要承担法律责任。

10. 请证人回答本庭提出的问题。

11. 下面核实如下证据。

在调查过程中如发现有关键性事实需要庭下重新调查、补充调查或当事人需要补充证据的，可以宣布休庭。下次开庭时间可当庭通知，也可庭后另行通知。

八、仲裁庭辩论

首席仲裁员宣布：

1. 现在辩论开始，双方当事人应就本案审理的（案由）争议所涉及的主要事实和证据进行辩论。

2. 先由申诉人发言。

3. 请申诉人的委托代理人发言。

4. 请被诉人发言。

5. 请被诉人的委托代理人发言（仲裁庭应正确引导当事人进行辩论）。

6. 双方意见本庭已经清楚，仲裁庭辩论结束。

7. 当事人作最后陈述。

如果双方当事人就已清楚的问题争论不休，告知双方当事人，本庭对这个陈述已经清楚，不要再对这个问题进行争辩。

如遇当事人或当事人的委托代理人违反仲裁庭纪律或攻击仲裁庭，可作如下处理：

首席仲裁员宣布：

1. ×××（姓名），请注意，您的发言已脱离本庭的辩论范围。

2. ×××（姓名），本庭再次提醒您，您的发言不应离开本案的事实，如果您不听仲裁庭的再次劝告，请您退庭。

3. ×××（姓名），请您退庭。（视情况，对申诉人按撤诉处理，对被诉人作出缺席仲裁）

九、仲裁庭调解

首席仲裁员宣布：

1. 现在进行仲裁庭调解。

2. 申诉人，是否愿意调解解决您与被诉人的争议？

3. 被诉人，是否愿意调解解决您与申诉人的争议？

4. 申诉人，请您提出具体的调解方案。

5. 被诉人，您同意申诉人的调解方案吗？如不同意，请您提出具体的调解方案。

根据案情，双方当事人可以当庭调解，必要时可以分别做调解工作。如调解成功，将调解协议写入开庭笔录,双方当事人签字,宣布闭庭。庭后制作调解书送达双方当事人。如调解不成,则继续开庭。

6. 现在宣布调解不成。

十、休庭合议,继续开庭

首席仲裁员宣布:

1. 现在休庭,稍候继续开庭。

休庭合议,如合议中发现有需要补充调查的内容,拟出补充调查提纲。

2. 现在继续开庭。

3. 请申诉人回答如下问题(按补充调查提纲进行)。

4. 请被申诉人回答如下问题(按补充调查提纲进行)。

5. 请问申诉人还有需要补充的吗?

6. 请问被申诉人还有需要补充的吗?

十一、宣读仲裁决定书

首席仲裁员宣布:

1. 视案情可作当庭裁决或庭后裁决。

(1)现在仲裁庭进行了裁决,××省劳动争议仲裁委员会受理的(申斥人)诉(被诉人)(案由)劳动争议案,经开庭审理,现作如下裁决;经查的内容;本庭认为的内容;裁决的内容。今天是口头宣布裁决,本庭将在7日内将裁决书送达双方当事人,裁决内容以裁决书为准。

(2)今天不做当庭裁决,本庭将在7日内将裁决书送达双方当事人。

2. 如不服本裁决,当事人有权在接到裁决书之日起15日内向当地人民法院起诉;期满不起诉的,裁决书即发生法律效力。

3. 申诉人听清楚了吗?

4. 被诉人听清楚了吗?

5. 双方当事人庭后审阅庭审笔录,并在上面签字。记录中如有遗漏或差错的,当事人有权提出补充、更正。

十二、宣布闭庭

首席仲裁员宣布:

现在闭庭。

注:以上庭审程序,可以依据案情选择使用。

10.5 本章综合案例

10.5.1 实训目的

了解并掌握相关劳动法律法规,并了解其在劳动关系管理实践中的应用方法。

10.5.2 基本知识要点

参考本章其他部分的基本知识要点。

10.5.3 实训所需条件

1. 实训时间

本次实训以 4 个课时为宜。

2. 实训地点

多媒体教室或实验室。

3. 实训所需材料

电脑、投影仪、黑板、粉笔等相应的培训用具，全章的知识要点以及所有模拟材料所反馈的信息，签到表以及学生评定表。

10.5.4 实训内容与要求

1. 实训内容

提要：本案例以公司搬迁引发的一系列劳动争议事件为背景，从多个侧面呈现 AP 公司在签约管理、岗位管理、纪律管理、离职管理、员工手册等人力资源管理风险节点控制方面的举措，揭示 AP 公司在劳动关系处理过程中的适当和不适当做法，以启发读者在维护各方权益方面的深刻思考。

公司搬迁，我的权益谁做主

"搬迁啦，搬迁啦，所有部门都迁到位于另一座城市的厂区……"

2010 年 11 月 27 日，AP 公司人力资源部向全体员工发出一纸公司通知，计划 12 月 31 日前由海南省的海口市搬迁至海南省洋浦经济技术开发区，并公布近期裁员和相关人事政策调整。

（1）公司发展及现状

AP 公司为某外资跨国集团的子公司，1998 年于海南省海口市注册登记，办公地点亦设立于工商注册地；2000 年因业务需要迁到海南省洋浦经济技术开发区办公，2002 年迁回海口市；2010 年 12 月 31 日因集团管理需要再次迁往海南省洋浦经济技术开发区。现有员工 1 500 多人。AP 公司经营范围遍及海南省全部市县，各市县均设有办事处，员工因公司业务需要而内部调动。AP 公司全体员工劳动合同中的工作地点均为海南省，未注明具体城市。员工社会保险于海南省洋浦经济开发区社保局缴纳；用工名册也于海南省洋浦经济技术开发区劳动部门备案。2010 年 12 月 8 日，人力资源部发出公司搬迁调查问卷,征询员工随迁意愿。2010年12月31日,AP公司正式迁往海南省洋浦经济技术开发区。

(2)辞退"临时工"

①事件背景信息。2006年3月,彭华与肖雪以临时工的身份加入AP公司从事保洁工作,每天早晨7点负责打开公司大门,并为员工擦拭办公桌,每天下午临下班前打扫所有办公室卫生。一周工作5天,两班倒制。早班时间为7点到15点,午班为10点到18点,需要本人打卡记录考勤,日常工作归总务部门管理。

初入公司时,口头约定月工资800元,2007年6月调为1 000元/月,2009年6月调为1 200元/月,均高于当地最低工资标准,公司不为其缴纳"五险一金",但是可以加入工会,并享受工会福利。临时工的收入都是公司总务每月从总务备用金中代付,彭华和肖雪鉴收总务再填制费用单向财务核销。彭华和肖雪自进入AP公司工作以来,公司从未与其签订任何劳动或劳务合同。

在随迁意愿书上,彭华和肖雪注明不愿意随迁。2010年12月12日公司人力资源部以不愿意随迁为由辞退了彭华和肖雪。

②纷争。彭华和肖雪咨询律师后,于2010年12月15日向AP公司提出如下补偿请求。

第一,用工关系已构成劳动关系,但未签订劳动合同,公司应当自用工次月起予以两倍工资补偿。补偿金额 = $800 \times 14 + 1\,000 \times 24 + 1\,200 \times 19$(元)。

第二,自用工满一年起未签订劳动合同的,视同已订立无固定期限劳动合同,解除合同应补偿,每一年工龄补一个月。补偿金额 = $1\,200 \times 5$(元)。

第三,补缴应纳社会保险与公积金,自2006年3月起算。

公司则主张:

第一,当年公司只希望雇请临时劳务工提供清洁服务,并无意将保洁员视同正式劳动用工管理,对其实施的管理行为,非公司之过,属总务部门的工作失误。

第二,2006—2009年的纠纷已超过一年仲裁时效,不予协商。

第三,鉴于彭华和肖雪为公司服务多年,基于感情的因素,给予每人1万元的生活补贴并解除双方所有关系。

(3)解聘孕期女职工

①事件背景信息。女职员鲁小宁一年前在与AP公司签订劳动合同时,已阅读并签署了员工手册。AP公司的员工手册中明确指出:"公司员工若有两次严重违纪行为,公司有权与其解除劳动关系。"鉴于鲁小宁五次无故旷工数天,两次被人力资源部门当场抓到使用公司设备干私活,鲁小宁的行为严重违反了公司员工手册中的公司规章制度,也严重耽误了公司生产进度。按照企业的规章制度,公司对鲁小宁进行了警告和处罚共计七次,同时,在每次的违纪处罚单上,也有鲁小宁的签字认可,公司最终在搬迁期间的2010年12月16日决定与其解除劳动关系。此时,鲁小宁通知公司自己已

经怀孕并提供了相关证明，以此为理由拒绝与公司解除劳动关系。

②纷争。2011年1月5日公司仍按原定方案与鲁小宁解除劳动关系。鲁小宁不服，于2011年1月6日以《女职工劳动保护规定》规定了在女职工怀孕期、产期和哺乳期不得解除劳动合同，而且没有规定其他例外条件，诉至海口劳动争议仲裁委员会申请仲裁。2011年1月7日，公司则向用工名册所在地和公司现在用工所在地海南省洋浦经济技术开发区劳动争议仲裁委员会提起劳动仲裁，以解除与鲁小宁的劳动关系。

（4）中止承包合同

①事件背景信息。为了改善员工的伙食和确保食品安全，AP公司于2006年3月建了一个小型养鸡场，养了几百只鸡，公司每年只与养鸡场的管理人员签订劳动合同，并为其缴纳社会保险费，而与何琼生、刘学平、蔡万宁三位饲养员签订的是承包合同，没有为其缴纳社会保险费。承包合同约定，饲养员必须遵守养鸡场的规章制度，公司根据其喂养鸡的增重和产蛋量向其发放效益工资，发生疫情时，饲养员仍有保底收入，并同养鸡场管理人员一样享受公司的日补贴福利。

2010年12月18日，公司宣布中止此承包合同。

②纷争。2010年12月20日，AP养鸡场饲养员何琼生、刘学平、蔡万宁向海口市劳动争议仲裁委员会提起劳动仲裁、提供AP公司与其签订的有关于其工资、工作时间、工作纪律和发生疫情时仍有保底收入约定的承包合同，并提供工资发放表、工作证、先进工作者荣誉证书等相关证据。三人的仲裁请求主要有三项：一是确认与AP公司的劳动关系；二是AP公司为其补缴工作期间的社会保险费；三是要求AP公司因未签订书面劳动合同向其支付2008年1月至2010年12月期间的双倍工资。

AP公司认为公司与何琼生等三人之间签订的是承包合同，双方之间是民事关系，未建立劳动关系。并辩称：工资发放表是财务为了入账方便，就没有做详细区分；工作证仅仅是为了进出养鸡场的管理方便而发；先进工作者荣誉证书是为了鼓励何琼生等三人养好鸡，创造更好的效益，不代表公司承认何琼生、刘学平、蔡万宁三人是其员工。

（5）裁减老员工

①事件背景信息。2010年12月19日、林峰（老林）像往常一样高高兴兴地到公司上班，下午公司人力资源部经理钱猛突然来到他所在的部门宣布公司搬迁裁员，并告知老林被列入裁员名单，限他两天内离开公司，同时承诺公司将按照高于法定标准，以"N+2"的方式支付经济补偿金。所谓"N"即给予员工每工作一年补偿一个月工资的经济补偿金。老林在这家公司工作了将近5年，前12个月平均工资约为5 000元，照此计算可得到经济补偿金为35 000元。

②纷争。老林很享受在AP公司目前这个岗位的工作，也愿意随迁至海南省洋浦经济技术开发区的相同岗位上班，这突然的变故让老林无法接受，老林向AP公司人力资源部交涉未果遂向海口市劳动争议仲裁委员会提出了申诉主张。

(6) 变更劳动合同引发的解除劳动合同事件

①事件背景信息。王军于 2000 年 5 月 8 日入职 AP 公司, 2008 年 7 月 1 日与 AP 公司签订无固定期限劳动合同,工作岗位为行政主管。

鉴于公司搬迁引起的王军岗位工作内容变动,2010 年 12 月 19 日,AP 公司人力资源部向王军送达书面《变更劳动合同通知书》,当天,王军向该公司书面回执,不同意变更劳动合同。后经双方协商,2010 年 12 月 21 日签订《解除劳动合同协议书》,并办理了工作交接。双方在《解除劳动合同协议书》中对解除劳动合同的日期、解除经济补偿金、代替通知金及工资支付的日期和工作交接等事宜进行了约定,双方一致同意,履行本协议约定的内容之后,不再向对方提出任何要求,即就劳动关系事宜不再存在任何纠纷。2010 年 12 月 22 日,该公司履行了《解除劳动合同协议书》中的约定义务。

②纷争。2010 年 12 月 24 日王军向 AP 公司提出权益诉求,要求支付违法解除劳动合同的赔偿金;补发 2008 年 7 月 1 日至 2010 年 12 月 21 日的加班工资。遭拒后,他向海口市劳动争议仲裁委员会提出诉讼申请。

AP 公司认为,公司依法与王军协商解除劳动合同,无须向其支付解除劳动合同的赔偿金;另外根据该公司《加班调休管理制度》《加班审批制度》和《员工手册》等相关内容,王军不应享受 2008 年 7 月 1 日至 2010 年 12 月 21 日的加班工资,且在《解除劳动合同协议书》中已约定,就劳动关系事宜不再存在任何纠纷。

(7) 出台新的特殊人才招聘管理办法

①事件背景信息。由于企业集团国际商务业务的发展需要,2009 年 12 月 2 日 AP 公司从深圳聘请经验丰富的国际商务专业人才魏学清,并在 12 月 7 日与其签订为期 3 年的劳动合同,试用期为 3 个月,合同约定魏先生的薪酬福利如下:

第一,目标年收入为人民币 12 万元,月薪为 1 万元。

第二,带薪年假:在公司连续工作满 1 年后,可享受带薪年假。第一年为 5 天(不含双休日和法定节假日),以后每年增加 1 天,但最多不超过 15 天。

第三,社会保险:公司按照国家和本省的有关规定,在本地区办理有关缴纳社会保险的手续,并承担相应社会保险义务。

第四,住房:工作期间,公司提供集体宿舍,房屋租金及管理费免缴,但水、电、气、网络费用需自理。

第五,探亲:配偶不在工作地期间,在不影响正常工作的前提下,公司负责提供每月 1 次往返深圳探亲的交通费用,交通工具不限。

第六,手机通信费用报销标准:300 元/月。

第七,其他常规福利按公司的相关规定执行。

魏学清按照合同规定,入住 AP 公司提供的宿舍,按时缴纳水、电、气费用。试用期工作也很出色,3 个月后顺利转正。1 年时间内,在不影响工作的前提下,魏先生有时1个月有时2个月回深圳探亲，相关交通费用、通信费用报销正常，工资发放也正常。

由于公司搬迁到另一城市的特殊性，2010年12月20日AP公司事业总部出台并执行《特殊人才招聘管理办法》，其中规定：

第一，试用期间，公司提供临时集体宿舍，转正后，员工必须搬离公司提供的集体宿舍，否则，按2 000元/月收取租金。

第二，执行协议薪酬的特殊人才，一经（与公司）协商确定薪酬总额后，公司不再承担其他任何费用。

②纷争。在魏学清搬迁到公司位于到洋浦经济技术开发区新的集体宿舍刚满半个月时，2011年1月16日AP公司人力资源部在未与其沟通协商的情况下，强制魏学清从集体宿舍搬出去，并通知他在2011年1月以后实际发生的探亲往返深圳的交通费、通信费等费用都不予以报销。魏学清在与人力资源部沟通未果的情况下，于2011年1月18日向海南省洋浦经济开发区劳动争议仲裁委员会提出申诉，要求企业继续履行合同约定。

（8）尾声

公司搬迁的近2个月内劳动关系纷争不断。AP公司总经理郭松林和人力资源部经理钱猛想通过这次搬迁之机，裁减不重要的岗位和问题员工，调整公司相关人事管理政策，旨在精兵简政，适当缩减公司开支，轻装上阵。但由于对《劳动合同法》和《中华人民共和国劳动合同法实施条例》把握得不够透彻，公司和雇员双方缺乏充分的沟通，没有达成共识和谅解，引起了一系列不必要的劳动纠纷，增加了公司不必要的经济补偿和劳资双方冲突，或多或少地损害了公司形象和凝聚力。当然，过去为了规避劳动合同埋下的劳动合同纠纷隐患在公司搬迁中集中爆发，也深刻教育了公司的广大管理层要与公司雇员进行换位思考，兼顾各方利益，协商解决争议，达成共赢。

同时，AP公司较完善的人力资源管理制度和较扎实的人事管理工作规范在处理问题员工和维护企业合法权益方面发挥了重要作用，进一步坚定了郭总和人力资源部钱猛吃透《劳动法》《劳动合同法》《中华人民共和国劳动合同法实施条例》和《中华人民共和国劳动争议调解仲裁法》的精髓，完善公司相关人力资源管理制度和人事管理工作规范的决心与信心。

根据上述案例分析下列问题。

①总结AP公司在劳动关系处理过程中的做法，从《劳动法》的角度分析该公司做法的优势与不足。

②该公司搬迁涉及哪些利益相关者的权益，公司是如何权衡各方利弊的？

③该公司的搬迁行为为其他企业提供了怎样的借鉴意义？

10.5.5 实训组织方法与步骤

第一步，教师首先简单介绍本次实训内容，明确要求，并说明注意事项。

第二步，根据班级上课人数进行分组，确定每个小组的人数。

第三步，小组成员进行讨论，并分工协作，准备实训案例的相关材料，对案例进行分析并总结。

第四步，各小组对自己的成果进行展示，在课后形成书面实训报告并上交存档。

第五步，教师对学生的表现进行点评，指出其在实训及成果展示中的不足，以便在下次实训中加以改进。

第六步，撰写实训报告。

10.5.6 实训报告

实训结束以后，每位学生必须撰写实训报告，要求在实训报告中阐明理论依据以及相关的分析，主要内容参考前文中表 1-1。考虑到需要撰写大量的文字，实训报告可以在实训结束后 2 天内完成，由组长收齐后上交指导教师。

10.5.7 实训考核方法

1. 成绩划分标准

实训成绩按照优秀、良好、中等、及格和不及格五个等级评定。

2. 成绩评定标准

（1）实训表现评定参考准则

①对案例的理解是否充分，是否能够结合理论知识分析案例。

②是否在小组中分工协作，表现出良好的团队精神。

③是否能够清晰地在班级中作出陈述，并回答同学及教师提出的问题。

④总结是否恰当、完整。

（2）实训报告评定参考准则

①是否有完整的原始材料，如小组分工清单等。

②是否记录完整的实训过程和确切的实训结果。

③是否有实际收获和体会，包括活动体现的实践价值、对今后有关工作的建议等。

④实训表现所占成绩比重较大，占总成绩的 70%，实训报告占总成绩的 30%。

10.5.8 实训拓展与提高

应聘者伪造证书实现就业梦，劳动合同被判定无效

原告为北京一家生活用品公司，其诉称，2008 年 11 月 28 日，原告与被告杨女签订劳动合同，约定被告任该公司培训部副经理，月工资 4 000 元，合同期为一年。合同签订当天，被告入职开始工作，2009 年 3 月 26 日，原告公司接到被告的请假单。

之后被告再未到岗工作，属于旷工。原告后来发现，签订合同时，被告向原告公司提供的学历为某大学英语教育专业本科文凭，但经原告公司与该大学联系得知，被告的毕业证系伪造。因此，原告公司认为被告存在欺诈行为，根据我国劳动合同法的规定，双方的劳动合同应属无效。故诉至法院，请求判令确认双方劳动合同无效，并拒绝支付被告 2009 年 3 月 1 日至 5 月 11 日的工资 4 625.07 元及 25%的经济补偿金 1 156.27 元和被告解除劳动合同的经济补偿金 1 604.71 元。

被告杨女士辩称，原告所述劳动合同签订情况及岗位属实。但被告工资除基本工资外还有通信费 130 元、交通费 60 元及每天的餐费 7 元。被告在原告公司上班至 2009 年 3 月底，因身体状况请假，未再上班。但被告通过电话、短信的形式向原告公司总经理及部门主管请假。被告的毕业证书是真实的，签订合同时被告向原告提交了该学校毕业证复印件，原告并未询问被告大学证书的情况，双方并未对被告的学历要求进行约定，因此，被告学历证书真伪对劳动合同的效力并无影响。且大学档案馆无权对毕业证的真伪进行鉴定。因原告拒绝提供劳动条件，2009 年 10 月 21 日，双方在仲裁庭开庭时，被告依法向原告送达解除劳动通知书，在此之前，被告并未收到过原告的解除劳动合同通知。另外，被告上班期间还存在加班的情况。因此，要求原告公司支付 2009 年 3 月工资 3 954.38 元及 25%的经济补偿金 988.60 元；支付 2009 年 4 月 1 日至 10 月 21 日期间的工资 3 035 508 元及 25%的经济补偿金 7 588.77 元；支付加班费 5 993.86 元、解除劳动合同的经济补偿金 4 336.44 元。

北京市西城区人民法院经过审理认为，根据我国劳动合同法的规定，以欺诈等手段使对方在违背真实意思的情况下订立的劳动合同，由仲裁机构或人民法院确认无效。本案中，双方在签订劳动合同时，被告在明知其毕业证书系伪造的情况下，仍然向原告出示该证书，使原告陷入错误认识与其签订了劳动合同，因此，法院确认双方签订的劳动合同应属无效。劳动合同被确认无效后，劳动者已付出劳动的，用人单位应当向劳动者支付劳动报酬。2009 年 4 月 1 日之后，被告并未向原告提供劳动，因此，原告将被告工资发放至 2009 年 3 月，故被告要求原告公司支付 2009 年 3 月工资 3 954.38 元的请求，法院予以支持。被告要求原告公司支付 25%的经济补偿金、加班费及解除劳动合同经济补偿金的请求，于法无据，法院不予支持。最终法院判决双方劳动合同无效，原告仅需向杨女士支付 2009 年 3 月的工资。

参 考 文 献

[1] "第一文库网"https://ask.wenku1.com/question/86761d953280288329.html.
[2] A 公司招聘效果评估[EB/OL]. [2016-08-12]. http://doc.mbalib.com/view/oOa3b544f8053fbed-d993c4efe7ff31d.html.
[3] HR,你现在正在做的工作分析,是错误的[EB/OL]. 2016-09-12. http://hr.hr369.com/analysis/201609/187939.html.
[4] MBA 智库文档 http://doc.mbalib.com/view/6c3c879685e1c142db41bef1a33eff53.html.
[5] 百度文库: https://wenku.baidu.com/view/7b188d6baf1ffc4ffe47ac24.html?from=rec.
[6] 帮助员工职业发展,测评工具需要深开发[EB/OL]. 2013-05-14. http://hr.hr369.com/assessment/201305/162453.html.
[7] 鲍立岗. 人力资源管理综合实训演练[M]. 3 版. 大连: 东北财经大学出版社. 2017.
[8] 暴艳丽, 徐光华. 人力资源管理实务[M]. 3 版. 北京: 北京交通大学出版社; 清华大学出版社, 2016.
[9] 陈荣辉, 张思. 中小企业员工绩效考核的案例分析[J]. 办公室业务, 2018(177).
[10] 成功招聘网, http://www.007zp.com.
[11] 池永明. 绩效考核与管理——理论、方法、工具、实务[M]. 北京: 人民邮电出版社, 2014.
[12] 当企业内人员出现过剩, HR 该怎么办?[EB/OL]. 2015-10-10. http://hr.hr369.com/analysis/201510/179965.html.
[13] 高秀娟, 王朝霞. 人员招聘与配置[M]. 北京: 中国人民大学出版社, 2013.
[14] 葛培华, 孔东, 郭如平. 人力资源管理专业实验(实训)指导书[M]. 北京: 经济科学出版社, 2011.
[15] 公司未给员工开离职证明是否要赔钱?[EB/OL]. 2016-11-18. http://hr.hr369.com/analysis/201611/188988.html.
[16] 攻克薪酬体系设计难题——3P+1M [EB/OL]. 2015-11-12. http://hr.hr369.com/salary/201511/180583.html.
[17] 顾文静. 人力资源管理仿真综合实习教程[M], 北京: 经济科学出版社, 2010.
[18] 管理游戏 1[EB/OL]. http://job.lzu.edu.cn/htmlfile/article/read/2013-12/article_42831.shtml.
[19] 管理游戏 2[EB/OL]. http://job.lzu.edu.cn/htmlfile/article/read/2013-12/article_42832.shtml.
[20] 国内外校园招聘分析[EB/OL]. http://www.zheyibu.com/article/2062.html.
[21] 韩志新. 招聘外包: 一种新兴的招聘形式[J]. 经济与社会发展, 2010, 8(7): 11-13.
[22] 侯典牧. 人力测评原理与方法[M]. 北京: 中国人民大学出版社, 2012.
[23] 九大知名企业如何看简历[EB/OL]. 2016-07-16. http//blog.renren.com/share/250529305/4244720957.
[24] 李德伟. 人力资源绩效考核与薪酬激励[M]. 北京: 科学技术文献出版社, 2006.
[25] 李浇, 支海宇主编. 人力资源管理实训教程[M], 大连: 东北财经大学出版社, 2009.
[26] 李长江. 人力资源管理理论、实务与艺术[M]. 北京: 北京大学出版社, 2011.
[27] 李芝山. 关键事件法在员工绩效管理中的规范应用[J]. 中国集体经济, 2008(22).
[28] 李中斌, 董燕, 郑文智, 等. 人力资源战略管理[M]. 北京: 中国社会科学出版社, 2008.
[29] 刘芳. 人力资源管理: 理论和实务[M]. 合肥: 合肥工业大学出版社. 2010.
[30] 刘葵, 蔡圣刚. 人员测评技术[M]. 大连: 东北财经大学出版社, 2008.
[31] 没签合同?这 15 条证据也可证明劳动关系![EB/OL]. 2017-11-04. http://hr.hr369.com/analysis/

201711/196904.html.

[32] 孟祥林. 人力资源管理——理论·故事、案例[M]. 北京: 机械工业出版社, 2014.

[33] 面试游戏怎么玩[EB/OL]. https://wenku.baidu.com/view/8c83d569b84ae45c3b358c9f.html.

[34] 内部招聘七大"看护点"[EB/OL]. http://www.xue163.com/html/2008223/211226.html.

[35] 彭晓娟. 企业人力资源管理实务[M]. 厦门: 厦门大学出版社, 2016. 11: 89-93.

[36] 钱斌, 刘德妍. 人力资源管理理论与实务[M], 上海: 华东师范大学出版社, 2009.

[37] 如何进行科学的录用决策[EB/OL]. http://www.hrloo.com/dk/70676-bj.

[38] 施杨, 宋君. 人力资源管理综合实训和能力测试[M]. 北京: 北京交通大学出版社, 2013.

[39] 史翠萍, 周华庭, 易东. 现代人力资源管理[M]. 杭州: 浙江工商大学出版社, 2016.

[40] 孙红薇. 浅谈网络时代企业人力资源管理的新发展[J]. 商场现代化, 2017(23): 74-75.

[41] 索尼公司的招聘外包[EB/OL]. https://wenku.baidu.com/view/f5b2a04b78563c1ec5da50e2524de51-8964bd31b.html.

[42] 王佳. 目标管理法及应用[J]. 企业改革与管理, 2004(54-55).

[43] 王丽丹, 马燊. 人力资源管理实训[M]. 北京: 北京理工大学出版社. 2013.

[44] 王莹, 尤玉坤. 人力资源管理实务[M]. 北京: 中国电力出版社, 2016.

[45] 吴国华, 崔霞. 人力资源管理实验实训教程[M]. 南京: 东南大学出版社, 2008.

[46] 吴奇峰. 分析企业人力资源管理中的人才素质测评[J]. 中国商贸, 2011(4): 64-65.

[47] 新员工入职必备工具指导[EB/OL]. [2016-07-16]. http://www.docin.com/p-934544603-f2.html.

[48] 薪酬设计须知: 不会分钱的老板无法凝聚人心[EB/OL]. 2015-09-14. http://hr.hr369.com/salary/201509/179523. html.

[49] 邢伟. 人力资源管理中人员素质测评的应用[J]. 知识经济, 2016(12): 77-79.

[50] 徐光华, 暴丽艳, 张晔林, 等. 人力资源管理实务[M]. 北京: 北方交通大学出版社, 2005.

[51] 张剑. 现代人力资源管理理论和实务[M]. 北京: 清华大学出版社、北京交通大学出版社. 2009.

[52] 张江燕, 樊晓熙, 陈立华. 正略钧策看人力资源管理[M]. 北京: 人民邮电出版社, 2007.

[53] 张志军. 员工招聘与选拔实务[M]. 北京: 中国物资出版社, 2010.

[54] 招聘外包. https://wenku.baidu.com/view/ca086421192e45361066f536.html?from=related.

[55] 赵君, 刘容志. 人力资源管理实训教程[M]. 武汉: 武汉大学出版社, 2016.

[56] 赵心颖. W 企业软件研发人员绩效考核方案设计[D]. 兰州: 兰州大学, 2011.

[57] 郑晓明, 吴志明. 工作分析实务手册[M]. 2 版. 北京: 机械工业出版社, 2006: 104.